LA DÉFENSE
DE PARIS
(1870-1871)

LIBRAIRIE E. DENTU

DU MÊME AUTEUR :

LA JOURNÉE DE SEDAN
5ᵉ ÉDITION
Augmentée des ordres de mouvement de l'état-major allemand
1 vol. gr. in-18 jésus, avec 3 cartes : 2 fr.

WISSEMBOURG
RÉPONSE A L'ÉTAT-MAJOR ALLEMAND
Brochure gr. in 8°, avec carte : 1 fr.

LA VÉRITÉ SUR L'ALGÉRIE
Brochure gr. in-8° : 2 fr.

QUELQUES OBSERVATIONS
SUR LE SYSTÈME DE DÉFENSE DE LA FRANCE
Brochure in-8° : 50 cent.

PARIS. — IMPRIMERIE PAUL DUPONT, 41, RUE JEAN-JACQUES-ROUSSEAU

LA
DÉFENSE DE PARIS

(1870-1871)

PAR

Le Général DUCROT

TOME TROISIÈME

PARIS

E. DENTU, ÉDITEUR

LIBRAIRE DE LA SOCIÉTÉ DES GENS DE LETTRES

PALAIS-ROYAL, 15, 17 ET 19, GALERIE D'ORLÉANS

1877

Tous droits réservés.

DÉFENSE DE PARIS

LIVRE VIII
(SUITE)

TROISIÈME PARTIE

JOURNÉE DU 2 DÉCEMBRE 1870
(BRY, VILLIERS, FOURS-A-CHAUX, CHAMPIGNY)

CHAPITRE PREMIER.

DISPOSITIONS D'ATTAQUE PRISES PAR LES ALLEMANDS.

Nous avons vu que les heures écoulées depuis le 30 novembre avaient été employées à préparer notre champ de bataille défensif, réorganiser notre artillerie, notre matériel, compléter nos approvisionnements..... Le 2 décembre au matin nous étions à peu près en mesure sur toute la ligne.

Nos adversaires n'avaient pas déployé moins d'acti-

Dispositions prises par l'ennemi pour nous attaquer le 2 décembre au matin.

vité..... non-seulement ils étaient à même de repousser toute nouvelle offensive, mais encore ils avaient résolu de nous reprendre les positions perdues le 30 novembre, et de remettre ainsi les choses comme elles étaient avant notre passage de la Marne.

Ce projet est clairement exposé dans les récits et documents officiels d'origine allemande.

« Par suite des énormes préparatifs faits par les Fran-
« çais pour percer la ligne d'investissement, dit le major
« Niepold, il fallait s'attendre à une nouvelle attaque le
« 1ᵉʳ décembre. Pour s'opposer à une tentative de ce
« genre, le grand quartier général allemand prit des
« dispositions spéciales dans la nuit du 30 novembre au
« 1ᵉʳ décembre.

Le général de Fransecky est nommé commandant en chef de toutes les troupes d'attaque

« En conséquence, le général de Fransecky, comman-
« dant le 2ᵉ corps d'armée, reçut l'ordre de réunir le
« 1ᵉʳ décembre sur le plateau du nord-est de Sucy, la
« 3ᵉ division d'infanterie, l'artillerie de réserve du 2ᵉ corps,
« et de prendre le commandement de toutes les troupes
« concentrées entre la Seine et la Marne, sur la ligne de
« Villeneuve-Saint-Georges à Champs, y compris la
« 21ᵉ brigade du 6ᵉ corps, la 7ᵉ brigade d'infanterie déjà
« établie à Sucy et les fractions du 12ᵉ corps saxon pas-
« sées sur la rive gauche de la Marne. Le prince Georges
« de Saxe joignait à son commandement celui de la
« 1ʳᵉ brigade wurtembergeoise.

« Le général de Fransecky arriva de bonne heure le
« 1ᵉʳ décembre à son quartier général, au château Le
« Piple, pour veiller au rassemblement des troupes du
« 2ᵉ corps destinées à l'offensive s'il y avait lieu, et
« prendre les dispositions que les circonstances ren-
« daient nécessaires.

« La 3ᵉ division d'infanterie, l'artillerie de réserve du

« 2ᵉ corps et la 21ᵉ brigade d'infanterie arrivèrent à Sucy
« à midi après une marche longue et pénible. »

Le 1ᵉʳ décembre au soir, le général de Fransecky, ayant, d'après les instructions du grand quartier général, décidé de reprendre les positions perdues le 30 novembre, « le prince Georges de Saxe prescrivait l'enlèvement
« des villages de Bry et de Champigny et rédigeait l'or-
« dre suivant, qui fut communiqué aux troupes de la
« 1ʳᵉ brigade wurtembergeoise (général de Reitzenstein)
« et de la 24ᵉ division d'infanterie (général de Nehrhoff)
« dans la nuit du 1ᵉʳ au 2 décembre (1). »

Le général de Fransecky prescrit l'enlèvement des villages de Bry et de Champigny

« Champs, 2 décembre (3 h. 1/2 du matin).

« D'après les ordres donnés par le commandant supérieur de l'armée de la Meuse, les villages de *Bry* et *Champigny* seront enlevés à l'ennemi à la pointe du jour. On essaiera également de détruire ou de faire sauter *les ponts jetés sur la Marne*.

« En conséquence, la 24ᵉ division d'infanterie à Noisy-le-Grand est chargée de l'attaque de Bry, la 1ʳᵉ brigade wurtembergeoise à Villiers est chargée de l'attaque de Champigny ; les deux attaques devront se faire en même temps. Les colonnes d'attaque doivent donc se mettre en route de manière à se trouver l'une et l'autre à 7 heures du matin en avant des villages de Bry et de Champigny. Le feu des forts contre ces deux localités étant à craindre, on se contentera, si on réussit, de les occuper assez fortement pour pouvoir repousser directement un retour offensif de l'ennemi.

« Pour faire sauter les ponts de Bry dont la position est inconnue, une *abtheilung* de pionniers sera dirigée le long de la Marne et en sera chargée.

« Les troupes suivantes se tiennent prêtes à tout événement :

« (*a*) Les troupes de la 24ᵉ division d'infanterie qui ne sont pas chargées de l'attaque de Bry, au sud de Noisy-le-Grand, ne laissant à Noisy et à Gournay que les garnisons absolument nécessaires ;

« (*b*) Le régiment de tirailleurs n° 108, à la ferme de Grenouillère ;

« (*c*) Deux batteries de l'artillerie de réserve du 12ᵉ corps à Villiers ;

---

(1) Voir croquis n° 1.

« (*d*) Le reste de l'artillerie de réserve du 12ᵉ corps saxon et le 3ᵉ bataillon du 1ᵉʳ régiment des grenadiers du corps nº 100 à l'est de Champs.

« Le général commandant le 12ᵉ corps d'armée s'établira à Villiers.

« *Signé :* Georges. »

<small>Troupes chargées de la surprise de Bry.</small>

A la réception de cet ordre, le général de Nehrhoff désigne pour la surprise du village de Bry trois bataillons (1ᵉʳ et 2ᵉ du régiment saxon nº 107 et le 3ᵉ du régiment saxon nº 104), ainsi qu'une section de pionniers, 4ᵉ compagnie.

La colonne d'attaque doit se mettre en marche un peu avant le jour (6 h. 1/2) et suivre la grande route de Noisy à Bry, flanquée à droite par le détachement de pionniers qui descendra le long de la Marne.

Le reste de la 24ᵉ division d'infanterie sur le plateau au sud de Noisy-le-Grand, prêt à venir en aide à ces troupes, ayant comme réserve la 45ᵉ brigade de la 23ᵉ division.

<small>Troupes chargées de la surprise de Champigny.</small>

De son côté, le général de Reitzenstein commande pour l'attaque de Champigny le 2ᵉ bataillon de chasseurs et le 7ᵉ régiment wurtembergeois.

En même temps que les chasseurs descendront de Mon Idée par l'ancienne et la nouvelle route de Chennevières, le 7ᵉ wurtembergeois se dirigera de Villiers sur la lisière nord de Champigny; une batterie, prenant position derrière l'épaulement voisin de Bel-Air, appuiera le mouvement, pendant que le général Du Trossel viendra avec sa brigade à Chennevières, prêt à soutenir les Wurtembergeois (1).

Le 1ᵉʳ régiment wurtembergeois, installé dans le parc

---

(1) La brigade Du Trossel (7ᵉ du 2ᵉ corps) avait déjà deux bataillons aux avant-postes entre Champigny et le chemin de fer.

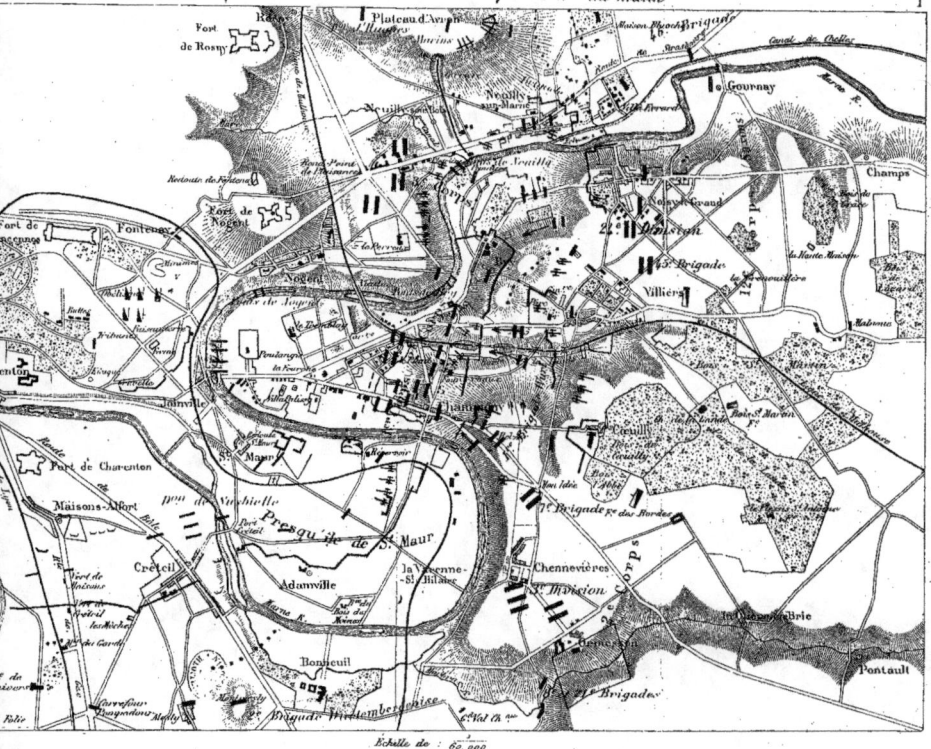

de Villiers, doit aider ces deux opérations principales, en poussant des attaques au nord du chemin de fer de Mulhouse, contre nos tranchées, les fours à chaux et dans le ravin de la Lande.

Les 5ᵉ, 6ᵉ, 8ᵉ et 21ᵉ brigades tirées des 2ᵉ et 6ᵉ corps, ainsi que l'artillerie de réserve du 2ᵉ corps, sont attendues dans la matinée sur les plateaux d'Ormesson et de Chennevières.

Toutes ces troupes massées sur les hauteurs, cachées par le brouillard et la brume du matin, vont, à un signal donné, se jeter sur nos lignes, où l'on fut près de payer bien cher un défaut de vigilance.

Le général Ducrot allait se rendre aux avant-postes et donnait dans la cour du quartier général (1) quelques instructions à M. Ferdinand de Lesseps, chef de l'une des ambulances de la Presse..... quand tout à coup la fusillade, la canonnade éclatent..... Il monte à cheval aussitôt..... court vers la droite où le feu est le plus intense... Comme il débouchait sur la route de Champigny, il voit une avalanche de voitures, de fantassins, de cavaliers, descendant à fond de train du côté de la Marne..... Il ne faut pas songer à arrêter ce torrent, mais on peut tenter de le détourner..... Le général, ses officiers se précipitent sur cette masse d'hommes, de chevaux, de fourgons....; le sabre, le pistolet à la main, ils obligent les premières voitures à se jeter dans les champs; le flot suit le mouvement et s'étale dans la plaine; divisés, rompus, les hommes n'osent plus fuir; on leur parle, on les rassure, et bientôt un peu d'ordre se rétablit au milieu de cette foule éperdue.

A la pointe du jour l'attaque commence sur tous les points.

Le commandant Lambert, grand prévôt de l'armée, reçoit l'ordre d'aller avec quelques gendarmes et éclai-

Premières dispositions prises par le général en chef.

___
(1) Ferme de Poulangis.

reurs Franchetti barrer les ponts (1). La division de Susbielle à Créteil, la division de Bellemare au rond-point de Plaisance sont appelées en toute hâte ; le général Clément Thomas est invité à amener sur la rive droite de la Marne, entre Joinville et Nogent, un certain nombre de bataillons mobilisés de la garde nationale.

Ces instructions données, le général en chef se porte aux premières lignes. Là il trouve de braves gens, solides, résolus, qui, revenus d'un premier moment de surprise, se sont cramponnés à tous les obstacles et luttent énergiquement contre des adversaires surexcités par le succès.

CHAPITRE II.

ATTAQUE DE CHAMPIGNY PAR LES WURTEMBERGEOIS.

Surprise de Champigny.

A l'aile droite, la défense de Champigny était confiée à la division Faron, s'appuyant d'un côté à la Marne, et se reliant de l'autre aux mobiles de la Côte-d'Or sur le plateau du Signal (2).

Les grand'gardes étaient fournies par deux bataillons

---

(1) Une masse d'hommes, de chevaux, de voitures, se dirigeaient vers la rivière. Le commandant Lambert fait immédiatement barricader les ponts ; ses gendarmes ont l'ordre de ne laisser passer personne.
Après avoir un peu calmé tous ces hommes affolés, le commandant cherche à les réunir pour les ramener au combat : « Vous venez d'avoir un moment de panique, leur dit-il ; cette terreur arrive aux plus vaillants ; vous voyez maintenant que vos camarades tiennent bon là-bas, il faut aller les soutenir. Que les braves gens sortent et viennent avec moi ; mais je ne veux que des hommes marchant de bon cœur. Il y a ici de la besogne pour ceux qui craignent d'aller au feu... on leur donnera des pelles et des pioches et ils travailleront aux tranchées. » La plupart se déclarèrent prêts à marcher, et reconduits à Champigny par le commandant Lambert, ils se battirent comme les autres.

(2) Voir croquis n° 2.

du 42ᵉ de ligne occupant les trois parcs de la tête du village et un bataillon du 113ᵉ barrant la plaine jusqu'à la rivière.

Malheureusement ces troupes d'avant-postes, arrivées sur leur emplacement à la tombée de la nuit, ne s'étaient pas rendu un compte exact du terrain qu'elles avaient à observer et à couvrir. Les bouquets de bois à l'est et au nord du *Parc-en-Pointe* ainsi que le parc situé entre les deux routes de Chennevières ne furent pas suffisamment gardés.

Avant le jour, les sentinelles extrêmes du *Parc-en-Pointe*, les avant-postes de la Plâtrière entendent marcher dans les bois voisins... au milieu de la demi-obscurité ils aperçoivent même à quelque distance des groupes pénétrer successivement dans les taillis. Nos soldats, prévenus que de grand matin on doit mettre ces fourrés en état de défense, croient que ce sont les ouvriers annoncés.... Ces prétendus ouvriers sont les éclaireurs de l'ennemi arrivant sur nous en trois colonnes : l'une essayant de tourner notre droite le long de la Marne, l'autre abordant la tête de Champigny par les parcs, la troisième se portant dans la direction de la Plâtrière. Le 2ᵉ bataillon de chasseurs et le 7ᵉ régiment wurtembergeois se massent ainsi des deux côtés du *Parc-en-Pointe* dans les petits bois non occupés par nous et y prennent, sans être inquiétés, leurs dispositions d'attaque.

Cependant vers 6 h. 1/2 le relèvement de nos grand'gardes s'effectue : sur le plateau du Signal arrivent trois nouvelles compagnies de mobiles de la Côte-d'Or (3ᵉ bataillon); le 1ᵉʳ bataillon du 42ᵉ de ligne vient remplacer le 3ᵉ bataillon dans les deux parcs de la tête de Champigny.

A peine le mouvement est-il achevé, qu'un coup de sifflet se fait entendre... des hurrahs éclatent, une vive fusillade enveloppe nos hommes, des obus arrivent de toutes parts; depuis la Plâtrière jusqu'à la Marne une nuée de tirailleurs se jette sur nous.

Attaque de la Plâtrière et du plateau du Signal. Les grand'gardes de la Côte-d'Or, complétement surprises par l'irruption soudaine de l'ennemi, se replient en désordre, bousculant les compagnies qui viennent les relever... Quelques incendies allumés par les projectiles au milieu du campement des mobiles augmentent le trouble, la confusion... Une partie des hommes de la Côte-d'Or, de l'Ille-et-Vilaine se sauvent vers Champigny et se précipitent sur la route de Joinville. Les Allemands serrent de près les nôtres, pénètrent dans l'enclos de la Plâtrière, et envahissent le plateau du Signal.

Cependant le commandant d'Andelarre (1), vigoureusement aidé par le capitaine Lorenchet de Montjamont, ramène une partie de son bataillon et parvient à se maintenir dans les carrières du four à chaux de Champigny. En même temps, notre brave artillerie, malgré la plus vive fusillade, oppose au flot ennemi une indomptable résistance. Les batteries de 4 du commandant Briens, portées sur la ligne des fours à chaux, mitraillent les tirailleurs du 7ᵉ wurtembergeois : les Allemands sont arrêtés court et la brigade Martenot a le temps de se reconnaître...

Brillante conduite des colonels de Grancey et de Vigneral. Le colonel de Grancey, après avoir rallié plusieurs centaines d'hommes de son régiment de la Côte-d'Or, se porte intrépidement du côté de la Plâtrière..... Dès les premiers pas il tombe mortellement blessé.

A gauche, le colonel de Vigneral, avec la majeure partie de ses Bretons, se jette sur le plateau du Signal et enlève quelques carrières... Mais, dominés, complétement en

---

(1) Le commandant d'Andelarre était le chef du bataillon de grand'-garde (3ᵉ de la Côte-d'Or).

vue, pris de flanc et à revers, nos mobiles, entassés les uns sur les autres, éprouvent des pertes considérables ; en un instant 600 hommes, une trentaine d'officiers tombent, entr'autres, les commandants Le Gonidec et Le Mintier de Saint-André ; peu de temps après, le colonel de Vigneral, grièvement blessé, se voit obligé de remettre le commandement à son dernier chef de bataillon, M. Du Dezerseul, qui, frappé à son tour, peut rester cependant à la tête de ses soldats...

Cet officier supérieur et le commandant d'Andelarre (1), avec deux ou trois cents hommes à peine, maintiennent tous les efforts d'un ennemi bien supérieur en nombre... puissamment aidés par l'artillerie du commandant Briens, nos braves mobiles finissent même par rejeter du plateau du Signal les Wurtembergeois, qui se réfugient derrière les murs de la Plâtrière, dans le petit bois et les vergers voisins de la *Maison rouge*.

A droite du plateau du Signal, l'attaque n'est pas moins vive. Le *Parc-en-Pointe* est cerné... la brèche D, la voûte C, la grille d'entrée sont assaillies à la fois. Le premier moment de surprise passé, nos hommes se défendent bravement... les compagnies relevées reviennent en toute hâte à la brèche... tout le long de la grille se livre un combat acharné... on se tire à bout portant, on s'aborde à la baïonnette : les nôtres tiennent partout et repoussent le premier choc, mais à la partie inférieure du parc les Allemands s'ouvrent un passage en brisant les barreaux des grilles ; nos soldats, tournés, fusillés à revers, quittent la brèche... Le parc est envahi.

Le jour commence à poindre, on se voit à peine... A travers les haies, les massifs, les bouquets d'arbres,

<small>Attaque du Parc-en-Pointe.</small>

---

(1) Le lieutenant-colonel des mobiles de la Côte-d'Or étant absent pour cause de maladie, le commandant d'Andelarre avait le commandement du régiment.

Français et Allemands se cherchent, s'abordent, se tirent à brûle-pourpoint, luttent corps à corps; les nôtres, enveloppés de tous côtés, à bout de forces, cèdent, reculent... quelques groupes, complétement cernés, mettent bas les armes... les uns, masqués par les allées, les maisons, parviennent à gagner la brèche E... les autres cherchent à résister à la barricade G...; insuffisamment protégés par cet abri, dominés à gauche par la haute maison M du Four à plâtre, qui vient d'être enlevée, ces derniers sont bientôt obligés de reculer encore, et tous nos hommes descendent les rues du village sous la fusillade des murs du parc... une quarantaine de soldats avec quatre officiers, s'enferment dans le jardin K, d'autres se jettent dans le pâté d'habitations A... De là, ces braves gens engagent le feu et arrêtent net l'ennemi qui cherche à déboucher par les rues de la Croix, des Roches, pour atteindre celle du Pont, de manière à tourner nos lignes de défense.

Attaque de la Grande-Rue de Champigny.

A côté du Parc-en-Pointe, par les deux routes de Chennevières, l'attaque est si vive que presque sans coup férir, les Allemands s'emparent des deux premières barricades et de leurs défenseurs; de là ils gagnent la grande barricade et poussent devant eux mobiles, soldats de la ligne, qui viennent se jeter sur les troupes de réserve en causant le plus grand désordre. Cependant à la barricade C, on résiste vigoureusement... une compagnie wurtembergeoise, qui s'acharne à la lutte, est faite prisonnière; mais les défenseurs du parc R, complétement enveloppés, tombent presque tous entre les mains des Allemands.

Attaque par la plaine.

A notre extrême droite, l'ennemi débouchant à la fois par le chemin de Sucy, la route de Chennevières, s'empare de toutes les issues du parc S; le 2e bataillon du 42e, presque entouré, parvient à se frayer passage; ga-

Attaque de Champigny par les Wurtembergeois et les Prussiens
Positions le 2 Décembre 1870 à 7 h. du matin.

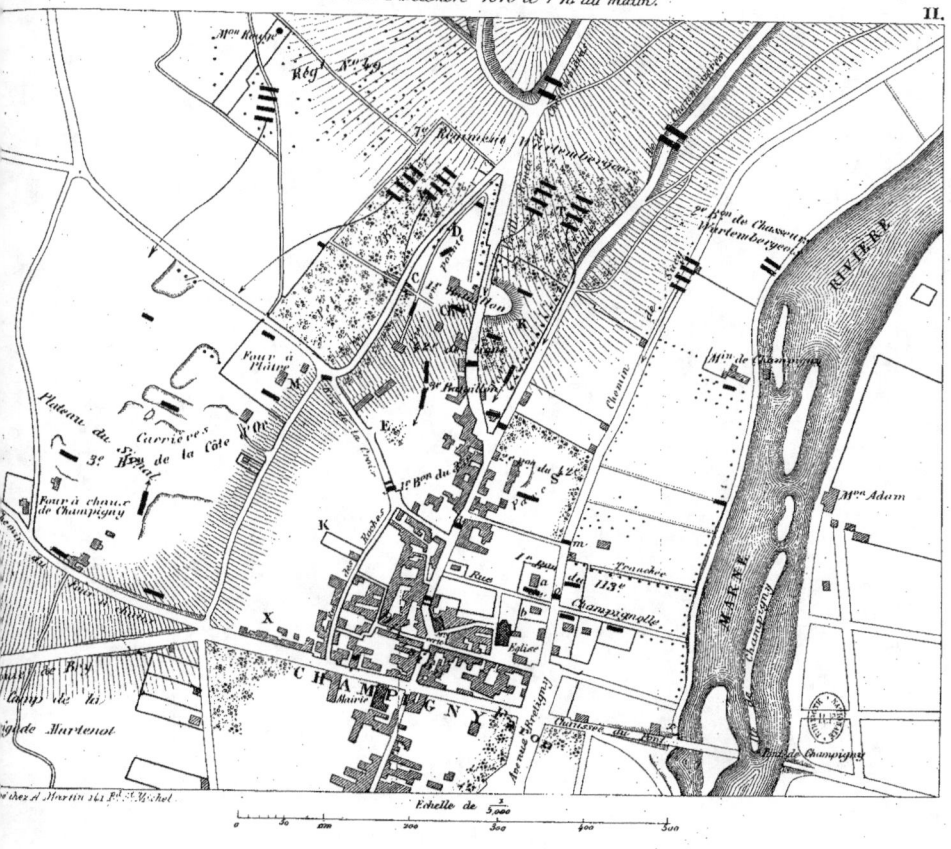

gnant l'église et la rue du Pont, il entraîne dans cette retraite une grande partie des hommes du 113ᵉ postés en arrière.

Maîtres de la barricade M, les Wurtembergeois se précipitent en avant. Le commandant Besson, posté avec quelques débris du 113ᵉ, à une autre barricade, les fusille presque à bout portant et les oblige à se replier; mais bientôt il est lui-même débordé du côté de la Marne : la colonne ennemie chargée d'enlever le moulin de Champigny venait d'arriver à la tranchée, et prenait à revers les défenseurs de la barricade. Le commandant Besson est alors contraint de reculer jusqu'à l'avenue Bretigny et les maisons isolées entre l'église et la Marne tombent au pouvoir des Allemands, qui y font quelques prisonniers.

Le village de Champigny offre le spectacle le plus navrant... la Grande-Rue est pleine de mobiles, de soldats de toutes armes, courant dans tous les sens; un convoi de vivres cherchant à s'avancer augmente encore le désordre, la confusion... Les paroles, les exhortations, les menaces ne font rien sur ce torrent de fuyards toujours grossissant... Depuis le Four à chaux jusqu'à la Marne, notre front se trouve presque absolument dégarni... heureusement un certain nombre de braves officiers, de vigoureux soldats, embusqués dans les enclos, dans les jardins, font tête à l'ennemi, retardent sa marche et permettent au général Faron d'organiser la résistance.

Aspect de Champigny à 7 heures.

Au début de la panique le général de la Mariouse s'est précipité à la sortie de Champigny, il rallie deux compagnies du 35ᵉ et s'avance, baïonnette croisée, à travers la Grande-Rue; refoulant tout devant lui, il pousse jusqu'au milieu du village; les fuyards contournent l'obstacle et s'échappent par les ruelles adjacentes... En vain

Le général de la Mariouse dans Champigny.

quelques compagnies du 114ᵉ essaient d'intercepter le chemin derrière Champigny; hommes, chevaux, voitures descendent la grande route à toute vitesse vers la Marne.

L'artillerie accourt à la défense de nos positions.

Dès la première fusillade, le général Frébault donne à toute l'artillerie l'ordre de se porter immédiatement en avant. Les trois batteries divisionnaires du commandant Magdelaine sont placées par le général Blanchard à droite et à gauche de la route de Champigny, au delà de la Fourche, pour empêcher l'ennemi de déboucher du village.

L'artillerie de réserve, arrivant également en toute hâte, place deux batteries à droite dans la plaine, pour battre les crêtes de Champigny à Chennevières, trois batteries à gauche de la route pour canonner le plateau de Cœuilly.

Une batterie ennemie, établie sur le bord du plateau de Chennevières, est immédiatement prise pour objectif; et nos huit batteries, que soutiennent à gauche les batteries du four à chaux, à droite l'artillerie de la redoute de Saint-Maur, couvrent de projectiles les hauteurs de Champigny et de Chennevières.

L'artillerie de la presqu'île de Saint-Maur est reportée en arrière.

Quatre batteries de campagne, précédemment placées par le général Favé à l'extrémité du parc de Saint-Maur et dans le bois des Moines, auraient produit un effet décisif en prenant à revers les colonnes qui descendaient sur Champigny; mais dès le premier moment de panique le général avait cru devoir reporter ces batteries en arrière pour couvrir la retraite et défendre l'accès des ponts.

La batterie André seule était restée près de la redoute du réservoir; la batterie Brasilier reprit son emplacement sur le bord de la Marne au nord de la redoute de Saint-Maur; la batterie Donato ne put trouver place dans l'ouvrage ; pièces, voitures, entassées les unes sur les autres, ne servirent qu'à gêner, à embarrasser. Quant aux pièces de 12 de siège du capitaine Piron elles retournèrent à leur ancienne position derrière la redoute de Saint-Maur (1).

Par suite de ces fausses manœuvres le point d'appui de notre extrême droite nous manqua au moment le plus critique.

Cependant la presqu'île de Saint-Maur était suffisamment couverte par le fossé de la Marne pour que rien ne pût motiver le mouvement rétrograde de ces batteries.

En résumé, l'aile gauche de l'armée allemande, arrêtée par l'énergie de quelques vaillants groupes, n'avait pu prendre pied sur toutes nos positions... Jalonnant pour ainsi dire la ligne de résistance, ces braves ne tardent pas à être soutenus par quelques compagnies amenées en toute hâte par le général de la Mariouse, puis peu de temps après par tout le reste de la division Faron.

Situation dans Champigny à 8ʰ 1/2 du matin (2).

Le plateau du Signal était gardé par des fractions des régiments d'Ille-et-Vilaine et de la Côte-d'Or. Entre ce plateau et la Marne nous occupions une ligne brisée suivant les rues du Pont, des Roches, du Four, de l'Église, l'avenue Brétigny et la chaussée du Pont. Au nord de la Grande-Rue, le pâté des maisons A et le jardin K formaient un saillant, flanqué d'un côté par la barricade C, de l'autre par les maisons X, longeant la

---

(1) Outre les six pièces de sa batterie, le capitaine Piron avait quelques autres pièces de 12 de siège tirées de la redoute de Saint-Maur, où elles étaient trop éloignées pour rendre d'utiles services. De son emplacement à l'extrémité du parc, cette formidable batterie de siège voyait à petite distance les flancs du coteau de Chennevières, les pentes qui dominent Champigny, les routes qui conduisent à ce village ; son feu eût rendu impossible l'arrivée des réserves ennemies et eût immédiatement dégagé la division Faron ; derrière la redoute, au contraire, elle était trop loin pour être utilisée.

(2) Voir croquis nᵒ 3.

partie nord-est de la rue du Pont (1); au sud nous conservions également, en avant de notre ligne, la *maison verte*, l'église et le pâté intermédiaire, ainsi que les maisons isolées voisines de l'avenue Brétigny.

Le petit mur et les maisons qui bordent la chaussée du Pont étaient garnis de tirailleurs (2); une barricade *x*, construite sous une voûte à l'entrée du pont, fermait le chemin de halage.

L'ennemi, nous serrant de très-près, possédait l'enclos de la Plâtrière dont la haute maison commande tout le terrain voisin; il occupait le mur ouest du *Parc-en-Pointe*, quelques maisons du pâté A, la rue de Champignolle, la tranchée et les maisons qui bordent le chemin de Sucy, près de la barricade *o*. Sur certains points, Français et Allemands se trouvaient à cinquante mètres à peine les uns des autres.

Au centre du village combattaient les 35e et 42e avec quelques compagnies du 114e; le reste du 114e défendait les maisons X nous reliant aux mobiles, et le 113e était spécialement chargé de la garde de l'avenue Brétigny et de la chaussée du Pont.

CHAPITRE III.

ATTAQUE DU GRAND FOUR A CHAUX (3).

Pendant que Champigny était si vivement assailli, deux colonnes du 1er régiment wurtembergeois mar-

---

(1) Ces maisons avaient été crénelées par les sapeurs du capitaine Glises appelés du four à chaux.

(2) Sur le mur peu élevé de la chaussée du Pont, les hommes avaient disposé leurs havre-sacs en guise de sacs à terre.

(3) Voir croquis n° 4.

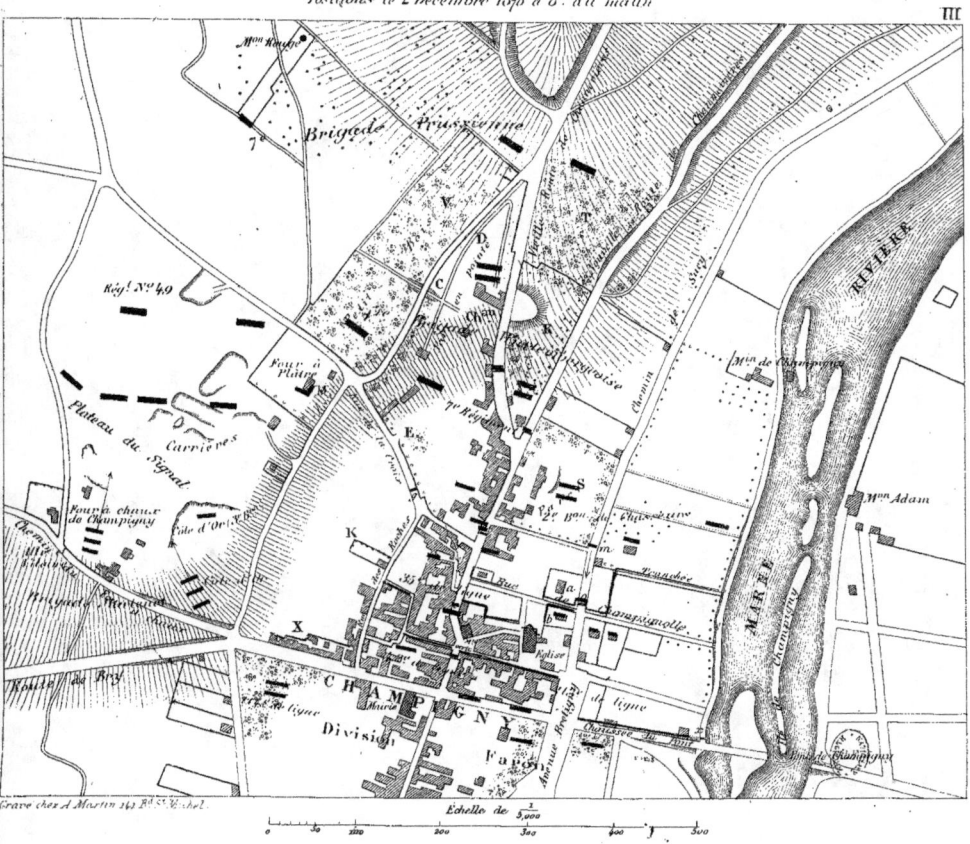

chaient sur le grand Four à chaux : l'une vers le petit bois de la Lande, l'autre vers la batterie de la carrière.

Aussitôt l'attaque prononcée, le général Paturel donne l'ordre à ses deux colonels de rassembler leurs régiments, et, sans attendre que sa brigade soit formée, il se jette avec les premières troupes qu'il a sous la main au secours de ses avant-postes. A la tête des 4e, 5e et 6e compagnies du 2e bataillon du 122e (1) et de quelques fractions du 121e, il dégage la batterie de la carrière et vient en aide à la grand'garde du petit bois de la Lande, chaudement engagée. Formée des 4e, 5e et 6e compagnies du 2e bataillon du 121e, cette grand'garde, bien que surprise par l'irruption soudaine de l'ennemi, résistait énergiquement ; les trois capitaines s'étaient bravement fait tuer à la tête de leurs hommes (2)... accablés par le nombre, nos soldats allaient succomber, quand l'arrivée du général Paturel rétablit le combat. Devant ces forces nouvelles, les Allemands reculent et finissent par abandonner complétement le petit bois, en nous laissant trente prisonniers dont un officier.

Le général Paturel se jette au secours de ses grand'gardes.

Voulant refouler l'ennemi dans ses retranchements, le général fait battre la charge... toute la ligne s'ébranle..... aux cris de : *En avant ! en avant !* Les Wurtembergeois, sans attendre le choc, s'enfuient les uns vers Villiers, les autres vers l'éperon de Cœuilly. A la poursuite des premiers, le capitaine Bapst avec sa compagnie (4e du 2e bataillon du 122e) franchit le pont du chemin de fer et arrive en vue de Villiers. Mais là, sous le feu du parc et des tranchées, menacé d'être tourné, il est obligé de revenir vers le pont.

Le général Paturel refoule les Wurtembergeois dans le ravin de la Lande.

---

(1) Ces trois compagnies venaient de quitter la grand'garde du petit bois de la Lande ; elles étaient à hauteur de la carrière.

Les trois premières compagnies de ce bataillon qui avaient été relevées au poste de la carrière furent chargées de la garde du four à chaux.

(2) Capitaines Mainson, Legroux, Drouot.

Dans le ravin de la Lande, bien qu'accueillis par une fusillade des plus meurtrières, nos soldats, entraînés par leur brave général, continuent à serrer de près les tirailleurs wurtembergeois ; à hauteur de la première voûte de Villiers, les pertes deviennent telles qu'il leur est impossible d'aller plus loin... Ils s'embusquent derrière des arbres, dans des sillons, et continuent à engager le feu avec les tirailleurs qui garnissent la levée du chemin de fer, ainsi que les tranchées longeant la route de Chennevières à Villiers.

<small>Le génal de Malroy organise la résistance au Four à chaux</small>

Plusieurs fois l'ennemi tente de les refouler, mais il est toujours repoussé par la fusillade et le feu de deux mitrailleuses de la division Berthaut établies sur le chemin de fer en avant de la *maison du garde*.

Ainsi vers 7 h. 1/2, l'attaque du centre ennemi avait complétement échoué devant la vigoureuse résistance de la brigade Paturel, dont les tirailleurs étaient arrivés à plus de 1,000 mètres de leur première position ; les Allemands s'étaient retirés d'un côté jusque sous Villiers, de l'autre sur les pentes du plateau du Cœuilly (1).

Pendant que la première ligne lutte si énergiquement, le général de Malroy organise la résistance en arrière et envoie des renforts au général Paturel. Trois compagnies sont chargées de la garde du grand four à chaux; un bataillon garnit la tranchée entre le chemin de Villiers et le four à chaux de Champigny; la carrière, le petit bois de la Lande, la tranchée reliant ce bois au chemin de fer sont solidement occupés. Les deux batteries de réserve du commandant Déthorey (batteries Buloz et Fly-Sainte-Marie) reprennent leur position de l'avant-veille sur la pente du ravin de la Lande et viennent joindre leur feu à celui du commandant Briens

---

(1) Voir croquis n° 5.

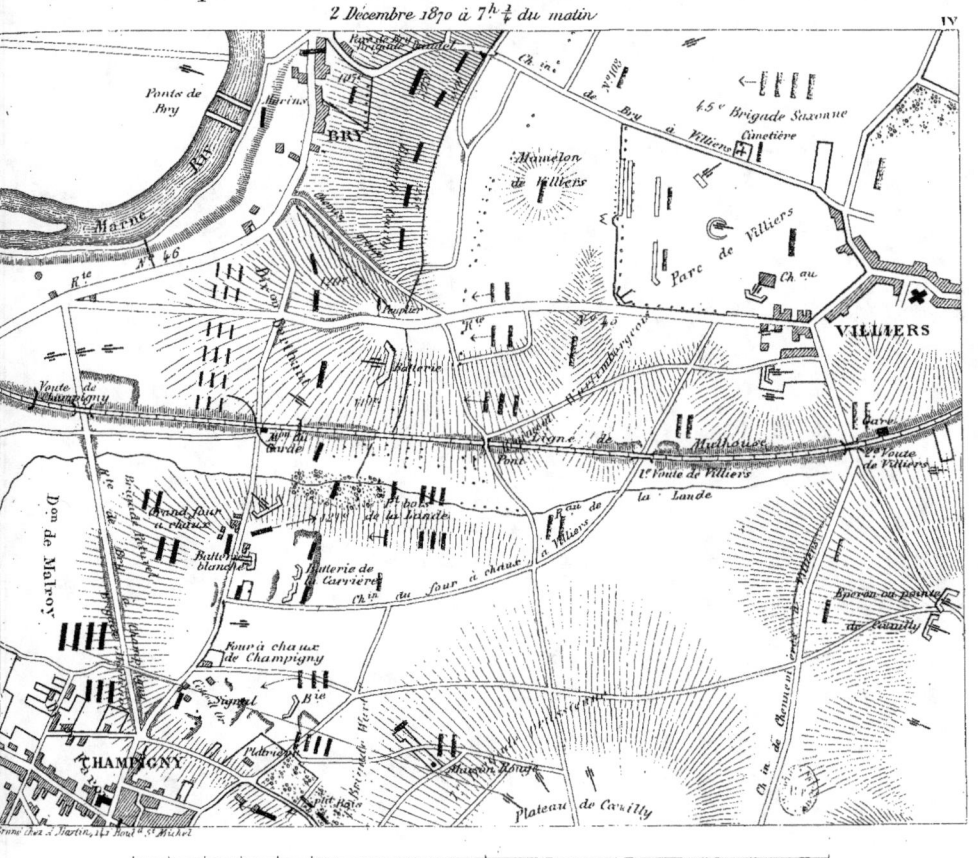

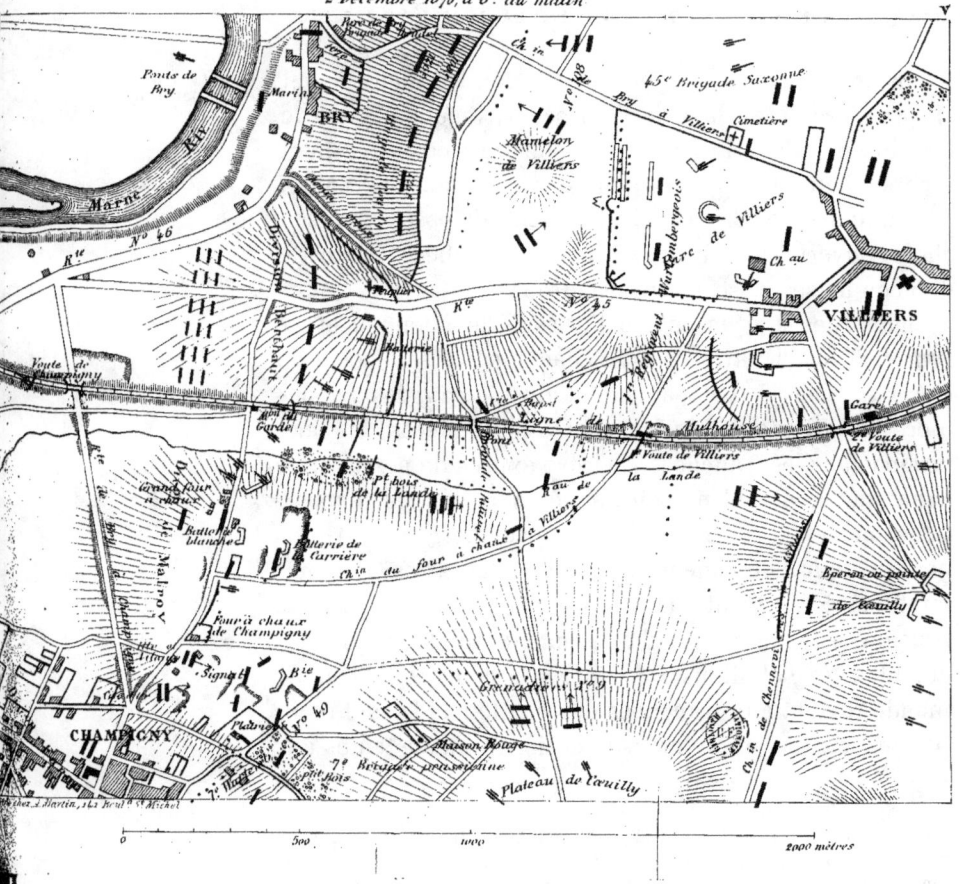

Les Allemands sont repoussés sur le plateau des fours à chaux et devant Villiers.
2 Décembre 1870, à 8h du matin

DÉFENSE DE PARIS. 17

pour contrebattre l'artillerie de Cœuilly. Enfin, sur la gauche, nous sommes vigoureusement soutenus par les deux mitrailleuses de la *maison du garde*.

CHAPITRE IV.

ATTAQUE DE NOS POSITIONS SUR LE PLATEAU DE VILLIERS.

Sur le plateau de Villiers, la division Berthaut, ayant en première ligne la brigade Bocher, défendait tout le terrain entre la voie ferrée et le chemin creux, se reliant à gauche aux troupes du général Courty qui occupaient les hauteurs de Bry (1). Habilement disposée par son chef, couverte par de nombreuses tranchées (2), cette division ne se laisse ni surprendre, ni entamer... Les grand'gardes avertissent de l'arrivée de l'ennemi et se retirent sans bruit... Aussitôt chacun est à son poste de combat... Derrière l'épaulement du plateau, les canonniers de la batterie Moriau sont à leurs pièces, les fantassins dans les tranchées... Ordre exprès de ne pas tirer avant que le signal ne soit donné. A peine ces dispositions sont-elles prises, que les Wurtembergeois (3) prononcent leur mouvement sur toute la ligne ; en quelques minutes, ils arrivent sur nos tranchées... Devant cette brusque attaque, nos soldats hésitent, quelques-uns reculent... les bataillons de réserve accourent... Tout le monde revient aux tranchées et les Allemands sont reçus par un feu roulant de mousqueterie, en même temps que

_{La divis^{on} Berthaut défend énergiquement sa position.}

---

(1) Voir croquis n° 4.
(2) Ces tranchées de première ligne avaient été construites sous la direction du chef du génie, commandant Bardonnaut, par les soldats d'infanterie, qui, grâce à la prévoyance du général Berthaut, avaient apporté des outils sur leurs sacs en quittant la presqu'île de Gennevilliers.
(3) 1er régiment wurtembergeois.

III. 2

la batterie Moriau les couvre de mitraille. Les premiers groupes sont renversés, les autres se retirent en désordre, laissant sur le terrain nombre de morts et de blessés.

<small>L'artillerie du 2e corps entre en ligne.</small>

Pendant que la batterie de Chalain, en position près du chemin de fer, à gauche de la *maison du garde*, tire à obus à balles dans le ravin de la Lande, soutenant ainsi la marche en avant de la brigade Paturel (1), de nouvelles batteries entrent en ligne ; l'artillerie divisionnaire du général Berthaut s'établit à droite et à gauche du chemin de fer, ayant deux mitrailleuses sur la voie ferrée même, derrière l'épaulement de la *maison du garde*; quatre pièces de la 16e du 14e se placent à gauche de la batterie de Chalain jusqu'à la route n° 45 (2); la batterie Nismes, de la division Courty, reprend sa position de l'avant-veille à gauche de cette route, en avant du chemin creux.

Sur le remblai du chemin de fer, derrière les épaulements préparés, prennent place les deux dernières pièces de la 16e du 14e, quatre pièces de la batterie Courtois et deux mitrailleuses du capitaine Mahieu (3); toute cette dernière artillerie est sous les ordres du commandant de Grandchamp.

<small>Les Allemands déploient une grande masse d'artillerie.</small>

Une nouvelle colonne ennemie suivant la ligne du chemin de fer pour chercher à tourner la droite de la division Berthaut, est bientôt arrêtée par quelques décharges.

De ce côté, le colonel de Miribel ne tarde pas à

---

(1) Cette batterie était arrivée sur le terrain vers 6 heures.

(2) Ces quatre pièces étaient sous le commandement du lieutenant Dubois, qui remplaçait le capitaine Solier, blessé le 30 novembre ; les deux autres pièces, aux ordres du sous-lieutenant Clément, furent détachées de la batterie et employées sur la chaussée du chemin de fer.

(3) Les deux autres mitrailleuses disponibles de la batterie Mahieu furent établies, l'une près du viaduc, observant la Marne jusqu'à Bry, l'autre sur le bord du talus dominant la Marne à quelque distance du chemin de fer.

arriver avec quelques bataillons de mobiles (1); renforçant les tranchées à droite et à gauche de la voie ferrée, il rend vaines toutes les tentatives de l'ennemi, et nous assure définitivement la possession de cette partie du champ de bataille (2).

En arrière, le 123e garnit le remblai du chemin de fer, et le 124e occupe avec deux bataillons l'intervalle entre la voie ferrée et la route de Villiers, et avec un bataillon les tranchées entre le Plant et le cimetière de Champigny.

Voyant leur infanterie impuissante, les Allemands déploient leur artillerie sur toutes les crêtes : trois batteries prennent position entre Villiers et le chemin de fer, une autre s'établit à la même hauteur dans le ravin de la Lande, six couronnent les crêtes de Cœuilly.

Un duel violent s'engage. Pendant que les batteries Nismes, Moriau, Dubois, luttent contre l'artillerie de Villiers, les batteries de Chalain, Lapâque, Simon, les mitrailleuses du commandant Ladvocat, les pièces du chemin de fer, unissant leurs efforts aux batteries du four à chaux, contrebattent vigoureusement l'artillerie de Cœuilly. Malheureusement, la position dominante des batteries ennemies, généralement couvertes par des épaulements, leur donne un avantage marqué, leur feu convergent est des plus meurtriers.

Une pluie d'obus tombe au milieu de nos bataillons, de nos batteries. Les réserves d'infanterie se défilent

---

(1) Le colonel de Miribel, au moment de l'attaque, réunissait sa brigade dans le bois du Plant, pour relever la brigade Bocher aux avant-postes. Voyant des masses ennemies se former sur le plateau de Cœuilly, il fit exécuter sur elles des feux de bataillon à son commandement, en prescrivant aux mobiles de prendre la hausse à 1,200 mètres et de viser à double hauteur d'homme. Malgré la grande distance, l'effet fut décisif, et bientôt toute la ligne allemande disparut.

(2) Voir le croquis n° 5.

autant que possible dans les tranchées sur le versant de la Marne; notre artillerie, ne pouvant se masquer, est rudement atteinte.

La batterie de Chalain, complétement à découvert, perd en quelques instants la plupart de ses servants, de ses chevaux; néanmoins, elle continue le feu. Mais, au lever du soleil, le tir des Allemands devient d'une précision extrême; hommes, chevaux sont renversés, deux affûts brisés... Le service des pièces rendu impossible, le colonel Minot donne au capitaine de Chalain l'ordre de se retirer.

Les attelages étant insuffisants, conducteurs, canonniers se mettent aux timons, aux roues, et, au milieu d'un feu des plus intenses, ces braves gens, traînant leurs pièces, vont se reformer derrière le remblai du chemin de fer (1).

Les batteries de 4 Lapâque et Simon, changeant de place plusieurs fois, parviennent à se maintenir encore; bientôt les pertes sont telles, 2 officiers, 32 hommes, 41 chevaux, que le général Berthaut les fait reporter en arrière, ne conservant en ligne que les deux mitrailleuses de la *maison du garde*, si habilement dirigées par l'intrépide commandant Ladvocat. Aux abords de la route n° 45, les batteries Nismes et Dubois, la batterie Moriau se maintiennent dans leurs positions, soutenues en arrière par l'artillerie du chemin de fer aux ordres du commandant de Grandchamp.

Mais cette artillerie attirant sur nos réserves d'infanterie le feu de l'ennemi, est souvent obligée d'interrom-

---

(1) Dans la journée du 30 novembre et la matinée du 2 décembre, la batterie de Chalain avait perdu 43 hommes et 71 chevaux. Le capitaine de Chalain n'avait avec lui qu'un seul officier, M. Bureau, sous-lieutenant auxiliaire sortant de l'École centrale, qui se fit remarquer par son entrain et son énergie.

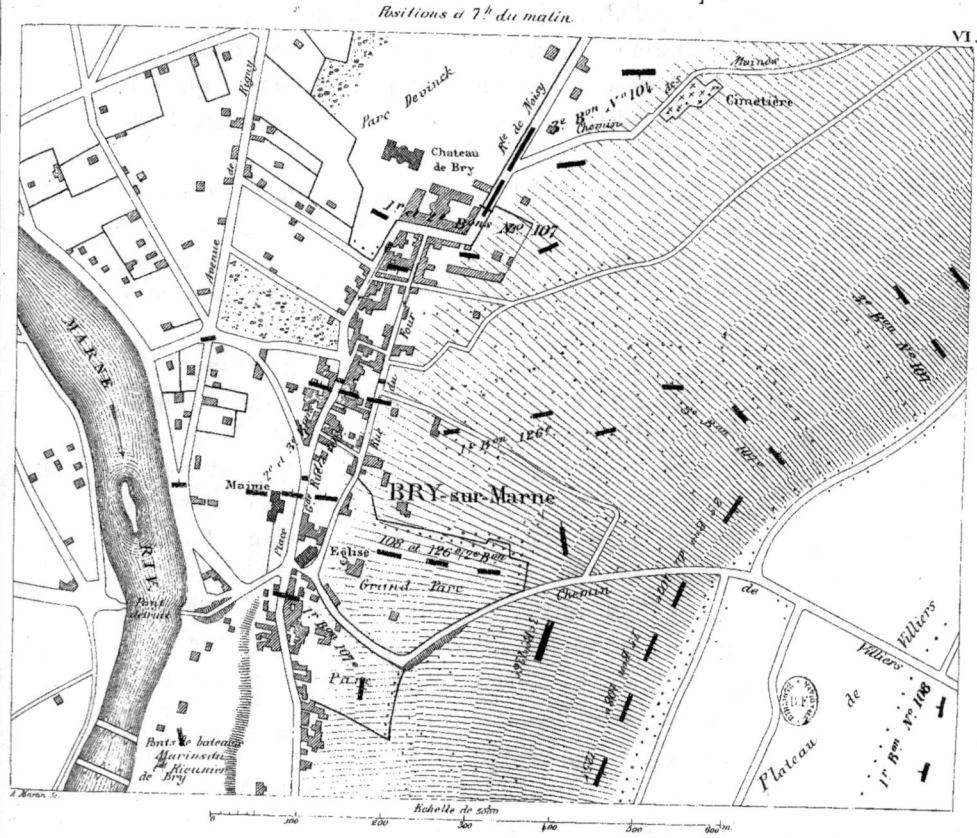

DÉFENSE DE PARIS.

pre son tir, et nos batteries avancées supportent seules le feu meurtrier des Allemands; vigoureusement appuyées par le fort et l'artillerie de position de Nogent, elles ripostent aux batteries de Villiers et de Cœuilly, en même temps que les deux mitrailleuses du commandant Ladvocat, balayant les deux côtés de la voie ferrée, maintiennent à distance les colonnes qui cherchent à renouveler leur offensive par le ravin de Villiers et le vallon de la Lande.

Pendant cette lutte acharnée de l'artillerie, notre infanterie, sans se laisser déconcerter par les obus tombant autour de ses tranchées, soutenait une vive fusillade avec les tirailleurs allemands... Bientôt l'ennemi, renonçant pour le moment à toute offensive, rentre dans le parc, les tranchées de Villiers, les carrières du chemin de fer... et le combat se réduit à une violente canonnade.

CHAPITRE V.

ATTAQUE DE BRY PAR LES SAXONS.

Comme nous l'avons vu, la plus grande activité avait été déployée pour mettre Bry en état de défense... barricades, coupures, murs crénelés, communications latérales..., tout était prêt le matin du 2 décembre.

Positions défensives des brigades Daudel et Courty.

Les brigades Daudel et Courty, échelonnées sur la crête et les pentes, étaient disposées de manière à faire face à Noisy-le-Grand et à Villiers.

Le 125e, appuyant sa droite au chemin creux et se reliant à la division Berthaut, défendait le bord du plateau, avec le 1er bataillon du 108e et le 2e du 107e occupant les abords du chemin de Bry à Villiers; le 3e bataillon du 107e, en potence, gardait les pentes, appuyé à gauche par les 2e et 3e bataillons du 108e, qui tenaient la tête du village du côté de Noisy. Le 126ᵉ formait seconde ligne à hauteur du grand parc, et le 1ᵉʳ bataillon du 107ᵉ était en réserve près de l'église, couvrant les ponts (1).

<small>L'ennemi s'empare des premières maisons de Bry.</small>

Avant le jour, le Saxons se mettent en mouvement. Pendant qu'une batterie de gros calibre, en position dans le parc de Noisy-le-Grand, canonne nos ponts de Neuilly, les 2ᵉ et 1ᵉʳ bataillons du régiment n° 107, suivis du 3ᵉ bataillon du régiment n° 104, s'avancent par la route n° 44, flanqués à droite d'une compagnie de pionniers.

A la faveur du brouillard cette colonne arrive sur nos grand'gardes sans être aperçue ; nos postes sont enlevés, le parc Dewinck est envahi.... l'ennemi, faisant irruption sur le village de Bry, s'empare de la première barricade et de quelques maisons.

<small>Le général Daudel et le colonel Coiffé rétablissent le combat.</small>

Le général Daudel, le colonel Coiffé du 108ᵉ, ramenant nos compagnies ébranlées par cette brusque attaque, accourent au combat... La deuxième barricade, les maisons voisines sont solidement occupées, et le 107ᵉ saxon qui cherche à déboucher par la grande rue, est reçu par une fusillade qui l'arrête court.

A l'est du village, le 1ᵉʳ bataillon du 126ᵉ se précipite au secours de nos avant-postes; mais les Saxons garnissant déjà les jardins, les enclos, l'accueillent par un violent feu de mousqueterie presque à bout portant... un grand nombre d'officiers, de soldats tombent : le commandant Gillant est tué... nos hommes, vivement pressés, se replient vers le milieu des pentes. Là, soutenus par une fraction du 2ᵉ bataillon de leur régiment, ils s'arrêtent, se reforment, sous la direction du lieutenant-colonel Neltner et du commandant Méda... couchés dans les sillons, embusqués derrière les haies, les broussailles, les arbres, ils engagent avec les Allemands un

---

(1) Voir croquis n° 6.

feu très-vif qui les force à rentrer derrière leurs abris.

Des compagnies des 108ᵉ et 126ᵉ, postées dans le grand parc dont les murs crénelés flanquent tout le côté Est du village, contribuent également à repousser les Saxons et à rendre vaines toutes leurs tentatives pour se maintenir sur les pentes.

Du côté de la grande rue, les Allemands, excités par un premier succès, renouvellent leur attaque... ils se précipitent au pas de course sur la barricade... des fenêtres, des toits, part un feu des plus violents... Forcés de se replier, les Saxons, après un instant de répit, reviennent de nouveau à la charge... nos soldats les reçoivent encore par une fusillade nourrie qui jonche la rue de morts et de blessés.

Voyant qu'il ne peut enlever nos défenses de front, l'ennemi tente de les tourner ; un bataillon s'engage entre le village et la Marne, mais de ce côté les Saxons ne sont pas plus heureux ; repoussés de toutes parts, ils se replient sur les premières maisons du village, d'où ils continuent à riposter vivement aux nôtres.

Pendant que toute la partie Nord de Bry est assaillie par trois bataillons, une autre colonne, formée par le 3ᵉ bataillon du 107ᵉ saxon, arrivant par le haut des pentes, se jette sur le 3ᵉ bataillon du 107ᵉ français (1). Tout d'abord, un peu surpris par la soudaineté de l'attaque, les hommes reculent, mais bientôt ramenés par leur énergique commandant, M. Du Hanlay, officiers, soldats, foncent sur l'ennemi, le bousculent et reprennent leur ancienne position. *Attaque par le haut des pentes.*

L'artillerie du 3ᵉ corps, postée sur la rive droite de la Marne, prête à nos troupes un appui des plus efficaces. *L'artillerie du 3ᵉ corps couvre notre flanc gauche.*

---

(1) Coïncidence bizarre : les mêmes numéros de régiment, de bataillon, étaient opposés l'un à l'autre.

Deux batteries de 12, aux ordres du commandant Babinet, établies en amont des ponts de Neuilly, croisent leur feu avec les pièces d'Avron et obligent bientôt à la retraite la batterie du parc de Noisy. Six autres batteries de douze, aux ordres des commandants David et Foncin, en position sur le mamelon du Perreux et ses pentes, battent la plaine et le versant par lesquels l'ennemi cherche à nous tourner, ou tirent à toute volée sur le plateau de Noisy-Villiers pour inquiéter ses réserves. Les mitrailleuses du capitaine Clavel (division Mattat), reprenant leur emplacement de l'avant-veille au sommet du Perreux, contribuent pour leur part à refouler les colonnes allemandes tentant de déboucher de Noisy-le-Grand, et à disperser les groupes qui nous attaquent par les pentes.

Combat acharné dans le village de Bry.

Bien que Bry fût en grande partie resté en notre possession, une lutte acharnée, de maison à maison, de barricade à barricade, de jardin à jardin, s'y poursuivait (1); sur les pentes l'action n'était pas moins vive (2)... embusquées dans les premières maisons, quelques fractions du 107ᵉ saxon prennent à revers nos troupes établies sur la crête... déjà attaquées de front par Villiers, de flanc par le bord du plateau, elles se trouvent dans une situation des plus critiques... Pour les dégager, le général Daudel donne l'ordre au capitaine d'artillerie Baudoin (3) de canonner la partie Nord du village

---

(1) Au début de l'attaque, la compagnie du génie du capitaine Lenclos travaillait aux tranchées sur le bord du plateau de Villiers ; forcée de se replier, elle fut employée dans le village de Bry à percer des murs de clôture, à enfoncer des portes de maisons et de jardins où l'ennemi avait déjà réussi à s'embusquer. Dispersés en petits groupes, les sapeurs, sous l'énergique impulsion de leur chef, facilitent les progrès de notre aile gauche, qui ne tarde pas à reprendre le dessus.

(2) Voir croquis n° 7.

(3) La 4ᵉ batterie du 10ᵉ appartenant à la division Mattat, avait été mise à la disposition du général Daudel et se tenait près des ponts de Bry.

Attaque de Bry par les Saxons (2 Décembre 1870)

Positions vers 9h du matin

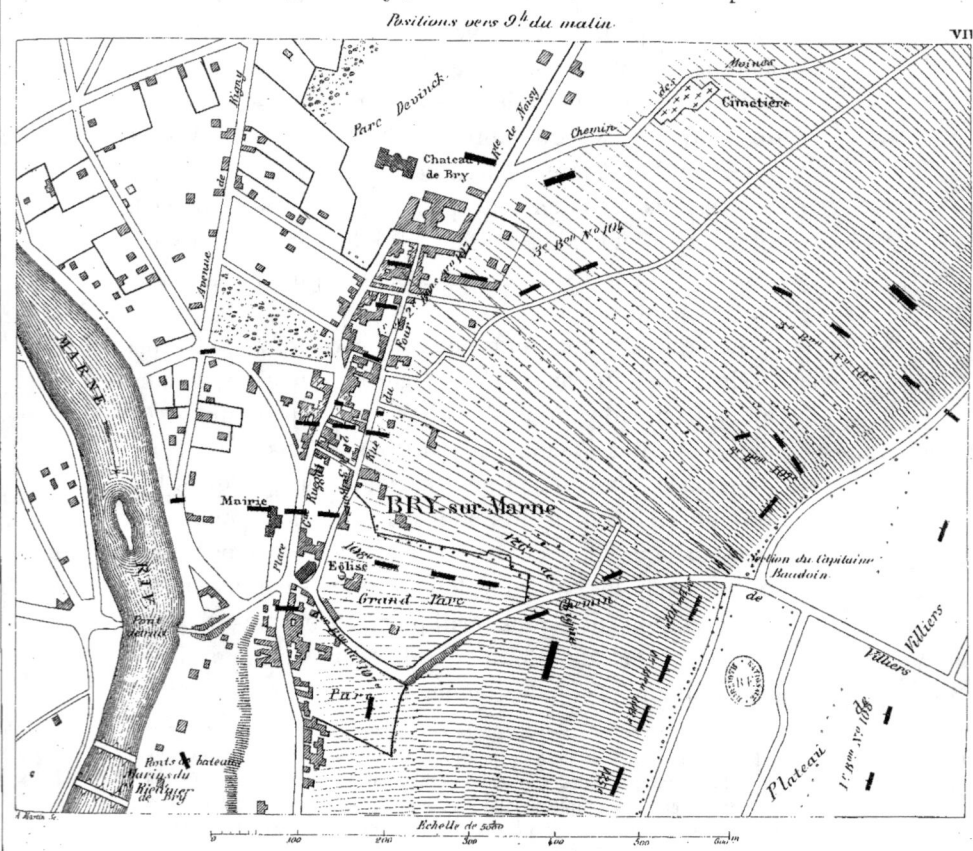

et d'en chasser les tirailleurs ennemis qui nous faisaient tant de mal. Sur les pentes escarpées, le capitaine Baudoin trouve un emplacement favorable : deux pièces grimpant au galop s'établissent au nord du chemin de Villiers, près de la crête, à cinq ou six cents mètres de leur objectif, faisant face à Bry et tournant le dos à Villiers ; dès qu'elles sont en vue, les balles arrivent de tous côtés... nos artilleurs tiennent ferme... Le capitaine Baudoin, pointant lui-même, fouille chaque maison, et en moins d'une demi-heure soixante-huit obus, tirés avec une précision remarquable, ont raison de l'ennemi, qui s'enfuit en désordre dans le parc Dewinck.

A peine l'artillerie a-t-elle accompli son œuvre et dégagé les derrières de nos troupes postées sur le plateau, que celles-ci sont attaquées de front par de fortes colonnes débouchant du parc de Villiers ; mais ces dernières, reçues par un feu de mousqueterie bien dirigé, sont obligées de s'arrêter, et, sur le plateau, dans le village, sur les pentes, ce n'est plus qu'une succession de combats partiels, où l'ardeur, l'entrain de nos jeunes troupes ne le cèdent en rien à l'acharnement de l'ennemi. Déjà les cartouches commençaient à manquer ; trois caissons de munitions amenés par le capitaine d'état-major Altmayer tirent d'embarras le général Daudel et lui permettent de continuer la lutte.

Les Allemands, malgré leur brusque offensive, malgré leurs attaques multiples et acharnées, avaient complétement échoué dans leur entreprise (1)... Nos hommes, engourdis par le froid, par la lassitude, s'étaient laissé surprendre sur quelques points... pendant un instant, la situation avait été gravement compromise (2).

Résumé de la situation à 8 h. 1/2.

---

(1) Voir croquis n° 8.
(2) Vers 8 heures le général en chef avait cru devoir prescrire d'aban-

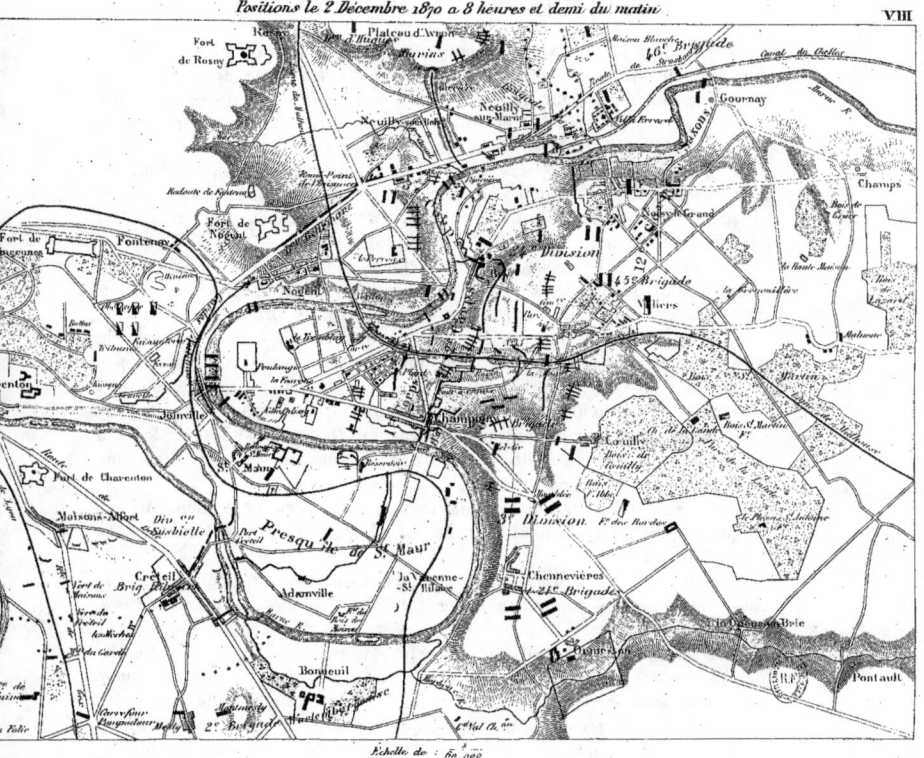

Mais les premiers moments de confusion passés, on s'était maintenu partout. La division Faron à Champigny, les brigades Daudel et Courty à Bry, sur lesquelles pesèrent les principaux efforts de l'ennemi, avaient opposé

donner le village de Bry et de reporter la brigade Daudel sur la rive droite de la Marne.

Voici dans quelles circonstances il avait pris cette grave détermination :

Le capitaine Louis, aide de camp du général commandant le 3e corps, avait été envoyé près du général en chef pour lui faire connaître que, par suite du mouvement de la division de Bellemare, il ne restait plus sur la rive droite de la Marne que la brigade Reille fort en l'air dans le village de Neuilly, et la brigade Mattat, chargée de la défense des ponts de Bry et de Neuilly ; si les colonnes ennemies qui débouchaient de Noisy-le-Grand parvenaient à gagner du terrain entre la rivière et le village de Bry, la retraite de la brigade Daudel pouvait se trouver très-sérieusement compromise.

Au moment où ces renseignements étaient apportés au général Ducrot, la lutte était dans toute sa vivacité sur notre droite, le village de Champigny en grande partie aux mains de l'ennemi, la brigade Martenot en complète déroute, et, par suite, la droite du 2e corps était très-menacée, d'autant plus menacée que les divisions Berthaut et Courty, n'ayant pas perdu un pouce de terrain sur leur front, se trouvaient par conséquent en flèche. Si l'ennemi parvenait à se rendre définitivement maître de Champigny, le 2e corps était nécessairement forcé d'abandonner le bord du plateau de Villiers et de reculer jusqu'au chemin de fer et au bois du Plant.

Dans ces conditions, la brigade Daudel, déjà fortement menacée sur sa gauche, serait également tournée par sa droite et pourrait être cernée complétement.

C'est la perspective d'un aussi fâcheux résultat qui détermina le général en chef à faire donner au général d'Exea l'ordre de reporter la brigade Daudel sur la rive droite de la Marne par les ponts de Bry, de replier les ponts de Neuilly, et de faire évacuer le village de Neuilly par la brigade Reille qui devait prendre position au village de Plaisance.

Mais à peine le capitaine Louis venait-il de s'éloigner que le combat prenait une autre face devant l'énergique résistance de la division Faron et la vigoureuse offensive du général Paturel. Le village de Champigny était en partie reconquis, les positions du four à chaux maintenues, le ravin de la Lande dégagé, et l'ennemi refoulé de tous côtés.

Dès lors la position du 2e corps était assurée et le mouvement de retraite de notre gauche n'avait plus sa raison d'être. Aussi, le général Trochu arrivant à Bry au moment où le général Daudel commençait à regret, et par suite très-lentement, son mouvement rétrograde, n'hésitait pas à lui donner l'ordre de se reporter en avant et de reprendre toutes ses positions.

une indomptable résistance; au centre la division Berthaut était restée inébranlable derrière ses tranchées, et la brigade Paturel, énergiquement entraînée, avait refoulé jusque dans Villiers les colonnes prussiennes qui avaient tenté de nous enlever le Four à chaux.

En un mot, de Bry à Champigny, le champ de bataille nous restait.

Pendant que le général en chef, aidé de ses divisionnaires, organisait et maintenait la résistance, les forts et les batteries de position appuyaient vigoureusement notre artillerie et nos troupes de première ligne : Avron, avec ses gros calibres, battait toute la vallée de Chelles et le débouché du pont de Gournay; ses pièces de 7, croisant leur feu sur le plateau de Villiers avec les batteries de Nogent, obligeaient l'artillerie saxonne à changer fréquemment de position; le fort de Nogent, battant le ravin de la Lande et les pentes de Cœuilly, contribuait efficacement aussi à arrêter les nouvelles tentatives de l'ennemi.

CHAPITRE VI.

LES ALLEMANDS RENOUVELLENT LEUR OFFENSIVE SUR TOUT LE FRONT.

« Les Poméraniens, les Saxons, les Wurtembergeois, « dit le major Niepold, luttaient avec courage et per-« sévérance. La supériorité numérique des Français, « leur bravoure, mais surtout le feu infernal de leur ar-« tillerie, avaient forcé les Allemands à battre en retraite, « mais sans pouvoir vaincre leur résistance. Ils ne *peu-*« *vent pas percer, et ils ne perceront pas;* tel était le « mot d'ordre général. »

<small>Nouvelle attaque générale.</small>

A coup sûr, dans cette journée, nous n'avions plus

l'espoir de percer ; nous ne luttions plus que pour conserver nos positions. Mais les Allemands s'étaient fait un devoir d'honneur de nous reprendre les villages de Bry et de Champigny ; voyant que les premières colonnes avaient échoué, le général de Fransecky donne partout l'ordre de faire avancer les réserves.

CHAMPIGNY. — FOURS A CHAUX.

Le régiment de grenadiers n° 9 cherche à couper la retraite au général Paturel.

La brigade Du Trossel, 7ᵉ du 2ᵉ corps, est chargée de faire un nouvel effort contre Champigny et le four à chaux. Pendant que le régiment n° 49 entre dans le village, le régiment de grenadiers n° 9 s'élance sur les pentes de Cœuilly pour couper la retraite aux tirailleurs du général Paturel, formant une pointe avancée dans le ravin de la Lande (1).

En un instant les flancs du coteau se couvrent de groupes qui, embusqués derrière les arbres, les plis de terrain, les vignes, prennent d'écharpe et d'enfilade toute notre ligne.

Avec trois ou quatre cents hommes au plus, le général, faisant battre la charge, se jette intrépidement contre ces nouveaux adversaires... malgré leur supériorité numérique très-considérable, les Poméraniens ne se laissent pas aborder et se replient en toute hâte sur leurs réserves.

Celles-ci, défilées derrière la crête, nous laissent arriver ; dès que nous sommes à bonne portée, elles nous reçoivent par un feu rapide ; officiers et soldats tombent en grand nombre. Le général Paturel, blessé grièvement, est obligé de laisser le commandement au chef de

---

(1) Voir croquis n° 5, page 20.

bataillon Leclaire, du 121ᵉ. Ne voyant plus leur général au milieu d'eux, nos soldats, réduits à un effectif des plus minimes, hésitent, s'arrêtent; notre artillerie, complétement masquée, ne peut plus les soutenir. Les Allemands, profitant de cet instant critique, prononcent une double attaque par le ravin de la Lande et par les pentes de Cœuilly; menacés d'être enveloppés par des forces de beaucoup supérieures, nos hommes battent en retraite jusqu'au parc de la Lande et au plateau du Four à chaux; là, abrités dans les tranchées, dans les carrières, ils tiennent ferme; bientôt même quelques décharges à mitraille forcent l'ennemi à rétrograder; et vers 9 heures ses colonnes disparaissent de nouveau sur la plateau de Cœuilly et derrière les tranchées de Villiers (1).

Dans Champigny, la fusillade, qui n'avait pas discontinué, devint plus furieuse que jamais à l'arrivée du régiment n° 49.

Nouvelle attaque sur Champigny à l'arrivée du régiment n° 49.

Embusqués dans la tranchée près de la rivière, dans les maisons voisines de l'église, dans les jardins, les Allemands cherchent à tourner notre droite en nous chassant de l'avenue Bretigny et de la chaussée du Pont (2); mais tous leurs efforts viennent échouer devant l'énergique résistance du 113ᵉ de ligne.

Au centre du village, la lutte est également des plus chaudes. Les Wurtembergeois, maîtres depuis le matin d'un certain nombre de maisons au nord de la Grande-Rue, finissent, en cheminant d'habitation en habitation, de jardin en jardin, par s'emparer de tout le pâté compris entre les rues de la Croix, des Roches, du Four et la Grande-Rue.

---

(1) Dans ce mouvement offensif, la compagnie Bapst du 122ᵉ, isolée près du pont du chemin de fer, avait été enlevée après avoir perdu près de la moitié de son effectif. (Voir aux pièces justificatives n° VI.)

(2) Voir croquis n° 3, page 15.

Pris à revers, les défenseurs de la barricade C sont obligés de se replier.

Sur le côté sud de la Grande-Rue l'ennemi gagne également du terrain, mais il est arrêté par la *maison verte* (1). Cette maison enfilant toute la partie de la Grande-Rue restée en notre pouvoir, était pour lui des plus importantes. Plusieurs fois déjà il avait cherché à s'en emparer; mais nos soldats, défiant toutes les attaques, s'y défendaient avec une indomptable ténacité (2).

Lors de l'arrivée des Poméraniens, les défenseurs de la *maison verte* ont encore à soutenir un nouvel assaut... ils le repoussent avec le même succès.

Cependant leur situation n'en est pas moins des plus critiques : les Allemands occupent toutes les maisons attenantes et commandent tous les débouchés.

<small>On établit une communication avec la *Maison Verte*.</small>

A différentes reprises quelques fractions du 35ᵉ essaient de rejoindre ces braves gens ; mais devant le feu des Wurtembergeois qui, postés dans la maison A, balaient à bout portant la place de la Pompe, la rue du Clocher, nous sommes obligés de renoncer à toute tentative à découvert; un boyau de tranchée est commencé à travers la rue du Clocher par les sapeurs du commandant de Bussy, et bientôt, au moyen de cette espèce de double caponnière faite de sacs à terre, nous pouvons communiquer avec la *maison verte*.

<small>Nous reprenons l'avantage dans Champigny.</small>

Dès lors, nos compagnies, bien reliées les unes aux autres, nous reprenons l'avantage dans la partie du village située entre l'église et la Grande-Rue.

Au nord de Champigny la lutte se continue vive,

---

(1) Voir croquis n° 9.
(2) De là on voyait, à l'aide d'un miroir, ce qui se passait dans les maisons de l'autre côté de la rue ; les officiers allemands battaient leurs hommes pour les obliger à se mettre aux créneaux.

Positions dans Champigny, le 2 Décbre à 11hres du matin. IX

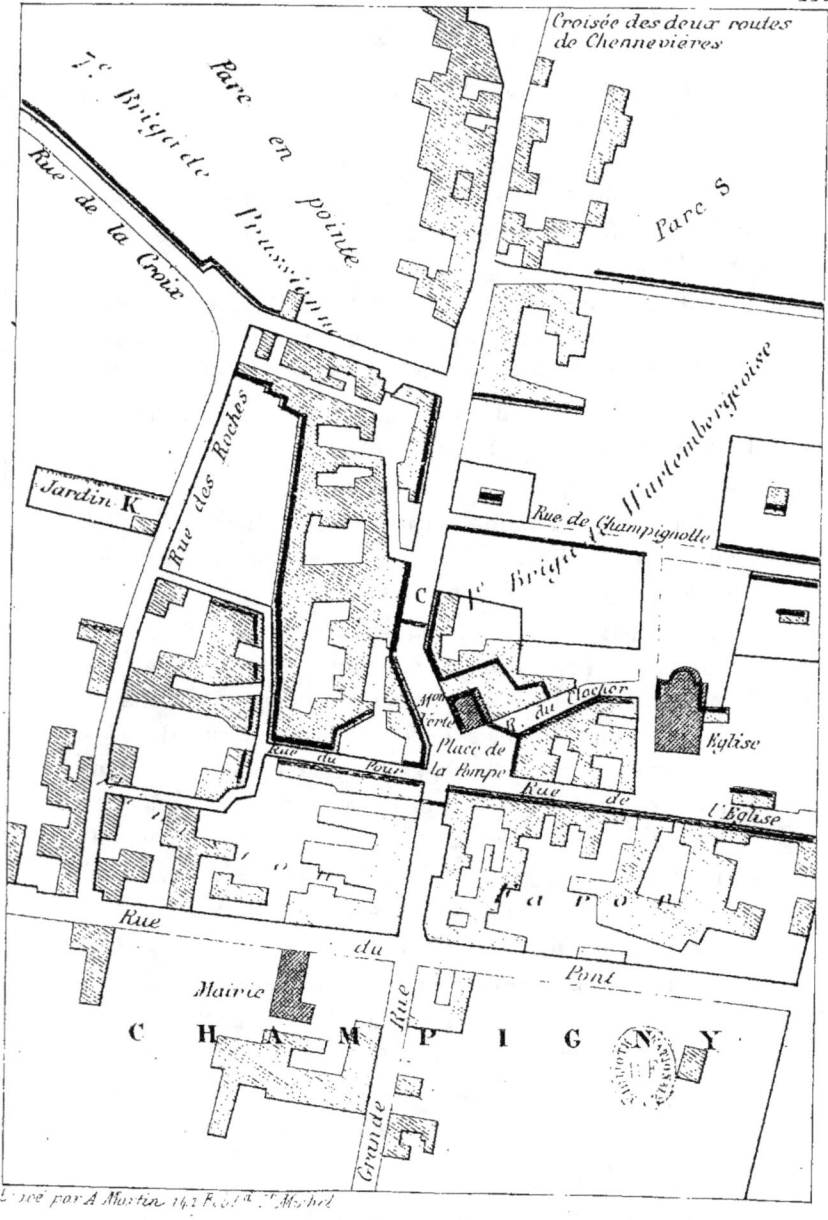

acharnée entre la Plâtrière, le Parc-en-Pointe et les défenseurs des maisons X et du jardin K. Les quelques hommes enfermés dans ce dernier enclos aux murs élevés, ignoraient absolument ce qui se passait ; ils ne pouvaient même savoir si leurs camarades tenaient encore dans Champigny ; ils essaient une communication à travers la rue des Roches à l'aide de quelques fagots... presque tous ceux qui tentent de passer ayant été tués ou blessés, tous ne songent plus qu'à se défendre avec la plus vive énergie.

De la droite à la gauche, le village de Champigny semblait en feu... des meurtrières, des fenêtres, du clocher, des barricades, des coins de rue, des haies, des vergers, la fusillade se croisait de toutes parts... un homme du 35e, excellent tireur, posté dans un grenier en arrière de la rue du Pont, brûla jusqu'à cent paquets de cartouches. *Lutte acharnée. Nous prenons l'offensive.*

L'ennemi complétement arrêté, nous prenons l'offensive. Au nord de la grande rue, nos sapeurs s'avancent par cheminement ; en dirigeant ce travail le capitaine de la Taille reçoit à bout portant un coup de feu en pleine figure ; le sous-lieutenant Montès est blessé presque en même temps... les sapeurs n'en continuent pas moins leur périlleuse besogne, et, conduits par le capitaine Granade, ils refoulent successivement l'ennemi de maison en maison.

Sur le plateau du Four à chaux nos troupes, échelonnées de la Plâtrière au ravin de la Lande, tenaient également partout leurs adversaires en respect. Dans les carrières voisines de Champigny se trouvaient les deux ou trois cents mobiles du commandant d'Andelarre ; les abords du grand Four à chaux, du bois de la Lande, étaient occupés par la brigade Paturel, qui avait dû en outre s'étendre à droite vers le plateau du Signal pour boucher la *Énergique défense sur le plateau des Fours à chaux.*

trouée faite par le départ de la brigade Martenot presque tout entière (1).

Derrière les tranchées du chemin de fer se tenaient les mobiles de la brigade de Miribel.

De ce côté toutes les tentatives de l'ennemi ayant été repoussées, le combat d'infanterie avait pour ainsi dire cessé, mais les crêtes de Cœuilly s'étaient hérissées de nombreuses batteries, et bientôt ce fut sur toute cette ligne un duel formidable d'artillerie.

Les batteries de la division de Malroy, énergiquement appuyées par les deux batteries du commandant Déthorey, continuaient, malgré des pertes sérieuses, à soutenir la lutte avec la plus grande vigueur, lorsque vers 10 heures trois batteries wurtembergeoises s'établissant sur le bord ouest du plateau de Cœuilly, les prennent en rouage. Bientôt quatre pièces sont désemparées, et les pertes devenant considérables en hommes, en attelages, en matériel, le commandant Briens reçoit l'ordre de quitter sa position avancée pour aller se reformer entre le bois du Plant et le cimetière de Champigny.

Les batteries du commandant Déthorey, fort éprouvées également, durent aussi prendre une position plus en arrière ; elles s'établirent de chaque côté du ruisseau de la Lande à l'abri de la chaussée de la route de Bry à Champigny. Dans ces nouvelles positions, ces batteries ne tardèrent pas à recommencer le feu, combinant leur tir avec l'artillerie de réserve établie derrière Champigny.

Nous attaquons la Maison Rouge (10 heures).

L'ennemi, profitant de la supériorité de son feu, reforme ses colonnes et devient menaçant sur toutes les pentes de Cœuilly. Une masse de tirailleurs, défilés derrière les

---

(1) Les mobiles de la Côte-d'Or et d'Ille-et-Vilaine, fort éprouvés par la lutte sur le plateau du Signal, se reformaient dans le bois du Plant.

vergers, les haies, les clôtures, nous fusillent à petite distance. Un certain nombre, postés dans l'enclos de la *Maison Rouge,* nous font surtout beaucoup de mal (1). Une compagnie du 122ᵉ s'élance sur cette maison ; malgré un feu violent nos hommes arrivent au pied des murs et s'emparent des deux faces nord de l'enclos... mais l'ennemi se retirant derrière les faces opposées couvre de balles tout le jardin et nous empêche d'y pénétrer. Pris de flanc et à revers par les tirailleurs embusqués sur les pentes de Cœuilly nos soldats se trouvent bientôt dans une situation très-critique, et sont contraints de se retirer.

Les défenseurs de la *Maison Rouge* se lancent à notre poursuite, pendant qu'un bataillon prussien du régiment n° 49, sortant du petit bois, cherche à nous couper la retraite. Le colonel de la Monneraye du 122ᵉ, à la tête de trois compagnies de son régiment, se précipite sur le flanc du bataillon prussien ; à peine a-t-il fait quelques pas qu'il tombe mortellement frappé ; nos compagnies continuent leur marche sous la direction du commandant Aillery ; des fractions du 121ᵉ et quelques mobiles se joignent à elles, et ces trois ou quatre cents hommes se jetant à la baïonnette sur les Prussiens, les bousculent dans la Plâtrière, le petit bois, leur faisant une cinquantaine de prisonniers et délivrant quarante des nôtres qui venaient de tomber entre leurs mains.

A la tête d'une centaine d'hommes, le capitaine adjudant-major Forest-Defaye, talonnant de près les fuyards, pénètre dans la Platrière et tombe mortellement frappé en enlevant cette importante position qui dominait le Parc-en-Pointe et une partie des maisons de Champigny occupées par l'ennemi. Deux compagnies du 121ᵉ s'y installent immédiatement.

<small>Reprise de la Platrière</small>

---

(1) Voir croquis n° 10.

A la suite de cette vigoureuse offensive, les Allemands, épuisés, mis en désordre, semblent ne plus songer à reprendre l'offensive ; nous profitons de ce moment de répit pour remettre un peu d'ordre dans les deux régiments de la brigade Paturel, si cruellement éprouvée.

Le général était blessé ; les deux colonels des 121ᵉ et 122ᵉ tués ; trois chefs de bataillon hors de combat. Le 122ᵉ avait perdu près de 600 hommes et 27 officiers, le 121ᵉ 400 hommes et 21 officiers.

« A Champigny, dit le major Niepold, les Poméraniens « et les Wurtembergeois combattirent ensemble avec « une grande opiniâtreté, mais dans l'espoir qu'un ren- « fort prochain ne tarderait pas à arriver. »

Ainsi, à 10 heures, deux brigades étaient venues successivement se heurter à nos défenseurs de Champigny sans pouvoir les déloger de leurs positions ; leur situation était même assez compromise dans ce village où nous commencions à regagner quelques maisons, quelques jardins, et l'ennemi comptait pour le soutenir sur l'arrivée prochaine d'un nouveau renfort. Le général en chef avait en effet donné l'ordre à la 3ᵉ division Hartmann d'entrer en ligne sur tout le front Villiers-Cœuilly ; cette division devait être remplacée sur le plateau de Chennevières par les 8ᵉ et 21ᵉ brigades.

PLATEAU DE VILLIERS-BRY-SUR-MARNE.

Défense du plateau de Villiers.

Sur le plateau de Villiers la division Berthaut continuait à se défendre énergiquement derrière ses tranchées, repoussant toutes les tentatives de l'ennemi.

L'artillerie, habilement dirigée par le général Frébault, par le général Boissonnet, déployait la plus grande vigueur ; mais en butte aux feux croisés des nombreuses bat-

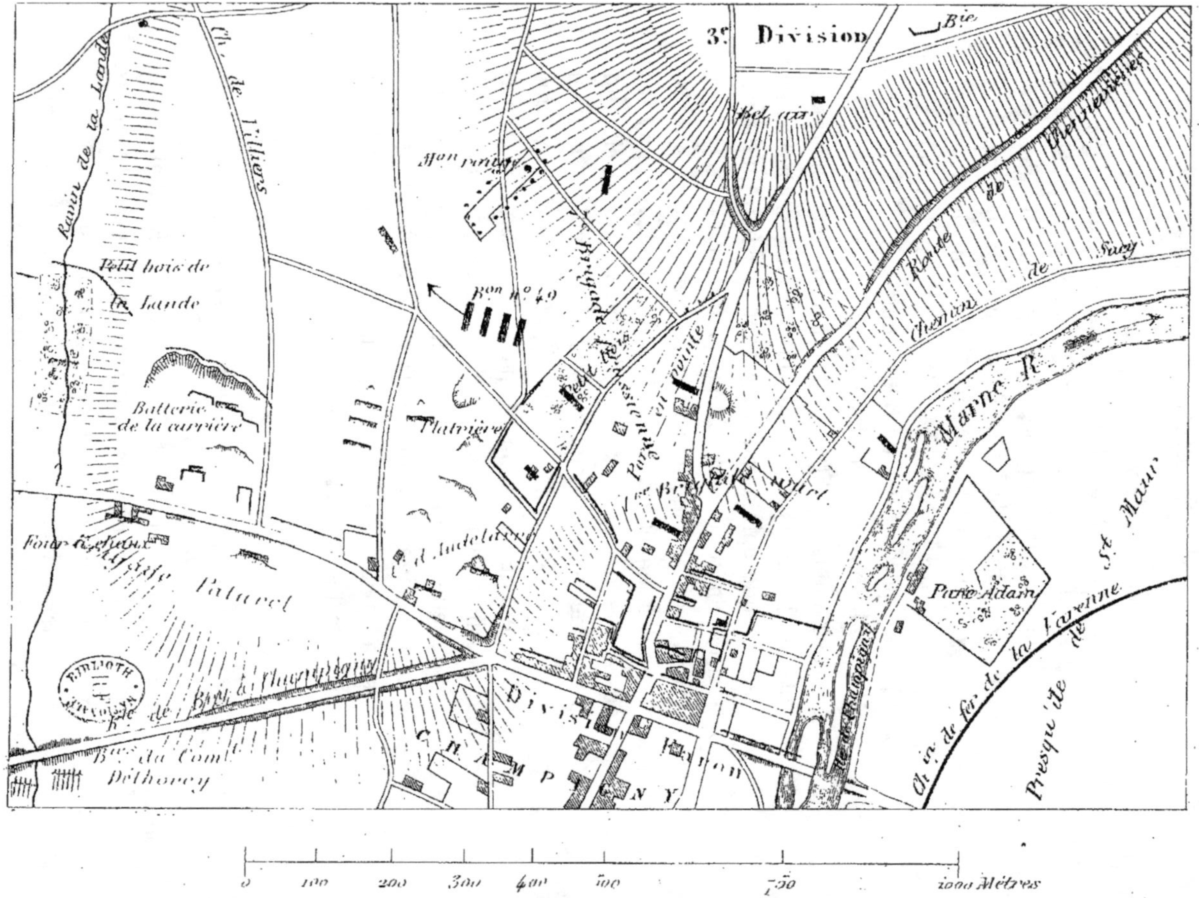
3e Division
Bie
Bel air
Route de Chennevières
Chemin de Sucy
Marne R.
Parc Adam
Ch. in de fer de la Varenne
Presqu'île de St Maur
Ravin de la Lande
Ch. de Villiers
Petit bois de la Lande
Batterie de la carrière
Platrière
Bon n° 49
Brigade
Four à chaux
Paturel
Division
CHAMPIGNY
Bes da Com. Dethorey
0 100 200 300 400 500 750 1000 Mètres

teries de Villiers et de Cœuilly, elle était fort maltraitée.

Malgré l'épaulement qui la couvre, la batterie Moriau essuie de grosses pertes ; le parapet insuffisant est traversé par les obus... bientôt nombre d'hommes, de chevaux sont hors de combat. Le feu devenant de plus en plus meurtrier, le capitaine Moriau reçoit l'ordre de se retirer.

Les batteries Nismes (1) et Dubois, légèrement défilées par un pli de terrain, peuvent continuer la lutte, mais elles souffrent cruellement. Pour les appuyer le commandant Lefébure porte en avant la réserve générale. Pendant que les batteries Malherbe et Bajau s'établissent aux abords de la route n° 45, la batterie Gros prend position sur la crête de Bry afin de soutenir les troupes engagées contre Villiers. *Les batteries de la réserve générale entrent en ligne sur le plateau de Villiers (10 heures).*

Nos batteries, déjà aux prises avec l'artillerie de Villiers et de l'éperon de Cœuilly, furent un instant très-vivement inquiétées par de nouvelles batteries prussiennes (2), qui, venues sur la partie nord du plateau de Cœuilly, les prenaient en rouage ; mais les grossses pièces du fort de Nogent, une pièce de 19 entre autres, eurent bientôt raison de ces batteries et les forcèrent à se replier.

Toujours au plus fort de l'action, le général Boissonnet venait d'être blessé ; il fut remplacé par le colonel Minot, et le commandant Warnesson prit la direction de la réserve générale.

Au-dessus de Bry la lutte était des plus chaudes : à diverses reprises l'ennemi avait cherché à nous rejeter sur les pentes, mais nos hommes, cramponnés au talus bordant la crête, l'accueillaient chaque fois par un feu rapide qui le forçait à rétrograder. *L'ennemi prononce une nouvelle offensive contre Bry.*

---

(1) La batterie Nismes a tiré plus de 2,500 coups dans les journées des 30 novembre et 2 décembre ; sur ce nombre elle a tiré environ 600 obus à balles ou coups à mitraille, presque tous au commandement de son chef.

(2) Artillerie de réserve du 11ᵉ corps.

Voyant ces premiers efforts impuissants, le prince Georges de Saxe fait avancer le régiment de tirailleurs n° 108 (1). Le 1ᵉʳ bataillon descendant du mamelon de Villiers s'élance contre nos tranchées... le 125ᵉ et le 3ᵉ bataillon du 126ᵉ, soutenus par le feu de la batterie Gros, le repoussent énergiquement. « Des deux côtés, dit
« le major Niepold, le feu s'exécutait à une distance si
« rapprochée que les pertes furent très-grandes de part
« et d'autre. Dans le bataillon de tirailleurs, le comman-
« dant, tous les capitaines, et presque tous les officiers
« furent mis hors de combat, et les compagnies étaient
« sensiblement réduites.

Le régiment des tirailleurs n° 108 et le 13ᵉ bataillon de chassᵣˢ saxons sont refoulés dans le parc de Villiers par la brigade Courty.

« Après plusieurs tentatives faites par le 1ᵉʳ bataillon
« de tirailleurs pour soutenir le combat et empêcher que
« la position ne fût tournée, le colonel de Hausen, com-
« mandant le régiment de tirailleurs, envoya comme
« renfort son 2ᵉ bataillon ainsi que le 13ᵉ bataillon de
« chasseurs, afin de prolonger le flanc gauche de la ligne
« de combat. »

Entraînés par leurs officiers, nos soldats s'élancent sur le plateau ; une lutte s'engage presque corps à corps ; les lieutenants-colonels Jourdain et Neltner des 125ᵉ et 126ᵉ tombent mortellement frappés ; néanmoins nous gagnons toujours du terrain.

« L'ennemi, ajoute le major Niepold, continuait mal-
« gré cela à entamer cette aile, et en même temps de
« forts essaims de tirailleurs attaquaient de face le parc
« de Villiers ; des canons et des mitrailleuses prenaient
« également part à cette action, de telle sorte que les deux
« bataillons de tirailleurs Saxons avaient à soutenir de
« front un feu très-vif de mousqueterie et étaient pris en

---

(1) Voir croquis n° 11.

XI

Les Saxons et les Wurtembergeois sont définitivement refoulés

« flanc et à dos par les obus de gros calibre du mont
« Avron. En peu d'instants ils eurent donc à supporter
« des pertes très-importantes. »

Comme on le voit, non-seulement l'ennemi n'avançait pas, mais fortement menacé sur sa gauche il craignait d'être enveloppé et coupé du parc de Villiers.

De ce côté, en effet, nos soldats, excités par la présence du général en chef, arrivent déjà sur les pentes du mamelon de Villiers, où la lutte devient de plus en plus chaude. Bientôt les munitions manquent à notre première ligne de tirailleurs embusqués dans un pli de terrain à petite distance des murs du parc de Villiers. Le général en chef envoie quelques éclaireurs de son escorte avec le commandant Franchetti pour prendre des cartouches dans les caissons arrêtés près du village de Bry.

Placées dans des sacs sur l'arçon de la selle, les cartouches sont rapidement apportées et distribuées par ces intrépides cavaliers aux tirailleurs les plus avancés; c'est en revenant d'accomplir cette mission que le brave Franchetti est atteint d'un éclat d'obus, au moment où il entrait dans le chemin creux qui descend de Villiers sur Bry (midi et demi).

A peu près en même temps, les troupes saxonnes se trouvaient, sous le rapport des munitions, dans un embarras égal au nôtre.

« A midi, dit le major Niepold, les munitions com-
« mençaient à manquer. L'artillerie française redoublait
« son tir à obus ; de tous les côtés, de nouvelles batteries
« s'installaient. Les troupes saxonnes ne formaient qu'un
« cordon très-mince : le colonel de Hausen se décida
« donc, bien malgré lui, à ordonner la retraite sur Villiers.
« En séjournant trop longtemps dans une position
« exposée et sans soutien direct, les bataillons de tirail-
« leurs eussent été immédiatement enveloppés. »

38   DÉFENSE DE PARIS.

Les 107ᵉ et 108ᵉ saxons sont refoulés par les 107ᵉ et 108ᵉ français.

Pendant que le 125ᵉ et une partie du 126ᵉ repoussaient avec tant de vigueur le 13ᵉ bataillon de chasseurs et le régiment de tirailleurs saxons, le 1ᵉʳ bataillon du 108ᵉ et les 2ᵉ et 3ᵉ du 107ᵉ français, dirigés par le colonel Tarayre, combattaient avec le même succès contre les régiments nᵒˢ 108 et 107 saxons, qui nous attaquaient à la fois par le plateau et par les pentes. Masqués dans les vergers, derrière les haies, les Allemands, à 150 mètres de nous tout au plus, faisaient les plus énergiques efforts pour nous rejeter dans le village... Le feu de la mousqueterie produisant peu d'effet sur nos hommes rasés derrière les accidents du sol, ils essayèrent plusieurs fois de nous aborder... Poussés par leurs officiers, ils sortaient de leurs abris, faisaient quelques pas en avant... aussitôt les nôtres, baïonnette basse, s'élançaient résolûment à leur rencontre... Chaque fois, les Allemands tournaient le dos et couraient à leurs abris, d'où ils nous repoussaient à leur tour par une fusillade meurtrière. Longtemps sur le plateau, sur les pentes, ce fut de part et d'autre une suite de mouvements en avant et en arrière. A la fin, l'acharnement de l'ennemi dut céder devant l'entrain et la vaillance de nos soldats, et sur toute la ligne il fut obligé de se replier.

Le général Trochu arrive sur le plateau de Bry.

Les hommes du 3ᵉ bataillon du 107ᵉ, entraînés par leur intrépide commandant, M. Du Hanlay, venaient de fournir une dernière charge, quand apparaît le général Trochu. « Je viens de Champigny, dit-il; là se battent comme « des héros les soldats de deux vieux régiments; vous « ne leur cédez en rien... brave Du Hanlay, je vous fais « lieutenant-colonel » (1).

Retraite de l'ennemi.

« La retraite, dit le major Niepold, s'effectua sous la

---

(1) Voir aux pièces justificatives n° XIV.

« protection du 3ᵉ bataillon du régiment d'infanterie
« n° 107. En conséquence, les 11ᵉ et 12ᵉ compagnies
« s'échelonnèrent pour recueillir et soutenir par leur feu
« les deux bataillons du régiment de tirailleurs n° 108,
« battant en retraite sur l'angle nord du parc de Villiers ;
« et les 9ᵉ et 10ᵉ compagnies exécutèrent un retour
« offensif sur le flanc gauche de la position française
« pour couvrir cette retraite. Ces deux compagnies se
« portèrent en avant avec une grande bravoure, mais
« elles perdirent en quelques minutes 2 chefs de com-
« pagnie, 4 officiers et un très-grand nombre d'hommes.
« Elles durent dès lors se replier aussi sur Villiers. »

« La retraite des tirailleurs saxons, soutenue par le
« feu des 11ᵉ et 12ᵉ compagnies du régiment n° 107, était
« appuyée par le 3ᵉ bataillon du régiment des grenadiers
« du corps n° 100, qui garnissait le mur du parc de
« Villiers, et par une batterie saxonne établie au sud
« de Villiers. Les 10 compagnies du régiment de tirail-
« leurs n° 108 purent ainsi se rallier en arrière de Vil-
« liers. »

L'ennemi, visiblement épuisé, ne laisse sur le plateau
que quelques tirailleurs ; mais il fait avancer son artillerie de réserve. Dix batteries, prenant position entre
Villiers et Noisy-le-Grand, couvrent de projectiles le
versant de la Marne, le village et les ponts de Bry ; ces
batteries sont vivement inquiétées par l'artillerie d'Avron ;
les pièces de 7, notamment, les obligent à de fréquents
changements de position.

Pendant que nous soutenions énergiquement la lutte
sur les pentes et sur le plateau, les défenseurs de la
partie nord de Bry, cheminant de maison en maison,
gagnaient du terrain... Réfugiés dans le parc Dewinck,
les Saxons cherchent à nous résister encore ; mais,
craignant d'être coupés, ils ne tardent pas à se retirer

<small>Les Saxons sont contraints d'abandonner la partie du village de Bry qu'ils nous avaient enlevée le matin.</small>

vers Noisy-le-Grand, nous laissant un grand nombre des leurs qui s'étaient réfugiés dans les caves.

La brigade Daudel recueillit sur cette partie du champ de bataille où elle s'était si glorieusement conduite 475 prisonniers, dont 5 officiers, plus de 800 fusils, quantité considérable de havre-sacs, gibernes, casques, etc. L'ennemi avait fait des pertes énormes : les pentes, les avenues, les rues, les maisons, étaient encombrées de ses morts ; sur le plateau de Villiers, on voyait également des monceaux de cadavres saxons et wurtembergeois. Les deux régiments saxons à eux seuls perdirent près de 1,200 hommes et 46 officiers : le régiment n° 107, 36 officiers et 636 hommes ; le régiment n° 108, 10 officiers et 650 hommes. Le 1er régiment wurtembergeois perdit également 4 officiers et 200 hommes, le 13e bataillon de chasseurs saxons, 1 officier et 53 hommes.

De notre côté, nous avons malheureusement aussi été cruellement éprouvés :

Le 125e avait perdu 20 officiers et 359 hommes.
Le 126e —   17   —   et 224   —
Le 107e —   16   —   et 514   —
Le 108e —   6   —   et 206   —

Les marins du commandant Rieunier, « à leur poste obscur et périlleux, » avaient toute la journée gardé leurs ponts de Bry, au milieu de la canonnade et de la fusillade ; ils avaient perdu quelques hommes et un officier, l'enseigne de vaisseau Versnheider, officier d'ordonnance du vice-amiral de La Roncière-le-Noury, détaché pour l'opération.

Les divisions de Susbielle et de Bellemare arrivent sur le champ de bataille. Comme on l'a vu plus haut, les divisions de Bellemare et de Susbielle avaient été rappelées dès le début de la journée pour renforcer les points les plus menacés ; elles avaient passé la Marne aux ponts de Joinville (1) et arrivaient en ligne au moment où la lutte était encore dans toute sa vivacité.

Le 115ᵉ de la division de Susbielle est immédiatement dirigé vers les fours à chaux sur lesquels l'ennemi prononce une nouvelle et très-énergique attaque (2); le 116ᵉ de la même division renforce la division Berthaut sur le plateau de Villiers.

La division de Bellemare relève dans le village de Bry et sur les positions environnantes les brigades Daudel et Courty, épuisées par six heures de lutte acharnée : la brigade Fournès est en première ligne ; le 136ᵉ, appuyé à la route n° 45, remplace les 125ᵉ et 126ᵉ sur le bord du plateau au nord du chemin creux, le 4ᵉ zouaves, placé à sa gauche, relève les 107ᵉ et 108ᵉ près du chemin de Bry à Villiers.

La brigade Colonieu, en colonne sur les pentes, forme deuxième ligne. La brigade Daudel se concentre dans le village de Bry, et la brigade Courty va se reformer dans le bois du Plant.

Les trois batteries divisionnaires du général de Bellemare aux ordres du commandant Tardif de Moidrey (3), prenant position à gauche de la route n° 45, joignent leur feu à celui des batteries établies entre cette route et le chemin de fer ; la canonnade redouble alors d'in-

---

(1) La division de Bellemare venant du rond-point de Plaisance, avait dû faire un détour et aller jusqu'aux ponts de Joinville, les ponts de Nogent étant fatigués.

(2) Le 115ᵉ n'avait que deux bataillons ; le 1ᵉʳ était resté à Créteil à la disposition du général Ribourt.

Dans la journée cette position fut, en outre, renforcée par quatre bataillons de la brigade Blaise et une batterie venue du Moulin-Saquet.

(3) Ces trois batteries étaient :
La 16ᵉ du 2ᵉ (4), capitaine Malfroy ;
La 16ᵉ du 10ᵉ (4), capitaine Dardenne ;
La 15ᵉ du 11ᵉ (mitr.), capitaine Malaval.

tensité entre notre artillerie et celle de l'ennemi qui occupe les hauteurs de Cœuilly à Villiers (1).

Mais bientôt nous sommes pris en rouage par de nouvelles batteries entrées en ligne au nord du plateau de Cœuilly (2); en peu de temps nous éprouvons des pertes considérables.

Néanmoins, la lutte se maintient énergiquement: quelques-unes de nos pièces exécutent un changement de front et ripostent à ce nouvel adversaire ; elles sont secondées par la batterie Salin que le lieutenant-colonel Lucet a fait placer parallèlement à la voie ferrée près du passage à niveau (3).

CHAPITRE VII.

LA 3ᵉ DIVISION HARTMANN PREND L'OFFENSIVE SUR LE FRONT VILLIERS-CHAMPIGNY.

Offensive sur le front Villiers-Champigny.

La 1ʳᵉ brigade wurtembergeoise, la 7ᵉ brigade prussienne n'ayant pu enlever Champigny, le général de Fransecky fait avancer la 3ᵉ division Hartmann pour tenter un suprême et dernier effort. Vers 11 heures la 6ᵉ brigade de cette division entre en ligne, une nouvelle

---

(1) La batterie Nismes avait quitté son ancien emplacement à gauche de la route pour prendre position derrière l'épaulement du plateau.

(2) Réserve du 2ᵉ corps.

(3) Cette batterie de 12 (4ᵉ du 12ᵉ) appartenant à la réserve du 1ᵉʳ corps, avait été dirigée, par ordre du général en chef, sur le Perreux, pour renforcer l'artillerie de la rive droite.

Mais l'artillerie étant assez nombreuse de ce côté, le capitaine Salin repassa la Marne à Nogent ; il se dirigeait vers la Fourche de Champigny, quand il fut arrêté par le lieutenant-colonel Lucet, devenu chef d'état-major de l'artillerie en remplacement du colonel Villiers, blessé, et dirigé sur le plateau de Villiers.

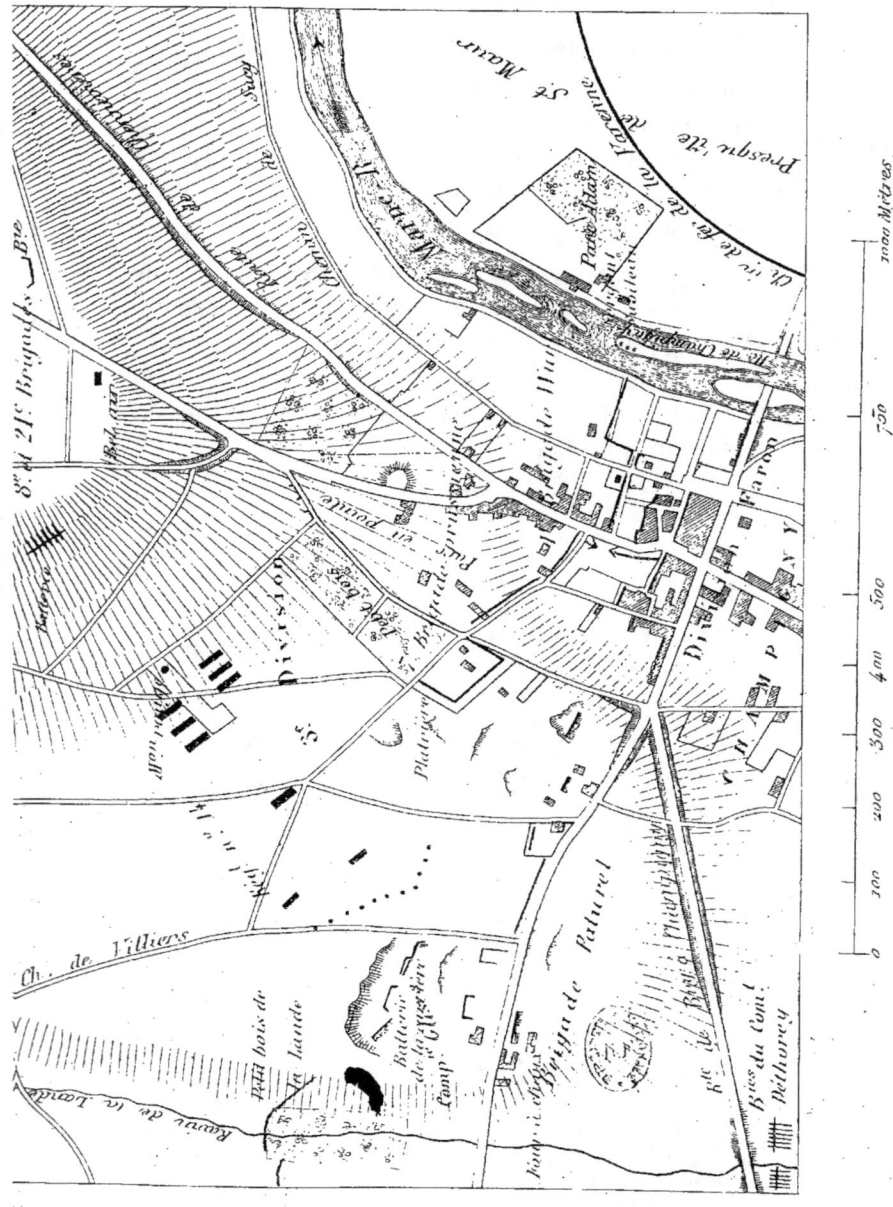

offensive est immédiatement prononcée sur tout le front depuis la Marne jusqu'au four à chaux.

Contre Champigny marchent le 2ᵉ bataillon de chasseurs poméranien, et le régiment n° 54, qui unissent leurs efforts à ceux du 2ᵉ bataillon de chasseurs wurtembergeois, du régiment prussien n° 49, des grenadiers n° 9. En même temps le régiment n° 14 descendant les pentes nord du plateau de Cœuilly s'avance contre le four à chaux.

Quatre bataillons de la 5ᵉ brigade formant réserve se tiennent au centre des deux attaques sur le plateau de Cœuilly; deux bataillons du régiment n° 42 ont été dirigés sur le parc de Villiers pour relever les Wurtembergeois et les Saxons fortement éprouvés (1).

CHAMPIGNY.

La division Faron repousse ce nouvel assaut avec une indomptable énergie; partout l'ennemi est arrêté et bientôt à notre tour nous prenons l'offensive.

La division Faron à Champigny repousse une troisième attaque. 2 heures.

Sur le côté nord de la Grande-Rue, les sapeurs préparent la voie; dès qu'une brèche est ouverte nos soldats s'y précipitent résolument. De maison à maison, de chambre en chambre on s'aborde avec fureur, on se fusille à bout portant, on se bat à coups de baïonnette, à coups de crosse...

Au sud de la Grande-Rue nous sommes définitivement maîtres de tout l'îlot attenant à la *maison verte*, et nous engageons une vive fusillade avec les tirailleurs postés dans les habitations et jardins environnants; mais il est impossible d'avancer sous le feu qui, partant de la tran-

---

(1) Voir croquis n° 12.

chée, couvre de projectiles le centre du village et la chaussée du pont. Le 113ᵉ ne parvenait pas, malgré les plus énergiques efforts, à déloger de cet abri les chasseurs wurtembergeois (1).

De la rive droite de la Marne, il eût été bien facile cependant d'obtenir ce résultat en occupant les murs du parc Adam, les maisons voisines d'où l'on prenait d'écharpe et à revers toute la tranchée; malheureusement dans la presqu'île de Saint-Maur, aucun de ces couverts n'avait été utilisé.

A différentes reprises le 113ᵉ s'élance sur la tranchée, mais chaque fois le feu rapide, bien dirigé de l'ennemi l'arrête en lui faisant éprouver de grosses pertes. Une vingtaine de soldats conduits par le sergent Pomme cherchent à s'avancer en se défilant le long de la berge de la rivière; ils ne sont plus qu'à quelques mètres de la tranchée quand un feu à bout portant renverse le sergent, tue ou blesse ceux qui le suivent. Le commandant Besson songe alors à utiliser les couverts de l'île de Champigny qui prenaient à revers la tranchée : le sergent Subileau monte avec cinq hommes dans une barque accrochée à la rive : ces braves gens, faisant force de rames, traversent la rivière sous une grêle de balles, et débarquent dans l'île... se défilant derrière les arbres, ils débordent la tranchée, fusillent à une centaine de mètres les Wurtembergeois et les forcent à se retirer.

Le résultat obtenu par ces quelques hommes montre combien il eût été important d'occuper les abris de la rive droite de la Marne, d'où l'on aurait pris à revers, non-seulement cette tranchée, mais toute la plaine à l'est de Champigny, le chemin de Sucy et la nouvelle route

---

(1) Voir croquis nº 13.

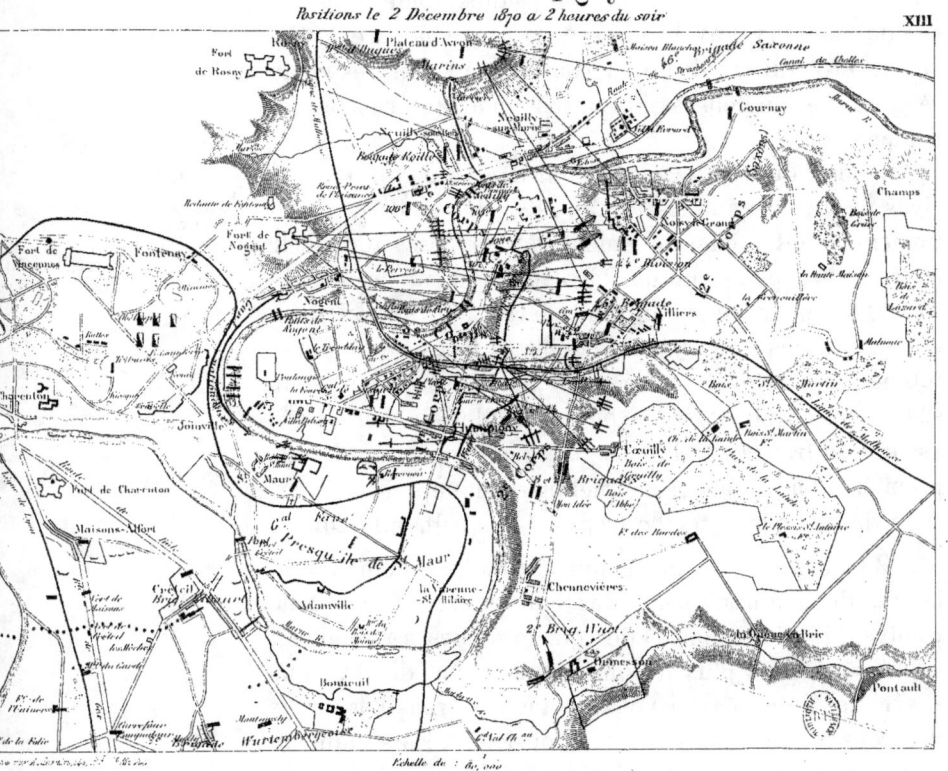

de Chennevières, par où débouchaient les renforts de l'ennemi.

Au plus fort de la lutte, le général Trochu était arrivé à Champigny; après avoir vivement félicité les 35e, 42e et 114e qui défendaient si héroïquement le centre du village, il avait parcouru à petite distance des tirailleurs ennemis, et sous une pluie de projectiles, toute la chaussée du pont; là il avait adressé les plus chaleureux éloges au 113e qui venait de se conduire à l'égal des vieux régiments et au général Faron, commandant ces braves troupes.

Le général Trochu à Champigny.

Au nord du village, les défenseurs du jardin K, dirigés par les capitaines Poulvé, Giroin, Robert, continuaient à lutter énergiquement (1); exposés depuis le matin au feu plongeant du Parc-en-Pointe et de la Plâtrière, sur quarante, vingt sont à terre, morts ou blessés. Cependant ces braves vont bientôt se trouver sans munitions, les cartouches des morts, des blessés sont épuisées... un adjudant se dévoue pour aller en chercher, il est tué en traversant la rue... un sergent réussit une première fois à apporter quelques paquets de cartouches, la seconde il tombe frappé d'une balle à la cuisse.

Belle conduite des défenseurs du jardin K.

A 2 heures, ces hommes qui combattent depuis huit heures du matin ne sont plus que quinze; le capitaine Poulvé, le plus ancien des officiers, les rassemble : « Nous n'avons plus de munitions, leur dit-il, nous « sommes entourés; si nous ne nous retirons pas, nous « serons pris comme dans une souricière. En sortant du « jardin, nous avons à faire plus de cent mètres sous

---

(1) Le lieutenant Leca était également entré dans l'enclos lors de la retraite du matin; parvenu à en sortir vers midi, il avait rejoint dans le pâté A quelques groupes isolés, s'était mis à leur tête, mais bientôt entouré de toutes parts, il avait été fait prisonnier après une lutte héroïque.

« une grêle de projectiles. Que préférez-vous ? rester
« aux mains de l'ennemi ou affronter une mort presque
« certaine ? »

— « Nous ne voulons pas être prisonniers, répondent
les hommes. » Et chacun, brûlant sa dernière cartouche,
se précipite hors du jardin. Le capitaine Giroin, plusieurs
soldats tombent frappés à mort, quelques-uns atteignent
les maisons X, s'y embusquent et poursuivent la lutte.

Malgré l'abandon du jardin K, l'ennemi, exposé aux
feux croisés des carrières du Signal et de la ligne de
maisons X, ne gagne pas de terrain au nord du village ;
dans la Grande-Rue, cheminant de proche en proche,
nous continuons à le refouler. A ce moment, vers 2
heures, nous sommes maîtres de tout l'îlot A, de tous
les abords de l'église, et les Allemands ne possèdent plus
que quelques maisons à la bifurcation des deux routes
de Chennevières.

Ensemble des pertes à Champigny. — Les attaques successives contre Champigny avaient
coûté aux Allemands 60 officiers et plus de 1,100 hommes :

Le 2ᵉ bataillon de chasseurs wurtembergeois avait
perdu 9 officiers et 137 hommes ;

Le 7ᵉ régiment wurtembergeois, 10 officiers et 294
hommes ;

Le régiment prussien n° 49, 25 officiers, 473 hommes ;

Le 2ᵉ bataillon de chasseurs poméraniens, 9 officiers
et 158 hommes ;

Le régiment prussien n° 54, 6 officiers et 101 hommes.

De notre côté, nous avions perdu 28 officiers et 1,000
hommes environ, dont près de 500 prisonniers :

113ᵉ, 12 officiers, 100 hommes. — 35ᵉ, 5 officiers,
200 hommes. — 42ᵉ, 11 officiers, 700 hommes.

L'artillerie du 1ᵉʳ corps lutte contre — Pendant que cette lutte acharnée se poursuivait dans
Champigny, toute l'artillerie du 1ᵉʳ corps, en position

dans la plaine qui s'étend du village au bois du Plant, couvrait de projectiles le bord du plateau de Cœuilly, cherchant à éteindre le feu des batteries qui prenaient en rouage l'artillerie du 2ᵉ corps, établie devant Villiers.

l'artillerie de Cœuilly.

Vers 2 heures, pour compléter cette action, le général en chef fit avancer deux nouvelles batteries entre Champigny et la Marne; il indiqua lui-même au colonel Hennet l'emplacement de chacune d'elles et le point précis sur lequel elles devaient concentrer leur feu. A ce moment, nous n'étions séparés de la presqu'île de Saint-Maur que par la rivière et nous constatâmes, non sans étonnement, que la fusillade et la canonnade avaient complètement cessé de ce côté; les ouvrages et batteries établis sur le bord de la rivière (rive droite) paraissaient abandonnés... Que faisaient donc l'infanterie et la puissante artillerie mises à la disposition du général Favé pour appuyer notre droite?... Leur inaction en un pareil moment était incompréhensible; aussi le lieutenant-colonel Warnet, sous-chef d'état-major de la 2ᵉ armée, fut-il expédié en toute hâte pour demander des explications et prescrire de faire reporter en avant toute l'artillerie mobile dont on disposait et de faire agir également les pièces de gros calibre.

Cet ordre fut transmis rapidement mais sans résultat. Aux invitations pressantes et chaleureuses du sous-chef d'état-major, le général Favé répondit froidement : « Vous m'avez exposé vos idées; j'ai l'habitude d'agir d'après les miennes. » Et, en effet, il ne modifia en rien ses dispositions (1).

Incident de la boucle de la Marne.

---

(1) ... « Le lieutenant-colonel Warnet signala des défectuosités de tir et conclut en me disant qu'il y avait lieu, suivant lui, de porter les batteries plus en avant. Je fus blessé, et je crois légitimement, du ton et du jugement un peu hâtif d'un officier qui était mon inférieur en grade. Je lui répondis très-froidement : « Vous m'avez exposé vos

Le lieutenant-colonel Warnet dut revenir vers le général en chef pour lui rendre compte de cet étrange incident; il repartit bientôt porteur d'un ordre écrit qui enjoignait au général Favé de faire porter immédiatement en avant ses pièces mobiles et d'en abandonner la direction au sous-chef d'état-major de la 2ᵉ armée, qui connaissait exactement les intentions et les vues du général en chef.

Cette fois encore, le général Favé n'obéit qu'à moitié. « Allez rendre compte au général en chef, dit-il au lieutenant-colonel Warnet, que ses intentions seront exécutées. » Puis il fit porter en avant trois batteries, mais se borna simplement à leur faire tirer quelques coups de canon (1).

Précédemment dans la même journée, un aide de camp du Gouverneur était venu apporter au général Favé l'ordre formel d'activer son feu, il n'avait pas été mieux écouté que le colonel Warnet (2).

« idées, j'ai l'habitude d'agir d'après les miennes. » Il me quitta et je laissai les choses dans le même état. » (Extrait de *Deux combats d'artillerie sous les forts de Paris*, par le général Favé.)

(1) ... « Le lieutenant-colonel Warnet revint environ une heure après, alors que notre feu avait diminué de plus en plus.

« Il m'apportait une lettre du général en chef de la 2ᵉ armée commençant par ces mots : « Vous avez eu tort de ne pas porter vos pièces « plus en avant, » et me prescrivant ensuite de donner la direction des batteries au lieutenant-colonel qui connaissait ses intentions et possédait toute sa confiance. Après avoir lu cette lettre, je dis à cet officier supérieur : « Allez rendre compte au général en chef que ses intentions « seront exécutées. » Il hésita un moment, sans doute parce qu'il connaissait le contenu de la lettre, puis il s'éloigna sans prononcer une parole. Je donnai des ordres aussitôt pour faire porter les trois batteries mobiles sur l'emplacement N (à l'extrémité du parc de Saint-Maur), où elles tirèrent quelques coups de canon sans qu'on puisse leur attribuer aucun effet tactique. » (Extrait de *Deux combats d'artillerie sous les forts de Paris*, par le général Favé.)

(2) ... « Le feu de la grande batterie ennemie s'était ralenti progressivement, et rien dans l'étendue que nous pouvions apercevoir ne paraissait plus offrir un but à nos coups; notre feu n'avait plus que peu

Les ordres et les conseils du général Frébault, commandant en chef de l'artillerie de la 2ᵉ armée, furent accueillis avec un égal dédain et son envoyé, le commandant de Cossigny, ne fut pas plus écouté que l'aide de camp du Gouverneur et le lieutenant-colonel Warnet (1).

En résumé, M. le général Favé ne voulant tenir aucun compte des vues du général en chef de la 2ᵉ armée, refusa absolument d'obtempérer à ses invitations et ne fit qu'un emploi très-incomplet et très-peu judicieux des ressources considérables en matériel et en personnel accumulées dans la presqu'île Saint-Maur et dans les ouvrages qui en dépendaient.

---

de vivacité, quand arriva à cheval dans la redoute de Saint-Maur où j'étais en observation, un aide de camp du Gouverneur de Paris. Il était haletant et très-ému quand en m'abordant il me dit : « Général, le Gou-« verneur trouve que votre feu est mou, il demande que vous fassiez « un feu vif, très-vif. » Je lui répondis : « Nous ne tirons qu'avec les « plus gros calibres parce qu'ils ont seuls assez de portée pour atteindre « sur le plateau très-au delà des crêtes ; mais si l'ennemi se fait voir « sur les pentes, tous nos canons pourront entrer en action, et je vous « réponds qu'ils produiront un effet décisif. » L'aide de camp, un peu plus calme reprit avec un accent de prière pénétrant : « Le Gouverneur a « mené lui-même l'infanterie dans Champigny que l'ennemi attaque avec « acharnement, il a le plus grand besoin d'être appuyé par vous. Je « vous en prie, mon général, faites un feu fort, ne fût-ce que comme « démonstration. » Puis, sans descendre de cheval, il repartit immédiatement, ne m'ayant donné aucune indication. » (Extrait de *Deux combats d'artillerie sous les forts de Paris*, par le général Favé.)

(1) ... « Pendant la nuit, un officier supérieur de l'état-major du général commandant l'artillerie de la 2ᵉ armée me fut envoyé. Il était accompagné d'un ingénieur civil, et il m'annonça qu'il était chargé par son général d'établir dans la presqu'île de Saint-Maur, sur un point déterminé, un épaulement très-rapproché de Chennevières et de Champigny, et qu'il devait y conduire, pendant cette nuit même, une partie de mes bouches à feu.

« Je vis dans cette démarche un empiétement sur mes attributions e je répondis : « Des épaulements peuvent être établis dans la presqu'île « sans que j'y fasse opposition, mais le personnel et le matériel reste-« ront sous mes ordres. » (Extrait de *Deux combats d'artillerie sous les forts de Paris*, par le général Favé.)

Aussi, après avoir entendu le lieutenant-colonel Warnet et le commandant de Cossigny, après avoir pris l'avis du général Frébault, commandant en chef l'artillerie de la 2ᵉ armée, le général Ducrot, craignant que les mêmes difficultés ne se renouvelassent au moment où nous allions reprendre la lutte, dans la journée du 3, pria le Gouverneur de vouloir bien faire relever le général Favé de son commandement et de le remplacer par le leutenant-colonel Warnet, auquel serait adjoint le commandant de Cossigny, pour la direction de l'artillerie. Ces dispositions furent arrêtées dans la nuit même du 2 au 3, et vers 3 heures du matin le général Favé recevait du général Guiod l'avis qu'il était relevé de son commandement et remplacé par le lieutenant-colonel Warnet (1).

FOURS A CHAUX.

Nouveau mouvement offensif contre le Four à chaux.

Pendant que l'on combattait dans Champigny, le régiment de grenadiers n° 9 et une partie du régiment n° 49 postés au nord du village, dans le petit bois, dans l'en-

---

(1) Si nous sommes entré dans ces pénibles détails, c'est qu'il importe avant tout de bien éclaircir les incidents qui ont exercé une influence quelconque sur le résultat funeste de notre grande entreprise... Puis, M. le général Favé a publié lui-même un récit (*Deux combats d'artillerie sous les forts de Paris*), dans lequel il mentionne les faits relatés par nous, mais en les expliquant et les commentant suivant ses vues personnelles.

Pour juger avec impartialité la valeur de ses assertions, il faut suivre attentivement sur la carte le récit des événements et lire aux pièces justificatives, comme contre-partie de son récit, les explications fournies par les personnages qui ont joué un rôle important dans les événements dont la presqu'île de Saint-Maur a été le théâtre pendant les journées des 29, 30 novembre, 1ᵉʳ et 2 décembre.

(Voir pièce n° 15, les renseignements donnés par MM. le général Frébault, le lieutenant-colonel Warnet, le commandant de Cossigny, les capitaines Decharmes, Pichot.)

clos de la *maison rouge* et aux abords, continuaient leur lutte avec le faible groupe de nos intrépides soldats embusqués sur le plateau du Signal.

A l'arrivée du régiment n° 14 de la 6ᵉ brigade, toutes les troupes ennemies prononcent un mouvement en avant; la Plâtrière est évacuée de nouveau et la batterie de la carrière devient l'objectif des Allemands (1). De ce côté, obligés de tenir un front très-étendu avec des troupes épuisées et décimées, nous n'avions que très-peu de monde; la carrière, notamment, n'était gardée que par quelques hommes des 121ᵉ et 122ᵉ. La compagnie du génie du capitaine Glises (2), revenant de Champigny, où elle avait achevé les travaux de défense, est immédiatement envoyée sur ce point avec un détachement des 121ᵉ et 122ᵉ.

Une centaine d'hommes, des sapeurs pour la plupart, occupent la batterie et ses abords; 150 environ, formant réserve, garnissent le pourtour de la carrière (3).

L'ennemi, descendant les pentes en plusieurs petites colonnes séparées par des intervalles de 3 à 400 mètres, s'avance par bonds successifs; dès que ces colonnes trouvent un obstacle ou un ressaut favorable au défilement, elles s'arrêtent, engagent une vive fusillade, puis se portent de nouveau en avant, s'étendant de plus en plus à droite et à gauche, de manière à envelopper la position et à rendre nos coups plus incertains.... une batterie établie sur le haut des pentes soutient leur marche par des coups à mitraille. Tirant sous un grand angle, pour ne pas atteindre les colonnes d'attaque, ces pièces nous font peu de mal, et, bientôt en butte aux gros

<small>Belle défense de la batterie de la carrière par la compagnie du génie du capitaine Glises.</small>

---

(1) Voir croquis n° 13, page 45.
(2) Environ 70 hommes avec 4 officiers : capitaine en 1ᵉʳ Glises, capitaine en 2ᵉ Coville, lieutenant Perseval, sous-lieutenant Azibert.
(3) Voir croquis n° 14.

projectiles de Nogent, elles sont obligées de se retirer.

Complétement couverts à gauche par l'excavation profonde de la carrière, soutenus à droite par les troupes qui garnissent la tranchée entre les deux Fours à chaux, les défenseurs de la redoute contiennent les efforts de l'ennemi, s'avançant du reste avec une extrême prudence (1).

Dès que le ralentissement de notre feu pouvait lui faire croire que nous étions fatigués, les petites colonnes, se reformant rapidement, couraient en avant 20 ou 30 mètres, s'arrêtaient derrière un pli de terrain, où elles se déployaient de nouveau pour engager la fusillade.

Nos sapeurs, groupés sur un espace restreint, ne faisaient feu que sur l'ordre de leurs officiers : tant que l'ennemi est en tirailleur, quelques adroits tireurs seuls répondent, le reste se tient accroupi; lorsque les Allemands se groupent pour s'élancer en avant, tous les hommes se relèvent; formés sur plusieurs rangs, les premiers à genou, les derniers debout, ils exécutent des feux de salve.

Cependant, grâce à ces mouvements successifs et progressifs, l'ennemi, présentant une ligne forte de 12 à 1,500 hommes, était arrivé à cinquante mètres de la batterie; l'on entendait les officiers menacer, encourager leurs soldats.

A ce moment, d'eux-mêmes, nos hommes crient : « A la baïonnette! à la baïonnette!... » Le cliquetis, la vue des armes brillant au-dessus de la crête, arrêtent net les Allemands; les nôtres, immobiles, sans tirer, s'apprêtent à faire une décharge générale, à se ruer en avant.... Les officiers prussiens excitent leurs hommes, les inju-

---

(1) Le flanc gauche de l'ennemi était protégé par quelques tirailleurs embusqués derrière des tas de fumier.

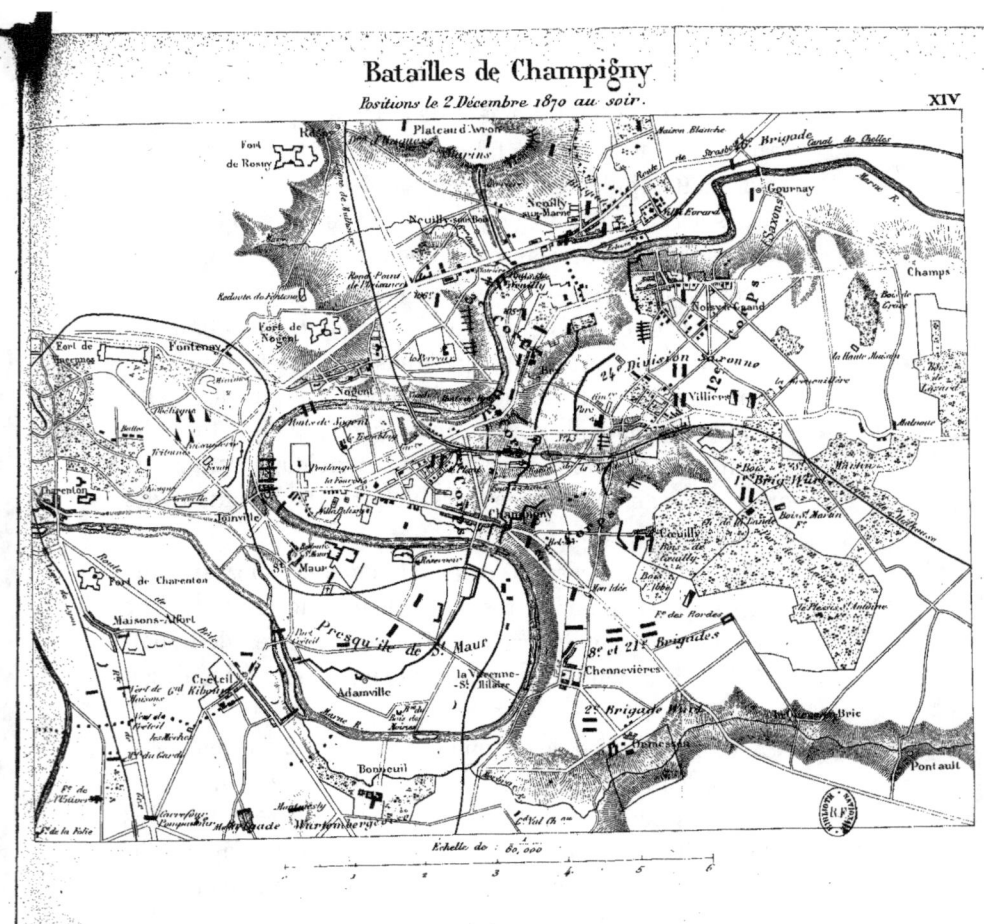

DÉFENSE DE PARIS.

rient, les poussent, les frappent, aucun ne bouge.... Français et Allemands restent ainsi pendant quelque temps, les premiers sans faire feu, les autres sans avancer.

Cependant, il faut en finir; le capitaine Glises fait demander de l'artillerie; la batterie Salle arrive. Trop exposés, avec des attelages, au feu rapproché des Prussiens, nos canonniers laissent les caissons, dételent les chevaux et traînent à bras deux pièces jusqu'à la batterie. Déjà fort hésitant, l'ennemi se retire par groupes, d'obstacle en obstacle, et disparaît derrière les pentes boisées, poursuivi par notre mousqueterie et quelques coups de mitraille.

La 5ᵉ brigade allemande, formant réserve, se porta bien jusqu'au bord du plateau de Cœuilly; mais l'attaque ne fut pas renouvelée.

Ainsi, une poignée d'hommes venait d'avoir raison de tout un régiment. Bien abrités derrière l'épaulement, nous avions eu relativement peu à souffrir; 30 hommes au plus étaient hors de combat; les Prussiens, au contraire, laissaient sur le terrain plusieurs centaines de morts et de blessés. Le régiment prussien n° 14 avait à lui seul perdu 16 officiers et 291 hommes.

CHAPITRE VIII.

FIN DE LA JOURNÉE DU 2 DÉCEMBRE.

A 3 heures, la lutte d'infanterie est terminée; seule, l'artillerie ennemie, comptant plus de cent bouches à feu, continue à couvrir d'obus nos batteries, nos réserves, où elle fait encore de nombreuses victimes... Voulant en finir, le général en chef fait avancer toutes les batte-

Le général en chef fait avancer

toutes es batteries disponibles.

ries disponibles; de concert avec les gros calibres des forts, cette masse d'artillerie ouvre un feu formidable. En peu de temps l'artillerie allemande est complétement dominée... le bruit de la canonnade diminue par degré; vers 4 heures, on n'entend plus que quelques coups isolés... le feu cesse complétement... la bataille est finie.

Résultats de la journée.

Résumons en quelques mots les différentes périodes de cette journée sanglante :

Au point du jour, nos hommes, épuisés par la lutte acharnée du 30 novembre, glacés par deux froides nuits d'hiver, se laissent surprendre... Tout d'abord, sur plusieurs points, le succès de l'ennemi est complet, mais le premier moment d'étonnement passé, la fermeté, la présence d'esprit de nos généraux, l'entrain de nos officiers, de nos soldats suppléent à tout ; à 11 heures, les Prussiens sont arrêtés sur toute la ligne ; à 1 heure, leurs colonnes sont refoulées sur les hauteurs ; à 4 heures, nous avons repris toutes les positions conquises dans la journée du 30 ; l'ennemi s'est retiré dans ses retranchements, et sur ses derrières les mesures sont prises en vue de préparer la retraite qui peut s'imposer d'un moment à l'autre (1).

Nos pertes étaient cruelles, mais les Allemands, venus, cette fois, nous attaquer dans nos positions avec des forces supérieures (2), avaient grandement souffert; bien

---

(1) Une grande inquiétude régnait en arrière du champ de bataille ; de nombreuses torches avaient été préparées pour indiquer la ligne de retraite pendant la nuit. Ces torches étaient d'énormes bouchons de paille qu'on plaçait au haut des arbres ; un saucisson recouvert de résine pendait du bouchon de paille jusqu'à terre, de façon qu'en cas de besoin, le feu pût être mis rapidement. (Maire de Chevry.)

(2) Les forces engagées de notre côté étaient les mêmes que le 30 novembre, savoir 92 bataillons, dont 26 de mobiles, et 276 bouches à feu (12 avaient été mises hors de service).

des corps avaient perdu la majeure partie de leurs cadres.

Suivant l'expression du major Blume, nous avions laissé l'ennemi « *dans un grand état d'épuisement, con-*
« *séquence inévitable des luttes, des fatigues et des*
« *privations des derniers jours.* »

Le succès du 2 décembre était donc plus accentué, plus réel, que celui du 30... Cependant il était aussi incomplet, aussi stérile!!!

<small>Considérations qui déterminent le général en chef à se maintenir sur ses positions.</small>

Nous couchions sur le champ de bataille, mais nous n'avions ni Villiers ni Cœuilly, clefs de la position.

Pouvions-nous encore demander un nouvel effort à ces soldats, dont beaucoup marchaient et travaillaient depuis cinq jours et cinq nuits, du 27 novembre au 2 décembre, qui, depuis trois jours, bivouaquaient sur la terre glacée, sans couvertures, sans feu, qui, dans ces deux journées sanglantes, avaient perdu la plupart de leurs officiers, de leurs cadres?... Décimés, affaiblis, pourraient-ils emporter les positions que deux jours de combat n'avaient pu leur donner, alors qu'ils étaient pleins de vigueur et de confiance?...

Ce que nous n'avions pu faire contre un ennemi relativement peu nombreux, encore mal préparé, était-il possible, alors que de toutes parts étaient accourues de fortes réserves, que sur chaque position un travail incessant avait accumulé les plus sérieuses défenses?... Et

---

<small>Les forces allemandes comprenaient :
La division wurtembergeoise, 15 bataillons, 54 bouches à feu;
Le 12ᵉ corps saxon, 29 bataillons, 96 bouches à feu;
Le 2ᵉ corps prussien, 25 bataillons, 84 bouches à feu;
La 11ᵉ division du 6ᵉ corps, 13 bataillons, 40 bouches à feu.
Total 82 bataillons, 274 bouches à feu. Les effectifs de nos bataillons étant beaucoup plus faibles que ceux des Allemands; ceux-ci avaient sur nous une supériorité numérique assez considérable, 10,000 environ (infanterie, 62.000 Français contre 72,000 Allemands).
Nous ne parlons pas de la cavalerie, qui n'a pas été engagée de part et d'autre.</small>

d'ailleurs, eussions-nous triomphé de ces obstacles..., à quoi notre succès pouvait-il nous mener?... N'aurions-nous pas été épuisés par cette nouvelle lutte, par le froid, par la fatigue, par la faim... Sans vivres, sans munitions, sans aucun moyen de nous ravitailler, rencontrant à chaque pas les nouvelles réserves de l'ennemi... talonnés... pris en flanc, n'étions-nous pas fatalement condamnés à périr au premier passage de rivière, à la première rencontre d'un corps du prince Frédéric-Charles accouru pour nous barrer la route?...

Voici, dit M. Chaper, comment l'état-major général de l'armée prussienne appréciait lui-même notre situation :

« ... Il n'y avait pas d'armée de secours assez proche
« pour permettre à l'armée sortant de Paris de se réunir
« immédiatement à elle... Si l'armée du général Ducrot
« était parvenue à réussir dans sa tentative de percer,
« elle eût été hors d'état de faire encore le même jour
« une marche un peu forte, et elle aurait dû forcément
« camper pendant la nuit suivante auprès de Villiers,
« sous les yeux mêmes des troupes allemandes refou-
« lées. Pendant ce temps, la garde et la majeure partie
« au moins du 4ᵉ corps se seraient concentrées, et au-
« raient pu venir occuper dans la nuit une position bien
« choisie de l'autre côté de la Marne. Le lendemain ma-
« tin, les troupes allemandes qui se trouvaient entre
« Seine et Marne, n'auraient pas permis à l'ennemi de
« continuer son mouvement sans nouveaux combats, et
« on aurait gagné ainsi les délais nécessaires pour être
« en mesure de l'attaquer en rase campagne avec les
« troupes fraîches de la Garde et du 4ᵉ corps.

« Le blocus rigoureux de Paris eût pu, d'ailleurs,
« être momentanément abandonné sur le front nord sans
« grands inconvénients, jusqu'au moment où la 1ʳᵉ ar-

« mée, qui revenait précisément d'Amiens, fût venue
« prendre les positions précédemment occupées par l'ar-
« mée de la Meuse ; ce qui pouvait être exécuté quatre
« jours après l'ordre donné. »

Et M. Chaper ajoute : « L'écrivain prussien a raison ;
« les conséquences ne sont pas difficiles à déduire.
« Même victorieuse le 2 décembre, l'armée sortie de
« Paris aurait rencontré d'incessants combats où elle
« était condamnée à vaincre chaque jour, sous peine
« de périr en entier avant d'atteindre les armées de
« province. »

Cependant un dernier espoir nous restait et nous dé-
terminait à continuer la lutte; les plus récentes dépêches de M. Gambetta annonçaient la marche en avant
de l'armée de la Loire dans la direction de Fontainebleau,
elle pouvait y arriver d'un moment à l'autre.... nous
devions donc, jusqu'à la suprême limite de nos forces,
lui prêter notre appui, notre concours. — Pour cela, le
meilleur moyen était de retenir devant nous l'armée
d'investissement. — En conséquence, nous résolûmes
de nous maintenir à tout prix sur nos positions. — La
nuit du 2 au 3 fut employée à l'expédition des ordres,
à la réorganisation des troupes, à l'approvisionnement
des vivres, des munitions, à la reconstitution des attelages de l'artillerie, etc.; une nouvelle batterie de 12 fut
dirigée sur le 3ᵉ corps pour renforcer les six batteries
déjà mises à sa disposition afin de bien appuyer notre
gauche.

<small>La nuit du 2 au 3 décembre est employée à remettre l'armée en état de combattre.</small>

« Quartier général de Poulangis.
3 décembre, 3 heures du matin.

« *Général d'Exea, commandant le 3ᵉ corps.*

« Mon cher Général,

« Nous devons nous attendre pour ce matin à un sérieux effort de la part de l'ennemi sur tout le front que nous occupons entre Bry et Champigny. J'envoie, dès 5 heures et demie du matin, une batterie de 12 qui s'ajoutera aux six batteries dont vous disposez déjà ; il faut que ces sept batteries prennent position sur la rive droite de la Marne, en amont de Perreux, de manière à bien protéger notre flanc gauche, particulièrement en amont de la tête du village de Bry.

« Vous n'aurez pas à vous préoccuper beaucoup de ce qui pourrait venir du côté de Neuilly-sur-Marne, attendu que vous êtes puissamment protégé par les batteries d'Avron ; d'ailleurs, il résulte des renseignements qui me parviennent de différents côtés, que les renforts de l'ennemi s'accumulent entre Villiers et Chennevières.

« *Le Général en chef,*
« DUCROT. »

Tout fut préparé pendant la nuit en vue d'une nouvelle bataille défensive à laquelle on s'attendait pour le lendemain. — C'était, pensons-nous encore aujourd'hui, le seul parti à prendre dans la situation qui nous était faite...

Il est vrai qu'au Louvre, où était resté l'état-major général du Gouverneur, au ministère des affaires étrangères, où siégeaient presque en permanence les membres du Gouvernement de la Défense nationale, les donneurs de conseils, les faiseurs de projets ne manquaient pas... Ce qui paraissait très-simple à ces personnages dissertant après un bon repas, dans un cabinet bien chauffé, les pieds sur des tapis moelleux, n'était pas d'une exécution aussi facile pour nos malheureux soldats éprouvés depuis cinq jours par des fatigues excessives, des combats continuels, par la faim, par le froid... — Aussi, rien de sérieux et de pratique ne pouvait sortir de ces conférences dans lesquelles chacun se préoccupait bien plus de critiquer que de donner des conseils vraiment utiles.

Nous aurions passé ces incidents sous silence si l'un

de ces plans n'avait eu un grand retentissement dans la population parisienne parce qu'il fut soumis au Gouverneur d'une façon presque officielle... Nous l'indiquerons donc en quelques mots :

Dans la soirée du 2, le chef d'état-major, général Schmitz, fut saisi d'un projet d'après lequel la 2ᵉ armée repassant rapidement la Marne dans la nuit même et défilant à travers Paris par toutes les voies parallèles, telles que les quais, les boulevards, la rue de Rivoli, venait passer la Seine sur l'*unique* pont de Neuilly et se portait ensuite contre les positions occupées par les Prussiens, à l'ouest du Mont-Valérien, avec Versailles pour objectif définitif...

Nous laissons à tout militaire sérieux le soin d'apprécier, la carte sous les yeux, ce que présentait de réalisable un pareil plan : transporter en une nuit, du plateau de Villiers au plateau de Garches, 35 kilomètres ! 200 bouches à feu, 60,000 hommes, par les voies étroites, encombrées dont nous disposions..., cela dans l'état de faiblesse morale et physique où se trouvait la 2ᵉ armée après trois jours et trois nuits de combats acharnés ; évidemment c'était plus qu'impraticable. Aussi, « *le général Trochu répondit simplement par un refus, enveloppé de paroles aimables pour l'auteur de cet étrange projet.* »

Nous pensons qu'il eut complétement raison, attendu que de toutes les opérations à tenter autour de Paris, une marche sur Versailles, en partant de Montretout et Buzenval, était certainement celle qui offrait le moins de chances de succès, d'abord par la nature même du terrain présentant des lignes successives de défense formidables, et aussi parce que, contrairement à ce que supposaient les donneurs de conseils, l'ennemi avait conservé à Versailles même ou aux environs des forces

POSITIONS FRANÇAISES LE 2 DÉCEMBRE AU SOIR.

Décidé à se maintenir sur les positions conquises, le général en chef avait fait prendre à ses troupes les emplacements suivants :

Four à chaux. — Le village de Champigny est gardé par le 117ᵉ de la division de Susbielle et le 114ᵉ de la division Faron, peu engagé dans la journée.

Les 115ᵉ et 116ᵉ de la division de Susbielle défendent le plateau du Four à chaux depuis le ravin de la Lande jusqu'à Champigny.

Le reste de la division Faron, la division de Malroy, l'artillerie du 1ᵉʳ corps bivouaquent en arrière entre le Plant et la Marne.

Villiers. — Sur le plateau de Villiers, la brigade de Miribel de la division Berthaut, en première ligne, garde, avec le régiment de Seine-Inférieure, les tranchées entre le chemin de fer et la route n° 45 ; le 118ᵉ de la division de Susbielle prolonge cette ligne vers la gauche, en garnissant la tranchée du chemin creux.

La brigade Bocher est en deuxième ligne près du carrefour des routes de Bry et de Villiers.

La division Courty s'établit dans le bois du Plant. A sa hauteur, derrière la levée du chemin de fer, se tient l'artillerie du 2ᵉ corps.

---

(1) Le 5ᵉ corps, qui défendait le terrain en avant de Versailles, était resté en entier sur ses positions, grâce, sans doute, aux démonstrations faites par les troupes du Mont-Valérien. Le 3 décembre seulement, deux colonnes de munitions d'artillerie et deux de munitions d'infanterie se rendirent à marches forcées sur Orléans pour compléter les approvisionnements de l'armée du grand-duc de Mecklembourg.

Reliée à droite au 118ᵉ, la division de Bellemare, formant un vaste demi-cercle depuis le chemin creux jusqu'au cimetière de Bry, occupe les crêtes face à Villiers, ainsi que les pentes du côté de Noisy-le-Grand. La brigade Daudel, réunie au commandement du général de Bellemare, est en réserve dans Bry; le 108ᵉ de cette brigade tient toute la partie nord du village, se reliant au 105ᵉ chargé de la garde des ponts de Neuilly.

Bry sur-Marne.

Toute l'artillerie du 3ᵉ corps reste en position sur la rive droite de la Marne, avec le 106ᵉ de ligne.

Notre flanc gauche est appuyé par la brigade Reille qui a réoccupé Neuilly-sur-Marne; notre flanc droit est suffisamment protégé par la presqu'île de Saint-Maur. A Créteil était arrivée, dans la journée, la brigade Blaise, appelée du moulin Saquet après le départ de la division de Susbielle.

POSITIONS DES ALLEMANDS LE 2 DÉCEMBRE AU SOIR.

La 7ᵉ et la 6ᵉ brigades prussiennes gardent l'intervalle entre la Marne et le chemin de fer, face à Champigny et aux Fours à chaux; le régiment n° 49 occupe les parcs du haut Champigny et la plaine bordant la rivière; le 2ᵉ bataillon de chasseurs, la Plâtrière; le régiment n° 14 défend la Maison Rouge et ses abords; il a, comme soutien, le régiment n° 54 sur les bords du plateau de Cœuilly; le régiment de grenadiers n° 9 garde les tranchées à droite et à gauche du ravin de la Lande jusqu'au chemin de fer.

Sur le plateau de Cœuilly se tiennent l'artillerie du 2ᵉ corps et celle du 11ᵉ. Toutes ces troupes sont appuyées par la 1ʳᵉ brigade wurtembergeoise établie dans le parc de la Lande, et les 8ᵉ et 21ᵉ brigades sur le plateau de

Chennevières, ces dernières n'ayant pas encore donné.

A Villiers, les Saxons ont une brigade défendant le parc et les tranchées jusqu'au cimetière, une autre brigade occupant Noisy. Le reste du corps saxon avec son artillerie est en réserve. Il reçoit bientôt, comme renfort, la 2e brigade wurtembergeoise qui, venue de Bonneuil, s'installe dans le village de Villiers.

QUATRIÈME PARTIE

JOURNÉE DU 3 DÉCEMBRE. — RETRAITE DE LA DEUXIÈME ARMÉE.

CHAPITRE PREMIER.

MATINÉE DU 3 DÉCEMBRE.

Toutes les précautions sont prises pour repousser une attaque.

Le 3 décembre, avant le jour, nos précautions sont prises en vue d'une attaque.

Toutes les troupes de réserve sont mises sur pied. Les batteries du 1er corps reprennent leurs positions de la veille, formant une longue ligne en arrière de Champigny, depuis le Plant jusqu'à la Marne ; quatre pièces du capitaine Salle s'établissent dans la batterie de la carrière.

Les deux batteries du commandant Déthorey reprennent également leurs anciens emplacements dans le ravin de la Lande, en arrière du remblai de la route de Bry à Champigny.

Sur le plateau de Villiers, la batterie Moriau prend place dans l'ouvrage, la batterie de Chalain, réduite à quatre pièces et ayant avec elle une section de la batterie Solier (1), s'établit, avec de grands intervalles, entre l'ouvrage et la route n° 45. Les deux mitrailleuses du commandant Ladvocat réoccupent l'épaulement de la maison du garde sur le chemin de fer de Mulhouse.

Les batteries du 3ᵉ corps, en position sur le mamelon du Perreux, renforcées par la batterie Bajau de la réserve générale, sont prêtes à battre les pentes de Bry à Noisy.

Dans la presqu'île de Saint-Maur, les batteries mobiles reprennent leurs emplacements derrière le mur du parc, les trois bataillons de l'Hérault s'avancent jusqu'à Adamville et au Réservoir, laissant en réserve à Saint-Maur les deux bataillons de Seine-et-Oise.

Le général en chef parcourt le front des positions.
Dès le point du jour, le général en chef parcourt le front des positions ; partout il trouve nos malheureux soldats accroupis sur la terre gelée, épuisés, grelottants, le corps et l'âme affaiblis par la fatigue, le manque de nourriture, la souffrance...

D'un moment à l'autre, l'ennemi, avec des troupes fraîches, pouvait se précipiter sur nos lignes... Supporteraient-elles un troisième choc? Chassés des pentes, fatalement nous étions jetés dans la Marne... C'eût été un désastre irréparable.

Le général Ducrot ordonne la retraite.
Voyant et pesant tout cela, avant même d'avoir achevé son inspection, le général Ducrot prend le parti de battre en retraite...

---

(1) La batterie Solier (16ᵉ du 14ᵉ) avait été dissoute à la suite des pertes du jour précédent.

Réunissant ses généraux sur le plateau, entre Bry et Villiers, il leur donne ses ordres :

Pendant que nos batteries de position canonneront le plateau de façon à faire croire à une prochaine attaque, les troupes se retireront en s'échelonnant.

Le mouvement commencé, un aide de camp est envoyé au Gouverneur pour lui faire connaître la grave détermination que le général en chef vient de prendre sous sa propre responsabilité et lui en exposer les motifs.

Le général Trochu fut d'autant plus étonné, que la veille au soir, plusieurs mouvements d'artillerie et d'infanterie avaient été arrêtés en vue d'une bataille pour le lendemain ; il fut au premier moment fort ému, car il redoutait beaucoup les conséquences de cette décision, surtout au point de vue de l'impression fâcheuse que ce mouvement rétrograde allait produire sur la population parisienne (1) ; mais lorsqu'il constata de ses propres yeux l'ordre parfait, le calme inattendu qui présides

---

(1) EXTRAIT DES PROCÈS-VERBAUX DU GOUVERNEMENT DE LA DÉFENSE NATIONALE.

Samedi 3 décembre, 3 heures du soir. — M. Picard demande s'il ne serait pas nécessaire de quitter les positions prises de l'autre côté de la Marne, et s'il ne serait pas bon de préparer, par une note, l'opinion publique à cet égard.

En ce moment, une dépêche est remise au général Schmitz, venant du général Trochu. Cette dépêche annonce que des raisons stratégiques supérieures forcent à repasser la Marne.

Le Conseil envoie M. Ferry près de M. le général Trochu avant de faire publier cette dépêche.

Samedi 3 décembre, 10 heures du soir. — M. Ferry rend compte de sa démarche près du Gouverneur ; sa dépêche était faite pour être publiée. On a cru devoir évacuer les plateaux en pleine victoire et sans être inquiété. Les troupes ont compris le mouvement et l'ont exécuté joyeusement.

Le Conseil émet l'avis qu'une nouvelle attaque doit avoir lieu aussitôt que possible.

M. le général Schmitz reconnaît l'urgence, mais il faut refaire les cadres désorganisés et donner le temps à l'armée de reprendre haleine.

daient à nos manœuvres, lorsqu'il eut connaissance des projets ultérieurs du général en chef de la 2ᵉ armée, il approuva complétement sa résolution.

CHAPITRE II.

RETRAITE DE LA DEUXIÈME ARMÉE.

Tout d'abord les impedimenta reçoivent l'ordre de débarrasser le terrain et de franchir la Marne. Les voitures du parc ainsi que les réserves divisionnaires sont dirigées sur la Faisanderie, pendant que les réserves de batteries rejoignent leurs anciens emplacements sur le plateau de Vincennes.

La division Faron doit passer la rivière aux ponts de Joinville, les divisions de Malroy, de Susbielle et Berthaut aux ponts de l'île Fanac, la division de Bellemare aux ponts de Nogent et la brigade Daudel aux ponts de Bry. Les ponts de Neuilly, trop en vue, ne doivent être utilisés que pour le passage des troupes chargées de leur garde.

Il est convenu que les positions ne seront abandonnées qu'après le passage des impedimenta sur la rive droite de la Marne, que le général en chef surveillera lui-même leur marche et fera connaître l'instant où les troupes pourront commencer leur mouvement. A cet effet, les généraux de division envoient un officier de leur état-major au grand quartier général.

Ces instructions sont ponctuellement exécutées, sauf par la division de Malroy, qui, pressée par le feu de quelques batteries ennemies, n'attend pas l'ordre d'exécution, et se retire entre midi et une heure au delà du bois du Plant, laissant ainsi à découvert la droite du

2ᵉ corps qui est un moment compromise. Les tirailleurs prussiens arrivent déjà près du Four à chaux, lorsque le général Berthaut, s'apercevant du danger, porte le 118ᵉ (lieutenant-colonel de Beaufort) sur la position qui vient d'être abandonnée si mal à propos (1). Le mouvement se fait sous le feu de l'ennemi, mais dès que le régiment est établi, la fusillade cesse partout.

Vers 3 heures un quart, le capitaine Rosselin, revenant du grand quartier général, apporte au général Berthaut l'ordre d'exécuter sa retraite. A 3 heures 40, la division et le 118ᵉ quittent ensemble leurs positions et se retirent dans le plus grand ordre de chaque côté du chemin de fer sur le bois du Plant et la route de Bry ; de là, les troupes sont dirigées sur les ponts qu'elles ne franchissent qu'à la nuit close.

A la gauche, le mouvement s'exécute sans aucun incident digne d'être signalé. Les ponts de Bry sont repliés vers 1 heure, après le passage de la brigade Daudel ; la division de Bellemare se retire par les ponts de Nogent, pendant que les divisions de Malroy et de Susbielle passent aux ponts de l'île Fanac.

A droite, le 35ᵉ de ligne reste en position dans Champigny ; il est appuyé par le 42ᵉ, en deuxième ligne, derrière le village, avec les batteries divisionnaires et deux batteries de réserve. Sous leur protection, la brigade Comte (113ᵉ-114ᵉ) et le régiment de la Vendée se retirent par la route de Joinville.

A 3 heures et demie, sur l'ordre du général en chef, le général de la Mariouse fait évacuer complétement Champigny ; la retraite est commencée par les 1ᵉʳ et 2ᵉ bataillons du 35ᵉ qui s'écoulent peu à peu, pendant que

---

(1) Le 118ᵉ, de la division de Susbielle, était resté à la disposition du général Berthaut.

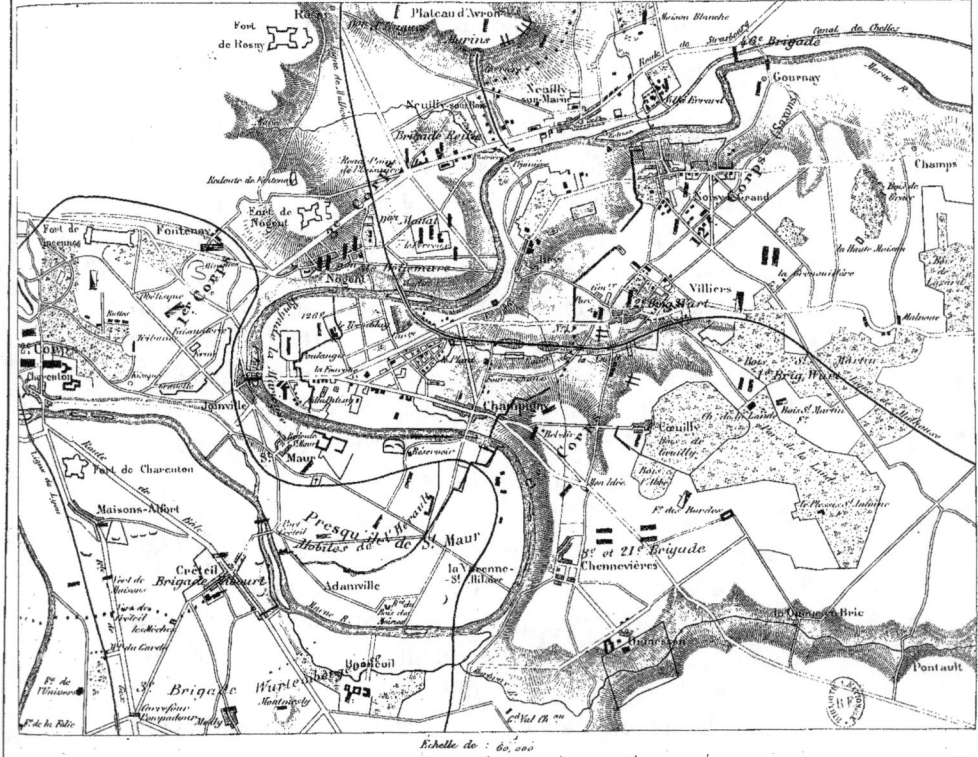

Positions le 3 Décembre au soir après la retraite

le 3ᵉ bataillon reste aux créneaux et aux barricades ; ce mouvement, favorisé par un épais brouillard, s'exécute sans aucune difficulté. Partout nos colonnes se retirent avec calme et dans un ordre parfait. L'ennemi nous observe et nous suit à petite distance, mais sans chercher à nous inquiéter.

A 8 heures du soir, toute l'armée avait repassé la Marne, sauf la brigade de la Mariouse, laissée sur la rive gauche avec le 126ᵉ de ligne pour garder nos ponts.

Pendant toute la journée, les batteries du 3ᵉ corps avaient conservé leurs positions sur le mamelon du Perreux, couvrant la retraite de notre aile gauche. Sous leur protection également, les ponts de Neuilly avaient été repliés vers 2 heures, et la brigade Reille avait évacué Neuilly-sur-Marne pour s'établir au rond-point de Plaisance.

CHAPITRE III.

TABLEAUX DES PERTES AUX BATAILLES DE LA MARNE.

PERTES DE LA DEUXIÈME ARMÉE AUX BATAILLES DE LA MARNE
(30 novembre, 1er, 2 et 3 décembre 1870.)

DEUXIÈME ARMÉE (Général DUCROT).

ÉTAT-MAJOR GÉNÉRAL.

NOMS ET GRADES	OFFICIERS			DATES
	TUÉS	BLESSÉS	DISPARUS	
Général Ducrot, commandant en chef...	»	1	»	Contusionné le 30 nov.
Commandant **Franchetti**	»	★ 1	»	2 décembre.
Fayet, capitaine d'état-major	»	1	»	d°
De **Berthier**, capit^{ne}, officier d'ordonnance.	»	1	»	30 novembre.
De **Gaston**, d° d°	»	1	»	d°
Guyot, chef de bataillon du génie.....	»	★ 1	»	2 décembre.
Général **Frébault**, commandant l'artillerie de la 2e armée.............	»	1	»	30 novembre.
Colonel **Villiers**, chef d'état-maj. de l'artill.	»	1	»	d°
Leherle, capitaine d'artillerie	»	1	»	d°
Cavalier, chef d'escadron d'artillerie ...	»	1	»	2 décembre.
TOTAUX	»	10	»	

★ Ce signe indique que l'officier est mort des suites de ses blessures.

DÉFENSE DE PARIS.

NOMS	GRADES	OFFICIERS			TROUPE		
		TUÉS	BLESSÉS	DISPARUS	TUÉS	BLESSÉS	DISPARUS
Éclaireurs du quartier général (capitaine DE NÉVERLÉE).							
Le 30 novembre :							
De Néverlée	Capitaine	1	»	»	»	»	»
Troupe	.....	»	»	»	18	15	6
Le 2 décembre :							
Troupe	.....	»	»	»	1	5	2
TOTAUX		1	»	»	19	20	8

1ᵉʳ CORPS D'ARMÉE (général BLANCHARD).

1ʳᵉ division (général DE MALROY).

1ʳᵉ brigade (général MARTENOT DE CORDOUX)

Mobiles de la Côte-d'Or (2ᵉ, 3ᵉ et 4ᵉ bataillons).

NOMS	GRADES	TUÉS	BLESSÉS	DISPARUS	TUÉS	BLESSÉS	DISPARUS
De Grancey	Colonel	1	»	»	»	»	»
Bardet	Capitaine	»	1	»	»	»	»
De Guitaut	dº	»	1	»	»	»	»
Stinger	Lieutenant	1	»	»	»	»	»
Sorlin	dº	1	»	»	»	»	»
Pacaud	dº	1	»	»	»	»	»
Jacob	Sˢ-lieutenant	1	»	»	»	»	»
Gougeau de Mareuil	dº	»	1	»	»	»	»
Troupe	.....	»	»	»	69	270	»
TOTAUX		5	3	»	69	270	»

Mobiles d'Ille-et-Vilaine (1er, 2e et 4e bataillons).

NOMS	GRADES	OFFICIERS			TROUPE		
		TUÉS	BLESSÉS	DISPARUS	TUÉS	BLESSÉS	DISPARUS
Le 2 décembre :							
De Vigneral	Colonel	»	1	»	»	»	»
1er bataillon. Du Dezerseul . .	Chef de bat^{on}	»	1	»	»	»	»
De La Moussaye.	Capitaine	1	»	»	»	»	»
De La Vieuville .	Lieut^t adj.-m.	1	»	»	»	»	»
Delamaire. . . .	Lieutenant	1	»	»	»	»	»
Métairie (Martin).	d°	»	1	»	»	»	»
De Pontavice (G.)	d°	»	1	»	»	»	»
Piédérier	S^s-lieutenant	1	»	»	»	»	»
Robin.	d°	»	1	»	»	»	»
2e bataillon. Le Gonidec de K.	Chef de bat^{on}	»	1	»	»	»	»
Hervé.	Capitaine	»	1	»	»	»	»
De Talhouet. . .	d°	»	1	»	»	»	»
Denis	Lieutenant	»	1	»	»	»	»
Labbé.	d°	»	1	»	»	»	»
Lecomte.	S^s-lieutenant	»	1	»	»	»	»
Gouelloux	d°	»	1	»	»	»	»
De Rengervé . .	d°	»	1	»	»	»	»
Vangru	d°	»	1	»	»	»	»
4e bataillon. Le Mintier de St-A.	Chef de bat^{on}	»	1	»	»	»	»
Le Roy	Capitaine	»	1	»	»	»	»
Androuin	Lieutenant	1	»	»	»	»	»
Macé	d°	1	»	»	»	»	»
Brune.	d°	1	»	»	»	»	»
De Gourden. . .	S^s-lieutenant	1	»	»	»	»	»
De Pontavice (R).	d°	»	1	»	»	»	»
Troupe		»	»	»	90	377	»
TOTAUX.		8	17	»	90	377	»

DÉFENSE DE PARIS.

NOMS	GRADES	OFFICIERS			TROUPE		
		TUÉS	BLESSÉS	DISPARUS	TUÉS	BLESSÉS	DISPARUS
2ᵉ brigade (général Paturel).							
Général Paturel, blessé le 2 décembre.							
121ᵉ régiment de ligne.							
Le 30 novembre :							
Erminy.	Sˢ-lieutenant	1	»	»	»	»	»
Le 2 décembre :							
Maupoint de Vandeuil . .	Lᵗ-col. commᵗ le régᵗ	1	»	»	»	»	»
Leclaire	Chef de batᵒⁿ	»	1	»	»	»	»
Dejean	Capitaine	1	»	»	»	»	»
Veyrnnes.	dᵒ	1	»	»	»	»	»
Lagroux	dᵒ	1	»	»	»	»	»
Drouot	dᵒ	1	»	»	»	»	»
Mainson	dᵒ	1	»	»	»	»	»
Aubry	dᵒ	»	1	»	»	»	»
Selliès	dᵒ	»	1	»	»	»	»
Provost.	dᵒ	»	1	»	»	»	»
Masseï	Lieutenant	1	»	»	»	»	»
Villemain.	dᵒ	1	»	»	»	»	»
Jourdain	dᵒ	1	»	»	»	»	»
Leclerc.	dᵒ	1	»	»	»	»	»
Lacombe	dᵒ	»	1	»	»	»	»
Cahen	dᵒ	»	1	»	»	»	»
Étienne.	dᵒ	»	1	»	»	»	»
De Fromont de Bouaille .	Sˢ-lieutenant	1	»	»	»	»	»
Jacquard	dᵒ	1	»	»	»	»	»
Crepeaux.	dᵒ	»	1	»	»	»	»
Jeanguillaume	dᵒ	»	1	»	»	»	»
Trézaud	dᵒ	»	»	1	»	»	»
Bernier.	dᵒ	»	»	1	»	»	»
Troupe		»	»	»	82	208	22
Totaux.		13	9	2	82	208	22

DÉFENSE DE PARIS.

NOMS	GRADES	OFFICIERS			TROUPE		
		TUÉS	BLESSÉS	DISPARUS	TUÉS	BLESSÉS	DISPARUS
122ᵉ régiment de ligne.							
Le 30 novembre :							
Lacronique.	Capitaine	»	1	»	»	»	»
Le 2 décembre :							
De La Monneraye.	Lt-col. commt le régt	1	»	»	»	»	»
Aillery	Chef de baton	»	1	»	»	»	»
Royroux	do	»	1	»	»	»	»
Forest-Defaye.	Cap.-adj.-maj.	1	»	»	»	»	»
Spitz.	do	1	»	»	»	»	»
Détieux.	do	»	1	»	»	»	»
Passano	Capitaine	1	»	»	»	»	»
Flamin.	do	»	1	»	»	»	»
Billion-Bourbon	do	»	1	»	»	»	»
Charroin.	do	»	1	»	»	»	»
Quéval	do	»	1	»	»	»	»
Varache	do	»	1	»	»	»	»
Bapst.	do	»	»	1	»	»	»
Grégoire	Lieutenant	1	»	»	»	»	»
Apaty.	do	1	»	»	»	»	»
Piétri.	do	1	»	»	»	»	»
Drioux	do	1	»	»	»	»	»
Sabouré.	do	»	1	»	»	»	»
Desjardins	do	»	1	»	»	»	»
Buis	do	»	»	1	»	»	»
Battesti	do	»	»	1	»	»	»
Collin.	do	»	»	1	»	»	»
De Malleroue.	do	»	»	1	»	»	»
Coronati	do	»	»	1	»	»	»
Xambeu.	do	»	»	1	»	»	»
Colson	Ss-lieutenant	1	»	»	»	»	»
Marin	do	»	1	»	»	»	»
Robert	do	»	»	1	»	»	»
Audirac	do	»	»	1	»	»	»
Keiflein	do	»	1	»	»	»	»
Troupe		»	»	»	58	486	100
TOTAUX		9	14	8	58	486	100

DÉFENSE DE PARIS.

NOMS	GRADES	OFFICIERS			TROUPE		
		TUÉS	BLESSÉS	DISPARUS	TUÉS	BLESSÉS	DISPARUS
Artillerie divisionnaire de la division de Malroy (commandant BRIENS).							
1re batt. d'artill. de marine :							
Périssé................	S^s-lieutenant	»	1	»	7	22	»
2e batt. d'artill. de marine.	....	»	»	»	6	18	»
12e batt. (mitr., artill. de marine) :							
Plonquet............	Lieutenant	»	1	»	»	»	»
Hervieux............	S^s-lieutenant	»	1	»	»	»	»
Joyau..............	d^o	»	1	»	»	»	»
Troupe............	....	»	»	»	4	16	»
TOTAUX...........		»	4	»	17	56	»

83 chevaux tués le 2 décembre, dont 28 (1re batterie), 22 (2e batterie), et 33 (12e batterie).

Ces batteries ont consommé dans les deux journées :

    2,600 obus ordinaires de 4,
    400 obus à balles ou mitraille de 4,
    250 boîtes pour canons à balles.

Total. . 3,250 coups.

1re compagnie du 2e régiment du génie (capitaine GLISES).

Perseval (1).........	Lieutenant	1	»	»	»	»	»
Azibert............	S^s-lieutenant	»	1	»	»	»	»
Troupe............	....	»	»	»	2	11	»
TOTAUX...........		1	1	»	2	11	»

(1) Tué le 3 décembre dans le clocher de Champigny; déjà blessé le 2 au four à chaux.

3ᵉ division (général FARON).

État-Major.

Michel, lieutenant d'état-major, blessé le 30 novembre.

1ʳᵉ brigade (colonel COMTE).

113ᵉ régiment de ligne.

NOMS	GRADES	OFFICIERS			TROUPE		
		TUÉS	BLESSÉS	DISPARUS	TUÉS	BLESSÉS	DISPARUS
Le 30 novembre :							
De Trécesson	Capitaine	1	»	»	»	»	»
De Margeot	dº	1	»	»	»	»	»
Vaissière	dº	»	1	»	»	»	»
Lenoir	Lieutenant	»	1	»	»	»	»
Bossu	Sˢ-lieutenant	1	»	»	»	»	»
Le 2 décembre :							
Fouesnel	Capitaine	»	1	»	»	»	»
Abric	dº	»	1	»	»	»	»
Chausson	dº	»	1	»	»	»	»
Pitel	dº	»	»	1	»	»	»
Daniel	Lieutenant	»	1	»	»	»	»
Plauchut	dº	»	1	»	»	»	»
Burel	Sˢ-lieutenant	»	»	1	»	»	»
Girod de Miserey (1)	Méd. maj. 2ᵉ cl.	»	1	»	»	»	»
Troupe		»	»	»	10	64	103
TOTAUX		3	8	2	10	64	103

(1) Contusionné le 3 décembre.

DÉFENSE DE PARIS.

114° régiment de ligne.

Le 30 novembre, sur le plateau de Coeuilly :

NOMS	GRADES	OFFICIERS			TROUPE		
		TUÉS	BLESSÉS	DISPARUS	TUÉS	BLESSÉS	DISPARUS
Boulanger	Lt-col. comm^t le rég^t	»	1	»	»	»	»
Mowat	Chef de b^{on}	1	»	»	»	»	»
Dumont	Cap.-adj.-maj.	»	1	»	»	»	»
Marcel	do	»	1	»	»	»	»
Pallu	Capitaine	1	»	»	»	»	»
Besnus	do	1	»	»	»	»	»
Diem	do	1	»	»	»	»	»
Charpentier	do	»	1	»	»	»	»
Bougaud	do	»	1	»	»	»	»
Isnardon	do	»	1	»	»	»	»
Gerriet	do	»	1	»	»	»	»
Noël	do	»	1	»	»	»	»
Alliey	do	»	1	»	»	»	»
Lapierre	do	»	1	»	»	»	»
Jegondez	Lieutenant	1	»	»	»	»	»
Cazal	do	1	»	»	»	»	»
Leclerc	do	1	»	»	»	»	»
Barbier	do	»	1	»	»	»	»
Bleton	do	»	1	»	»	»	»
Soudée	do	»	1	»	»	»	»
Rogier	do	»	1	»	»	»	»
Dulphy	do	»	1	»	»	»	»
Ferry	S^s-lieutenant	»	1	»	«	»	»
Lion	do	»	1	»	»	»	»
Millot	do	»	1	»	»	»	»
Tristch	Lieutenant	»	»	1	»	»	»
Troupe		»	»	»	35	325	154
TOTAUX		7	18	1	35	325	154

NOMS	GRADES	OFFICIERS			TROUPE		
		TUÉS	BLESSÉS	DISPARUS	TUÉS	BLESSÉS	DISPARUS
2ᵉ brigade (général DE LA MARIOUSE).							
35ᵉ régiment de ligne.							
Le 30 novembre, sur le plateau de Cœuilly :							
Lourde-Laplace	Lᵗ-col. commᵗ le régᵗ	»	1	»	»	»	»
Proal	Cap.-adj.-maj.	1	»	»	»	»	»
Rameaux	Capitaine	1	»	»	»	»	»
David	dº	»	1	»	»	»	»
Cassan	Lieutenant	1	»	»	»	»	»
Danflous	dº	»	1	»	»	»	»
Chancenotte	Sˢ-lieutenant	»	1	»	»	»	»
Pernet	dº	»	1	»	»	»	»
Baul	dº	»	1	»	»	»	»
Le 2 décembre :							
Tiollier	Capitaine	»	»	1	»	»	»
Raguet	Lieutenant	»	1	»	»	»	»
Rhodes-Chabannes	Sˢ-lieutenant	»	»	1	»	»	»
Evrard	dº	»	»	1	»	»	»
Krantz	dº	»	»	1	»	»	»
Troupe		»	»	»	62	297	112
TOTAUX		3	7	4	62	297	112

35ᵉ régiment de mobiles de la Vendée (le 4ᵉ bataillon était resté dans Paris).

NOMS		GRADES	OFFICIERS			TROUPE		
Aubry		Lᵗ-col. commᵗ le régᵗ	»	1	»	»	»	»
1ᵉʳ bataillon.	Grégoire	Chef de Bᵒⁿ	1	»	»	»	»	»
	De Mouillebert	Capitaine	1	»	»	»	»	»
	Normand	Lieutenant	»	1	»	»	»	»
	Gilbert	dº	»	1	»	»	»	»
	Augustin	dº	»	1	»	»	»	»
A reporter			2	4	»	»	»	»

DÉFENSE DE PARIS.

	NOMS	GRADES	OFFICIERS			TROUPE		
			TUÉS	BLESSÉS	DISPARUS	TUÉS	BLESSÉS	DISPARUS
	35ᵉ régiment de mobiles de la Vendée (suite).							
	Report.....		2	4	»	»	»	»
2ᵉ bataillon	Caillaud.....	Chef de bᵒⁿ	»	»	1	»	»	»
	Richard.....	Capitaine	»	1	»	»	»	»
	De Chasteigner.	Lieutenant	1	»	»	»	»	»
	Hurtaud.....	do	»	1	»	»	»	»
	Buet.......	do	»	»	1	»	»	»
	Taudil.....	do	»	»	1	»	»	»
	De Saint-Estève.	Sˢ-lieutenant	1	»	»	»	»	»
3ᵉ bataillon	De La Boutetière	Chef de bᵒⁿ	»	1	»	»	»	»
	De Béjarry...	Cap.-adj.-maj.	»	1	»	»	»	»
	Querrion....	Capitaine	»	»	1	»	»	»
	Trastour.....	do	»	»	1	»	»	»
	Marsais.....	do	»	1	»	»	»	»
	Séguin......	do	»	1	»	»	»	»
	De La Brière..	Lieutenant	»	1	»	»	»	»
	Vrignaud....	do	1	»	»	»	»	»
	Dehergne (Ch.).	do	»	1	»	»	»	»
	Boisson.....	do	»	»	1	»	»	»
	Dubois......	do	»	»	1	»	»	»
	Dehergne (Edmᵈ).	Sˢ-lieutenant	»	1	»	»	»	»
	Troupe.......		»	»	»	46	152	280
	TOTAUX.....		3	13	7	46	152	280
	42ᵉ régiment de ligne.							
	Le 30 novembre, sur le plateau de Cœuilly :							
	Prévault.....	Lᵗ-col. commᵗ le régᵗ	1	»	»	»	»	»
	Tatin.......	Capitaine	1	»	»	»	»	»
	Padovani.....	Cap.-adj.-maj.	1	»	»	»	»	»
	Bourson.....	Capitaine	»	★ 1	»	»	»	»
	Brunetti.....	do	»	1	»	»	»	»
	De Pouvourville..	do	»	1	»	»	»	»
	Mangeot.....	do	»	1	»	»	»	»
	A reporter.....		3	4	»	»	»	»

* Ce signe indique que l'officier est mort des suites de ses blessures.

DÉFENSE DE PARIS.

| NOMS | GRADES | OFFICIERS ||| TROUPE |||
		TUÉS	BLESSÉS	DISPARUS	TUÉS	BLESSÉS	DISPARUS
12e régiment de ligne (suite).							
Report.		3	4	»	»	»	»
Roché.	Capitaine	»	1	»	»	»	»
Logerot.	do	»	1	»	»	»	»
Noyelle.	do	»	1	»	»	»	»
Jardin	do	»	1	»	»	»	»
Duroux.	do	»	1	»	»	»	»
Maroussem.	do	»	1	»	»	»	»
Buffault	do	»	1	»	»	»	»
Chausse	Lieutenant	1	»	»	»	»	»
Rumèbe.	do	1	»	»	»	»	»
Chion.	do	»	★ 1	»	»	»	»
Chazottes.	do	»	1	»	»	»	»
Didry.	do	»	1	»	»	»	»
De La Garde	do	»	1	»	»	»	»
Capriata	Ss-lieutenant	1	»	»	»	»	»
Rinck.	do	1	»	»	»	»	»
D'Ile	do	1	»	»	»	»	»
Choloy	do	»	★ 1	»	»	»	»
Frogé.	do	»	1	»	»	»	»
Ronge	do	»	1	»	»	»	»
Edelga	do	»	1	»	»	»	»
Bertrand.	do	»	1	»	»	»	»
Poirot	do	»	1	»	»	»	»
Le 2 décembre :							
Landry.	Chef de bon	»	★ 1	»	»	»	»
Cahen	do	»	1	»	»	»	»
Saingt	Cap.-adj.-maj.	1	»	»	»	»	»
Giroin	do	1	»	»	»	»	»
Combes.	do	»	1	»	»	»	»
Godard.	Lieutenant	»	★ 1	»	»	»	»
Dorizon.	do	»	1	»	»	»	»
Leca	do	»	»	1	»	»	»
Fabre.	do	»	»	1	»	»	»
Groscolas.	Ss-lieutenant	»	1	»	»	»	»
Randoing.	do	»	»	1	»	»	»
Troupe		»	»	»	176	461	498
Totaux		10	27	3	176	461	498

★ Ce signe indique que l'officier est mort des suites de ses blessures.

DÉFENSE DE PARIS.

NOMS	GRADES	OFFICIERS			TROUPE		
		TUÉS	BLESSÉS	DISPARUS	TUÉS	BLESSÉS	DISPARUS
Artillerie divisionnaire de la division Faron (commandant MAGDELAINE).							
3e batt. du 13e rég. (mitr.) : Torterue de Sazilly....	Capitaine	1	»	»	»	»	»
4e batt. du 13e régiment..	......	»	»	»	»	»	»
3e batterie du 9e régiment : Alis............	S^s-lieutenant	»	1	»	»	»	»
Troupe.........	......	»	»	»	8	22	»
Totaux.........		1	1	»	8	22	»

40 chevaux tués.

15e compagnie du 3e régiment du génie (capitaine DE LA TAILLE).							
De la Taille........	Capitaine	»	1	»	»	»	»
Montès..........	S^s-lieutenant	»	1	»	»	»	»
Troupe.........	......	»	»	»	3	14	»
Totaux.........		»	2	»	3	14	»

Réserve d'artillerie du 1er corps d'armée (colonel HENNET).							
3e batterie du 6e régiment.	......	»	»	»	5	16	»
4e batterie du 6e régiment : Tribourdeaux........	S^s-lieutenant	»	1	»	»	»	»
Jacquemard.......	S^s-lieut^t auxil^{re}	»	1	»	»	»	»
Troupe.........	......	»	»	»	8	14	»
16e batterie du 8e régiment : Benech..........	S^s-lieutenant	1	»	»	5	16	»
12e batterie du 4e régiment.	......	»	»	»	3	10	»
16e — 9e —	......	»	»	»	»	2	»
15e d'artillerie de marine..	......	»	»	»	5	14	»
Totaux.........		1	2	»	26	72	»

100 chevaux tués, dont 18 (3e du 6e), 26 (4e du 6e), 24 (16e du 8e), 12 (12e du 4e), 3 (16e du 9e), et 17 (15e d'artill. de marine).

DÉFENSE DE PARIS.

INDICATIONS DIVERSES	OFFICIERS			TROUPE		
	TUÉS	BLESSÉS	DISPARUS	TUÉS	BLESSÉS	DISPARUS

RÉCAPITULATION DES PERTES DE L'ARTILLERIE DU 1er CORPS D'ARMÉE.

	TUÉS	BLESSÉS	DISPARUS	TUÉS	BLESSÉS	DISPARUS
Artillerie de la 1re division	»	4	»	17	56	»
— de la 3e —	1	1	»	8	22	»
Réserve du 1er corps	1	2	»	26	72	»
Totaux	2	7	»	51	150	»
TOTAL GÉNÉRAL			210			

223 chevaux tués, dont 83 (1re div.), 40 (3e div.), et 100 (réserve).

RÉCAPITULATION DES PERTES DU 1er CORPS D'ARMÉE.

		TUÉS	BLESSÉS	DISPARUS	TUÉS	BLESSÉS	DISPARUS
1re division	État-major (général Paturel)	»	1	»	»	»	»
	Mobiles de la Côte-d'Or	5	3	»	69	270	»
	— d'Ille-et-Vilaine	8	17	»	90	377	»
	121e régiment de ligne	13	9	2	82	298	22
	122e —	9	14	8	58	436	100
	Artillerie divisionnaire	»	4	»	17	56	»
	1re compagnie du 2e du génie	1	1	»	2	14	»
3e division	État-major	»	1	»	»	»	»
	113e régiment de ligne	3	8	2	10	64	103
	114e —	7	18	1	35	325	154
	35e —	9	7	4	62	297	112
	Mobiles de la Vendée	5	13	7	46	152	280
	42e régiment de ligne	10	27	3	176	461	498
	Artillerie divisionnaire	1	1	»	8	22	»
	15e compagnie du 3e du génie	»	2	»	3	14	»
Réserve d'artillerie		1	2	»	26	72	»
Totaux		66	128	27	684	2,855	1,269
TOTAL GÉNÉRAL				5.029			

ARTILLERIE. — Pertes totales en chevaux : 223, dont 83 (1re div.), 40 (3e div.), et 100 (réserve).

DÉFENSE DE PARIS.

NOMS ET GRADES	OFFICIERS			TROUPE		
	TUÉS	BLESSÉS	DISPARUS	TUÉS	BLESSÉS	DISPARUS

2ᵉ CORPS D'ARMÉE (général RENAULT).

État-Major.

Le 30 novembre :						
Général **Renault**, commandant le corps . .	»	*1	»	»	»	»
Le 2 décembre :						
Général **Boissonnet**, command' l'artillerie .	»	1	»	»	»	»
Le 30 novembre :						
Commandant **Hartung** (état-maj. de l'artill.)	»	1	»	»	»	»
Capitaine **Viel** (état-major de l'artillerie) . .	»	1	»	»	»	»
Lieutenant **Boverat** dᵒ . .	»	1	»	»	»	»
Totaux	»	5	»	»	»	»

* Ce signe indique que l'officier est mort des suites de ses blessures.

1ʳᵉ division (général DE SUSBIELLE).

1ʳᵉ brigade (général DE LA CHARRIÈRE).

115ᵉ régiment de ligne (2ᵉ et 3ᵉ bataillons).

Les 2 et 3 décembre :						
Thiénot.	Cap.-adj.-maj.	»	1	»	»	»	»
Richaud	Capitaine	»	1	»	»	»	»
Audemare	S*-lieutenant	»	1	»	»	»	»
N.	. . . . .	»	1	»	»	»	»
Troupe	. . . . .	»	»	»	15	35	15
Totaux		»	4	»	15	35	15

116ᵉ régiment de ligne.

NOMS	GRADES	OFFICIERS			TROUPE		
		TUÉS	BLESSÉS	DISPARUS	TUÉS	BLESSÉS	DISPARUS
Les 2 et 3 décembre :							
Delachaise	Cap.-adj.-maj.	1	»	»	»	»	»
Prax	Capitaine	»	1	»	»	»	»
Guisasci	Lieutenant	»	1	»	»	»	»
Troupe		»	»	»	1	32	5
Totaux		1	2	»	1	32	5

2ᵉ brigade (général Lecomte).

115ᵉ régiment de ligne.

NOMS	GRADES	OFFICIERS			TROUPE		
		TUÉS	BLESSÉS	DISPARUS	TUÉS	BLESSÉS	DISPARUS
Les 2 et 3 décembre :							
Ménesson	Capitaine	»	1	»	»	»	»
Troupe		»	»	»	3	15	»
Totaux		»	1	»	3	15	»

118ᵉ régiment de ligne.

NOMS	GRADES	OFFICIERS			TROUPE		
		TUÉS	BLESSÉS	DISPARUS	TUÉS	BLESSÉS	DISPARUS
Troupe		»	»	»	2	2	»

Artillerie divisionnaire (commandant Mathieu).

NOMS	GRADES	OFFICIERS			TROUPE		
		TUÉS	BLESSÉS	DISPARUS	TUÉS	BLESSÉS	DISPARUS
Le 2 décembre :							
7ᵉ batterie du 21ᵉ régiment		»	»	»	»	»	»
8ᵉ — 21ᵉ —		»	»	»	»	»	»
17ᵉ — 4ᵉ —		»	»	»	1	1	»
Totaux		»	»	»	1	1	»

DÉFENSE DE PARIS.

NOMS	GRADES	OFFICIERS			TROUPE		
		TUÉS	BLESSÉS	DISPARUS	TUÉS	BLESSÉS	DISPARUS

2ᵉ division (général BERTHAUT).

État-Major.

D'Irrison, lieutenant de mobiles, officier d'ordonnance du général Berthaut, blessé le 2 décembre.

1ʳᵉ brigade (général BOCHER).

119ᵉ régiment de ligne.

Le 30 novembre :							
Bauzil	Chef de bᵒⁿ	»	1	»	»	»	»
Oddo	Capitaine	»	1	»	»	»	»
Canu	do	»	1	»	»	»	»
Delanoix	Lieutenant	»	1	»	»	»	»
Maratuesch	do	»	1	»	»	»	»
Kieffer	do	»	1	»	»	»	»
Plancq	do	»	*1	»	»	»	»
Troupe		»	»	»	89	125	»
Le 2 décembre :							
Troupe		»	»	»	5	22	»
TOTAUX		»	7	»	94	147	»

★ Ce signe indique que l'officier est mort des suites de ses blessures.

120ᵉ régiment de ligne (3ᵉ bataillon).

Bourdil	Capitaine	1	»	»	»	»	»
Parisot	do	»	1	»	»	»	»
Troupe		»	»	»	11	55	»
TOTAUX		1	1	»	11	55	»

2e brigade (colonel DE MIRIBEL).

56e régiment de mobiles (Seine-Inférieure) (1er, 4e, 5e bataillons).

	NOMS	GRADES	OFFICIERS			TROUPE		
			TUÉS	BLESSÉS	DISPARUS	TUÉS	BLESSÉS	DISPARUS
1er bataillon.	Guérillon	Capitaine	»	1	»	»	»	»
	De Janzé	do	»	1	»	»	»	»
	Dufour	Lieutenant	»	1	»	»	»	»
	Calippe	do	»	1	»	»	»	»
	Troupe		»	»	»	6	50	»
4e bataillon.	De La Rousserie	Capitaine	1	»	»	»	»	»
	Vaussard	Ss-lieutenant	»	1	»	»	»	»
	Sato	do	»	1	»	»	»	»
	Mure	do	»	1	»	»	»	»
	Troupe		»	»	»	9	57	»
5e bataillon.	Caudron de Coqueréaumont	Capitaine	»	1	»	»	»	»
	Ribeaudeau	do	»	1	»	»	»	»
	Jounault	do	»	1	»	»	»	»
	Tellier	do	»	1	»	»	»	»
	D'Eudeville	Lieutenant	»	1	»	»	»	»
	Boissel	Ss-lieutenant	1	»	»	»	»	»
	Bert	do	»	1	»	»	»	»
	Niel	do	»	1	»	»	»	»
	Troupe		»	»	»	15	88	»
	TOTAUX		2	14	»	30	195	»

DÉFENSE DE PARIS.

NOMS	GRADES	OFFICIERS			TROUPE		
		TUÉS	BLESSÉS	DISPARUS	TUÉS	BLESSÉS	DISPARUS
37ᵉ régiment de mobiles (Loiret) (2ᵉ, 3ᵉ, 4ᵉ bataillons).							
Le 30 novembre :							
2ᵉ bataillon. { Bouillé	Chef de bᵒⁿ	1	»	»	»	»	»
Martin	Sˢ-lieutenant	1	»	»	»	»	»
N...	....	»	1	»	»	»	»
N...	....	»	1	»	»	»	»
Troupe	....	»	»	»	42	158	»
3ᵉ bataillon. { De La Touanne	Chef de bᵒⁿ	»	1	»	»	»	»
Marcueyz	Sˢ-lieutenant	»	1	»	»	»	»
Troupe	....	»	»	»	23	57	»
4ᵉ bataillon. { De Cambrai	Sˢ-lieutenant	1	»	»	»	»	»
Troupe	....	»	»	»	7	23	»
Le 2 décembre :							
3ᵉ bataillon. Troupe	....	»	»	»	1	5	»
4ᵉ dᵒ dᵒ	....	»	»	»	»	6	»
TOTAUX	....	3	4	»	73	249	»
Artillerie divisionnaire de la division Berthaut (commandant LADVOCAT).							
17ᵉ du 11ᵉ (mitraills). { *Le 30 novembre :*							
Trémoulet	Capitaine	1	»	»	»	»	»
Chevalier	Lieutenant	»	★ 1	»	»	»	»
Le 2 décembre :							
Mathis	dᵒ	»	1	»	»	»	»
Le 30 novembre :							
9ᵉ du 21ᵉ. Petit	dᵒ	»	1	»	»	»	»
Le 2 décembre :							
5ᵉ du 22ᵉ. Amourel	dᵒ	»	1	»	»	»	»
Troupe	....	»	»	»	15	47	»
TOTAUX	....	1	4	»	15	47	»

★ Ce signe indique que l'officier est mort de ses blessures. | 70 chevaux tués.

DÉFENSE DE PARIS.

NOMS	GRADES	OFFICIERS			TROUPE		
		TUÉS	BLESSÉS	DISPARUS	TUÉS	BLESSÉS	DISPARUS

3ᵉ division (général DE MAUSSION).

Francs-tireurs de la division de Maussion (effectif 400 hommes).

NOMS	GRADES	TUÉS	BLESSÉS	DISPARUS	TUÉS	BLESSÉS	DISPARUS
Le 30 novembre :							
Cⁱᵉ du 125ᵉ de ligne. Bouchard	Capitaine	»	1	»	»	»	»
Fournier	Lieutenant	»	1	»	»	»	»
Troupe		»	»	»	8	32	»
Compagnie du 124ᵉ. De Schreiber	Lieutenant	»	1	»	»	»	»
Rogé	Sˢ-lieutenant	»	1	»	»	»	»
Troupe		»	»	»	7	29	»
Compagnie du 125ᵉ. Leroy	Lieutenant	»	1	»	»	»	»
De Gidrol	dᵒ	1	»	»	»	»	»
Troupe		»	»	»	10	35	»
Compagnie du 126ᵉ. Troupe		»	»	»	4	18	»
Le 2 décembre :							
Troupe		»	»	»	»	2	»
TOTAUX		1	5	»	29	116	»

1ʳᵉ brigade (général AVRIL DE L'ENCLOS).

123ᵉ régiment de ligne.

NOMS	GRADES	TUÉS	BLESSÉS	DISPARUS	TUÉS	BLESSÉS	DISPARUS
Le 30 novembre :							
Dupuy de Podio	Lᵗ-col. commᵗ le régᵗ	1	»	»	»	»	»
Lahille	Cap.-adj.-maj.	»	1	»	»	»	»
Grand	Capitaine	»	1	»	»	»	»
Tabard	dᵒ	»	1	»	»	»	»
Albert	Méd. maj. 2ᵉ cl.	»	1	»	»	»	»
Sébire	Lieutenant	»	1	»	»	»	»
De Schreiber-Desvaux de Saint-Maurice	dᵒ	»	1	»	»	»	»
Robert	Sˢ-lieutenant	»	1	»	»	»	»
Troupe		»	»	»	24	81	109
A reporter		1	7	»	24	81	109

DÉFENSE DE PARIS.

NOMS	GRADES	OFFICIERS			TROUPE		
		TUÉS	BLESSÉS	DISPARUS	TUÉS	BLESSÉS	DISPARUS
123ᵉ régiment de ligne (suite.)							
Report..........		1	7	»	24	81	109
Le 2 décembre :							
Rolland...........	Lieutenant	»	1	»	»	»	»
Gaby.............	Sˢ-lieutenant	»	1	»	»	»	»
Troupe..........		»	»	»	6	19	»
Totaux..........		1	9	»	30	100	109
124ᵉ régiment de ligne.							
Sanguinetti......	Lᵗ-col. commᵗ le régᵗ	1	»	»	»	»	»
Pécoud (1).......	Chef de bᵒⁿ	»	»	1	»	»	»
Mirey............	Capitaine	»	1	»	»	»	»
Thomas..........	dᵒ	»	1	»	»	»	»
Raynaud.........	dᵒ	»	1	»	»	»	»
Loubarie.........	dᵒ	»	1	»	»	»	»
Masson..........	Lieutenant	»	★ 1	»	»	»	»
Gascoin..........	dᵒ	1	»	»	»	»	»
Gallan...........	dᵒ	»	★ 1	»	»	»	»
Chauvin.........	dᵒ	»	★ 1	»	»	»	»
Gleizes...........	dᵒ	»	1	»	»	»	»
Fournier.........	dᵒ	»	1	»	»	»	»
Chapuis..........	dᵒ	»	1	»	»	»	»
Dantjau..........	dᵒ	»	1	»	»	»	»
Krebs............	dᵒ	»	1	»	»	»	»
Durandot........	dᵒ	»	1	»	»	»	»
Poupier..........	Sˢ-lieutenant	»	★ 1	»	»	»	»
Puyo............	dᵒ	»	★ 1	»	»	»	»
Reynaud.........	dᵒ	»	★ 1	»	»	»	»
Thomas..........	dᵒ	»	1	»	»	»	»
Troupe..........		»	»	»	40	174	55
Totaux..........		2	17	1	40	174	55

(1) Gravement contusionné par la chute de son cheval tué sous lui.
★ Ce signe indique que l'officier est mort des suites de ses blessures.

2ᵉ brigade (général COURTY).

125ᵉ régiment de ligne.

NOMS	GRADES	OFFICIERS TUÉS	OFFICIERS BLESSÉS	OFFICIERS DISPARUS	TROUPE TUÉS	TROUPE BLESSÉS	TROUPE DISPARUS
Le 2 décembre :							
Jourdain	Lt-col. commt le régt	»	1	»	»	»	»
Lainé	Chef de Bon	»	1	»	»	»	»
Maigne	Cap.-adj.-maj.	1	»	»	»	»	»
Warnot	do	»	1	»	»	»	»
De Béon	Capitaine	1	»	»	»	»	»
Berthaud	do	1	»	»	»	»	»
Bonneterre	do	1	»	»	»	»	»
Casanova	do	»	1	»	»	»	»
Risbourg	do	»	1	»	»	»	»
Thiébault	Lieutenant	1	»	»	»	»	»
Gérin	do	»	★ 1	»	»	»	»
Jubault	do	»	★ 1	»	»	»	»
Dassas	do	»	★ 1	»	»	»	»
De Nuchèze	do	»	1	»	»	»	»
Compagnon	do	»	1	»	»	»	»
Géraud	do	»	1	»	»	»	»
Degeilh	S-lieutenant	1	»	»	»	»	»
Demandre	do	»	★ 1	»	»	»	»
Olivier	do	»	1	»	»	»	»
Weil	do	»	1	»	»	»	»
Troupe		»	»	»	41	318	»
TOTAUX		6	14	»	41	318	»

★ Ce signe indique que l'officier est mort des suites de ses blessures.

DÉFENSE DE PARIS.

NOMS	GRADES	OFFICIERS			TROUPE		
		TUÉS	BLESSÉS	DISPARUS	TUÉS	BLESSÉS	DISPARUS
126ᵉ régiment de ligne.							
Neltner............	Lᵗ-col. commᵗ le régᵗ	»	★ 1	»	»	»	»
Méda..............	Chef de bⁿ	»	1	»	»	»	»
Gillant............	dº	1	»	»	»	»	»
Fellens............	Cap.-adj.-maj.	»	★ 1	»	»	»	»
Foussadier.........	Capitaine	»	1	»	»	»	»
Gâté..............	dº	»	1	»	»	»	»
Rouiller...........	dº	»	1	»	»	»	»
Riber.............	dº	»	1	»	»	»	»
Perrin.............	dº	1	»	»	»	»	»
Vaganay...........	dº	»	1	»	»	»	»
Clément...........	Lieutenant	»	1	»	»	»	»
Orange............	dº	»	»	1	»	»	»
Cornac............	dº	»	1	»	»	»	»
Denié.............	Sˢ-lieutenant	1	»	»	»	»	»
Favier.............	dº	1	»	»	»	»	»
Pradel.............	dº	»	1	»	»	»	»
Ciavaldini..........	dº	»	1	»	»	»	»
Troupe............		»	»	»	17	163	45
Totaux.......		4	12	1	17	163	45

★ Ce signe indique que l'officier est mort des suites de ses blessures.

Artillerie divisionnaire de la division de Maussion
(commandant DE GRANDCHAMP).

10ᵉ du 21ᵉ (cap. NISMES) :							
Le 30 novembre :							
Rihm..............	Sˢ-lieutenant	»	1	»	»	»	»
Troupe............		»	»	»	6	16	»
Le 2 décembre :							
Troupe............		»	»	»	»	4	»
4ᵉ du 22ᵉ (cap. COURTOIS) :							
Courtois...........	Cap. commᵗ	»	1	»	»	»	»
Pelletier...........	Lieutenant	»	1	»	»	»	»
Troupe............		»	»	»	1	7	»
3ᵉ du 21ᵉ, mitrailleuses (cap. MAHIEU) :							
Troupe............		»	»	»	3	10	»
Totaux.......		»	3	»	10	37	»

50 chevaux hors de combat, dont 28 (10ᵉ du 21ᵉ), 7 (4ᵉ du 22ᵉ), et 15 (3ᵉ du 21ᵉ).

DÉFENSE DE PARIS.

NOMS	GRADES	OFFICIERS			TROUPE		
		TUÉS	BLESSÉS	DISPARUS	TUÉS	BLESSÉS	DISPARUS
Réserve d'artillerie du 2ᵉ corps d'armée (lieut¹-colonel MINOT).							
4ᵉ du 21ᵉ (cap. BULOZ) :							
Marc............	Capit. en 2ᵉ	»	★ 1	»	»	»	»
Monnoury........	Sˢ-lieutenant	»	1	»	»	»	»
Jammet..........	dᵒ	»	1	»	»	»	»
Troupe........	....	»	»	»	6	17	»
15ᵉ du 10ᵉ (FLY-Sᵗᵉ-MARIE) :							
Troupe........	....	»	»	»	4	14	»
8ᵉ du 3ᵉ (cap. MORIAU) :							
Troupe........	....	»	»	»	4	18	»
16ᵉ du 14ᵉ (cap. SOLIER) :							
Solier...........	Capitaine	»	1	»	»	»	»
Bourgoing........	Sˢ-lieutenant	»	1	»	»	»	»
Troupe........	....	»	»	»	3	10	»
5ᵉ du 21ᵉ (DE CHALAIN) :							
Troupe........	....	»	»	»	11	32	»
TOTAUX........		»	5	»	28	91	»

★ Ce signe indique que l'officier est mort des suites de ses blessures.

202 chevaux tués, dont 32 et 2 caissons sautés (4ᵉ du 21ᵉ), 34 et 2 affûts brisés (15ᵉ du 10ᵉ), 33 (8ᵉ du 3ᵉ), 30 (16ᵉ du 14ᵉ), et 71 (5ᵉ du 21ᵉ).

RÉCAPITULATION DES PERTES DE L'ARTILLERIE DU 2ᵉ CORPS D'ARMÉE.

Artillerie de la 1ʳᵉ division........	»	»	»	1	1	»	
dᵒ 2ᵉ dᵒ	1	4	»	15	47	»	
dᵒ 3ᵉ dᵒ	»	3	»	10	37	»	
Réserve d'artillerie du 2ᵉ corps.....	»	5	»	28	91	»	
TOTAUX........	1	12	»	54	176	»	
TOTAL GÉNÉRAL........			243				

322 chevaux tués, dont 70 (2ᵉ division), 50 (3ᵉ division), 202 (réserve).

RÉCAPITULATION DES PERTES DU 2ᵉ CORPS D'ARMÉE.

INDICATIONS DIVERSES	OFFICIERS			TROUPE		
	TUÉS	BLESSÉS	DISPARUS	TUÉS	BLESSÉS	DISPARUS
État-major général	»	5	»	»	»	»
1ʳᵉ division — Francs-tireurs de la division	»	»	»	»	»	»
1ʳᵉ division — 115ᵉ régiment de ligne	»	4	»	15	35	15
1ʳᵉ division — 116ᵉ dᵒ dᵒ	1	2	»	1	32	5
1ʳᵉ division — 117ᵉ dᵒ dᵒ	»	1	»	3	15	»
1ʳᵉ division — 118ᵉ dᵒ dᵒ	»	»	»	2	2	»
1ʳᵉ division — Artillerie divisionnaire	»	»	»	1	1	»
2ᵉ division — État-major	»	1	»	»	»	»
2ᵉ division — 119ᵉ régiment de ligne	»	7	»	94	147	»
2ᵉ division — 120ᵉ dᵒ dᵒ	1	1	»	11	55	»
2ᵉ division — 50ᵉ mobiles (Seine-Inférieure)	2	14	»	30	195	»
2ᵉ division — 37ᵉ dᵒ (Loiret)	3	4	»	73	249	»
2ᵉ division — Artillerie divisionnaire	1	4	»	15	47	»
3ᵉ division — État-major	»	»	»	»	»	»
3ᵉ division — Francs-tireurs de la division	1	5	»	29	116	»
3ᵉ division — 123ᵉ régiment de ligne	1	9	»	30	100	109
3ᵉ division — 124ᵉ dᵒ dᵒ	2	17	1	40	174	55
3ᵉ division — 125ᵉ dᵒ dᵒ	6	14	»	41	318	»
3ᵉ division — 126ᵉ dᵒ dᵒ	4	12	1	17	163	45
3ᵉ division — Artillerie divisionnaire	»	3	»	10	37	»
Réserve d'artillerie du 2ᵉ corps	»	5	»	28	91	»
Totaux	22	108	2	440	1,677	229

TOTAL GÉNÉRAL 2,478

Artillerie. — Pertes totales en chevaux : 322, dont 70 (2ᵉ div.), 50 (3ᵉ div.), et 202 (réserve).

DÉFENSE DE PARIS.

			OFFICIERS			TROUPE		
	NOMS	GRADES	TUÉS	BLESSÉS	DISPARUS	TUÉS	BLESSÉS	DISPARUS

3ᵉ CORPS D'ARMÉE (général D'EXEA).

1ʳᵉ division (général DE BELLEMARE).

1ʳᵉ brigade (colonel FOURNÈS).

4ᵉ régiment de zouaves.

Le 30 novembre, devant Villiers :

	Noëllat	Chef de b^{on}	»	1	»	»	»	»
	Bézy	Capitaine	»	1	»	»	»	»
	Gallangau	d°	»	1	»	»	»	»
	De Podenas	d°	1	»	»	»	»	»
	Gonzalès	d°	»	1	»	»	»	»
	Bressolles	Lieutenant	»	★ 1	»	»	»	»
	Leroux	d°	1	»	»	»	»	»
1ᵉʳ	Rambaud	d°	»	1	»	»	»	»
bataillon.	Primat	d°	1	»	»	»	»	»
	Lévêque	d°	»	1	»	»	»	»
	Braccini	d°	»	1	»	»	»	»
	Tavernier	S^s-lieutenant	»	1	»	»	»	»
	Marterer	d°	1	»	»	»	»	»
	Houel	d°	1	»	»	»	»	»
	Sautran	d°	1	»	»	»	»	»
	Guerne	d°	»	1	»	»	»	»
	Troupe	. . . . .	»	»	»	115	196	»
	Mercier	Cap.-adj.-maj.	»	1	»	»	»	»
	Mége	Capitaine	»	1	»	»	»	»
	Soudée	d°	»	★ 1	»	»	»	»
2ᵉ	Bertholet	S^s-lieutenant	»	1	»	»	»	»
bataillon.	Bosseler	d°	»	1	»	»	»	»
	Château	d°	»	1	»	»	»	»
	Troupe	. . . . .	»	»	»	46	177	»
	Le 2 décembre :							
	Revin	Capitaine	»	1	»	»	»	»
	Troupe	. . . . .	»	»	»	»	7	»
	TOTAUX	. . . . .	6	17	»	161	380	»

★ Ce signe indique que l'officier est mort des suites de ses blessures.

DÉFENSE DE PARIS.

136e régiment de ligne.

NOMS	GRADES	OFFICIERS			TROUPE		
		TUÉS	BLESSÉS	DISPARUS	TUÉS	BLESSÉS	DISPARUS
Le 30 novembre :							
Pinchon	Capitaine	»	1	»	»	»	»
Calmet	do	»	1	»	»	»	»
Guillaume	do	»	1	»	»	»	»
Pradier	Lieutenant	»	*1	»	»	»	»
Oury	Ss-lieutenant	»	1	»	»	»	»
Troupe	. . . . .	»	»	»	56	187	»
Les 2 et 3 décembre :							
Troupe	. . . . .	»	»	»	6	24	»
TOTAUX		»	5	»	62	211	»

★ Ce signe indique que l'officier est mort des suites de ses blessures.

2e brigade (colonel COLONIEU).

Régiment du Morbihan (31e mobiles).

	NOMS	GRADES	TUÉS	BLESSÉS	DISPARUS	TUÉS	BLESSÉS	DISPARUS
	Le 30 novembre :							
	Tillet	Lt-col. commt le régt	»	1	»	»	»	»
1er bataillon.	Robert	Lieutenant	»	1	»	2	20	10
	Le 2 décembre :							
	Troupe	. . . . .	»	»	»	1	5	»
2e bataillon.	*Le 30 novembre :*							
	Troupe	. . . . .	»	»	»	1	2	»
	Les 2 et 3 décembre :							
	Troupe	. . . . .	»	»	»	»	9	»
3e bataillon.	*Le 30 novembre :*							
	Troupe	. . . . .	»	»	»	»	7	1
	Les 2 et 3 décembre :							
	Caradec	Lieutenant	»	1	»	3	20	8
	TOTAUX		»	3	»	7	63	19

Régiment de mobiles de Seine-et-Marne (2ᵉ bataillon).

NOMS	GRADES	OFFICIERS			TROUPE		
		TUÉS	BLESSÉS	DISPARUS	TUÉS	BLESSÉS	DISPARUS
Scabet	Lieutenant	1	»	»	»	»	»
N...	.....	»	1	»	»	»	»
N...	.....	»	1	»	»	»	»
N...	.....	»	1	»	»	»	»
N...	.....	»	1	»	»	»	»
Troupe	.....	»	»	»	22	72	28
TOTAUX		1	4	»	22	72	28

Légion des Amis de la France.

NOMS	GRADES	OFFICIERS			TROUPE		
		TUÉS	BLESSÉS	DISPARUS	TUÉS	BLESSÉS	DISPARUS
Zimmer	Capitaine	»	1	»	»	»	»
Troupe	.....	»	»	»	»	5	»
TOTAUX		»	1	»	»	5	»

Artillerie divisionnaire de la division de Bellemare
(commandant TARDIF DE MOIDREY).

NOMS	GRADES	OFFICIERS			TROUPE		
		TUÉS	BLESSÉS	DISPARUS	TUÉS	BLESSÉS	DISPARUS
16ᵉ du 2ᵉ (cap. MALFROY) :							
Le 30 novembre :							
Troupe	.....	»	»	»	»	1	»
Le 2 décembre :							
Malfroy	Capit. commᵗ	»	1	»	1	9	»
16ᵉ du 10ᵉ (c. DARDENNE) :							
Delport	Sˢ-lieutenant	»	1	»	»	6	»
15ᵉ du 11ᵉ, mitrailleuses (cap. MALAVAL) :							
Troupe	.....	»	»	»	»	8	»
TOTAUX		»	2	»	1	24	»

34 chevaux tués, dont 13 (16ᵉ du 2ᵉ), 7 (16ᵉ du 10ᵉ), et 14 (15ᵉ du 11ᵉ).

DÉFENSE DE PARIS.

NOMS	GRADES	OFFICIERS			TROUPE		
		TUÉS	BLESSÉS	DISPARUS	TUÉS	BLESSÉS	DISPARUS
2ᵉ division (général MATTAT).							
1ʳᵉ brigade (colonel BONNET).							
105ᵉ régiment de ligne		»	»	»	2	1	»
106ᵉ do do		»	»	»	»	»	»
TOTAUX		»	»	»	2	1	»
2ᵉ brigade (général DAUDEL).							
107ᵉ régiment de ligne.							
Le 2 décembre, à Bry :							
Parisot (Paul)	Capitaine	1	»	»	»	»	»
Fouques	do	»	1	»	»	»	»
Weissler	do	»	1	»	»	»	»
Morizot	do	»	1	»	»	»	»
Vernhier	Cap.-adj.-maj.	»	1	»	»	»	»
Parisot (Gabriel)	Capitaine	»	»	1	»	»	»
Martel	Lieutenant	»	1	»	»	»	»
Millyet	do	»	1	»	»	»	»
De Rieux	do	»	1	»	»	»	»
Villemin	do	»	1	»	»	»	»
Théron	do	»	1	»	»	»	»
Liébart	do	»	1	»	»	»	»
Tagnon	do	»	1	»	»	»	»
Magnien	do	»	»	1	»	»	»
Tauzin	do	»	»	1	»	»	»
Bousquet	do	»	»	1	»	»	»
Troupe		»	»	»	130	304	80
TOTAUX		1	11	4	130	304	80

108ᵉ régiment de ligne.

NOMS	GRADES	OFFICIERS			TROUPE		
		TUÉS	BLESSÉS	DISPARUS	TUÉS	BLESSÉS	DISPARUS
Le 2 décembre, à Bry :							
Trubert............	Chef de bᵒⁿ	»	1	»	»	»	»
Lesaulnier.........	Cap.-adj.-maj.	1	»	»	»	»	»
Pichois............	Capitaine	»	1	»	»	»	»
Mauriès...........	dᵒ	»	★ 1	»	»	»	»
Labayle...........	Lieutenant	»	1	»	»	»	»
Romary............	dᵒ	»	1	»	»	»	»
Troupe............	....	»	»	»	18	138	50
Totaux........		1	5	»	18	138	50

★ Ce signe indique que l'officier est mort des suites de ses blessures.

3ᵉ brigade (colonel Reille).

Mobiles de la Seine-Inférieure (2ᵉ bataillon).		»	»	»	»	»	»
dᵒ du Tarn (1ᵉʳ, 2ᵉ, 3ᵉ bataillons)..		»	»	»	»	»	»

Artillerie divisionnaire de la division Mattat (commandᵗ LEFRANÇOIS).

....		»	»	»	»	»	»

Réserve d'artillerie du 3ᵉ corps (lieutenant-colonel DELCROS).

Troupe................		»	»	»	»	2	»

DÉFENSE DE PARIS.

TOTAL DES PERTES DE L'ARTILLERIE DU 3ᵉ CORPS D'ARMÉE.

INDICATIONS DIVERSES	OFFICIERS			TROUPE		
	TUÉS	BLESSÉS	DISPARUS	TUÉS	BLESSÉS	DISPARUS
1ʳᵉ division............	»	2	»	1	24	»
2ᵉ dᵒ	»	»	»	»	»	»
Réserve.............	»	»	»	»	2	»
Totaux.......	»	2	»	1	26	»
TOTAL GÉNÉRAL.........	29					

34 chevaux tués, de la 1ʳᵉ division.

RÉCAPITULATION DES PERTES DU 3ᵉ CORPS D'ARMÉE.

		OFFICIERS			TROUPE		
		TUÉS	BLESSÉS	DISPARUS	TUÉS	BLESSÉS	DISPARUS
1ʳᵉ division	4ᵉ régiment de zouaves.....	6	17	»	161	380	»
	136ᵉ dᵒ de ligne.....	»	5	»	62	211	»
	Régiment du Morbihan.....	»	3	»	7	63	19
	dᵒ de Seine-et-Marne...	1	4	»	22	72	28
	Légion des Amis de la France..	»	1	»	»	5	»
	Artillerie divisionnaire......	»	2	»	1	24	»
2ᵉ division	105ᵉ régiment de ligne......	»	»	»	2	1	»
	106ᵉ dᵒ dᵒ	»	»	»	»	»	»
	107ᵉ dᵒ dᵒ	1	11	4	130	304	80
	108ᵉ dᵒ dᵒ	1	5	»	18	138	50
	Brigade Reille..........	»	»	»	»	»	»
	Artillerie divisionnaire......	»	»	»	»	»	»
Réserve d'artillerie du 3ᵉ corps......		»	»	»	»	2	»
Totaux.......		9	48	4	403	1,200	177
TOTAL GÉNÉRAL.........		1,841					

ARTILLERIE. — Pertes totales en chevaux : 68, dont 34 (1ʳᵉ division), et 34 (réserve).

Réserve générale d'artillerie.

NOMS	GRADES	OFFICIERS			TROUPE		
		TUÉS	BLESSÉS	DISPARUS	TUÉS	BLESSÉS	DISPARUS
4ᵉ du 14ᵉ (cap. MALHERBE) :							
Malherbe............	Capit. commᵗ	»	1	»	»	»	»
Rey................	Lieutenant	»	1	»	»	»	»
Troupe.............	....	»	»	»	4	14	»
3ᵉ du 14ᵉ (cap. GROS) :							
Favre..............	Lieutenant	»	★ 1	»	»	»	»
Troupe.............	....	»	»	»	11	19	»
6ᵉ du 22ᵉ (cap. BAJAU) :							
Troupe.............	....	»	»	»	»	2	»
7ᵉ du 22ᵉ (cap. FROMENT) :							
Paris..............	Capitaine	»	1	»	»	»	»
Troupe.............	....	»	»	»	7	12	»
TOTAUX............		»	4	»	22	47	»
TOTAL GÉNÉRAL......				**73**			

★ Ce signe indique que l'officier est mort des suites de ses blessures.
59 chevaux tués, dont 20 (4ᵉ du 14ᵉ), 15 (3ᵉ du 14ᵉ), 3 (6ᵉ du 22ᵉ), 21 (7ᵉ du 22ᵉ).

Troupes de la presqu'île de Saint-Maur.

	TUÉS	BLESSÉS	DISPARUS	TUÉS	BLESSÉS	DISPARUS
Infanterie................	»	»	»	»	»	»
Artillerie................	»	»	»	»	3	»
TOTAL............	»	»	»	»	3	»

XVI

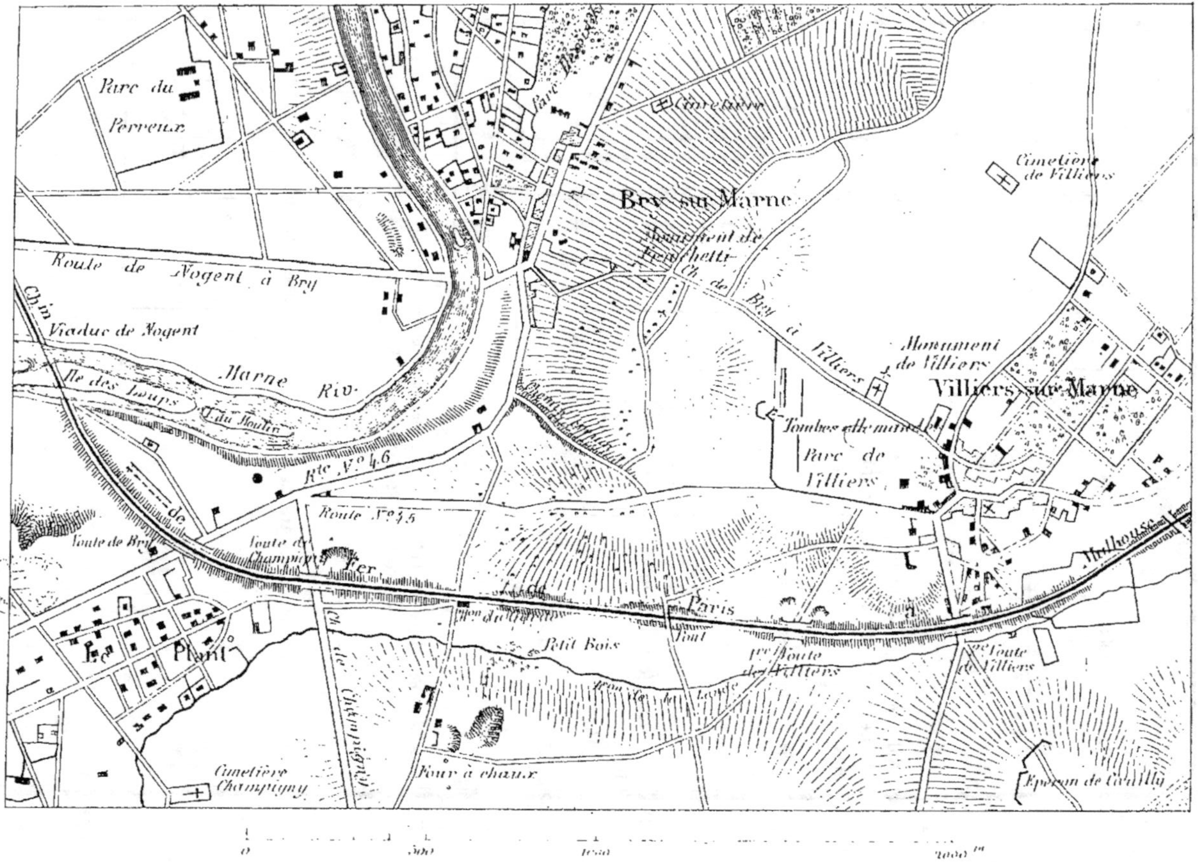
Parc du Perreux
Route de Nogent à Bry
Chin
Viaduc de Nogent
Ile des Loups
I. du Moulin
Marne Riv.
Rte No 4.6
Route No 45
Bry sur Marne
Cimetière
Cimetière de Villiers
Ch. de Bry à Villiers
Monument de Villiers
Villiers sur Marne
Tombes allemandes
Parc de Villiers
Mulhouse
Paris
Fer
Petit Bois
Pont
1re Route de Villiers
2e Route de Villiers
Le Plant
Ch. de Champigny
Four à chaux
Cimetière Champigny
Epernon de Cœuilly
Route de Bry
Route de Champigny
0
500
1000
2000 m

ENSEMBLE DES PERTES DE LA DEUXIÈME ARMÉE.

INDICATIONS DIVERSES	OFFICIERS			TROUPE		
	TUÉS	BLESSÉS	DISPARUS	TUÉS	BLESSÉS	DISPARUS
État-major général............	»	10	»	»	»	»
Éclaireurs du quartier général.....	1	»	»	19	20	8
1ᵉʳ corps d'armée............	66	128	27	684	2855	1269
2ᵉ do	22	108	2	440	1677	229
3ᵉ do	9	48	4	403	1200	177
Réserve générale d'artillerie.......	»	4	»	22	47	»
Troupes de Saint-Maur..........	»	»	»	»	3	»
Totaux.......	98	298	33	1568	5802	1683
	429			9053		
TOTAL GÉNÉRAL........	9482					

ARTILLERIE. — Pertes totales en chevaux : 692, dont 223 (1ᵉʳ corps d'armée), 322 (2ᵉ corps), 68 (3ᵉ corps), 59 (réserve générale).

DÉFENSE DE PARIS.

PERTES DES ALLEMANDS AUX BATAILLES DE LA MARNE
(30 novembre, 1er, 2 et 3 décembre 1870)

INDICATIONS DIVERSES	OFFICIERS			TROUPE		
	TUÉS	BLESSÉS	DISPARUS	TUÉS	BLESSÉS	DISPARUS
PERTES DU 30 NOVEMBRE (1).						
Division wurtembergeoise............	9	20	»	242	526	22
24e Division saxonne...............	9	20	»	124	492	251
Totaux....	18	40	»	366	1018	273
TOTAL GÉNÉRAL........			1715			

(1) Voir le détail, page 288 du 2e volume.

PERTES DU 2 DÉCEMBRE.

Saxons (12e corps).

	OFFICIERS			TROUPE		
Devant Bry-Villiers :						
Commandement général du 12e corps...	»	»	»	»	»	1
12e régiment d'artillerie de campagne..	»	»	»	2	»	»
12e bataillon de pionniers.........	»	»	»	»	1	»
104e régiment d'infanterie..........	»	1	»	7	44	»
108e do de fusiliers........	13	23	»	135	398	103
107e do d'infanterie........	4	5	1	39	119	291
100e do de grenadiers.*......	»	»	»	1	11	1
103e do d'infanterie.........	»	»	»	1	»	»
13e bataillon de chasseurs......	1	»	»	10	39	8
Régiment de reîtres...........	»	»	»	»	2	»
Totaux....	18	29	1	195	614	404

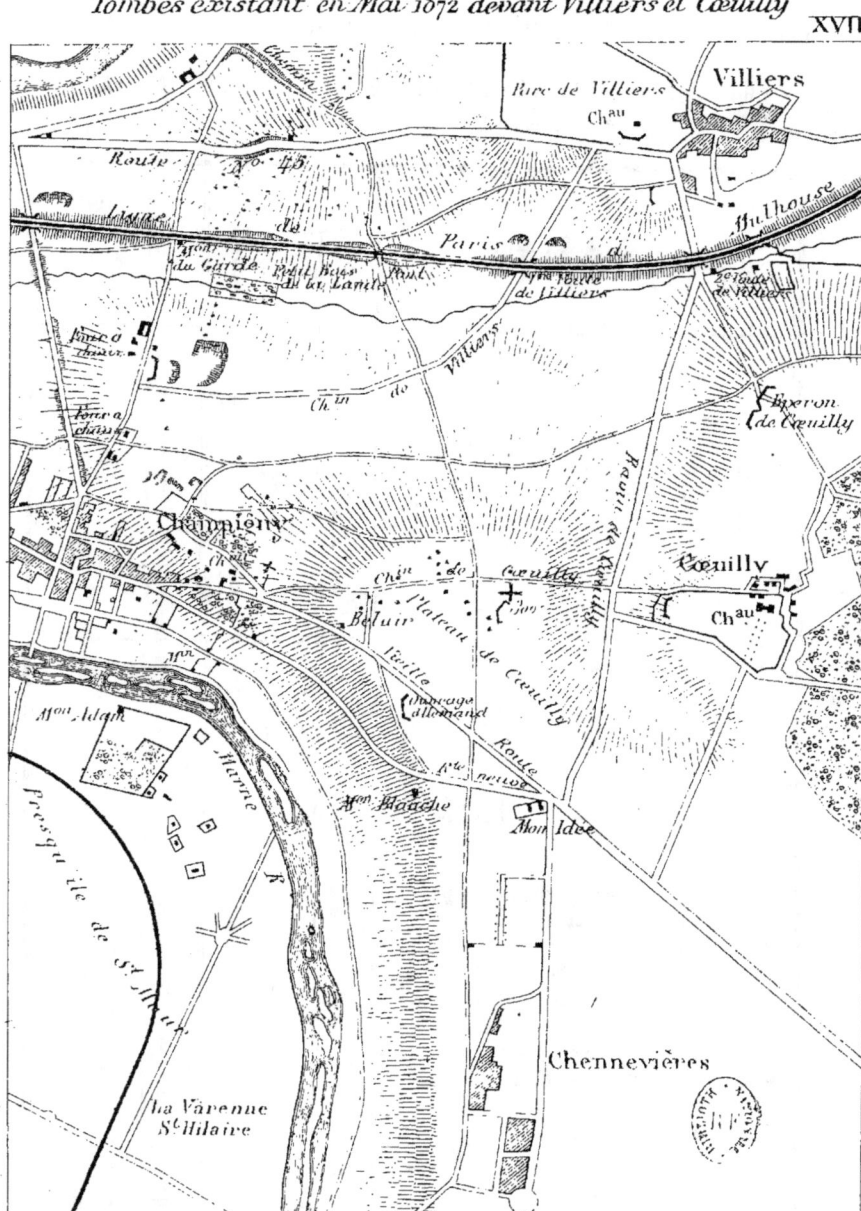

Tombes existant en Mai 1872 devant Villiers et Cœuilly

DÉFENSE DE PARIS.

INDICATIONS DIVERSES	OFFICIERS			TROUPE		
	TUÉS	BLESSÉS	DISPARUS	TUÉS	BLESSÉS	DISPARUS
2ᵉ corps prussien.						
3ᵉ DIVISION. État-major de la 3ᵉ division	»	1	»	»	»	»
2ᵉ régiment de grenadiers	»	»	»	»	1	»
42ᵉ dᵒ d'infanterie	»	1	»	1	20	»
14ᵉ dᵒ dᵒ	4	12	»	51	227	15
54ᵉ dᵒ dᵒ	»	6	»	12	81	8
2ᵉ bataillon de chasseurs	3	6	»	23	130	6
7ᵉ BRIGᵈᵉ de la 4ᵉ DIVᵒⁿ. État-major de la 7ᵉ brigade	1	2	»	»	»	»
9ᵉ régiment de grenadiers	5	7	»	50	243	12
49 dᵒ d'infanterie	4	21	»	74	299	100
2ᵉ régiment d'artillerie de campagne	2	5	»	17	65	»
2ᵉ bataillon de pionniers	1	2	»	2	9	»
3ᵉ régiment de dragons	»	»	»	»	3	»
1ᵉʳ détachᵗ de santé du 2ᵉ corps	»	»	»	»	3	»
TOTAUX	20	63	»	230	1081	141
6ᵉ corps prussien.						
22ᵉ BRIGADE de la 11ᵉ DIVISION : 51ᵉ régiment d'infanterie	»	»	»	»	2	»
Wurtembergeois.						
1ʳᵉ BRIGADE. 1ᵉʳ régiment d'infanterie	2	2	»	60	92	50
7ᵉ dᵒ dᵒ	1	9	»	107	110	85
2ᵉ bataillon de chasseurs	3	6	»	43	75	22
2ᵉ BRIGADE. 2ᵉ régiment d'infanterie	»	»	»	»	6	»
5ᵉ dᵒ dᵒ	»	»	»	4	9	3
3ᵉ bataillon de chasseurs	»	1	»	»	9	»
TOTAUX à reporter	6	18	»	214	301	160

INDICATIONS DIVERSES	OFFICIERS			TROUPE		
	TUÉS	BLESSÉS	DISPARUS	TUÉS	BLESSÉS	DISPARUS
Wurtembergeois (suite).						
Reports	6	18	»	214	301	160
3ᵉ BRIGADE. { 3ᵉ régiment d'infanterie	»	»	»	»	»	»
8ᵉ dᵒ dᵒ	»	»	»	»	6	»
Artillerie de campagne wurtembergeoise .	1	»	»	1	24	»
Totaux	7	18	»	215	331	160
ENSEMBLE DES PERTES DES ALLEMANDS LE 2 DÉCEMBRE.						
12ᵉ corps (Saxons).	18	29	1	195	614	404
2ᵉ dᵒ prussien.	20	63	»	230	1081	141
6ᵉ dᵒ dᵒ	»	»	»	»	2	»
Division wurtembergeoise	7	18	»	215	331	160
Totaux	45	110	1	640	2028	705
TOTAL GÉNÉRAL			**3529**			
TOTAL DES PERTES DES ALLEMANDS						
AUX BATAILLES DE LA MARNE.						
Journée du 30 novembre.	18	40	»	366	1018	273
dᵒ du 2 décembre.	45	110	1	640	2028	705
Totaux	63	150	1	1006	3046	978
TOTAL GÉNÉRAL			**5274**			

RÉCAPITULATION
DES PERTES DES FRANÇAIS ET DES ALLEMANDS
Dans les journées des 29, 30 novembre et 1er, 2, 3 décembre 1870.

DÉSIGNATIONS DIVERSES	OFFICIERS			TROUPE		
	TUÉS	BLESSÉS	DISPARUS	TUÉS	BLESSÉS	DISPARUS
FRANÇAIS.						
Combat de l'Hay (29 novembre).	9	16	4	130	737	85
d° de la Gare-aux-Bœufs (29 nov.)	»	»	»	»	8	»
d° de Montmesly (30 novembre)	2	45	7	104	717	361
d° de la Gare-aux-Bœufs (30 nov.)	3	2	»	18	75	»
Batailles de la Marne.	98	298	33	1568	5802	1683
Combat d'Épinai (30 novembre).	3	19	»	33	216	»
Totaux.	115	380	44	1862	7555	2129
		539			11546	
TOTAL général.			12085			
ALLEMANDS.						
Combat de l'Hay (29 novembre).	3	4	»	90	105	»
d° de la Gare-aux-Bœufs (29 nov.)	»	»	»	»	13	5
d° de Montmesly (30 novembre)	2	12	»	86	275	1
d° de la Gare-aux-Bœufs (30 nov.)	»	5	»	12	66	1
Batailles de la Marne.	63	150	1	1006	3046	978
Combat d'Épinai (30 novembre).	7	12	»	54	166	69
Totaux.	75	183	1	1188	3671	1054
		259			5913	
TOTAL général.			6172			

LIVRE IX

RECONSTITUTION DE LA DEUXIÈME ARMÉE EN VUE D'UNE NOUVELLE SORTIE. — LETTRE DU GÉNÉRAL DE MOLTKE. — ARMISTICE POUR ENTERRER LES MORTS DE CHAMPIGNY.

PREMIÈRE PARTIE

NOUVEAU PLAN DE SORTIE ET RECONSTITUTION DE LA DEUXIÈME ARMÉE.

Le général en chef de la deuxième armée avait repassé la Marne fort tard dans la soirée, après avoir installé sur la rive gauche la brigade de la Mariouse, chargée de couvrir nos ponts.

Il était environ 9 heures quand il entra dans le château de Vincennes, où se trouvait déjà le général Trochu. Il lui rendit compte des événements de la journée, et exposa le nouveau plan d'opérations qu'il avait arrêté au moment même où il s'était décidé à repasser la Marne.

Les dernières nouvelles de l'armée de la Loire nous faisaient un devoir de continuer la lutte coûte que

Nouveau projet d'opérations du général Ducrot.

coûte (1), afin de coopérer à son action et lui tendre la main, si, comme elle paraissait en avoir l'espoir, elle pouvait continuer sa marche en avant. La percée des lignes ennemies n'étant plus possible dans la direction du Sud-Est, il fallait nécessairement reporter nos efforts sur un autre point. Or, il était incontestable que pendant les journées du 30 novembre et du 2 décembre, l'action de notre artillerie avait été particulièrement énergique et soutenue ; notre jeune infanterie, sans doute, avait fait preuve d'un grand dévouement et d'un généreux élan, mais elle ne s'était montrée ni assez manœuvrière, ni assez solide pour triompher de sérieux obstacles...

Il fallait donc choisir notre terrain en conséquence, trouver un nouveau champ de bataille où l'on pourrait utiliser plus efficacement l'artillerie, et rendre possible à l'infanterie le développement de ses facultés traditionnelles.

La vaste plaine de Saint-Denis, entre Bondy et le Bourget, paraissait présenter toutes les qualités voulues ; sur ce terrain plan, nos batteries ne seraient plus dominées comme elles l'avaient presque constamment été pendant les deux journées de la Marne... le nombre des pièces venant suppléer à certains défauts inhérents à notre matériel, il était permis de croire que notre artillerie serait égale, sinon supérieure à celle de nos adversaires.

L'on pouvait également espérer attirer l'infanterie ennemie dans ces grandes plaines... Là, à découvert, hors de leurs bois, de leurs abris, les soldats allemands n'ayant pas l'entrain, l'élan de nos jeunes troupes, pourraient avoir le dessous dans une lutte corps à corps.

---

(1) Voir tome II de la *Défense Nationale*, par M. Jules Favre.

A tous ces avantages s'ajoutaient l'excellence, la force même de la position : en prenant comme front d'opération la ligne Saint-Denis-Bondy, nous étions soutenus en arrière par le plateau de Romainville, hérissé de forts et de batteries. A gauche, nous avions comme point d'appui la place de Saint-Denis, et sur notre droite, nous pouvions tirer grand parti du plateau d'Avron.

Mais avant tout, il fallait reconstituer nos batteries et nos bataillons, recomposer nos attelages, remplir nos caissons, distribuer à nos fantassins des vivres, des cartouches, des effets, etc. — Pour tout cela, le général Ducrot demandait quarante-huit heures, à la condition que pleins pouvoirs lui seraient donnés, afin de faire les promotions et mutations indispensables à la reconstitution des cadres. — Il insista surtout pour que les promotions dans la mobile fussent faites par l'autorité militaire et non laissées à l'élection, ce qui lui paraissait un danger et une impossibilité absolue en présence de l'ennemi (1).

Le Gouverneur, après sérieux examen, approuva le nouveau plan, et accéda à tout ce que demandait le général en chef, qui, immédiatement et au milieu de la nuit, envoya des officiers d'état-major à ses commandants de corps d'armée et à ses chefs de service, pour leur transmettre ses ordres et les convoquer à son quartier général le lendemain matin à dix heures. — Puis, il rédigea l'ordre du jour ci-dessous daté du 4, et communiqué aux troupes dans la journée de ce même jour.

---

(1) **Séance du Gouvernement de la Défense nationale du 4 décembre, 2 h. 45 du soir** : M. le général Le Flô propose et fait approuver un décret qui, vu les circonstances et l'urgence, autorise le général Trochu à nommer directement des officiers de la mobile, au lieu de recourir à l'élection.

DEUXIÈME ARMÉE.

ORDRE.

Ordre du jour du 4 décembre.

Soldats,

Après deux journées de glorieux combats, je vous ai fait repasser la Marne, parce que j'étais convaincu que de nouveaux efforts dans une direction où l'ennemi avait eu le temps de concentrer toutes ses forces et de préparer de nouveaux moyens d'action seraient stériles.

En nous obstinant dans cette voie, je sacrifiais inutilement des milliers de braves et, loin de servir l'œuvre de la délivrance, je la compromettais sérieusement; je pouvais même vous conduire à un désastre irréparable.

Mais, vous l'avez compris, la lutte n'est suspendue que pour un instant; nous allons la reprendre avec résolution. Soyez donc prêts, complétez en toute hâte vos munitions, vos vivres, et surtout élevez vos cœurs à la hauteur des sacrifices qu'exige la sainte cause pour laquelle nous ne devons pas hésiter à donner notre vie.

Au grand quartier général, à Vincennes, le 4 décembre 1870.

Signé : A. Ducrot (1).

Reconstitution de la 2ᵉ armée.

Dans la nuit même, le général Frébault, en conformité des ordres du général en chef et du Gouverneur, s'entendait avec le général Guiod, et prenait toutes les dispositions nécessaires pour réorganiser et compléter son artillerie. — Des ordres étaient expédiés (toujours pendant la nuit) pour que trois bataillons de la garde mobile de l'Ain et trois bataillons de la mobile de la

---

(1) Cet ordre du jour a été très-vivement critiqué par certains membres du Gouvernement de la Défense nationale... Pourquoi?... Eh! mon Dieu! parce qu'il ne disait que *trop rigoureusement la vérité*... que ces Messieurs ne voulaient pas voir ni laisser voir à la population parisienne. — Lire aux pièces justificatives nº XVI, les procès-verbaux des séances des 3, 4, 5 et 22 décembre.

Vienne, sous les ordres du capitaine de frégate d'André, vinssent de Créteil relever, dans la matinée du 4, la brigade de la Mariouse, laissée provisoirement sur la rive gauche de la Marne. — En un mot, toutes les mesures étaient prises avec la plus vive ardeur pour que la 2ᵉ armée fût mise immédiatement en état de continuer les opérations militaires.

Dans la matinée du 4, à l'heure prescrite, tous les chefs de service, les états-majors des 2ᵉ et 3ᵉ corps d'armée se réunissaient au quartier général, dans le château de Vincennes. — Le 1ᵉʳ corps seul manquait à la convocation, parce que l'officier d'état-major, envoyé pendant la nuit pour porter les ordres du général en chef, n'avait pu trouver le général commandant le 1ᵉʳ corps d'armée, qui était rentré dans Paris.

Convocation au château de Vincennes. — 4 décembre au matin.

Sans s'arrêter à cet incident, le général en chef expose aux officiers réunis les nécessités de la situation : « Les circonstances sont pressantes, dit-il; suivant toutes probabilités, l'armée de la Loire est en marche dans la direction de Fontainebleau ; pour favoriser ses efforts, il est urgent de reprendre la lutte dans le plus court délai possible... Il faut donc, tant bien que mal, réorganiser les corps, fondre au besoin les divisions dans les divisions, les brigades dans les brigades, les bataillons dans les bataillons, laisser sur les derrières de l'armée les fractions de corps trop éprouvées, pourvoir immédiatement aux vacances faites dans les journées précédentes, par décès, entrées aux ambulances, ou par disparitions. »

Aux quelques observations faites sur l'impossibilité de reconstituer avec une pareille rapidité des troupes si rudement éprouvées, le général en chef répond avec une extrême énergie (qui fut même taxée de violence par quelques-uns) qu'il ne peut admettre d'observations ni d'hésitations; que le moment est suprême, qu'il commande un effort désespéré, et il termine en faisant un appel chaleureux au patriotisme, au dévouement de tous.

Ordre est donné aux chefs d'état-major de chaque division de se rendre le soir même à l'état-major général avec les officiers de détail de chaque régiment, munis des états de vacances et des propositions des chefs de corps, afin que le travail des promotions puisse se faire dans la nuit même.

La conférence terminée, de nouveaux ordres sont expédiés au général commandant le 1er corps, pour lui prescrire de venir, dans l'après-midi, au quartier général avec ses états-majors recevoir les mêmes instructions. — C'est ce qui eut lieu, en effet, vers trois ou quatre heures. — Dans cette réunion, mêmes explications, mêmes objections, mêmes instances pressantes du général en chef, plus véhémentes peut-être encore que le matin, et qui amenèrent une scène des plus vives (1), à la suite de laquelle des modifications durent être apportées dans l'organisation des commandements de corps d'armée et de divisions (2).

---

(1) **Séance du 28 décembre 1870.** — M. le général Trochu rappelle la scène scandaleuse qui l'a déjà paralysé à Vincennes, lorsqu'il voulait procéder à de nouvelles opérations après avoir repassé la Marne.

(2) Par tout ce qui précède, il est facile de voir que le 4 décembre encore nous voulions agir énergiquement et le plus promptement possible. M. Jules Favre a donc fait erreur lorsqu'il a affirmé que, dans cette journée, nous avons laissé entrevoir certains sentiments de lassitude faisant pressentir que, dans notre pensée, le moment était venu de chercher à ouvrir des négociations avec l'ennemi.

Nous n'avons émis l'avis d'entrer en pourparlers qu'après avoir eu connaissance de la lettre de M. de Moltke en date du 5 décembre, et nous partagions en cela l'opinion de beaucoup de personnes sensées, notamment de MM. Jules Favre et Ernest Picard qui, comme nous, voyaient dans cette démarche du chef d'état-major de l'armée allemande un appel indirect à des négociations.

Avant cet incident, nous avons toujours persisté à penser que notre

DÉFENSE DE PARIS. 111

Les batailles de la Marne ayant singulièrement réduit nos effectifs, la 2ᵉ armée fut reconstituée à deux corps seulement, avec une division de réserve. Reconstitution de la 2ᵉ armée.

Le 2ᵉ corps devint le 1ᵉʳ corps, composé des trois divisions de Susbielle, Berthaut, Courty. Il avait pour chef le général de Maussion, qui avait remplacé le général Renault.

Le 3ᵉ corps devint le 2ᵉ, et resta sous les ordres du général d'Exea; il comprenait les divisions de Bellemare et Mattat, avec la brigade des mobiles du colonel Reille.

Le 1ᵉʳ corps fut dissous; la division de Maud'huy fut définitivement attachée à la 3ᵉ armée; la brigade Martenot, trop éprouvée physiquement et moralement à la suite de la journée du 2 décembre, rentra dans Paris; il ne restait donc plus que la division Faron et la brigade Paturel, qui passa sous les ordres du colonel Lespieau. Ces trois brigades réunies formèrent un corps particulier dit corps de réserve, dont le commandement fut donné au général Faron.

---

devoir était de continuer énergiquement la lutte et de n'avoir d'autres rapports avec l'ennemi que les armes à la main.

DEUXIÈME PARTIE

LETTRE DE M. DE MOLTKE — POSSIBILITÉ DE TRAITER ARMISTICES DES 6, 7 ET 8 DÉCEMBRE

CHAPITRE PREMIER.

LETTRE DE M. DE MOLTKE. — POSSIBILITÉ DE TRAITER.

Lettre de M. de Moltke.

Le 5 décembre, la réorganisation de notre armée s'avançait rapidement ; tout faisait espérer que nous pourrions rentrer en action dès le 6 au matin, lorsque parvint au Gouverneur de Paris une lettre de M. de Moltke ainsi conçue :

Versailles, le 5 décembre 1870.

Mon Général,

Il pourrait être utile d'informer Votre Excellence que l'armée de la Loire a été défaite près d'Orléans, et que cette ville a été réoccupée par les troupes allemandes.

Si toutefois Votre Excellence juge à propos de s'en convaincre par un de ses officiers, je ne manquerai pas de le munir d'un sauf-conduit pour aller et revenir.

Agréez, mon Général, l'expression de la haute considération avec laquelle j'ai l'honneur d'être votre très-humble et très-obéissant serviteur.

Le Chef d'état-major,
Signé : Comte de Moltke.

Jusque-là, comme on a pu le voir, le Gouverneur de Paris et le général commandant la deuxième armée n'avaient eu qu'une pensée, qu'un but : reconstituer l'armée et la remettre en état de reprendre la lutte au plus tôt dans la direction du Nord-Est. Mais après la lecture de la dépêche, la situation fut complétement modifiée.

Le général Ducrot crut voir dans cette démarche du chef d'état-major de l'armée allemande une ouverture à des négociations, et la réalisation du programme qu'il s'était tracé lorsque, dans son entrevue avec M. Thiers au pont de Sèvres, il lui avait dit : « Je ne sais, Mon-
« sieur, ce que l'avenir nous réserve, mais ce que je
« peux vous affirmer, c'est que nous combattrons hono-
« rablement et que nous chercherons à faire le plus de
« mal possible à l'ennemi. Et un jour viendra peut-être
« où, fatigué, épuisé, découragé, il finira par nous offrir
« des conditions plus acceptables. Dans tous les cas,
« nous aurons fait notre devoir. »

Il fut donc d'avis de répondre courtoisement à la proposition de M. de Moltke et de lui envoyer un officier d'état-major. Le général Trochu, d'un avis tout contraire, vit là un piège et exprima des doutes sur l'exactitude de la nouvelle qui nous était communiquée.

Ce fut la première divergence d'opinion qui s'éleva, au point de vue des opérations militaires, entre le chef du Gouvernement et son lieutenant le plus dévoué, le plus ardent... divergence qui, hélas ! s'accentua chaque jour davantage jusqu'à la catastrophe finale !

Quoi qu'il en soit, il y eut un point sur lequel le Gouverneur et le général Ducrot tombèrent complétement d'accord, c'est qu'il n'y avait plus urgence aussi extrême à reprendre les opérations, et qu'il convenait de se donner le temps nécessaire pour réorganiser l'armée dans des conditions plus normales, mieux préparer les moyens d'action et donner aux troupes quelques jours de repos.

Toutefois, il fut entendu qu'on se mettrait immédiatement à l'œuvre pour préparer, par l'établissement de puissantes batteries et la construction de quelques ponts, le nouveau champ de bataille que nous avions choisi. Des instructions dans ce sens furent données aux généraux Frébault et Tripier, ainsi qu'à l'ingénieur en chef M. Ducros.

<small>Séance du Gouvernement du mardi 6 décembre, 9 h. 1/2 du matin.</small>

Le mardi 6 décembre, le Gouverneur rentré au Louvre, réunissait, à 9 heures 1/2 du matin, les membres du Gouvernement, pour leur donner communication du message du général de Moltke.

C'est dans cette importante séance que fut prise la grave résolution de repousser toutes les propositions de l'ennemi, et de s'engager dans la voie d'une résistance à outrance. Nous croyons devoir reproduire en entier ce précieux document historique :

« M. le général Trochu donne lecture d'une lettre de
« M. de Moltke, qui lui a été remise la veille dans la
« soirée. Cette lettre annonce que l'armée de la Loire a
« été défaite, et la ville d'Orléans reprise.

« L'officier prussien chargé de cette missive a pré-
« tendu qu'il y avait eu trois jours de combat. M. de
« Moltke offre un sauf-conduit à l'officier qu'on enverra
« s'assurer de l'exactitude de ce fait.

« M. Garnier-Pagès, en rapprochant les dates des
« dépêches qui annonçaient que l'armée était à Montar-
« gis, de la date de la défaite du 4, en conclut qu'il
« n'y a dû avoir qu'une portion de l'armée battue de-
« vant Orléans, pendant que l'autre portion marchait en
« avant.

« M. le général Trochu pense que s'il y a eu trois
« jours de combat, il doit être question de l'armée de
« la Loire tout entière ; néanmoins, il espère que cette

« armée n'a point été désorganisée et qu'elle a pu se
« reformer derrière la Loire.

« M. Ferry est convaincu que M. de Moltke fait éga-
« lement dire à l'armée de la Loire que l'armée de
« Paris, défaite à Villiers et à Champigny, a été for-
« cée de repasser la Marne.

« M. Jules Favre est d'avis de profiter immédiate-
« ment de l'offre de M. de Moltke, d'envoyer un officier
« s'assurer de la situation.

« M. le général Trochu s'oppose vivement à cet envoi.
« Cette démarche serait, suivant lui, un armistice sans
« ravitaillement ; ce serait le commencement de la fin.
« Il propose de publier la lettre de M. de Moltke avec
« sa réponse, dans laquelle il refusera son offre.

« M. Picard trouve que c'est endosser une bien lourde
« responsabilité que d'engager la lutte à outrance. Il
« n'entrevoit rien de certain, ni du côté de la Bretagne,
« ni du côté de la Normandie. C'est donc la prise de
« Paris par capitulation dans un délai de vingt-cinq
« jours. Son avis est donc d'envoyer un officier s'assu-
« rer des faits, et d'essayer, à l'aide d'un traité, d'évi-
« ter l'entrée des Prussiens à Paris. Pour éviter cette
« extrémité, il faut tout faire et accepter toute issue,
« quelque douloureuse qu'elle soit ; car les Prussiens à
« Paris tiendraient le cœur de la France, et ils en abu-
« seraient pour dicter des conditions plus dures encore.

« M. Ferry est absolument opposé à l'envoi d'un offi-
« cier. Quant à empêcher les Prussiens d'entrer à Paris,
« c'est un rêve ; ils le veulent ; c'est à ce but que ten-
« dent tous leurs efforts ; et le seul moyen de les empê-
« cher, c'est de les battre.

« M. le général Trochu rappelle que le roi de Prusse
« a dit que la paix ne pouvait être signée que dans
« Paris.

« M. Arago est convaincu que l'intérêt de la France
« et que l'honneur de Paris exigent qu'on résiste jus-
« qu'au bout.

« M. le général Le Flô déclare que la lettre de
« M. de Moltke est la première sommation à Paris de
« se rendre.

« L'acceptation de cette sommation serait le premier
« acte de la capitulation. Dix jours, quinze jours de
« lutte, peuvent encore permettre à la France de se
« sauver. Il faut donc ne point envoyer d'officier et
« continuer à se battre.

« M. Simon partage l'opinion du général Le Flô ; il
« faut des efforts héroïques. Paris est placé, suivant lui,
« en face de la Prusse comme un duelliste en face de
« son adversaire ; il faut se battre jusqu'à ce que les
« témoins de la France et du continent crient : Assez !

« M. Garnier-Pagès ne croit pas à un désastre com-
« plet de l'armée de la Loire ; il en donne de nouveau
« les raisons, et il demande qu'on ne tienne aucun
« compte de la lettre du général de Moltke.

« M. Jules Favre déclare être d'un avis tout différent
« de ceux précédemment exprimés. La continuation de
« la lutte lui paraît un danger pour l'honneur du pays.
« D'une part, le Gouvernement manque de pouvoirs ré-
« guliers et suffisants ; de l'autre, la défaite de l'armée
« de la Loire va jeter le découragement dans l'armée et
« dans la population. Pour lui, la capitulation est fatale-
« ment au bout de tous ces efforts, et, en ce qui le con-
« cerne, il se retirera ou il ne laissera pas la population
« de Paris en proie à la faim. Cependant, si l'envoi d'un
« officier paraît un acte de soumission, il n'en veut pas,
« mais il demande qu'on fasse connaître à la Prusse,
« par un représentant expédié au quartier général, que
« le Gouvernement va convoquer dans les dix jours une

« Assemblée nationale, et qu'en même temps, ce même
« représentant aborde les conditions de paix sur les-
« quelles l'Assemblée aurait à statuer ou à décider la
« lutte à outrance.

« M. Garnier-Pagès déclare que l'envoi d'un chargé
« de pouvoirs à Versailles, c'est la capitulation immé-
« diate plus ou moins déguisée. Pour son compte, il n'y
« consentirait jamais.

« M. le général Le Flô dit que se rendre à Versailles,
« c'est se rendre à discrétion. L'armée se battra avec
« courage, mais il faut enfin faire donner la garde na-
« tionale.

« M. le général Trochu rappelle au Conseil quelles
« ont été constamment jusqu'ici son attitude et ses réso-
« lutions. Sous le coup des exigences de l'opinion pu-
« blique, plusieurs de ses collègues ne cessaient de lui
« crier dès le début : Agissez vite, vite... et il leur ré-
« sistait en déclarant que, sans armée de secours, la
« défense de Paris était une héroïque folie, qu'il fallait
« savoir faire, en se ménageant autant de chances que
« possible. Quand une armée a été enfin constituée à
« grand'peine, cette même opinion publique s'est écriée :
« Vite, vite, réunissez-vous, percez les lignes, et tendez
« les mains à l'armée de la Loire. Ce qui est également
« insensé, car il faut user l'ennemi par des coups de
« boutoir, tantôt d'un côté, tantôt de l'autre.

« Le temps est donc venu, suivant lui, de laisser dire
« l'opinion publique et de ne plus faire qu'une guerre
« sérieuse basée sur les vraies données scientifiques. Il
« ne se dissimule pas que l'esprit des officiers supé-
« rieurs est loin de valoir celui des soldats (1), et que

---

(1) Le tableau de nos pertes en officiers supérieurs répond à cette assertion.

« leur action décourageante va se trouver fortifiée par
« les dernières nouvelles relatives à la reprise d'Or-
« léans ; mais la lettre de M. de Moltke est une imper-
« tinence à laquelle il serait honteux de répondre autre-
« ment que par le combat. — Si l'armée, énervée par
« certains de ses officiers, ne sait plus se résoudre aux
« grandes luttes, il répond, du moins, qu'elle saura dé-
« fendre Paris, *qui ne peut en finir honorablement sur*
« *une lettre de M. de Moltke qui trahit bien plus les*
« *embarras de l'ennemi qu'elle ne révèle les revers es-*
« *suyés de nouveau par nos armes*. — Si l'on est obligé
« d'en venir à des négociations, ce qui est possible, que
« ce ne soit pas du moins à la suite d'une humiliation
« subie.

« M. Picard craint que si l'on ne se presse pas de né-
« gocier, on ne vienne demander au Gouvernement la
« paix dans la rue.

« M. le général Trochu répond que c'est dans la rue
« qu'on demandera la guerre, et que c'est déjà dans
« certains salons qu'on demande la paix.

« M. Picard demande si l'on pourra éviter de capitu-
« ler, et si on ne peut l'éviter, il ne voit pas pourquoi en
« retarder le moment.

« M. le général Trochu croit, en effet, qu'il faudra
« bien en venir là ; mais le faire maintenant, ce serait
« imiter Bazaine, que chacun traite aujourd'hui de
« traître à son pays et d'infâme.

« M. Picard : Si l'on dit cela de nous, on aura tort,
« voilà tout.

« M. le général Trochu, s'adressant à M. Picard, lui
« demande si, oui ou non, en capitulant, il est sûr de
« sauver la France. Pour lui, en continuant à combattre,
« il n'est pas sûr de ne pas la sauver, et c'est pour cela
« qu'il veut persévérer.

« MM. Garnier-Pagès, Arago, Ferry et Dorian ap-
« prouvent vivement cette dernière opinion.

« M. Picard développe de nouveau cette idée que dans
« trois semaines il faudra se rendre, et que, par consé-
« quent, mieux vaudrait traiter tout de suite.

« M. le général Trochu répond en demandant ce que
« ferait le Gouvernement si la province venait lui dire
« ensuite : Huit jours encore de résistance de Paris et
« nous étions sauvés.

« M. Picard insiste pour envoyer un officier constater
« la situation avec le sauf-conduit prussien.

« M. le général Trochu s'oppose, pour son compte, à
« ce qu'aucun officier prenne cette mission; il l'aban-
« donne à l'agent du ministère des finances qu'il plaira
« à M. Picard de désigner.

« M. Jules Favre fait observer, à son tour, qu'il ne
« faut pas se payer d'illusions; si le 20 décembre, il n'y
« a rien de nouveau, il faudra bien finir.

« M. Jules Simon croit qu'il faut lutter jusqu'au bout
« et sans rien compromettre par trop de précipitation. A
« son avis, c'est la France qui doit faire signe à Paris
« de s'arrêter, et, ce jour-là, il faudra convoquer une
« Assemblée nationale.

« M. Jules Favre croit qu'il serait alors trop tard.

« M. Jules Simon répond qu'il y a au moins encore
« vingt jours avant qu'on ne soit obligé de prendre cette
« résolution suprême. Céder maintenant, sans être suf-
« fisamment renseigné, c'est s'exposer à entendre la
« France crier à Paris : « Trois jours d'efforts encore et
« nous chassions l'ennemi! » S'il en était ainsi, la mort
« même ne sauverait pas les membres du Gouvernement
« de la honte qui les accablerait. Pour lui, jamais, ja-
« mais, il ne saurait se résoudre à céder dans une pa-
« reille position.

« M. Jules Favre déclare qu'il n'a jamais entendu
« conseiller une capitulation immédiate ; il aurait seule-
« ment voulu la préparer, car il craint que la faiblesse
« et le découragement ne succèdent trop tôt au courage
« et aux mâles résolutions de la population.

« M. le général Le Flô constate que la minorité du
« Conseil, semblant se rallier à l'avis de la majorité, il
« n'est plus question d'envoi d'officier, mais de la ré-
« ponse à faire à M. de Moltke.

« Le Conseil décide que M. le général Trochu répon-
« dra à M. de Moltke, et que le Gouvernement fera sui-
« vre la publication de cette lettre d'une déclaration
« énergique faite à la population.

« MM. Ferry, Jules Simon et Le Flô lisent trois pro-
« jets de déclaration à l'aide desquels le Conseil com-
« pose celle qui doit être livrée à la publicité. »

Réponse du général Trochu à M. le général de Moltke.

Conformément à la décision du Conseil, le général Trochu répondit le jour même au général de Moltke en paraphrasant sa lettre :

> Paris, 6 décembre 1870.
>
> Mon cher Général,
>
> Votre Excellence a pensé qu'il pourrait être utile de m'informer que l'armée de la Loire a été défaite près d'Orléans et que cette ville est réoccupée par les troupes allemandes.
>
> J'ai l'honneur de vous accuser réception de cette communication, que je ne crois pas devoir faire vérifier par le moyen que Votre Excellence m'indique.
>
> Agréez, mon Général, l'assurance de la haute considération avec laquelle j'ai l'honneur d'être votre très-humble et très-obéissant subordonné.
>
> *Le Gouverneur de Paris,*
> Général TROCHU.

Et le 9 décembre, on affichait sur les murs de Paris la lettre du chef d'état-major de l'armée allemande, la réponse du Gouverneur et une déclaration du Gouvernement ainsi conçue :

« Cette nouvelle qui nous vient par l'ennemi, en la
« supposant exacte, ne nous ôte pas le droit de compter
« sur le grand mouvement de la France accourant à
« notre secours. Elle ne change rien à nos résolutions
« ni à nos devoirs.

« Un seul mot les résume : Combattre. Vive la
« France!... Vive la République!... »

Cette détermination est à coup sûr la plus grave et certainement la plus funeste qui ait été prise par les membres du Gouvernement de la Défense nationale!...

La manière de voir du général Ducrot est corroborée par des pourparlers aux avant-postes.

D'abord, il n'y avait pas à douter de la véracité de la communication... quelques-uns l'ont cru fausse.... Un homme de l'autorité, du caractère de M. de Moltke ne pouvait s'abaisser à un pareil piége...

Y avait-il une invitation détournée à entrer en pourparlers? Nous en étions convaincu dès le premier instant; notre manière de voir fut bientôt corroborée par des paroles, des conversations échangées aux avant-postes entre notre médecin en chef, le docteur Sarazin, le commandant Vosseur, M. de la Grangerie, chef des ambulances de la Presse, et des officiers allemands...

Pendant l'armistice conclu pour relever les morts, l'officier d'état-major wurtembergeois qui surveillait l'opération, ne cessait, en causant soit avec M. Sarazin, soit avec le commandant Vosseur ou avec M. de la Grangerie, de revenir sur la lettre de M. de Moltke, la défaite d'Orléans et ses conséquences.

« C'est pour vous, disait-il, une grande défaite... La
« bataille que vous avez livrée ici avait pour but d'aller
« au-devant de l'armée de la Loire ; maintenant vous ne
« pouvez plus compter sur elle... Pourquoi prolonger

« inutilement la résistance de Paris et livrer de san-
« glantes batailles qui ne peuvent mener à rien ? Pour
« pouvoir dire plus tard : « Tout est perdu, fors l'hon-
« neur. »

« Pourquoi au mois de septembre dernier avoir en-
« voyé à Ferrières, M. Jules Favre, c'est-à-dire un ré-
« volutionnaire trop connu...? Si M. le général Trochu
« s'adressait directement au roi de Prusse, il obtiendrait
« certainement des conditions fort honorables, soyez-en
« convaincu, car le Roi l'estime personnellement comme
« honnête homme et comme soldat. »

« — J'ai peine à croire, dit le commandant Vosseur,
« que la chose soit si facile à arranger. »

« — Mais si, vraiment ; je vous affirme que si le gé-
« néral Trochu, que nous estimons tous, s'adressait au
« Roi de Prusse, la paix serait bientôt faite. Tout d'abord
« nous n'avons pas voulu entamer des négociations avec
« Paris, parce que nous ne pensions pas qu'il y eût un
« Gouvernement véritable; nous croyions que Paris était
« entre les mains d'une secte révolutionnaire. Mais par
« les dernières journées de Champigny, nous avons pu
« voir que toute la population suit votre Gouvernement,
« que c'est bien un Gouvernement de Défense natio-
« nale... Aussi nous n'hésiterions plus à entamer des
« négociations avec lui (1). »

« Pendant cette conversation, dit le docteur Sarazin
« dans son intéressant journal, chaque fois que l'on po-
« sait une question de quelque importance, l'officier
« wurtembergeois allait au delà de la voûte et revenait
« avec une réponse de son général, disait-il; l'un de
« nous lui ayant demandé quel pouvait être le général

---

(1) Cette conversation avait lieu près du Plant, non loin de la voûte
de Bry.

« qui se tenait si près, l'officier allemand l'emmena au
« delà de la voûte et lui montra un soldat portant sur
« le dos une bobine de laquelle se déroulait un fil télé-
« graphique correspondant avec Versailles...

« C'est de Versailles que me viennent les réponses,
« dit l'officier (1). »

Cette conversation n'était-elle pas l'expression très-saisissable des tendances du quartier général allemand? n'était-elle pas inspirée par le quartier général allemand même, désireux d'en finir... Cet entretien presque officieux, commentant, développant la lettre de M. de Moltke, ne permettait-il pas de lire facilement entre les lignes...

Les luttes que nous venions de soutenir devant Paris et sur les bords de la Loire avaient prouvé à l'ennemi que nous étions encore capables de porter des coups redoutables... Sans doute elles ne s'étaient pas terminées à notre avantage, car si nous pouvions en tirer quelque gloire, c'était une gloire vraiment stérile ; nos adversaires, au contraire, recueillaient à la fois gloire et profit, mais au prix de sérieux sacrifices, cruellement ressentis par les familles des nombreuses victimes tombées sous nos coups. — Ces sacrifices commençaient à peser lourdement sur la nation allemande tout entière ;

<small>Possibilité d'entrer en pourparlers avec l'ennemi.</small>

---

(1) Lorsque M. le docteur Sarazin et le commandant Vosseur, rentrant de leur mission, rendirent compte de cet incident au général en chef, celui-ci leur dit : « Ces faits sont d'une importance extrême, les moin-
« dres détails doivent être rendus avec une scrupuleuse exactitude ; par-
« tez donc immédiatement, allez au Louvre et répétez au Gouverneur ce
« que vous venez de me dire. »

Ainsi fut fait. Le Gouverneur reçut ces Messieurs avec son affabilité et sa bienveillance ordinaires ; il les remercia, mais persista dans son refus absolu d'entrer en pourparlers ; il ajouta que sa réponse à la lettre arrogante de M. de Moltke était partie, et il leur recommanda de ne plus répondre aux nouvelles ouvertures qui pourraient être faites ultérieurement.

ils motivaient des plaintes amères... et cependant, pour continuer la lutte, il fallait absolument imposer à cette nation déjà si éprouvée de nouvelles et lourdes charges en hommes et en argent. Le Roi, ébranlé par les plaintes qui de tous côtés s'élevaient au pays allemand et parvenaient jusqu'à sa splendide résidence de Versailles, le Roi, disons-nous, se sentait ému et troublé ; il le laissait clairement entrevoir dans l'ordre suivant, adressé à ses armées le 6 décembre 1870 :

SOLDATS des armées confédérées allemandes,

Nous entrons encore dans une nouvelle période de la guerre. La dernière fois que je me suis adressé à vous, la capitulation de Metz venait de faire disparaître la dernière des armées que l'ennemi nous avait opposées au début de la campagne. Depuis, par des efforts extraordinaires, l'adversaire a mis sur pied de nouvelles troupes ; une grande partie des habitants de la France a quitté ses occupations paisibles, que nous ne cherchions pas à entraver, pour prendre les armes. Bien souvent l'ennemi vous a été supérieur en forces ; malgré cela, vous l'avez battu derechef, car la bravoure, la discipline et la confiance dans une cause juste font plus que le nombre pour percer la ligne d'investissement ; vous les avez repoussés d'une manière décisive, *souvent, il est vrai, au prix de sanglants sacrifices, comme à Champigny et au Bourget*, mais aussi avec ce courage héroïque que vous montrez en toutes circonstances. Les armées que l'ennemi amenait de toutes parts au secours de Paris sont complétement battues. Nos troupes, qui se trouvaient, il y a quelques semaines seulement, en partie devant Strasbourg et devant Metz, sont aujourd'hui au delà de Rouen, d'Orléans et de Dijon, et sans compter un grand nombre de petits combats glorieux, vous avez deux nouvelles dates mémorables à ajouter aux anciennes : Amiens et les journées d'Orléans. Vous avez pris plusieurs places fortes, conquis un nombreux matériel de guerre ; je n'ai donc lieu que d'être entièrement satisfait, et c'est pour moi un bonheur et un besoin de vous l'exprimer. Merci à tous, au général comme au simple soldat. *Si l'ennemi persiste à poursuivre la guerre, j'ai la conviction que vous continuerez à mettre en œuvre toutes vos forces, qui nous ont donné nos grands succès, pour obtenir enfin une paix honorable, digne prix du sang versé, du sacrifice de tant d'existences.*

Au grand quartier général de Versailles, le 6 décembre 1870.

Signé : GUILLAUME.

Déjà, plus d'une fois, l'état-major allemand s'était trouvé aux prises avec de terribles difficultés pour assurer l'existence de cette multitude de soldats répartis des bords du Rhin aux bords de la Seine, de la Saône et de la Loire ; le moindre échec pouvait, à ce point de vue, avoir les plus terribles conséquences ; tous les esprits sages et modérés émettaient l'avis qu'en voulant prolonger indéfiniment cette série de succès si extraordinaires, on s'exposait à épuiser les chances heureuses...

A aucun moment de la lutte, l'Allemagne ne s'était montrée plus désireuse de terminer la guerre, et, par suite, mieux disposée à nous accorder des conditions relativement modérées.

Toutes ces considérations, qui nous apparaissaient claires, précises, au moment même où se déroulaient les événements, ne purent exercer aucune influence sur les décisions du Gouverneur et des membres du Gouvernement... Pourquoi ?... Nous ne l'avons jamais compris, et aujourd'hui encore, nous nous demandons quel pouvait être le mobile de ces hommes, lorsqu'ils se sont lancés si aveuglément dans le système de la lutte à outrance... Obéissaient-ils aux inspirations d'un patriotisme ardent, exalté ?... étaient-ils poussés par une haine violente des Allemands ?... croyaient-ils à la possibilité d'un succès final dans cette lutte acharnée ?

Nous ne démêlons rien de cela dans les séances du

Gouvernement qui nous ont été conservées par la sténographie : presque toujours, ce sont de longues, pénibles et souvent très-oiseuses discussions dans lesquelles on ne trouve rien de net, de précis, aucune vue élevée, aucun but déterminé... rien de grand, de généreux... des contradictions niaises, des phrases creuses, une crainte insensée de mécontenter l'opinion publique et d'exciter les fureurs populaires (1)... La vie au jour le jour, sans oser aborder la question du lendemain.

Depuis, les événements sont venus confirmer nos prévisions ; ils ont prouvé que nous étions absolument dans le vrai, lorsque nous insistions pour qu'il fût donné suite aux ouvertures du général de Moltke. Il est incontestable aujourd'hui qu'au 5 décembre nos adversaires étaient réellement arrivés à l'état de lassitude et d'épuisement entrevu par nous le 5 novembre au pont de Sèvres.... C'était donc bien pour nous, suivant l'expression de M. de Bismark, le *moment psychologique* d'entrer en pourparlers.

Après l'insuccès des armées de Paris et de la Loire, les illusions n'étaient vraiment plus permises... l'intérêt du pays comme l'honneur des armes commandaient impérieusement de tout faire pour éviter de se laisser acculer à la cruelle extrémité d'une honteuse capitulation, qui livrerait l'armée de Paris et la France entière à la merci d'un implacable ennemi. — Ainsi que le disait M. E. Picard dans la séance du 30 décembre (2),

---

(1) Voir aux pièces justificatives les procès-verbaux du Gouvernement de la Défense nationale, n° XVI.

(2) ..... M. Picard déclare que, si les efforts doivent être inutiles, il est de ceux qui ne feraient rien pour les conseiller; mais il ne faut pas que la fin de la lutte arrive sans que la garde nationale ait été employée. La perspective d'une capitulation révolte tout le monde, ceux-là même qui ont toujours désiré la paix ; à son avis, il n'y a que deux moyens d'éviter cette calamité : combattre ou traiter. Le traité est devenu chose

il n'y avait que deux moyens d'éviter cette capitulation : *combattre* ou *traiter*. — Combattre, ne l'avions-nous pas fait dans la limite du possible ? les tableaux de nos pertes sont là pour le prouver. — A la vérité, restaient bien encore les nombreux bataillons de la garde nationale qui étaient à peu près intacts, mais était-il permis d'espérer qu'ils réussiraient là où avaient échoué nos meilleures troupes régulières ?... aucun militaire sérieux ne le pensera, à coup sûr, les membres du Gouvernement et M. Clément Thomas lui-même ne se faisaient pas d'illusions à ce sujet (1). Donc, à moins de compter

---

difficile ; il ne reste donc plus que le grand effort militaire à tenter dans les meilleures conditions possibles.

(1) EXTRAITS DES PROCÈS-VERBAUX DU GOUVERNEMENT DE LA DÉFENSE NATIONALE.

6 novembre, 10 heures du soir. — M. Ferry annonce qu'il ne s'est présenté que 35,000 volontaires ; il pense qu'il faudra appeler tous les hommes de vingt-cinq à trente ans.

7 novembre, 3 heures 35 du soir. — M. le général Trochu appelle de nouveau l'attention sur le désordre qui continue à régner dans l'organisation de la garde nationale, dont les élections ont été détestables.

Il annonce que le chef de bataillon Bachelerie a été arrêté pour cause de concussion et qu'il a tiré des coups de revolver sur ceux qui se sont assurés de sa personne.

L'impossibilité de pouvoir donner à ces 200,000 hommes un armement identique est également un inconvénient déplorable. Enfin, on demande comment arriver à l'échange des armes à feu, afin de donner aux gardes mobilisés des fusils à tir rapide, primitivement distribués aux anciens bataillons, parmi lesquels se trouve le moins grand nombre de volontaires.

Le Conseil pense qu'il faudrait faire une question d'honneur de l'échange des armes.

5 décembre, 10 heures du soir. — M. le général Clément Thomas donne lecture de divers rapports indiquant la mauvaise conduite et le peu de solidité des tirailleurs volontaires de Belleville. Il annonce en outre que M. Flourens est allé reprendre illégalement le commandement de ce bataillon aux avant-postes. où il cause toute espèce de désordre. Le Conseil invite le général Clément Thomas à faire faire une enquête sévère et à statuer en conséquence.

14 décembre, 10 heures du soir. — M. le général Clément Thomas

sur un miracle, nous ne pouvions méconnaître notre

---

signale plusieurs actes d'indiscipline dans la garde nationale; il a été obligé de casser un chef de bataillon et il demande la dissolution du 147ᵉ bataillon des volontaires de Belleville, qui a refusé de marcher. Le Conseil décide la dissolution de ce bataillon.

19 décembre, 10 heures du soir. — M. le général Clément Thomas signale les nombreux vols commis par la garde nationale aux environs de Paris.

10 janvier, 10 heures du soir. — M. J. Favre insiste pour l'action. Il rappelle au général Trochu qu'il n'a jamais cru aux armées de province, qui, pourtant, se sont faites à force de patriotisme; il faut les imiter.

M. le général Trochu répond qu'il n'avait pas cru aux armées de province, parce qu'il n'avait jamais espéré tenir aussi longtemps. C'est l'héroïsme de la population de Paris qui a permis à ces armées de se faire. Il déclare n'avoir confiance que dans le mouvement de Bourbaki. Les généraux Chanzy et Faidherbe lui paraissent dès à présent condamnés à l'impuissance. Il demande qu'on laisse les généraux traiter les questions militaires et que le Conseil s'occupe surtout des subsistances, qui sont en ce moment le premier et presque le seul élément de victoire.

M. Ferry ne veut pas discuter la question militaire, mais il ne croit le rationnement possible qu'en présence d'une action engagée.

M. le général Trochu : Ajoutez : « et réussie, » car c'est là le problème. Il rappelle qu'il a déjà livré sept combats et quatre batailles, sans avoir plus réussi que Faidherbe et Chanzy. Il signale le mauvais équipement des troupes, épuisées de fatigue et de froid. Il frémit à la pensée d'un grand engagement qui pourrait devenir un grand revers. Les bataillons de la garde nationale sont seuls vigoureux et bien vêtus, mais on ne sait encore militairement ce qu'ils pourront donner.

M. Ferry engage à employer la garde nationale.

M. le général Clément Thomas *déclare qu'il y a beaucoup de charlatanisme dans cet étalage de courage de la garde nationale. Déjà, depuis qu'elle sait qu'on va l'employer, son enthousiasme a beaucoup baissé. Il ne faut donc rien s'exagérer de ce côté.*

M. le général Trochu reconnaît qu'il a reçu des rapports déplorables sur certains bataillons; il y a là de bons et de mauvais éléments; il craint que les mauvais ne paralysent les bons.

20 janvier, 10 heures du soir. — M. le général Trochu dépeint l'attitude à la fois énergique et étonnée de la garde nationale devant l'ennemi. Ce n'est pas là une troupe aguerrie sur laquelle on puisse compter absolument. Il cite des officiers et des soldats tués par des gardes nationaux effarés. Il ne faut donc pas se laisser aller aux illusions de sentiment. Il y a, suivant lui, dans la garde nationale, des individualités remarquables et une masse d'une inexpérience des plus périlleuses.

M. le général Clément Thomas déclare que les bataillons les plus

impuissance aussi bien que celle des armées de l'extérieur. Il ne restait donc plus qu'à traiter... A ce moment, la chose était encore possible (1), car, dans Paris, nous avions des vivres pour deux mois, une armée bien organisée, disciplinée, animée de l'excellent esprit que donne le sentiment d'un grand devoir accompli et d'un succès relatif; au dehors, l'armée de la Loire avait été battue, il est vrai, partagée même en deux parties retraitant dans des directions divergentes, mais tels quels ces deux tronçons constituaient des éléments de résistance avec lesquels l'ennemi avait à compter sérieusement; au Nord, l'armée de Faidherbe non encore entamée; au Sud, à l'Est, les corps de Garibaldi, de Cremer, en Bretagne, à Lyon, partout, d'autres corps en voie d'organisation. — En un mot, la France possédait des éléments de force, de résistance; bien dirigés et avec une de ces chances heureuses qui, à la guerre, jouent un si grand rôle, ils pouvaient nous ramener la fortune.

Les négociations entamées dans ces conditions pouvaient donc aboutir à une paix moins dure, moins hu-

---

calmes ont tenu le plus solidement, tandis que les plus fous de bruyant héroïsme ont été les plus faibles au feu.

. . . .

M. Clément Thomas trouve qu'il ne faut pas s'exposer à finir par un désastre; il croit que désormais l'honneur est satisfait.

(1) Voici deux dépêches de M. de Chaudordy à M. Jules Favre qui confirment cette opinion :

« **19 décembre 1870**. — Depuis quelques semaines, et *surtout à la « suite des combats sous Paris*, l'opinion nous est devenue en grande « majorité favorable. Les personnes mêmes qui n'attendent rien pour « nous de la prolongation de notre résistance, rendent hommage à l'hé-« roïsme de nos troupes, et pensent généralement que les malheurs de « la guerre actuelle, loin d'abattre durement la France, seront pour elle « une cause de régénération. Presque tous les journaux russes ex-« priment ces pensées, ainsi que beaucoup de journaux anglais. »

« **26 décembre 1870**. — D'après des nouvelles reçues de l'étranger, « on constate une grande perte des Prussiens à Champigny; ils s'étonnent de l'organisation de l'armée de Paris. »

miliante qu'à aucune autre époque. — Vraisemblablement il n'eût été question ni de désarmement, ni d'occupation des forts, ni de l'entrée de l'armée allemande dans Paris; rien n'eût été demandé au delà d'un subside en argent et d'une cession de territoire. — Les conditions eussent été débattues librement, puisque nous avions encore quelque chose à mettre dans la balance et que toutes les chances en notre faveur n'étaient pas complétement épuisées.

Il ne pouvait être question de capitulation, mais seulement d'armistice, et si les négociations étaient rompues, nous recommencions la lutte dans des conditions plus avantageuses, puisque nous aurions pu nous entendre avec nos armées du dehors (1) et que notre or-

---

(1) La chose était d'autant plus nécessaire, que rien, absolument rien ne venait éclairer le Gouvernement de Paris sur l'état, l'effectif, la force, la constitution, la valeur, la situation de nos armées de l'extérieur.

« Je ne sais comment vous dire, écrivait M. J. Favre à M. Gambetta,
« je ne sais comment vous dire, mon cher ami, *le dommage irrépa-*
« *rable* que vous nous causez, en nous envoyant des pigeons qui ne
« nous apportent aucune nouvelle politique et militaire. — Le public,
« qui ne peut croire à une *pareille incurie,* nous accuse de cacher des
« informations — et il a raison, car il ne peut entrer dans la tête d'un
« homme de sens que, lorsque le salut de la patrie peut dépendre d'un
« renseignement exact ou inexact, vous ne preniez la peine de nous en
« donner aucun. — Ce matin, nous recevons de vous un pigeon nous
« apportant un décret et une longue instruction sur les télégraphes, *et*
« *pas un mot sur l'armée de la Loire, sur celle du Nord, de l'Ouest,*
« *du Sud, de l'Est, de votre position personnelle, de l'état des esprits.*
« — Quand l'histoire dira ces choses, car elle les relèvera, elle n'aura
« pas assez de blâme légitime pour vous.

« Vous nous savez dans les angoisses; chaque jour qui s'écoule est
« pour nous un véritable point d'interrogation resté sans réponse... Que
« devient la province? Où est Frédéric-Charles? Nos amis résistent-ils?
« Quand et comment pourrons-nous les secourir? Voici un courrier qui
« est parti d'Orléans le 27, c'est-à-dire avant-hier... Il ne nous apporte
« rien sur tous les points du salut suprême! et la seule dépêche utile
« de M. de Chaudordy, à peu près exclusivement diplomatique, est du 21,
« antérieure de six jours au départ du message, etc.. etc. »

Et M. Gambetta était le seul qui donnât directement des nouvelles *en ce qui concernait la guerre,* la plus grande affaire, cependant. « Les

ganisation en personnel et en matériel eût été plus complète.

Enfin, aujourd'hui que nous pouvons juger les événements après coup, il est une considération qui, plus que toutes les autres, nous fait condamner inexorablement les funestes résolutions du Gouvernement de la Défense nationale...

La paix faite au commencement de décembre, dans les conditions que nous venons d'indiquer, était une paix honorable qui nous relevait aux yeux de l'Europe, nous méritait son estime et celle de nos adversaires eux-mêmes ; elle nous sauvait des horreurs et des infamies de la Commune qui nous a mis un instant au ban de l'Europe et nous a fait perdre pour toujours le bénéfice de nos cruels sacrifices, de nos généreux efforts !!!

Comme il est d'un haut intérêt historique de bien établir la part de responsabilité qui revient à chacun dans la continuation de la guerre après le 6 décembre, nous croyons devoir reproduire ici les quelques lignes suivantes empruntées à l'important travail de M. Valfrey, historien consciencieux et désintéressé dans la question (1) :

Extrait de l'ouvrage de M. J. Valfrey.

« Les Prussiens étaient victorieux devant Paris et
« sur la Loire, mais ils emportaient de ces trois jour-
« nées de luttes meurtrières l'impression que la résis-

« ministres des affaires étrangères, de la justice, du commerce, etc....
« recevaient des dépêches de leurs délégués en province, celui de la
« guerre ne pouvait rien connaître que par M. Gambetta lui-même. Au-
« cun chef de service ou général n'était admis à correspondre avec
« Paris. Le Rapport de M. Lallié, sur les communications postales pen-
« dant la guerre, montre comment le général Chanzy recevait défense de
« communiquer directement avec le Gouvernement de Paris. »
(*Extrait du Rapport de M. Chaper.*)

(1) *Histoire de la diplomatie du Gouvernement de la Défense nationale*, par J. Valfrey. — 2ᵉ partie, pages 77 et 84.

« tance des Français n'était pas un vain mot et que
« des sacrifices considérables devaient encore être de-
« mandés à l'Allemagne pour arriver au but qu'elle
« avait cru atteindre après la capitulation de Sedan et
« de Metz. D'un autre côté, les troupes, qui tenaient la
« campagne depuis cinq mois et demi, manifestaient une
« grande lassitude et un vif désir de retourner dans
« leurs foyers pour les fêtes de Noël. Ces symptômes
« n'échappèrent pas au quartier général de Versailles,
« et, le 5 décembre, un parlementaire se présenta aux
« avant-postes du côté du pont de Sèvres avec une lettre
« à l'adresse du général Trochu. Cette lettre lui fut por-
« tée dans la journée à Vincennes, où il s'était établi
« quelques jours auparavant pour suivre de plus près
« les opérations de la Marne. On sait que le général de
« Moltke annonçait au Gouverneur de Paris la défaite
« de l'armée de la Loire et lui proposait d'envoyer un
« officier français à Orléans pour constater l'état réel
« des choses. Le lendemain 6, le général Trochu se
« rendit dans la matinée à Paris et communiqua au Con-
« seil, qu'il présidait, la teneur de la dépêche du chef
« d'état-major de l'armée allemande, ainsi que le texte
« de la réponse qu'il proposait de faire à cette ouver-
« ture.

« Il faut dire que depuis quelque temps et pour le
« cas d'un double échec possible sur la Loire et sous les
« murs de Paris, le délégué du ministère des affaires
« étrangères avait préparé M. Jules Favre à la nécessité
« de rouvrir des négociations de paix. En province,
« l'évacuation d'Orléans, combinée avec la retraite du
« général Chanzy sur le Mans et celle du général Bour-
« baki sur Bourges, ne pouvait que donner un nouveau
« point d'appui aux partisans des élections et à M. Thiers
« qui en était le chef. Enfin, le pays lui-même, qui avait

« cru jusque-là à la possibilité d'une résistance victo-
« rieuse, en faisant appel à des ressources extraordi-
« naires, le pays commençait à sentir chanceler sa foi et
« à désirer la fin d'une guerre perdue sans retour.

« A Paris, la situation des esprits ne devait pas être
« bien différente. Au mois de novembre, la capitale n'a-
« vait pu accepter la paix avant d'avoir fait un effort
« pour en améliorer les conditions : on conçoit donc que
« les propositions du pont de Sèvres lui aient semblé
« prématurées. Mais après les batailles sur la Marne,
« qui sauvaient hautement l'honneur de la grande cité,
« on devait se demander si la raison, si la prudence lui
« faisaient un devoir d'attendre son dernier morceau de
« pain pour traiter de la paix, alors que, dès le 5 dé-
« cembre, il ne lui restait plus une seule chance vrai-
« ment sérieuse de percer les lignes d'investissement.
« L'opinion publique inclina donc vers l'adoption d'une
« politique plus modérée et mieux en rapport avec les
« cruelles nécessités d'une situation qui s'aggravait des
« plus dures souffrances physiques.

« M. Jules Favre, l'histoire le constatera à son hon-
« neur, était acquis à ces idées, et lorsque le général
« Trochu proposa de décliner l'offre de M. de Moltke,
« il soutint qu'il serait préférable d'envoyer un parle-
« mentaire à Versailles avec la mission de sonder les
« véritables dispositions du quartier général prussien.
« Le ministre des affaires étrangères pensait qu'en te-
« nant compte des forces de Paris et du mal qu'elles
« pourraient encore faire à l'ennemi, celui-ci ne se mon-
« trerait plus aussi inflexible au sujet d'un armistice
« avec ravitaillement de dix ou quinze jours, à l'aide du-
« quel on convoquerait une Assemblée nationale. Dans
« le Conseil du 6 décembre, M. Jules Favre défendit
« avec beaucoup de bon sens cette thèse : mais il paraît

« qu'il ne fut appuyé par aucun de ses collègues (1), et
« qu'il fut combattu avec la dernière énergie par le gé-
« néral Trochu, qui se prononça pour la continuation de
« la guerre à outrance et entraîna tout le Gouverne-
« ment.

« Plus on étudie l'histoire du siége de Paris, plus on
« arrive à se convaincre que ce fut là une faute, et que
« le véritable moment pour ouvrir des négociations de
« paix était bien celui qu'avait suggéré le général de
« Moltke au 5 décembre. »

. . . .

« Ici se termine la deuxième phase de la guerre
« franco-allemande. Après Sedan, notre malheureux
« pays, bercé par les traditions de l'école révolution-
« naire et les souvenirs de 1792, avait cru à la puissance
« de ses ressources, de son courage, de son tempéra-
« ment militaire pour repousser l'invasion. Noble et gé-
« néreuse illusion, qui excuse bien des fautes, même
« chez ceux qui l'ont entretenue. Au milieu de décem-
« bre, l'expérience était faite et elle n'avait pas réussi.
« La France pouvait donc déposer les armes, se rési-
« gner et subir la loi du vainqueur, sans compromettre
« sa dignité. Le Gouvernement du 4 Septembre en ju-
« gea autrement, et la suite des événements a prouvé
« que ce fut une erreur. Mais jusque-là, pendant la pre-
« mière partie de leur œuvre, M. le général Trochu à
« Paris, M. Gambetta surtout en province, ont fait leur
« devoir, rien que leur devoir.

« Un grand pays, quoi qu'on en dise, ne saurait con-
« sentir à des aliénations de province après trois ba-

---

(1) M. Valfrey fait erreur : M. Jules Favre fut appuyé par M. Ernest Picard.

« tailles perdues ; il est tenu, qu'on nous pardonne ce
« mot, de payer de sa personne et de se défendre assez
« longtemps pour permettre à la fortune un retour, s'il
« est encore possible, et au moins pour sauver son hon-
« neur. Du 4 septembre au 4 décembre, toute réserve
« faite sur la révolution qui suivit la capitulation de
« Sedan, la continuation de la guerre a donc été, en pré-
« sence des exigences bien connues de la Prusse, une
« obligation, et si faible que soit aujourd'hui la France,
« si éprouvée qu'elle ait été par une série de catastro-
« phes sans exemple, il lui est dû, dans l'immensité de
« son malheur, plus de considération, il lui reste plus de
« force morale que si elle eût cédé seulement l'Alsace
« au 20 septembre. »

Terminons en donnant sur cette question si grave et si vivement controversée, l'opinion émise dans le rapport fait au nom de la Commission d'enquête sur les actes du Gouvernement de la Défense nationale par M. Chaper, membre de l'Assemblée élue le 8 février 1871 :

... « Le Gouvernement de la Défense nationale n'a
« guère pris de résolution plus importante que celle du
« 6 décembre. Il se décidait, pour Paris et pour la
« France, à continuer la lutte ; il s'y décidait, alors que
« depuis bien longtemps, il n'avait sur l'état de la France
« que des renseignements incomplets ou douteux ; il s'y
« décidait au moment où l'armée de Paris venait d'être
« repoussée après d'immenses efforts, au moment même
« où il apprenait de nouvelles catastrophes, la défaite
« de la Loire, la reprise d'Orléans, et avant de connaître
« l'étendue de ces catastrophes, on peut le dire, il fer-
« mait les yeux à la lumière, par cela seul que c'était
« l'ennemi qui la lui présentait, et tête baissée il se pré-
« cipitait et la France avec lui dans une lutte suprême,

« au risque, — et l'événement l'a prouvé, — d'acculer
« notre pays à une situation désespérée. »

CHAPITRE II.

ARMISTICE POUR ENTERRER LES MORTS DE CHAMPIGNY.
(6, 7, 8 décembre 1870.)

Un rapport prussien, envoyé par voie parlementaire, dans la soirée du lundi 5 décembre, ayant signalé la présence d'un assez grand nombre de cadavres des deux armées sur la ligne des avant-postes, les ambulances de la Presse furent désignées par le général en chef pour rendre les derniers devoirs à nos soldats.

Armistice du 6 décembre. Le 6 au matin, M. de la Grangerie, secrétaire général de la Société, le commandant d'état-major Vosseur, et le docteur Sarazin (1), médecin en chef du quartier général, se rendirent, précédés du drapeau parlementaire, aux avant-postes ennemis ; soixante Frères de la Doctrine chrétienne, une escouade de terrassiers, avec deux fourgons remplis de brancards et d'outils, les suivaient.

Les conditions d'armistice réglées, on se mit aussitôt à l'œuvre (2).

Comme on était près du Four à chaux, un obus vint à tomber au milieu des travailleurs sans atteindre personne... « C'est une trahison... » s'écrie l'officier

---

(1) M. le docteur Sarazin, parlant très-bien l'allemand, avait été personnellement désigné pour servir d'interprète.

(2) Il n'avait pas été permis aux Frères de dépasser la ligne du chemin de fer ; les soldats allemands, après avoir ramassé nos morts, devaient les charger sur les voitures et les amener près des fosses. Pour plus de précautions encore, on avait fait descendre nos cochers de leurs siéges et on les avait remplacés par des soldats du train allemand.

wurtembergeois qui assistait à l'opération, et il ordonne à M. de la Grangerie de se retirer immédiatement avec tout son monde dans les lignes françaises... Presque au même instant éclatent deux nouveaux obus... Furieux, les soldats allemands se jettent sur M. de la Grangerie et le docteur Sarazin, les injurient, les bousculent... les menacent de les emmener prisonniers.

En vain ces messieurs affirment que c'est un regrettable malentendu, et non une trahison. « Dans tous les cas, disent-ils, ne sommes-nous pas aussi exposés que vous aux obus français ? » A la fin, après de longs pourparlers, on se décide à les relâcher, mais ils sont obligés de renoncer à leur mission et de retourner au camp.

Le lendemain, à la même heure, M. de la Grangerie et le convoi reprennent le chemin de la veille.

Armistice du 7 décembre.

Cette fois toutes les précautions ont été prises ; le Directeur des ambulances est porteur d'un laisser-passer en règle et d'un ordre de cesser le feu transmis la veille à tous les forts (1).

---

(1) Cet ordre était ainsi conçu :

« *Le général Ducrot au commandant du fort de Nogent, au général
« d'Exea, à Fontenay-sous-Bois, au commandant de la redoute de la
« Faisanderie, au commandant de Gravelle, au commandant de Saint-
« Maur, au commandant d'André, à Poulangis.*

« Demain, à 10 heures du matin, un parlementaire se rendra aux
« avant-postes prussiens, en avant de Poulangis et sur le plateau de
« Villiers, pour procéder à l'enlèvement des morts.

« Le drapeau parlementaire devra être arboré sur le fort de Nogent,
« la Faisanderie, Gravelle, Saint-Maur, et le feu devra cesser sur toute la
« ligne, infanterie et artillerie, à partir de 10 heures.

« Veuillez m'accuser réception de cette dépêche.

« Mardi, 6 décembre 1870.
          « Général Ducrot. »

Le capitaine wurtembergeois avait rédigé les termes de la suspension d'armes. Cette pièce, écrite en allemand et en français, était ainsi conçue :

Pendant que les terrassiers creusent les tombes, les Frères parcourent le champ de bataille et rapportent les morts sur des brancards...

Les autorités allemandes ayant prescrit que nul ne franchirait leurs lignes, les voitures sont conduites comme la veille par des soldats allemands. Les Prussiens, après avoir réuni les cadavres le long du chemin de fer, les posaient par dix dans les fourgons qu'ils nous renvoyaient pleins (1).

Malgré la plus grande activité, à 5 heures on n'avait encore enseveli que 485 morts... L'armistice expirait, on convint de part et d'autre de le reprendre le jour suivant pour achever cette pénible mission.

Armistice du 8 décembre. Le lendemain 8 décembre, la neige tombée la nuit, couvrant au loin tout le terrain, formait comme un blanc linceul : « Quelle lugubre scène ! dit le docteur Sarazin. « Sur cette route longue, triste, droite, gelée, sous un
« ciel gris, on nous amenait des charretées de cadavres.
« Il y en avait de longues files alignées sur le bord
« des fosses : artilleurs, zouaves, soldats de la ligne,
« mobiles, en rangs serrés, sur la terre gelée, gelés
« eux-mêmes dans les contorsions fantastiques de l'ago-
« nie. Des officiers de toutes les armes formaient la
« première ligne.

« Le soussigné vient de faire une convention avec le plénipotentiaire
« français, ayant pour but de livrer les morts éparpillés sur le champ
« de bataille. Dès ce moment, le feu cessera sur toute la ligne entre
« Noisy et Ormesson jusqu'à ce soir 5 heures. Toute hostilité cesse de
« droit. Les forts de Nogent, Faisanderie, Gravelle, la redoute de Saint-
« Maur et les batteries de campagne placées sur toute cette direction
« sont compris dans la ligne mentionnée plus haut. De même Noisy ne
« sera pas incommodé par le plateau d'Avron.

« *Le Capitaine d'état-major,*
« Sarvey.
« De la Grangerie. »

(1) Les cadavres étaient tous dépouillés de leur argent...

« Les Frères avec leurs longues robes noires qui tran-
« chaient sur la neige allaient et venaient au milieu de
« ces morts. Il y avait dans ces choses lugubres une sy-
« métrie horrible. Les fosses étaient longues, larges et
« profondes, près de 700 cadavres devaient y trouver
« place (1)... »

A la tombée de la nuit seulement, le travail était terminé... toutes les fosses comblées ; 685 cadavres d'officiers ou soldats y reposaient (2)...

---

(1) Les tranchées sont au nombre de quatre ; au nord de la route n° 45, à l'angle formé par un petit chemin qui mène au Tremblay.
La première tranchée, perpendiculaire à la route, a 33 mètres de long ; la deuxième, qui lui fait face, n'en mesure que 16 ; elle est réservée aux officiers et encadrée dans deux autres tranchées parallèles de 52 mètres de long chacune.
La largeur uniforme est de 2 mètres et la profondeur à peu près équivalente.
Le développement général se trouve être de 153 mètres.

(2) Sur chaque tumulus on planta une croix de bois noir avec cette inscription :

Ici reposent
six cent quatre-vingt-cinq
soldats et officiers français tombés
sur le champ de bataille.
Ensevelis par les Ambulances de la Presse
le 8 décembre 1870.

LIVRE X

TENTATIVE DE SORTIE PAR LE BOURGET. CONSÉQUENCES DE CETTE OPÉRATION.

PREMIÈRE PARTIE

TENTATIVE DE SORTIE PAR LE BOURGET
(21 décembre 1870.)

CHAPITRE PREMIER.

PRÉPARATIFS DE L'OPÉRATION DU BOURGET.

Depuis l'investissement, près de trois mois s'étaient écoulés... Nous avons vu pendant ces jours d'efforts et de résistance laborieuse ce que l'armée de Paris avait fait... Où en était-on à l'extérieur?... *Situation après Champigny.*

Au Sud, l'armée de la Loire était coupée en deux... une moitié, sous Bourbaki, s'en allait se refaire vers le centre; une autre, sous Chanzy, était forcée de se replier successivement de Beaugency sur Vendôme... de Vendôme sur le Mans... Au Nord, Faidherbe, bien qu'appuyé à nos places fortes, ne parvenait pas à franchir la Somme; vers l'Ouest, Rouen venait de tomber entre les mains des Allemands... En résumé, partout nos armées étaient repoussées ou contenues, et l'ennemi formait autour de ses forces assiégeantes comme une immense ligne de contrevallation passant par Amiens, Rouen, Orléans, Châlons... « Paris, suivant l'expression du général Trochu, était donc définitivement abandonné à lui-même... » Cependant, dès que nos corps parurent avoir repris quelque ressort, une nouvelle tentative de sortie fut décidée.

La direction Amiens étant la plus rapprochée et paraissant la plus libre, c'est du côté Nord que l'on résolut de chercher à rompre la ligne d'investissement. Aux considérations stratégiques se joignaient des considérations tactiques exposées plus haut (1), lesquelles nous décidaient également à prendre pour nouveau champ de bataille les vastes terrains découverts et peu accidentés s'étendant entre Saint-Denis et Bondy.

L'objectif immédiat devait être tout le grand plateau limité à l'Est par Villepinte et Aulnai, à l'Ouest, par Gonesse et Garges; une fois maîtres de cette vaste plaine où s'élève le mamelon dominant de l'Orme de Morlu (112), on se rabattait, suivant les circonstances, soit droit au Nord par les routes de Lille et de Dunkerque, soit au Nord-Est en filant par la forêt de Bondy.

Ensemble du projet d'opération. — Cette grande attaque principale devait être couverte sur chacun de ses flancs par d'importantes diversions... A droite, dans la vallée de la Marne, la 3ᵉ armée, sous les ordres du général Vinoy, suivrait la route de Strasbourg, de manière à menacer Chelles et Gournay. A gauche, au Nord-Ouest et au Nord de Saint-Denis, des

---

(1) Voir la journée du 3 décembre.

démonstrations seraient faites contre les positions de Stains, Pierrefitte, Épinai. Plus à l'Ouest, le général Noël, commandant le Mont-Valérien, opérerait dans toute la zone comprise entre Montretout et Chatou.

Le premier objectif sur lequel devait porter notre principal effort était le Bourget. Pour arriver sur le grand plateau où s'élève le mamelon de l'Orme de Morlu, il fallait franchir deux plis de terrain arrosés par deux ruisseaux marécageux : la Mollette d'abord, la Morée ensuite... la grande route de Bruxelles et celle des Petits-Ponts traversaient la Mollette ; sur la première était le Bourget, destiné à devenir en quelque sorte le pivot de l'opération.

Le Bourget doit être le pivot des opérations.

Ce village, gardé par les Prussiens depuis le 30 octobre, était pour eux de la plus grande importance ; il couvrait la ligne de la Morée (1), une série de routes en très-bon état ; de plus, il leur permettait de donner à leur ligne de circulation au Nord de Paris le moins de développement possible. Bien décidés à ne plus se laisser enlever cette position avancée, ils y avaient fait à diverses reprises de nombreux travaux défensifs...

« Au milieu de novembre, dit le capitaine du génie al-
« lemand Goetze, on régularisa les retranchements du
« Bourget... On acheva de dégager les abords du vil-
« lage, on fit sauter les bâtiments de la gare, ainsi qu'un
« pâté de maisons à l'extrémité nord, on détruisit com-
« plétement la voie du chemin de fer entre cette extré-
« mité et la Courneuve, on renversa à la poudre un
« grand nombre de maisons et de murs à l'intérieur du

---

(1) Il couvrait aussi les barrages de Pont-Iblon et de Dugny qui formaient l'inondation comprise entre ce dernier point et Aulnai-lès-Bondy. Cette inondation a toujours été entretenue avec soin ; de Romainville on voyait facilement les barques qui circulaient sur les blancs d'eau et brisaient la glace.

« village, et l'on organisa ou acheva d'organiser la lisière
« extérieure, ainsi que les deux lignes de défense inté-
« rieure sur une longueur totale de plus de 5 kilomè-
« tres. On fit en tout 525 mètres courants de barricades
« de forts profils, trois abris à l'épreuve des obus,
« 900 mètres courants d'abatis à distance, 600 mètres
« de tranchées avec de nombreuses traverses, de lon-
« gues files de trous de loup sur trois rangs et de ré-
« seaux de fil de fer, enfin 750 mètres de communica-
« tions blindées, etc... etc... »

L'ennemi est averti de notre nouvelle tentative de sortie.

Dès le 18 décembre, le général Trochu avait adressé à l'armée une proclamation chaleureuse se terminant par ces mots : « Puisse votre général faire pénétrer dans « vos âmes les espérances, les fermes résolutions dont « son âme est remplie ! »

La lecture de ce document fit soupçonner l'imminence d'une grande entreprise ; il n'y eut plus de doute quand le général Schmitz porta à la connaissance du public que toutes les portes de Paris seraient fermées le 19 décembre... Les Prussiens furent naturellement avertis... ils étaient si bien renseignés sur le jour, le lieu de nos opérations qu'ils avaient « fait appeler une partie du 2ᵉ corps pour soutenir au besoin l'armée de la Meuse contre l'attaque qu'ils voyaient se dessiner (1). »

Résumé des instructions.

Le premier objectif est le village du Bourget qui doit ensuite servir de point d'appui de gauche à l'armée dans son mouvement en avant.

La prise de ce village est confiée au corps d'armée

---

(1) Parmi les maraudeurs qui allaient chercher des légumes dans les campagnes désertes, un grand nombre traversaient impunément les lignes prussiennes, où ils distribuaient des journaux, colportaient les nouvelles... A la séance du Gouvernement du 31 décembre, le vice-amiral de La Roncière déclare que si la dernière entreprise du Bourget a échoué c'est que les Prussiens en avaient été prévenus, ainsi que l'ont annoncé tous les prisonniers.

de Saint-Denis, sous les ordres du vice-amiral de La Roncière le Noury, qui sera soutenu : à droite, par la division Berthaut, chargée d'enlever Drancy; en arrière, par la division de Susbielle, établie près d'Aubervilliers.

Pendant que s'opérera l'attaque du Bourget, la deuxième armée prendra ses dispositions pour se porter sur Blancmesnil et Aulnai-lès-Bondy : la division Courty, s'établissant entre le Petit-Drancy et la route des Petits-Ponts; la division de Bellemare, en arrière du chemin de Bondy à Drancy; ces deux divisions devant gagner aussitôt que possible le chemin de fer de Soissons et s'y fortifier.

La division Faron leur servira de réserve.

La brigade Reille, s'avançant jusqu'au chemin de Bondy à Drancy, reliera nos colonnes d'attaque aux troupes de Bondy; la division Mattat restera près de ce village, derrière le canal, prête à se porter soit vers Groslay, soit vers Bondy, suivant les circonstances.

La cavalerie s'établira à l'ouest de Bobigny, se masquant autant que possible des vues de l'ennemi.

Une fois que nous serons maîtres du terrain depuis le Bourget jusqu'au point où la route des Petits-Ponts traverse le chemin de fer de Soissons, que notre artillerie de position et notre artillerie de campagne auront suffisamment battu les points occupés par l'ennemi entre Aulnai, Blancmesnil, Pont-Iblon et Dugny, nous reprendrons l'offensive. La division de Bellemare et la brigade Reille attaqueront Aulnai par la gauche et chercheront à s'y loger pendant que la division Courty franchira la Morée entre Aulnai et Blancmesnil, cherchant à tourner ce dernier village par l'est, et que la division Berthaut l'abordera par le sud-ouest. La division de Susbielle, qui se sera portée successivement sur Drancy et le chemin de fer de Soissons, soutiendra le mouvement, passera la Morée derrière la division Courty et prendra position sur le plateau entre Aulnai et Blancmesnil.

La division Faron s'avancera vers Groslay, prête à repousser une attaque de flanc.

Notre droite sera appuyée par la réserve d'artillerie du 2ᵉ corps et la réserve générale de l'armée qui s'attacheront particulièrement à balayer tout le terrain entre le canal de l'Ourcq et la route des Petits-Ponts; notre gauche sera soutenue par la réserve d'artillerie du 1ᵉʳ corps, qui s'occupera surtout de Blancmesnil et de Pont-Iblon.

Aussitôt que nous serons maîtres d'Aulnai et de Blancmesnil, une partie de la réserve générale montera sur le plateau pour battre avantageusement Pont-Iblon, la ferme de Savigny et le village de Villepinte. Nous chercherons alors à établir notre ligne de bataille de Villepinte au Bourget, nous échelonnant ainsi par notre droite.

Solidement installés dans ces positions, nous prendrons pour nouvel objectif la hauteur dite Orme-de-Morlu, d'où l'on commande la patte d'oie de Gonesse et la route de Lille.

Batteries construites en vue de l'opération du Bourget.

De nombreux épaulements de batteries furent construits depuis Bondy jusqu'à la Courneuve pour soutenir le mouvement offensif de nos troupes.

Batteries de Bondy.

Le premier groupe formé des batteries de Bondy, et destiné à protéger la droite de l'armée, comprenait, sous les ordres du vice-amiral Saisset :

Batterie A. — Trois pièces de 24 court de siége, au pont du chemin de fer de la station de Bondy, battant le Raincy.

Batterie B. — Six pièces de 12 de siége et deux

mitrailleuses, au cimetière, battant le Raincy et le pont de la Poudrette.

Batterie C. — Quatre canons de 12 de campagne et deux mitrailleuses, au nord du village, battant le Dépotoir, l'intervalle entre la route, le canal et le pont de la Poudrette.

Batterie D. — Deux canons de 12 de campagne, un peu plus au nord, battant Nonneville.

Batterie E. — Trois pièces de 24 de place, à l'entrée de Bondy, près du pont, battant Nonneville, Groslay et Aulnai; deux pièces de 16 de marine, battant Aulnai et Nonneville.

Batterie G. — Trois pièces de 24 se chargeant par la culasse, au nord du pont, battant Aulnai et Groslay.

Batterie H. — Six pièces de 12 de siége, deux mitrailleuses, sur la route de Drancy, battant le Dépotoir.

Batterie I. — Trois pièces de 0^m16, à la Tannerie, battant Groslay, Blancmesnil, et devant se déplacer suivant les besoins (1).

Batterie M. — Une pièce de 0^m16 de la marine, sur le bord du canal, à hauteur de Bobigny, battant le Bourget.

Six pièces de 7 disponibles.

On avait utilisé le remblai de la route de Bondy à Drancy en y pratiquant de distance en distance des emplacements pour deux pièces de campagne; pièces et caissons se trouvaient protégés par l'épaulement naturel que formait la route.

En avant de Bobigny était une *batterie N* contenant six pièces de 24 court prêtes à être transportées à

Batterie de Bobigny.

---

(1) Le lieutenant de vaisseau Lavison avait inventé un système pour mobiliser les grosses pièces de marine. Ce système de transport de grosses pièces a rendu de grands services pendant la journée du 21 décembre, et surtout pendant le bombardement des forts.

Drancy, dès que ce village serait en notre possession.

Batteries de la Croix de Flandre. Aux abords de la Croix-de-Flandre, devaient soutenir directement l'attaque du Bourget :

Batterie O. — Six pièces de 12 de siége, à droite de la route de Lille, battant le Bourget et Drancy.

Batterie P. — Deux pièces de 24 court, à gauche de la route, tirant sur le Bourget et Dugny.

Ces deux *batteries O, P,* destinées à prendre position au Bourget, dès qu'il serait occupé, afin de battre les bords de la Morée.

Batterie de la Courneuve. Notre gauche était appuyée par la *batterie de la Courneuve R,* armée de quatre pièces de 0^m16 de la marine et de deux pièces de 12 de siége, tirant sur le Bourget et Dugny.

Instructions pour la concentration de la 2ᵉ armée. Dans la journée du 20 décembre, toute la deuxième armée doit se concentrer au nord-est de Paris, dans les positions suivantes (1) :

1ᵉʳ Corps. — Division de Susbielle, dans le village d'Aubervilliers ;

Division Berthaut, entre Aubervilliers et la Courneuve ; la 1ʳᵉ brigade, à droite de la route de Lille, la 2ᵉ, à gauche ; l'artillerie entre les deux brigades, à hauteur du fort d'Aubervilliers.

Division Courty, entre le fort d'Aubervilliers et le village de Bobigny ; la 1ʳᵉ brigade, à droite de la route des Petits-Ponts, la 2ᵉ, à gauche ; l'artillerie en arrière des deux brigades, à cheval sur la route ;

Réserve d'artillerie, en arrière de l'artillerie divisionnaire du général Courty ; .

2ᵉ Corps. — Division de Bellemare, dans le village de Merlan ;

---

(1) Voir pour les détails l'ordre général, pièce justificative n° XVII.

Division Mattat, entre Bondy et Noisy, en arrière de la route de Metz ; l'artillerie entre les deux brigades ;

Brigade Reille, à gauche de la division Mattat, entre le chemin de fer de Strasbourg et la route de Metz.

Réserve d'artillerie, à l'ouest de Bondy.

Corps de réserve. — Entre Bagnolet, Romainville et le fort de Noisy.

Réserve générale d'artillerie. — Au pied du fort de Romainville, non loin de la route de Metz.

Cavalerie. — En avant du chemin de fer de Strasbourg, à droite et à gauche de la route des Petits-Ponts.

Services administratifs. — 1er Corps. — Derrière Aubervilliers.

2e Corps. — Entre Merlan et Noisy, derrière le chemin de fer de Strasbourg ;

Corps de réserve. — Entre Romainville et Noisy.

Pontonniers. — A Pantin, près du canal de l'Ourcq, à portée de la route des Petits-Ponts.

Les troupes avaient touché six jours de vivres et quatre jours d'avoine ; les hommes n'emportaient que leurs tentes, demi-couvertures, cartouches, boîtes à graisse, vivres et ustensiles de campement ; les souliers, chemises de rechange, etc., formés en ballots, étaient laissés à la garde des hommes malingres.

Chaque batterie avait reçu un petit pont destiné à franchir les nombreux fossés qu'elle devait rencontrer sur le terrain des opérations. Chaque pont, divisé en deux demi-ponts de 2^{m}70 de long sur 1^{m}20 de large, pouvait être placé sur un arrière-train de caisson.

CHAPITRE II.

BATAILLE DU BOURGET.

(21 décembre 1870.)

<small>La div^{on} Berthaut, de la 2e armée, est mise à la disposition du vice-amiral de La Roncière.</small>

Le 20 décembre, le Gouverneur se rendait à Aubervilliers où il trouvait le général Ducrot et le vice-amiral de La Roncière ; le général Vinoy se portait au fort de Rosny.

Le général en chef de la deuxième armée connaissant les importantes défenses du Bourget, craignant que tant d'obstacles accumulés ne fussent difficilement surmontés par le corps d'armée de Saint-Denis, chargé seul d'enlever le village, mit de sa propre initiative la division Berthaut avec un certain nombre de batteries de réserve à la disposition du vice-amiral; il pensait que la division pourrait agir par l'Est pendant que les troupes de Saint-Denis attaqueraient par le Sud et par l'Ouest.

Le vice-amiral de La Roncière, doutant que les bords de La Mollette fussent praticables à l'infanterie en amont du Bourget, craignant surtout de voir les troupes se tirer les unes sur les autres en attaquant les deux côtés à la fois, déclara au général Berthaut qu'avec ses marins et les trois bons régiments de Saint-Denis, composés pour la majeure partie d'anciens soldats de la Garde, il était sûr d'enlever très-rapidement le Bourget, et il lui prescrivit de ne faire en avant de Drancy qu'une simple démonstration.

<small>Les troupes se mettent en marche.</small>

Le 21, avant le jour, par un brouillard épais et humide, toutes les troupes se mettent en mouvement et viennent se placer (1) : le corps d'armée de Saint-Denis

---

(1) Voir croquis n° 18.

entre La Courneuve et la route de Lille, face au Bourget.

La deuxième armée entre la route de Lille et la route de Metz, dans les positions suivantes :

1ᵉʳ Corps. — Division Berthaut, sur deux lignes entre le Petit-Drancy et la Suiferie, prête à se porter sur Drancy ;

Division de Susbielle, en arrière du village d'Aubervilliers, faisant réserve de l'aile gauche ;

Division Courty, sur deux lignes entre le Petit-Drancy et la route des Petits-Ponts ;

Réserve d'artillerie du 1ᵉʳ corps en arrière du fort d'Aubervilliers, près de la route de Lille ;

2ᵉ Corps. — Division de Bellemare, derrière le chemin de Bondy à Drancy, ayant avec son artillerie divisionnaire deux batteries de la réserve du corps ;

Brigade Reille, en réserve dans les tranchées entre Bondy et la route des Petits-Ponts ;

Division Mattat, au sud du canal de l'Ourcq, près de Bondy, ayant avec son artillerie divisionnaire trois batteries de la réserve du corps ; cette division formant réserve de l'aile droite, devait observer la forêt, tout en soutenant la division de Bellemare avec les troupes de Bondy aux ordres du vice-amiral Saisset.

Corps de réserve. — Division Faron, en arrière de Bobigny, son artillerie divisionnaire à gauche, les batteries de la réserve générale à droite.

Cavalerie. — En avant du chemin de fer de Strasbourg, près de la route des Petits-Ponts.

Ces troupes qui allaient de nouveau combattre étaient encore animées d'une certaine ardeur. De fausses dépêches envoyées par les Prussiens faisant croire de leur part à un système de mensonges organisés (1), avaient rendu à beaucoup de nos officiers et de nos soldats leur première confiance. Ils se disaient qu'arrêtés par les hauteurs de Villiers, le 30 novembre et le 2 décembre, ils n'avaient pas réussi à donner la main à l'armée de la Loire, mais que cette fois, en rase campagne, en plaine, ils seraient plus heureux, et que le Bourget enlevé, Blancmesnil, Aulnai, Sevran pris, ils fileraient par la forêt de Bondy pour joindre l'armée du Nord qui ne pouvait être loin.

ATTAQUE DU BOURGET (2).

Dispositions d'attaque sur le Bourget.

L'amiral de La Roncière organise ses troupes en trois colonnes : la première, aux ordres du général Lavoignet, 134ᵉ de ligne, 6ᵉ régiment de mobiles et bataillon des francs-tireurs de la Presse, est établie aux abords de la route de Lille, entre la Croix-de-Flandre et la Suiferie (3).

La deuxième, commandée par le capitaine de frégate Lamothe-Tenet, deux bataillons du 138ᵉ de ligne, 3ᵉ ba-

---

(1) Quelques jours après, le 5 décembre, arrivent deux pigeons reconnus pour être partis avec le ballon *le Daguerre*, que l'on savait tombé à Ferrières aux mains de l'ennemi;... on remarque que les dépêches ne sont pas attachées suivant le mode employé jusque-là par l'administration française. On les ouvre et on lit :

« A Gouverneur de Paris,

« Rouen occupé par les Prussiens qui marchent sur Cherbourg, popu« lation rurale les acclame. — Orléans repris par ces soldats. — Bourges « et Tours menacés. — Armée de la Loire complètement défaite.— Résis« tance n'offre plus aucune chance de salut.

« *Signé* : A. Lavertujon. »

Or, M. A. Lavertujon, qui nous envoyait cette dépêche de Rouen, était à Paris et faisait fonction de secrétaire du Gouvernement.

(2) Voir croquis nᵒ 19.

(3) Voir aux pièces justificatives, nᵒ XVIII.

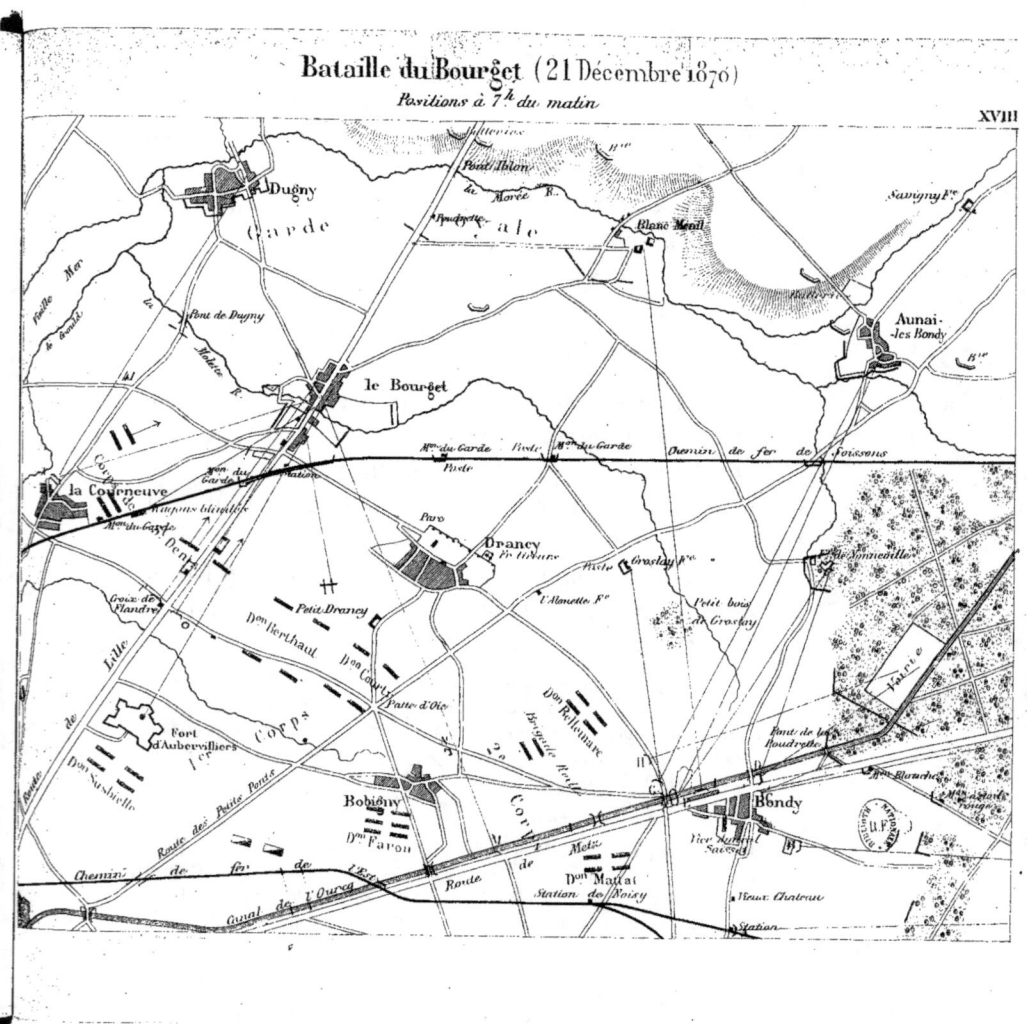

taillon de fusiliers marins, 11ᵉ bataillon de mobiles de la Seine, deux compagnies de fusiliers marins et une batterie de 4 servie par l'artillerie de marine, est massée en avant de la Courneuve.

La troisième, formant réserve à la Courneuve, sous les ordres du général Hanrion, comprend le 135ᵉ de ligne, un bataillon du 138ᵉ de ligne et un bataillon de marche de la garde nationale de Saint-Denis.

A la Croix-de-Flandre, une batterie de 12 et deux canons de 24 sont prêts à se porter sur le Bourget.

Le signal de l'ouverture du feu doit être donné par les wagons blindés qui s'avanceront sur la ligne de Soissons au delà de la Courneuve.

Pendant que les forts de l'Est tireront sur le Bourget, la partie droite de Dugny et Pont-Iblon, la batterie de canons et les mortiers de la Courneuve, le fort d'Aubervilliers couvriront d'obus le village du Bourget ; sur la droite, l'artillerie de la division Berthaut battra la partie Est de ce village jusqu'au moment où les troupes y entreront, puis la route de Lille entre le Bourget et le Pont-Iblon, pour empêcher l'arrivée des renforts.

La brume s'étant un peu dissipée à 7 heures trois quarts, le signal du feu est donné par les wagons blindés. Une canonnade des plus violentes éclate sur le Bourget. Au bout d'un quart d'heure, bas le feu sur toute la ligne... les troupes de l'amiral s'élancent en avant. La colonne du capitaine de frégate Lamothe-Tenet doit aborder le village par l'Ouest et le Nord pendant que la colonne Lavoignet cherchera à l'enlever par le Sud.

Attaque du Bourget.

Les marins, malgré le feu violent du cimetière, passent la Mollette en amont du pont de Dugny et se dirigent droit vers le Nord, puis, tournant brusquement à droite, ils s'élancent en colonne sur la partie Nord-Ouest du village ; de tous les murs, des enclos, part une fusillade terrible qui fait de cruels ravages dans les rangs de nos fusiliers marins ; c'est à ce moment que tombe frappé à mort le brave lieutenant de vaisseau Boisset... Enlevant énergiquement ses soldats, le commandant Lamothe-Tenet surmonte tout... Les premières barricades, un ouvrage, sorte de blockaus (1), sont pris d'assaut.

Maîtres du carrefour, de l'église, nous enlevons une à une les maisons du côté Ouest de la grande rue, malgré la mousqueterie de l'ennemi tirant par les créneaux, les fenêtres, les soupiraux de cave et un feu d'enfilade du bas du village... La lutte fut longue et acharnée... les Allemands ne quittaient leurs créneaux qu'à la dernière extrémité ; il fallait pour ainsi dire venir les y saisir, alors ils se sauvaient en jetant leur fusil entre les jambes de nos hommes.

Pendant ce temps, le 138ᵉ de ligne, suivant à peu de distance, pénètre par une brèche dans le cimetière, abandonné grâce au mouvement tournant des marins, de là il se rend maître des maisons voisines de la Mollette.

Situation à 9 h. et demie.

A 9 heures et demie nous occupons toute la partie Nord-Ouest du Bourget (2), depuis l'église jusqu'à la mairie : les marins aux abords de la rue de l'Église, les 1ᵉʳ et 2ᵉ bataillons du 138ᵉ entre la rue de Dugny et la mairie ; deux compagnies repassant la Mollette non loin du lavoir occupent le parc et le château. Le 3ᵉ bataillon du 138ᵉ reste en réserve près du cimetière.

Attaque du général Lavoignet.

Pendant que la colonne Lamothe-Tenet prend possession de la partie Ouest du village, la colonne de droite,

---

(1) Ce blockaus était situé à droite de la route de Dugny, à 150 mètres environ du Bourget.

(2) Voir croquis nº 20.

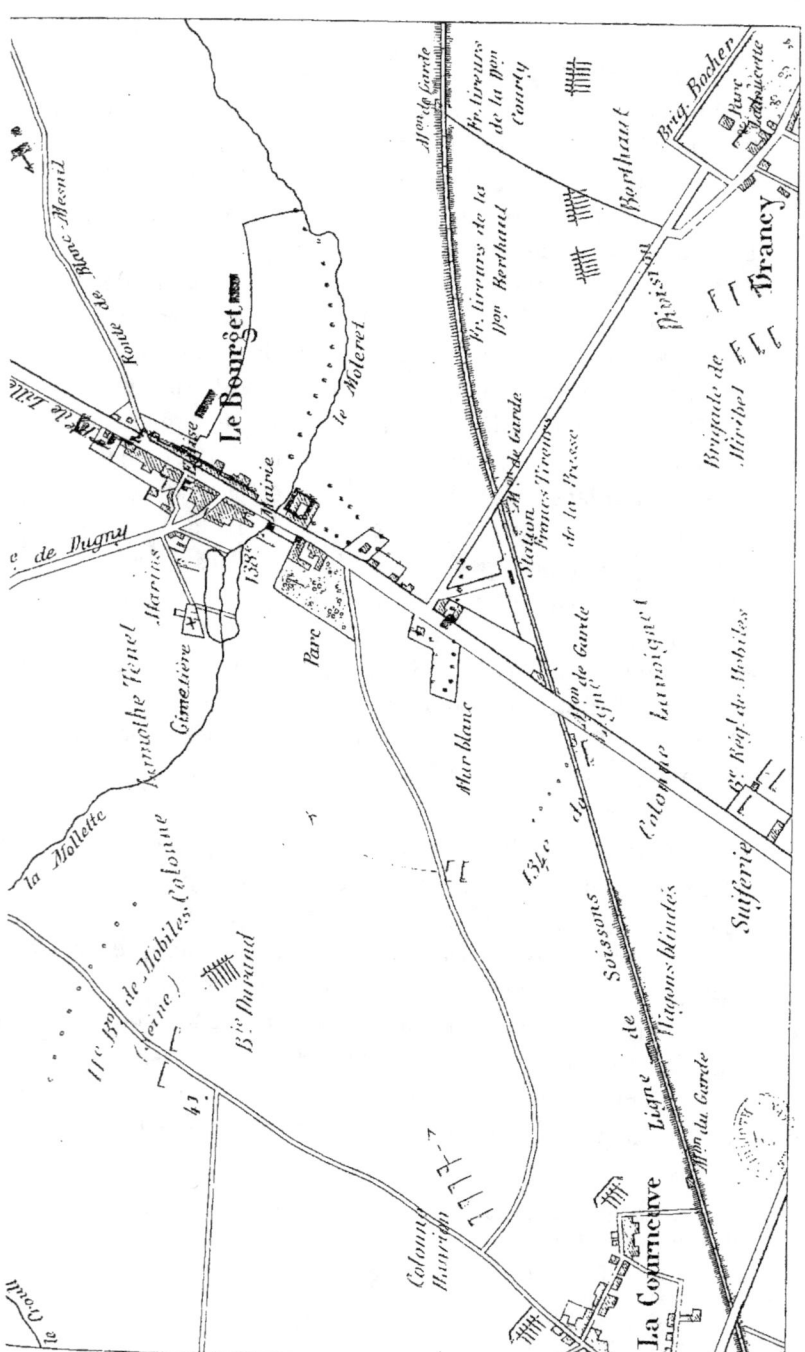

aux ordres du général Lavoignet, dirigée sur la partie Sud du Bourget, rencontre une vive résistance. Les 1ᵉʳ et 3ᵉ bataillons du 134ᵉ, les franc-tireurs de la Presse, formant première ligne, marchent des deux côtés de la route de Lille, soutenus en arrière par le 2ᵉ bataillon du 134ᵉ. La maison du garde-barrière, la gare du chemin de fer, sont facilement enlevées ; mais au delà de la chaussée, nos hommes accueillis par un feu des plus intenses sont arrêtés court.

La 1ʳᵉ compagnie du 3ᵉ bataillon et les franc-tireurs de la Presse parviennent cependant à enlever quelques maisons, quelques jardins, mais les Prussiens embusqués le long des murs les criblent de balles, et bientôt nos tirailleurs sont forcés de s'abriter derrière une ligne de fossés, de débris de murs, parallèle au chemin de fer, entre la route de Drancy et la maison du garde.

Les autres compagnies du 134ᵉ de ligne ayant abordé le chemin de fer à gauche de la route de Lille, se trouvent rompues, désorganisées par les haies, les fossés qui bordent la voie ; mélangés, pêle-mêle, nos hommes débouchent dans une plaine absolument découverte, limitée à 400 mètres par un long *mur blanc* d'où part une fusillade terrible. En un instant les morts, les blessés s'entassent, quelques braves vont de l'avant, mais ils se brisent contre cette muraille où aucune brèche n'a été faite.

Ainsi, pendant que la colonne Lamothe-Tenet enlevait si brillamment la partie Nord-Ouest du Bourget, la colonne Lavoignet était arrêtée presque dès les premiers pas.

Entre ces deux colonnes se trouvait un grand intervalle. Un effort dirigé de ce côté aurait eu très-probablement raison des défenseurs du *mur blanc*, presque entièrement isolés entre les troupes du commandant Lamothe-Tenet et celles du général Lavoignet. Malheureusement les réserves restèrent immobiles.

Les réserves se portent en avant.

Vers 10 heures, voyant l'action s'arrêter, le Gouverneur qui se trouvait sur la route de Lille fit avancer une batterie à hauteur de la Suiferie, afin de faire brèche dans le *mur blanc*. En même temps l'amiral de La Roncière porte en avant la colonne Hanrion pour soutenir la brigade Lamothe-Tenet.

De son côté l'ennemi fait avancer de nombreux renforts; ses colonnes, accourant dans la partie Nord du village, rendent très-critique la situation de la colonne Lamothe-Tenet, qui ne cessait de faire les plus vigoureux efforts pour avancer et se relier à l'attaque du Sud.

Sans renforts depuis le matin, l'énergique commandant se trouvait aux prises avec les plus grandes difficultés. L'ennemi, solidement établi dans la partie Est de la grande rue, opposait à nos attaques une inébranlable résistance. Fusillés à bout portant par une terrible mousqueterie de toute la ligne des maisons de l'autre côté de la rue, assaillis par une pluie d'obus, obus prussiens, obus français, tombant dans tous les sens, venant de toutes les directions, soldats et marins ne peuvent pousser plus avant. Une seule compagnie, commandée par le lieutenant Peltereau s'était, dès la prise du village, portée sur la lisière Sud pour prendre à revers les défenseurs de la barricade de la grande rue et faciliter le mouvement du général Lavoignet. « Bientôt, séparé de tous, ce brave officier succombe avec sa compagnie; l'ennemi seul est témoin de son héroïsme. »

A ce moment, une vigoureuse attaque sur la droite, du côté de Drancy, aurait certainement amené la chute du Bourget. Cette action eût été facile, car les francs-tireurs de la division Berthaut, ayant à leur droite ceux de la division Courty, occupaient toute la ligne du chemin de fer en avant de Drancy. Mais le général Berthaut, contraint de se conformer aux ordres du vice-amiral, assistait passivement à cette lutte ; son artillerie seule battait l'entrée nord du Bourget. Il prit néanmoins ses dispositions pour se porter immédiatement sur le village si l'ordre lui arrivait. La brigade de Miribel s'avança jusqu'à la route de Drancy au Bourget, formant deux colonnes : le régiment du Loiret à droite, le régiment de Seine-Inférieure à gauche.

Le 125ᵉ de ligne de la division Courty est en même temps envoyé à la Suiferie pour soutenir l'attaque du Bourget.

Cependant notre artillerie continuait à canonner énergiquement l'usine du *mur blanc,* les wagons blindés étaient venus même joindre leur feu à celui des canons de 12 ; mais, sauf quelques obus ébréchant le mur, la plupart des projectiles tombaient dans le Bourget et faisaient autant de mal aux marins du commandant Lamothe-Tenet qu'aux Prussiens ; le fort d'Aubervilliers, qui tirait sur les réserves ennemies, envoyait également ses coups trop courts au milieu du village.

Vers 11 heures, le commandant Lamothe-Tenet, décimé par notre canon autant que par celui de l'ennemi, ne se sentant pas soutenu, se voyant menacé d'être entouré par les masses allemandes, se décide à ordonner la retraite. Elle se fit rapidement mais sans désordre : il n'y avait pas de temps à perdre, l'ennemi occupant aussitôt les abris que nous abandonnions, nous couvrait de balles. Nous perdîmes surtout beaucoup de monde en gravissant les pentes rive gauche de la Mollette pour atteindre le point 41, derrière lequel on se mit à l'abri, pendant que la batterie de 4 de la brigade placée un peu en avant ouvrait le feu... Arrivé de l'autre côté de la

Le commandant Lamothe-Tenet évacue le Bourget.

Mollette, le commandant Lamothe-Tenet s'étant aperçu qu'une demi-compagnie de marins était restée dans le blockhaus tout au haut du village... envoie son officier d'ordonnance, M. J. Collard, la chercher... Ayant eu son cheval tué, cet officier retraverse à pied tout ce terrain sillonné de balles et parvient à accomplir complétement sa mission... Malheureusement, sur d'autres points, un certain nombre de marins et de soldats furent laissés dans les maisons... Une compagnie environ du 128e, commandée par le capitaine de Montforand, est entourée avant qu'on ait pu la prévenir du mouvement de retraite... après avoir résisté énergiquement, elle est obligée de mettre bas les armes...

Le général Hanrion venant de La Courneuve arrivait sur la Mollette avec sa colonne au moment même où le commandant Lamothe-Tenet finissait de se retirer; il ne put que protéger et couvrir la retraite (1).

La 2e armée se porte en avant (9 heures).

Le général Ducrot, dont les troupes étaient massées, depuis le matin, entre Drancy et Bondy, suivait avec anxiété le combat engagé sur sa gauche; à la fusillade

(1) Le village du Bourget avait été déclaré par les Allemands *le lieu le plus sanglant des environs de Paris*, à la suite du combat du 30 octobre. Dans le 2e volume, nous avons raconté l'héroïque résistance opposée à la garde prussienne par sept compagnies du 138e de ligne et des fractions des 12e et 14e bataillons de mobiles de la Seine, ainsi que par les franc-tireurs de la Presse. Cernées dans le village, toutes ces troupes luttèrent pendant plusieurs heures avec une indomptable énergie; chaque maison coûtait à l'ennemi de nombreuses victimes, et ce n'est qu'à midi et demi qu'il était définitivement maître de la position, mais à quel prix ! 33 officiers (dont 16 tués) et 444 hommes étaient hors de combat. Nous sommes heureux de pouvoir donner, aux pièces justificatives n° XIX, des récits allemands qui témoignent hautement en faveur de la bravoure déployée par nos soldats et nos officiers.

Les commandants Baroche, du 12e mobiles, et Brasseur, du 138e, avaient fait l'admiration des Allemands. Le lendemain de l'affaire, ils renvoyaient par un parlementaire, à nos avant-postes, l'épée, la croix et le chronomètre de M. Baroche. Quant à l'épée du commandant Brasseur, elle lui fut renvoyée directement par le prince de Wurtemberg, alors qu'il était encore en captivité.

vive et prolongée du Bourget, il distinguait sans peine que l'amiral de La Roncière rencontrait plus de résistance qu'il ne l'avait prévu.

D'après les instructions, la deuxième armée ne devait se porter en avant qu'après la prise du Bourget, au signal d'un drapeau français hissé sur le clocher de l'église. Elle devait alors marcher sur le chemin de fer de Soissons, puis sur Blancmesnil, Aulnai, Sevran.

Comprenant l'embarras où l'on était dans le Bourget, voyant les renforts ennemis déboucher par toutes les routes et chemins, entre la Mollette et la Morée, pour converger sur le Bourget, le général commandant la deuxième armée pensa qu'un plus long retard pouvait être funeste.

En entrant en ligne, la deuxième armée arrêtait ces renforts qui menaçaient d'écraser les troupes de l'amiral; de plus, c'était peut-être le moment favorable pour enlever rapidement les positions adverses, naturellement dégarnies par les secours envoyés au Bourget. Le général Ducrot, n'hésitant pas à prendre sur lui d'agir immédiatement, lance en avant la division Bellemare, et prescrit à l'artillerie de prendre position en avant de Drancy (9 heures).

Prise de la ferme de Groslay et de la ligne du chemin de fer de Soissons.

Après une courte fusillade, le bataillon des franc-tireurs de la division de Bellemare enlève la ferme de Groslay (1), chasse les tirailleurs ennemis embusqués dans le ravin du Moleret, et arrive bientôt au chemin de fer de Soissons. La brigade Colonieu suit à petite distance, et vient garnir toute la rive gauche du Moleret, les 2ᵉ et 3ᵉ bataillons du 136ᵉ, avec le colonel Allard, occupent l'intervalle entre Groslay et le petit

---

(1) La ferme de Groslay fut immédiatement mise en état de défense par les sapeurs du capitaine Lenclos; on établit des passages sur les fossés voisins, des tranchées furent commencées.

bois, détachant en avant deux compagnies, pour observer la ferme de Nonneville; le 1ᵉʳ bataillon du 136ᵉ et le régiment du Morbihan, sous la conduite du colonel Colonieu, prennent position derrière le remblai du chemin de fer, depuis le passage de Blancmesnil, se prolongeant, à droite, le long du Moleret, jusqu'à la ferme de Groslay.

La brigade Fournès s'établit en deuxième ligne, entre Groslay et la ferme des Alouettes.

En même temps, la division Mattat et la brigade Reille, traversant le canal de l'Ourcq, viennent se placer en réserve, en arrière de la route de Bondy à Drancy.

Les franc-tireurs de la division Mattat et la compagnie des tirailleurs parisiens couvrent les abords de Bondy, se reliant, d'un côté, au 136ᵉ dans le bois de Groslay, de l'autre, aux troupes du vice-amiral Saisset.

Position de la 2ᵉ armée à 10 heures.

A 10 heures, pendant que la lutte se poursuivait avec acharnement dans le Bourget, nous étions maîtres de toute la ligne du chemin de fer de Soissons, jusqu'au passage du Moleret; notre front se courbait ensuite à droite, en suivant ce ravin et passant par Groslay, le petit bois, jusqu'à Bondy.

Notre première ligne, assez forte (franc-tireurs des divisions Berthaut, Courty et Bellemare, brigade Colonieu), était soutenue par les divisions Berthaut, Courty, Mattat, les brigades Fournès et Reille, qui formaient une deuxième ligne depuis Drancy jusqu'à Bondy.

En arrière, la division Faron se tenait en réserve entre Bobigny et la route des Petits-Ponts, ayant à sa gauche la division de Susbielle; la cavalerie, plus en arrière encore.

Enfin, comme dernière réserve, la garde nationale occupant une ligne suivant Pantin, Noisy-le-Sec, Mer-

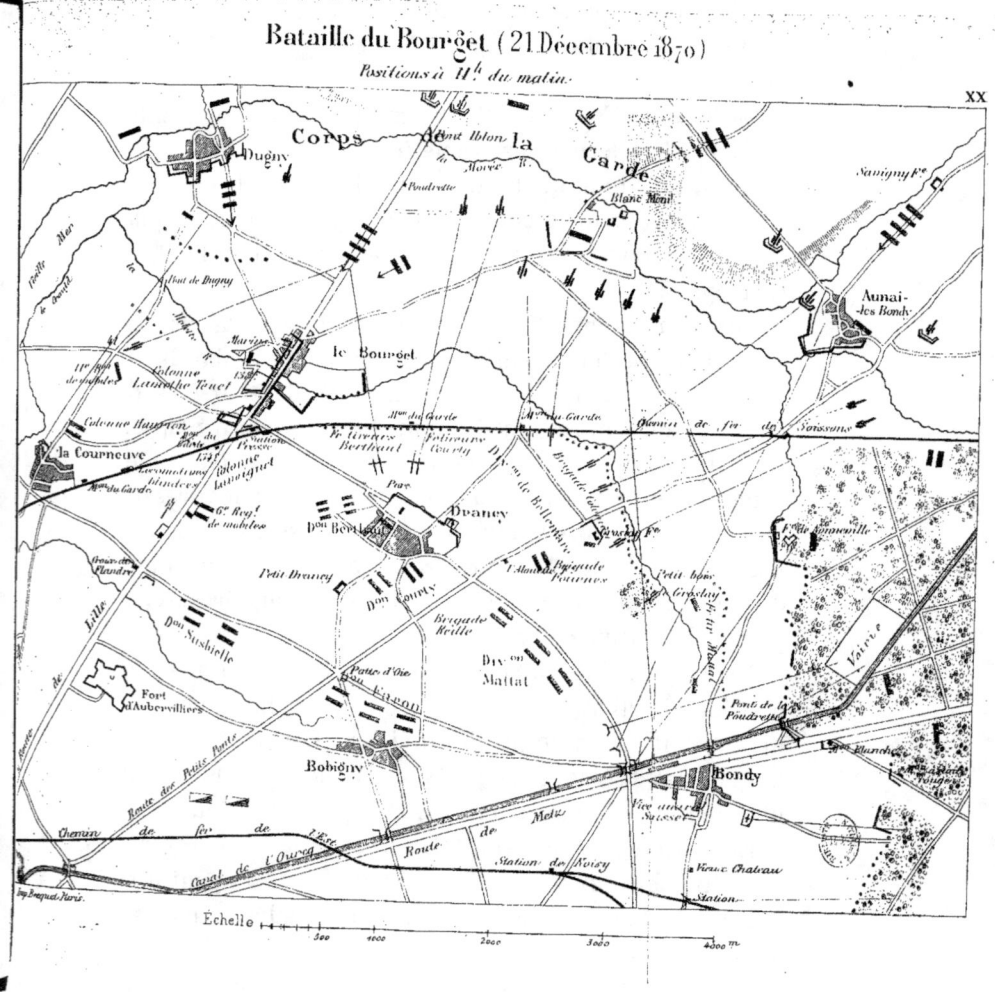

lan, Rosny, Neuilly-sous-Bois, reliant ainsi la deuxième et la troisième armée.

Pour appuyer son mouvement sur Aulnai-les-Bondy, le général en chef prescrit un grand dispositif d'artillerie suivant le front de notre première ligne (1). *Dispositif d'artillerie sur le front de notre première ligne.*

En avant de Drancy et le long du chemin de fer, prennent position les batteries des divisions Berthaut et Courty, pour contre-battre l'artillerie de Blancmesnil, et tirer sur les colonnes ennemies qui se dirigent sur le Bourget.

Deux batteries de 4, de la division de Bellemare, s'établissent également derrière le remblai de la voie ferrée, non loin du Moleret, ayant les mêmes objectifs.

Sur la droite, les quatre autres batteries, aux ordres du général de Bellemare, prennent position le long du Moleret, depuis le chemin de fer jusqu'au petit bois, pour battre le village d'Aulnai et les batteries fixes en avant ; la batterie de l'extrême droite surveillant spécialement la ferme de Nonneville, et croisant ses feux avec l'artillerie de Bondy.

Toutes ces batteries se couvrent rapidement par de petits épaulements.

En deuxième ligne, en arrière de l'intervalle laissé libre entre les batteries, les divisions de Bellemare et Courty, deux batteries de 7 de la réserve générale s'établissent sur une éminence, à droite de Drancy.

A 11 heures, le feu commence sur toute la ligne ; les Allemands nous répondent vigoureusement, et font avancer batteries sur batteries ; dix ou douze, prenant

---

(1) Dans chaque batterie les six pièces marchaient en tête, afin de rendre les mises en batterie aussi rapides que possible et de permettre de tenir les caissons à l'abri du feu de l'ennemi. Venaient ensuite les six caissons de 1re ligne, le 1er caisson portant un pont volant destiné à franchir les fossés ; les caissons de 2e ligne et les autres voitures restaient provisoirement en arrière avec les réserves.

position sur le plateau entre la Morée et la Mollette, luttent avec notre artillerie du chemin de fer, pendant que les batteries de position d'Aulnai, de Sevran, canonnent notre flanc droit.

A midi, la 1re brigade de la division de Susbielle remplace la brigade Bocher, à Drancy; le 115e fait des tranchées en avant de ce village.

Le Gouverneur suspend le mouvement en avant. — Le général en chef s'apprêtait à continuer son mouvement en avant, sous la protection de cette formidable artillerie, lorsqu'il reçut du Gouverneur le télégramme suivant :

« L'attaque du Bourget paraît avoir échoué, nous
« n'avons plus de point d'appui à gauche; votre mou-
« vement sur Aulnai et Blancmesnil ne peut continuer;
« arrêtez-vous. » Il fallut s'arrêter.

Dès lors le combat ne consiste plus qu'en une violente canonnade de part et d'autre. Le Bourget, évacué par nos troupes, l'artillerie de la division Berthaut y concentre aussitôt son feu.....

L'artillerie de la division Courty, fortement éprouvée, se retire. La lutte, au centre, se continue par les 2 batteries de 7 à l'est de Drancy, et par des pièces de gros calibre (4 pièces de 24 court), établies à Drancy, dans le parc Ladoucette (1)...

Sur la droite, les deux batteries du général de Bellemare, établies derrière le chemin de fer, ayant également beaucoup à souffrir, la batterie de mitrailleuses Malaval, qui faisait face à Sevran, exécute un changement de front sur sa gauche, et se porte vers le chemin de fer; elle traverse le Moleret à l'aide de son pont

---

1) La demi-batterie mobile Lavison (3 pièces de 16) ayant tiré jusqu'à 11 heures sur Blancmesnil, reçoit l'ordre de quitter la tannerie de Bondy et se porte à Drancy, où, à midi et demi, elle commence le feu sur Pont-Iblon, se mêlant au combat d'artillerie déjà engagé sur ce point.

volant, et prend position à droite de la maison du garde. Les trois batteries réunies tirent par salves.

L'ennemi, chassé par cette pluie de projectiles, rétrograde hors de la portée de nos canons à balles.

Dans cette lutte, nos batteries sont vigoureusement soutenues par les gros calibres de position et des forts. L'artillerie de Bondy, sur l'ordre du général Ducrot, bat Aulnai et ses abords.

Le feu du fort de Noisy est des plus efficaces : tirant sur l'entrée de la forêt de Bondy, il couvre notre flanc droit, et empêche les Saxons de déboucher dans la plaine.

La vivacité de l'attaque ne le cède en rien à celle de la défense ; une masse de projectiles s'abat sur Drancy... nos fantassins, abrités dans les caves, derrière les murs, en souffrent peu ; également protégés par un épaulement, les artilleurs du parc Ladoucette continuent leur tir ; mais les deux batteries de 7, établies à découvert, à droite de Drancy, sont cruellement éprouvées ; le feu des Allemands, parfaitement réglé, est des plus meurtriers, les obus tombent groupés au milieu des pièces... Nos artilleurs n'en font pas moins bonne contenance... ; cependant, à moitié désemparée, une de nos batteries se retire par ordre, l'autre continue à combattre, en prenant en avant une nouvelle position avec de grands intervalles.

Vers les 3 heures et demie ordre est donné aux batteries avancées de se retirer.

<small>L'artillerie cesse son (3 h. 1/2).</small>

Profitant de ce mouvement, l'ennemi tente une attaque sur notre droite ; ses tirailleurs arrivent non loin du chemin de fer ; bien que reçus par une vive fusillade des mobiles du Morbihan embusqués derrière le remblai de la voie, les Allemands poursuivent leur offensive et cherchent à nous déborder par la route des Petits-Ponts...

Le commandant Buriel (1), à la tête de quelques compagnies du Morbihan marche résolument au-devant de l'ennemi, le refoule, et dégage notre droite ; en même temps le colonel Colonieu repoussait, avec le 136°, une attaque en avant de Groslay... Dès lors, les Allemands ne cherchent plus à inquiéter notre retraite qui s'effectue avec le plus grand ordre.

Positions de la 2° armée le 21 au soir.

Le 21 au soir, toute la deuxième armée était bivouaquée dans la plaine entre Bondy et Aubervilliers, avec une ligne d'avant-postes occupant les tranchées par Groslay, Drancy, la Suiferie, la Courneuve.

2ᵉ Corps. — Se reliant aux troupes du vice-amiral Saisset à Bondy, la division Mattat du 2ᵉ corps avait sa 1ʳᵉ brigade en arrière de la route de Bondy à Drancy, avec un avant-poste à la ferme de Groslay, sa 2ᵉ brigade entre la route des Petits-Ponts et la route de Metz ; en arrière la division de Bellemare occupait la Folie-Bobigny.

Corps de réserve. — Drancy était occupé par les francs-tireurs de la division Faron et par le 122ᵉ de ligne ; le reste du corps de réserve se tenait en arrière du Petit-Drancy.

1ᵉʳ Corps. — Les tranchées entre Drancy et la Courneuve étaient gardées par des troupes du 1ᵉʳ corps : 4ᵉ bataillon de la Seine-Inférieure entre Drancy et la Suiferie ; 125ᵉ de ligne au nord de la route de Lille.

Les trois divisions de ce corps étaient bivouaquées : la division Courty, à Bobigny ; la division Berthaut, près de la Croix de Flandre ; la division de Susbielle, en avant du fort d'Aubervilliers.

---

(1) Le lieutenant-colonel Tillet, commandant le régiment, venait d'être blessé.

PERTES A L'AFFAIRE DU BOURGET
(21 décembre 1870.)

NOMS	GRADES	OFFICIERS			TROUPE		
		TUÉS	BLESSÉS	DISPARUS	TUÉS	BLESSÉS	DISPARUS
DEUXIÈME ARMÉE.							
Ier CORPS.							
DIVISION DE SUSBIELLE.							
Aubert (116e rég^t)	S^s-lieutenant	»	1	»	»	»	»
Troupe (115e rég^t)		»	»	»	3	6	»
Totaux		»	1	»	3	6	»
DIVISION BERTHAUT.							
119e régiment de ligne		»	»	»	4	19	»
120e d^o d^o		»	»	»	1	20	»
Régiment du Loiret		»	»	»	»	6	»
d^o de la Seine-Inférieure		»	»	»	»	7	»
Totaux		»	»	»	5	52	»
DIVISION COURTY.							
Francs-tireurs de la division		»	»	»	»	3	»
123e régiment de ligne		»	»	»	»	2	»
124e d^o d^o		»	»	»	1	2	»
125e d^o d^o		»	»	»	»	»	»
126e d^o d^o		»	»	»	»	»	»
Totaux		»	»	»	1	7	»

2ᵉ CORPS.

Division DE BELLEMARE.

NOMS	GRADES	OFFICIERS TUÉS	OFFICIERS BLESSÉS	OFFICIERS DISPARUS	TROUPE TUÉS	TROUPE BLESSÉS	TROUPE DISPARUS
4ᵉ régiment de zouaves............		»	»	»	»	»	»
Régiment de Seine-et-Marne........		»	»	»	1	4	»
136ᵉ régiment de ligne............		»	»	»	3	11	»
Régiment du Morbihan — Tillet.....	Lieut-colonel	»	1	»	»	»	»
Régiment du Morbihan — Marquet...	Capitaine	»	1	»	»	»	»
Régiment du Morbihan — Jullien....	Lieutenant	»	1	»	»	»	»
Troupe...		»	»	»	12	33	8
Artillerie divisionnaire............		»	»	»	»	7	»
Génie.......................		»	»	»	1	5	»
Totaux............		»	3	»	17	60	8

Division MATTAT.

Troupe..................		»	»	»	»	4	»

CORPS DE RÉSERVE (Division FARON).

Troupe..............		»	»	»	»	1	»

Réserve générale d'artillerie.

Troupe..............		»	»	»	5	16	»

NOMS	GRADES	OFFICIERS			TROUPE		
		TUÉS	BLESSÉS	DISPARUS	TUÉS	BLESSÉS	DISPARUS
RÉCAPITULATION DES PERTES DE LA DEUXIÈME ARMÉE.							
Division de Susbielle		»	1	»	3	6	»
d° Berthaut		»	»	»	5	52	»
d° Courty		»	»	»	1	7	»
d° de Bellemare		»	3	»	17	60	8
d° Mattat		»	»	»	»	4	»
d° Faron		»	»	»	»	1	»
Réserve d'artillerie		»	»	»	5	16	»
Totaux		»	4	»	31	146	8
TOTAL GÉNÉRAL				189			

CORPS DE SAINT-DENIS.

Brigade LAMOTHE-TENET.

Marins.

NOMS	GRADES	OFFICIERS			TROUPE		
		TUÉS	BLESSÉS	DISPARUS	TUÉS	BLESSÉS	DISPARUS
Morand	Lieut‍t de vaisseau	1	»	»	»	»	»
Peltereau	d°	1	»	»	»	»	»
Laborde	d°	1	»	»	»	»	»
Boisset, aide de camp du commandant Lamothe-Tenet	d°	»	★1	»	»	»	»
Patin	d°	»	★1	»	»	»	»
Duquesne	Enseigne	»	1	»	»	»	»
Wyts	d°	»	1	»	»	»	»
Caillard	d°	»	1	»	»	»	»
Troupe		»	»	»	75	179	»
Totaux (1)		3	5	»	75	179	»

★ Ce signe indique que l'officier est mort des suites de ses blessures.
(1) Ces totaux portent sur un effectif de 15 officiers et 689 marins.

138ᵉ régiment de ligne.

NOMS	GRADES	OFFICIERS			TROUPE		
		TUÉS	BLESSÉS	DISPARUS	TUÉS	BLESSÉS	DISPARUS
Devaux.	Capitaine	»	1	»	»	»	»
De Montforand.	dº	»	»	1	»	»	»
Puthod.	Lieutenant	»	»	1	»	»	»
Charpentier.	dº	1	»	»	»	»	»
Sadaillan.	Sˢ-lieutenant	»	»	1	»	»	»
Séguin.	dº	»	★ 1	»	»	»	»
Le Saulnier de St-Jouan.	dº	»	★ 1	»	»	»	»
Barrault.	dº	»	1	»	»	»	»
Troupe.		»	»	»	72	213	80
TOTAUX.		1	4	3	72	213	80

* Ce signe indique que l'officier est mort des suites de ses blessures.

11ᵉ bataillon de mobiles de la Seine.

			»	»	»	»	»	»

Ensemble des pertes de la brigade Lamothe-Tenet.

	TUÉS	BLESSÉS	DISPARUS	TUÉS	BLESSÉS	DISPARUS
Marins.	3	5	»	75	179	»
138ᵉ régiment de ligne.	1	4	3	72	213	80
11ᵉ bataillon de mobiles de la Seine.	»	»	»	»	»	»
TOTAUX.	4	9	3	147	392	80
TOTAL GÉNÉRAL.			635			

NOMS	GRADES	OFFICIERS			TROUPE		
		TUÉS	BLESSÉS	DISPARUS	TUÉS	BLESSÉS	DISPARUS
Brigade LAVOIGNET.							
134ᵉ régiment de ligne.							
Bouquet de la Jolinière..	Chef de bᵒⁿ	»	1	»	»	»	»
Barbane	Cap.-adj.-maj.	»	1	»	»	»	»
Lachau..........	Capitaine	»	1	»	»	»	»
Isnard	dᵒ	»	1	»	»	»	»
Runger..........	dᵒ	»	1	»	»	»	»
Huguet..........	Lieutenant	»	★ 1	»	»	»	»
Belbezet	Sˢ-lieutenant	1	»	»	»	»	»
Alis............	dᵒ	»	1	»	»	»	»
Troupe	......	»	»	»	14	96	»
Totaux		1	7	»	14	96	»

★ Ce signe indique que l'officier est mort des suites de ses blessures.

Francs-tireurs de la Presse.

Fournier	Capitaine	1	»	»	»	»	»
Collin	Lieutenant	1	»	»	»	»	»
Audouanne.......	Sˢ-lieutenant	1	»	»	»	»	»
Troupe	......	»	»	»	16	19	»
Totaux		3	»	»	16	19	»
6ᵉ bataillon de mobiles de la Seine		»	»	»	»	»	»

Ensemble des pertes de la brigade Lavoignet.

134ᵉ régiment de ligne	1	7	»	14	96	»
Francs-tireurs de la Presse........	3	»	»	16	19	»
6ᵉ bataillon de mobiles de la Seine	»	»	»	»	»	»
Totaux	4	7	»	30	115	»
TOTAL GÉNÉRAL.......	156					

INDICATIONS DIVERSES	OFFICIERS			TROUPE		
	TUÉS	BLESSÉS	DISPARUS	TUÉS	BLESSÉS	DISPARUS

Brigade HANRION.

135ᵉ régiment de ligne.

Troupe................	»	»	»	1	2	»

RÉCAPITULATION DES PERTES DU CORPS DE SAINT-DENIS.

Brigade LAMOTHE-TENET	4	9	3	147	392	80
dᵒ LAVOIGNET	4	7	»	30	115	»
dᵒ HANRION.............	»	»	»	1	2	»
Totaux..........	8	16	3	178	509	80
TOTAL GÉNÉRAL			7	94		

RÉCAPITULATION DES PERTES.

Deuxième armée	»	4	»	31	146	8
Corps de Saint-Denis............	8	16	3	178	509	80
Totaux........	8	20	3	209	655	88
TOTAL GÉNÉRAL			9	83		

PERTES DES ALLEMANDS A L'AFFAIRE DU BOURGET

(21 décembre 1870)

INDICATIONS DIVERSES.	OFFICIERS			TROUPE		
	TUÉS	BLESSÉS	DISPARUS	TUÉS	BLESSÉS	DISPARUS
2ᵉ régiment de grenadiers.	»	1	»	14	58	7
3ᵉ dᵒ dᵒ	1	7	»	27	151	98
Artillerie.	»	»	»	5	25	»
Bataillon de tirailleurs de la garde. . . .	»	»	»	1	19	»
dᵒ de fusiliers de la garde	»	»	»	»	5	»
3ᵉ régiment de uhlans.	»	»	»	»	1	»
1ᵉʳ dᵒ de grenadiers de la garde. . .	»	»	»	1	23	1
Totaux.	1	8	»	48	282	106
TOTAL GÉNÉRAL.	**445**					

CHAPITRE III.

COMBAT DE VILLA-ÉVRARD.

Pendant que ces événements se passaient dans la plaine de Saint-Denis, le général Vinoy s'engageait dans la vallée de la Marne pour appuyer la droite de la deuxième armée; tout d'abord il avait été laissé libre d'opérer comme il l'entendrait.

Troupes mises à la disposition du général Vinoy.

Les forces mises à sa disposition étaient (1) :

1° La division d'Hugues, établie sur le plateau d'Avron dont elle avait la garde;

2° Quatre bataillons de la brigade Blaise (112ᵉ et 1ᵉʳ bataillon du 111ᵉ), tirés du Moulin-Saquet;

3° Trente-huit bataillons de garde nationale cantonnés à Rosny, château de Montreau, Neuilly-sous-Bois, Fontenay-sous-Bois, Nogent;

4° La division de cavalerie de la troisième armée.

Instructions données au général Vinoy.

Le général Vinoy commandant les positions depuis la redoute de Montreuil jusqu'à Nogent, se relierait à droite à la brigade d'André, qui occupait la plaine de Poulangis, à gauche à la position de Noisy, commandée par le vice-amiral Saisset.

Le général Blanchard devait prendre le commandement des troupes restant sur la rive gauche de la Seine et garder une attitude purement défensive.

De nouvelles instructions en date du 20 décembre précisaient davantage le but de l'opération que devait soutenir à grande distance l'artillerie du plateau d'Avron; le général Vinoy prendrait pour objectif Villa-Évrard et

---

(1) Voir aux pièces justificatives n° XX l'instruction du Gouverneur du 18 décembre.

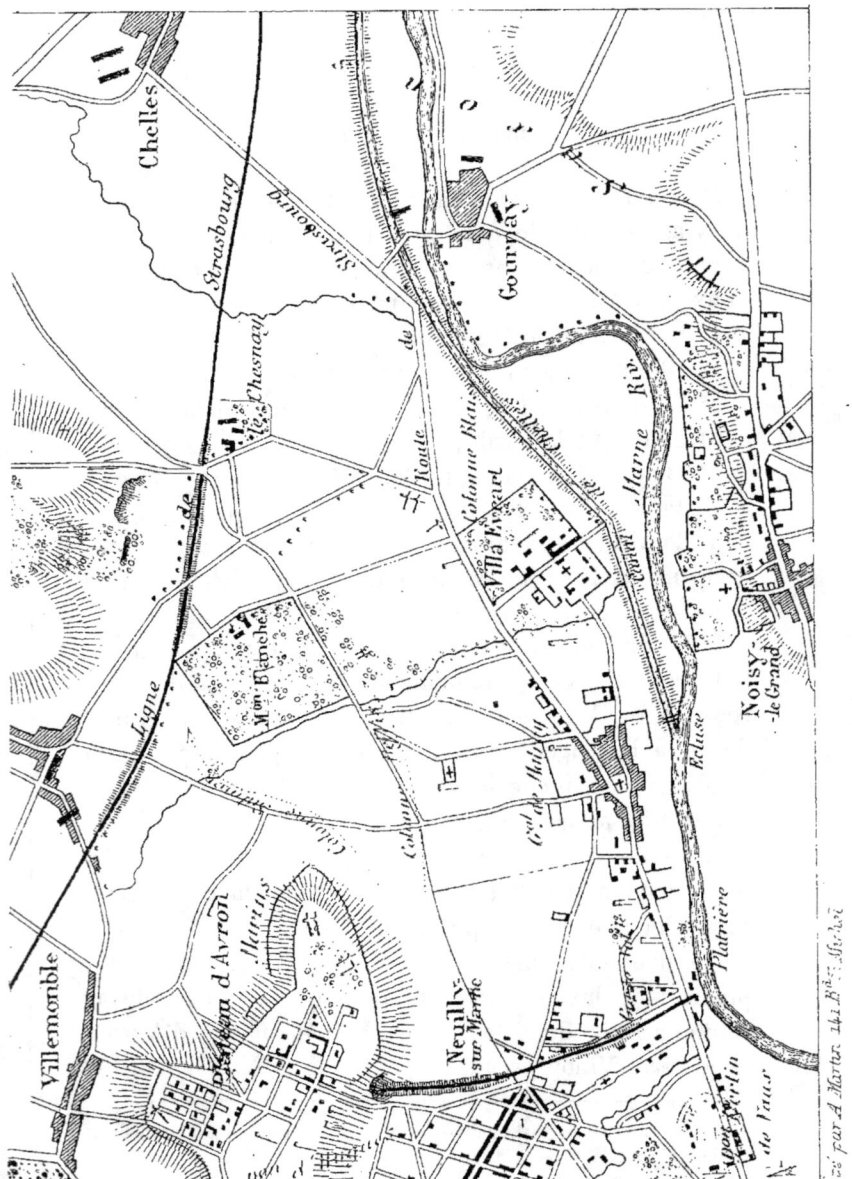

Maison-Blanche, d'où il menacerait directement le pont de Gournay.

Le 19, le général Vinoy transportait son quartier général au fort de Rosny. L'action principale ayant été fixée au 21, la journée du 20 fut employée à combiner les mouvements du lendemain et étudier les moyens de défense d'Avron.

Ce plateau, qui dans cette opération indépendante, devait jouer un rôle des plus importants, avait été armé d'une artillerie formidable. Au saillant qui domine Chelles, une batterie en forme de redan était armée de pièces de 12. En arrière et dirigée obliquement, était une batterie armée de canons de 30 de la marine et servie par ses artilleurs, elle pouvait tirer depuis Noisy-le-Grand jusqu'à Chelles. Plus en arrière se trouvait une batterie armée de canons de 12, portant jusqu'à Villa-Évrard. Enfin, tout à fait à l'extrémité du plateau, au-dessus de Neuilly-sur-Marne, des épaulements de campagne étaient ébauchés pour servir à placer des pièces de 7, les pièces elles-mêmes étaient habituellement dans une autre batterie établie vers les pentes nord du plateau.

Armement du plateau d'Avron.

Les défenses de la partie nord, au-dessus de Gagny, se composaient principalement d'une batterie de 12 et d'une autre de mitrailleuses. Ces dernières étaient disposées de manière à surveiller les flancs d'un ravin dont les pentes auraient pu permettre à l'infanterie ennemie de s'approcher à couvert. Après avoir passé un groupe de maisons crénelées, on arrivait à des batteries armées de canons de 24 court, défendant les abords du plateau contre une attaque possible par Villemonble et le Raincy. Enfin, les flancs étaient protégés par une batterie armée de pièces de 7 et une autre de mitrailleuses; elles avaient vue sur la direction

174 . DÉFENSE DE PARIS.

de Livry, et balayaient les pentes qui s'étendent depuis le village de Rosny-sous-Bois jusqu'au chemin de fer de Strasbourg.

L'ensemble des moyens d'artillerie mis en action sur le plateau d'Avron était comme on le voit considérable. Il s'élevait au chiffre imposant de 43 pièces de position (1).

Une partie des pièces de 7 qui armaient le plateau, lors de la bataille du 2 décembre, venait d'en être retirée. A cette date il y avait trois batteries de canons de 7 de plus; mais le Gouverneur ayant pensé que cette artillerie pourrait être plus efficacement utilisée sur le point où devait s'engager le principal combat, avait décidé qu'elle suivrait le mouvement de la deuxième armée.

L'artillerie restée sur le plateau était placée sous les ordres du colonel Stoffel et devait concourir d'une manière toute particulière aux efforts du lendemain. Les ordres donnés à ce sujet par le Gouverneur et dont le chef de la troisième armée fut invité à prendre connaissance, étaient les suivants :

Instructions données au colonel Stoffel, commandant l'artillerie du plateau d'Avron.

L'artillerie à longue portée du plateau précédera de son tir la marche des colonnes de la deuxième armée et flanquera leur droite. Dès que la vivacité du combat pourra faire supposer que des réserves considérables sont abritées dans la forêt de Bondy, un feu très-vif devra être dirigé contre elles et les suivre dans le val de Livry. Enfin, si des colonnes ennemies se présen-

---

(1) Canons de marine de 30. . . . . . . 6 pièces.
Canons de 24 court . . . . 6 —
2 batteries de 7. . . . . 12 —
2 batteries de 12. . . . . 12 —
Mitrailleuses. . . . . 6 —
1 mitrailleuse à main . . . . 1 —

Total. . . . . . 43 pièces.

taient pour déboucher de la forêt de Bondy dans la direction d'Aulnai-lès-Bondy, le feu doit être dirigé sur elles et les arrêter.

Tel était le rôle réservé à l'artillerie d'Avron pendant le combat du lendemain. Elle devait presque tout entière appuyer le mouvement de la deuxième armée, de telle sorte qu'un petit nombre de pièces seulement aurait été employé du côté de la Marne. Cependant trois batteries de campagne avaient été détachées de la réserve de Paris et données à la troisième armée. Elles se composaient de deux batteries de 4 et d'une batterie de mitrailleuses, et furent placées sous les ordres du général Favé (1).

Le pont de Gournay ayant été donné comme objectif, les dispositions suivantes furent arrêtées par le chef de la troisième armée (2) :

Dispositions prises par le général Vinoy.

La division de Malroy s'avançant par la route de Strasbourg, traversera Neuilly-sur-Marne, s'emparera de Villa-Evrard, et cherchera ensuite à gagner assez de terrain pour battre le pont de Gournay ; la brigade Blaise, chargée de l'attaque, sera suivie à peu de distance par la brigade Dargentolle.

Pendant ce temps, sur la gauche, la brigade Salmon de la division d'Hugues s'emparera de Maison-Blanche, mettra le parc en état de défense et enverra en avant deux ou trois bataillons, qui se rallieront aux troupes de la division de Malroy ; l'autre brigade de cette division s'établira à Neuilly-sous-Bois.

Le général Favé sera chargé de la direction des batteries attachées à la division de Malroy ; le colonel de Cha-

---

(1) Voir aux pièces justificatives n° XXI.
(2) Voir croquis n° 21.

nal, son chef d'état-major, de la direction des batteries de gauche attachées à la division d'Hugues.

Une partie des bataillons de garde nationale mobilisée remplacera les troupes de la division d'Hugues sur le plateau d'Avron; d'autres occuperont le rond-point de Plaisance, formant deuxième réserve; les autres enfin nous relieront au fort de Nogent.

La division de cavalerie Bertin de Vaux, établie en réserve près du chemin de fer, appuiera au besoin la marche offensive.

<small>Les troupes se mettent en marche.
Prise de Neuilly-sur-Marne.</small>
La brigade Blaise, 1ᵉʳ bataillon du 111ᵉ en tête, s'empare sans coup férir de Neuilly-sur-Marne, et continue sa marche vers Villa-Évrard; ce groupe de maisons, solidement défendu, arrête nos tirailleurs; ils s'abritent dans le petit vallon venant de Maison-Blanche en attendant que l'artillerie ait fait des brèches dans les murailles et jeté le désordre dans la défense.

Deux batteries de 4 et de 12 se portent en avant; le général Favé établit l'une sur la route à la sortie de Neuilly-sur-Marne, l'autre un peu à gauche, défilée par des maisons des vues de Noisy-le-Grand; et nos douze pièces ouvrent le feu à 800 mètres contre les murailles de Villa-Évrard.

L'artillerie ennemie établie de l'autre côté de la Marne sur la hauteur de Noisy-le-Grand canonne vigoureusement nos deux batteries, bientôt soutenues par une troisième placée à droite de la route. Sans s'inquiéter du feu nourri des Allemands démasquant de nouvelles batteries sur les pentes de Noisy, entre Noisy et Champs, nos artilleurs continuent à tirer sur Villa-Évrard, laissant à Avron, Nogent et Rosny le soin de contre-battre cette artillerie de la rive gauche.

La batterie de mitrailleuses de la division de Malroy ne tarde pas à entrer en action et unissant son feu à celui des batteries de position, elle contrebat très-efficacement l'artillerie de Noisy en s'abritant derrière des murs au nord de Neuilly-sur-Marne.

<small>Attaque et prise de Maison-Blanche.</small>

Pendant ce temps, la brigade Salmon agissait sur la gauche en deux colonnes : l'une formée de deux bataillons du 137ᵉ de ligne et du 1ᵉʳ bataillon d'infanterie de marine, avec une batterie d'artillerie et deux sections de mitrailleuses, sous les ordres du colonel Deffis ; 'autre composée des 2ᵉ et 3ᵉ bataillons d'infanterie de marine, sous le commandement direct du capitaine de vaisseau Salmon ; le 22ᵉ bataillon de chasseurs à pied et le 4ᵉ bataillon d'infanterie de marine formant réserve.

Malgré le feu de l'artillerie des hauteurs de la rive gauche, ces colonnes s'avancent dans la plaine où nombre de projectiles s'enfonçant dans la terre mouillée pénètrent sans éclater.

La colonne Deffis se porte vers la droite du parc de Maison-Blanche, la colonne Salmon vers la gauche.... Menacé de deux côtés, le poste saxon se replie, et nos deux colonnes font leur jonction dans le parc. Pendant que les tirailleurs continuent leur marche refoulant les grand'gardes ennemies, le parc est mis en état de défense, les murs Est et Sud sont crénelés, une large brèche est pratiquée dans la face Ouest du côté d'Avron.

La batterie d'artillerie et les deux sections de mitrailleuses attachées à la colonne de droite prennent position au Sud du parc, à l'abri d'un petit bois, face à Noisy-le-Grand ; les batteries de gauche s'établissent plus au Nord, entre le parc et les pentes d'Avron, observant les hauteurs de Gagny.

<small>Prise de Villa-Evrard.</small>

Sur la droite Villa-Evrard ayant été suffisamment battue par notre artillerie, le général Blaise prononce son mouvement en avant avec ses quatre bataillons ;

nos soldats, entraînés par leur général, pénètrent au pas de charge dans les bâtiments, dans le parc, y faisant un certain nombre de prisonniers (107ᵉ saxon). On se met immédiatement en état de défense : les murs sont crénelés, des tirailleurs envoyés en avant se relient avec ceux de la brigade Salmon et forment une longue ligne depuis la Marne jusqu'au chemin de fer de Strasbourg (midi).

<small>L'artillerie se porte en avant de Villa-Evrard pour battre le pont de Gournay.</small>

Cette première partie de l'opération ayant réussi, le général de Malroy porte en avant trois batteries pour enfiler le pont de Gournay. Placées au Nord de la route, le long d'un chemin conduisant au Chesnay, les 18 pièces ouvrent le feu contre le débouché du pont et les premières maisons du village.

Les batteries prussiennes abandonnant leurs épaulements de Noisy, prennent immédiatement des positions plus rapprochées de la Marne entre Noisy et Gournay.

Leur tir est bientôt si précis que le général Favé se voit obligé de faire replier ses batteries le long du mur Nord du parc; deux pièces de 12 seules, plus abritées, restent en position ; elles sont bientôt appuyées par la batterie de mitrailleuses qui s'établit le long de la route, face aux hauteurs de Gournay, sa pièce de droite à hauteur de l'angle du parc de Villa-Evrard. Là, quelque peu défilés par un talus, ces canons à balles ouvrent le feu à bonne portée. Trois pièces, hors d'état de servir par suite d'encrassement, se retirent; les trois autres continuent la lutte, malgré la pluie d'obus qui frappe la route et l'emplacement de la batterie. Nos canonniers, excités par la présence du général Favé, montrent le plus grand entrain ; cependant nos pertes augmentent d'instant en instant; bientôt le général est lui-même blessé.

<small>Ordre de cesser le feu.</small>

Il était déjà 4 heures, la nuit allait venir. Le général en chef, jugeant que le but de sa diversion était atteint, qu'il avait suffisamment maintenu sur ce terrain les troupes qui le gardaient, qu'il avait arrêté les renforts ennemis cherchant à passer de la rive gauche sur la rive droite de la Marne, prescrivit de cesser toute tentative contre Gournay, de se replier dans les deux parcs de Maison-Blanche et de Villa-Evrard, et d'y prendre ses dispositions de défense pour la nuit.

La brigade Salmon devait se retirer sur Avron, laissant seulement comme grand'garde dans le parc de Maison-Blanche, deux compagnies du 1ᵉʳ bataillon d'infanterie de marine.

A Villa-Evrard devaient rester les quatre bataillons de la brigade Blaise; le 112ᵉ de ligne, chargé de la défense, fut disposé le long des murs du parc : 3ᵉ bataillon face à Maison-Blanche, 2ᵉ bataillon face à la Marne, 1ᵉʳ bataillon au centre regardant Chelles avec un poste sur la route de Strasbourg à 500 mètres en avant; le bataillon du 111ᵉ formant réserve dans le parc. Une ligne de sentinelles nous reliait à gauche à Maison-Blanche; malheureusement sur la droite nos postes s'arrêtaient au canal, laissant libre une grande plaine jusqu'à la Marne. Cette faute devait nous être funeste.

Une compagnie placée dans le cimetière de Neuilly-sur-Marne servait à la fois de soutien au centre de la ligne et de poste de liaison avec les troupes d'Avron.

Le reste de la division de Malroy, brigade Dargentolle, et bataillons de garde nationale, formait réserve à Neuilly-sur-Marne, où s'était également retirée l'artillerie.

Pendant ce temps le chef de la troisième armée recevait du Gouverneur un télégramme l'informant que la deuxième armée n'avait pu prononcer son mouvement contre la ligne de la Morée, par suite de l'insuccès de l'attaque sur le Bourget. Le Gouverneur terminait ainsi sa dépêche : « Vous ne continuerez pas l'occupation des

Télégramme du Gouverneur prescrivant de s'arrêter et de se maintenir sur les positions conquises.

« points dominés où sont vos avant-gardes ; demain ma-
« tin vous ferez retraiter vos troupes et attendrez mes
« ordres. »

<small>Attaque de Villa-Evrard par les Allemands (nuit du 21 décembre).</small>

La nuit devait donc se passer sur les positions conquises, mais l'ennemi avait résolu de reprendre Villa-Evrard le soir même. Dès 7 heures une colonne parvient à se glisser le long du canal, culbute un poste avancé et enlève deux compagnies du 112ᵉ de grand'garde à la sortie de Villa-Evrard..... Les Saxons arrivent jusqu'aux murs du parc, l'éveil est donné, et des créneaux part une fusillade qui arrête les assaillants.

<small>Échauffourée de Villa-Evrard.</small>

Cependant une autre colonne passant entre Villa-Evrard et Maison-Blanche refoule également nos avant-postes et cherche à prendre le parc à revers pour nous couper de Neuilly-sur-Marne. Suivant de près nos soldats qui se replient, les Saxons arrivent bientôt aux nouvelles constructions à l'Ouest de la Villa ; ils pénètrent dans l'enclos, s'emparent de plusieurs maisons.... Profitant de la confusion occasionnée par cette double attaque, des Allemands cachés dans les caves se précipitent dans les cours, et engagent la fusillade ; nos soldats surpris par ces coups de feu arrivant de toutes parts et dans toutes les directions, ne peuvent, au milieu d'une obscurité profonde, se rendre à la place d'alarme, ils courent dans tous les sens.... tirent devant eux, en l'air ; le désordre, la confusion sont au comble.... Le général Blaise est tué en cherchant à rallier son monde, le lieutenant-colonel Rogé du 112ᵉ « tente de se dégager
« et de sortir de Villa-Evrard pour se replier vers
« Neuilly sur-Marne. Il réussit à passer avec quelques-
« uns de ses soldats, mais la plus grande partie de ses
« troupes n'ayant pas reçu d'ordre demeura dans le vil-
« lage, en continuant à se défendre. Des actes de dé-
« faillance se produisirent alors parmi ces troupes,

DÉFENSE DE PARIS.

« qu'une surprise aussi imprévue, survenant au milieu
« d'une nuit profonde, dans un lieu inconnu et à la suite
« d'une journée fatigante et pénible, avait profondément
« impressionnées (1). »

Cependant on parvient à se reconnaître.... les sol- *Les Saxons sont repoussés.*
dats, à la voix de leurs officiers, se rassemblent et se rallient.... les Allemands sont jetés dehors — à plusieurs reprises l'ennemi revient à la charge; il s'acharne surtout à franchir une brèche que le général Blaise avait fait pratiquer pour y placer une batterie de mitrailleuses ; le mur seul sépare les combattants, on se tue à bout portant, c'est à qui de l'assaillant, du défenseur placera le premier son fusil dans le créneau: la lutte se poursuit une partie de la nuit.... nos soldats repoussant à la baïonnette tous les assauts de l'ennemi, restent définitivement maîtres de la position.

A l'Ouest de Villa-Evrard, les Saxons qui nous avaient tournés par la gauche, s'étaient emparés de plusieurs corps de bâtiments et engageaient une vive fusillade.

Mais n'entendant plus rien à l'Est, ils craignent, l'attaque de front ayant échoué, d'être tournés et battent promptement en retraite: obligés de passer sous le feu du mur Nord du parc ils laissent sur le terrain nombre de morts et de blessés.

Au bruit de la fusillade, la brigade Salmon avait *Dispositions prises*
doublé ses grand'gardes dans le parc de Maison- *par le général Vinoy.*
Blanche ; le général de Malroy mettait sur pied toutes les troupes de Neuilly-sur-Marne : envoyer des renforts eût été un sûr moyen d'accroître la confusion sur le point attaqué ; nos soldats se seraient infailliblement fusillés entre eux ; on attendit donc...Telles furent, du reste, les instructions données par le chef de la troisième

---

(1) Extrait du *Siége de Paris*, par le général Vinoy.

armée : les troupes devaient garder leurs positions respectives, se défendre, si elles étaient attaquées, mais attendre le jour pour se reconnaître, rétablir l'ordre et agir.

Dès le matin un effort des plus sérieux devait être tenté pour dégager définitivement nos troupes de Villa-Evrard. « Le général de Malroy n'ayant pas trouvé suf-
« fisantes les forces qu'il avait sous la main, la brigade
« Salmon devait descendre, comme la veille, du plateau
« d'Avron et ferait une démonstration soit sur Villa-
« Evrard, en tournant ce village par la gauche, de
« manière à couper la retraite des troupes prussiennes
« qui s'y trouveraient encore, soit sur la Maison-Blanche
« si Villa-Evrard pouvait se défendre seul. Sous cette
« protection le général de Malroy ferait sa retraite en
« bon ordre dès qu'il aurait rallié tout son monde et
« évacué Villa-Evrard selon les ordres donnés par le
« Gouverneur. »

Évacuation de Villa-Evrard (22 décembre). Le 22 décembre au matin, la brigade Salmon descendit dans la plaine pour couvrir le mouvement de retraite de nos troupes de Villa-Evrard.

Dès qu'elle parut en avant de Neuilly-sous-Bois, elle fut tout d'abord accueillie par un feu très-vif des batteries de position de Noisy ; mais bientôt couverte d'obus par Avron, Nogent et Rosny, l'artillerie ennemie est réduite au silence. Le 137º de ligne et le 22º bataillon de chasseurs se dirigent vers le cimetière de Neuilly, suivis par l'infanterie de marine qui détache un bataillon sur la gauche du parc de Maison-Blanche pour arrêter tout mouvement de l'ennemi de ce côté.

L'évacuation de Villa-Evrard s'étant accomplie sans encombre, la brigade Salmon reçut vers 10 heures l'ordre de se replier ; le mouvement se fit sous le feu des batteries de Noisy-le-Grand et de Gournay.

Les Prussiens réoccupèrent Villa-Évrard dans l'après-midi, mais seulement avec un faible avant-poste.

« L'alerte de la nuit, dit le général Vinoy dans son
« histoire sur le siége de Paris, avait jeté à une assez
« grande distance du lieu où elle se passait, une pa-
« nique véritable parmi les bataillons mobilisés de la
« garde nationale qui se trouvaient en réserve dans les
« villages de Fontenay-sous-Bois, Neuilly-sous-Bois,
« Neuilly-Plaisance et Rosny.

« Bien qu'ils fussent séparés de l'ennemi par le vil-
« lage de Neuilly-sur-Marne, protégés par les bataillons
« de gendarmerie et couverts par le plateau d'Avron,
« un grand nombre de gardes nationaux prirent peur à
« la seule appréhension du danger; la pensée d'une
« attaque encore impossible, qui pourrait venir jusqu'à
« lui, fit fuir d'abord au fort de Rosny, puis au glacis
« de l'enceinte et enfin jusque dans Montmartre même, le
« 200e bataillon de la garde nationale. D'autres batail-
« lons montrèrent les mêmes symptômes de décourage-
« ment et d'épouvante, et une partie des hommes qui
« les composaient se dispersèrent de tous les côtés. Le
« général en chef dut même, dans l'intérêt de la disci-
« pline, demander l'autorisation de faire rentrer dans
« Paris ceux des bataillons qui, par leur faiblesse,
« avaient donné le plus déplorable exemple. »

DÉFENSE DE PARIS.

PERTES AU COMBAT DE VILLA-EVRARD
(21 décembre 1870).

NOMS	GRADES	OFFICIERS			TROUPE		
		TUÉS	BLESSÉS	DISPARUS	TUÉS	BLESSÉS	DISPARUS
Division DE MALROY.							
Brigade BLAISE.							
État-Major.							
Blaise	Général	1	»	»	»	»	»
Favé, commandant l'artillerie	d°	»	1	»	»	»	»
Totaux		1	1	»	»	»	»
111e régiment de ligne (1er bataillon).							
Bréchon	Capitaine	»	1	»	»	»	»
Ombredanne	d°	»	1	»	»	»	»
Séchau	Lieutenant	»	»	1	»	»	»
Lallemand	Ss-lieutenant	»	1	»	»	»	»
Schang	d°	»	»	1	»	»	»
Duchamp	d°	»	»	1	»	»	»
Troupe		»	»	»	»	»	»
Totaux		»	3	3	»	»	»
112e régiment de ligne.							
Salambiez	Ss-lieutenant	»	1	»	»	»	»

NOMS	GRADES	OFFICIERS			TROUPE		
		TUÉS	BLESSÉS	DISPARUS	TUÉS	BLESSÉS	DISPARUS

Division d'Hugues.

Brigade Salmon.

Infanterie de marine.

Rotgnié de la Valette...	S⁵-lieutenant	»	1	»	»	»	»
Troupe.........	......	»	»	»	»	6	»
Totaux.........		»	1	»	»	6	»

137ᵉ régiment de ligne.

Troupe...............		»	»	»	2	8	»

22ᵉ bataillon de chasseurs à pied.

Troupe...............		»	»	»	»	3	»

PERTES DES ALLEMANDS AU COMBAT DE VILLA-EVRARD

(21 décembre 1870).

INDICATIONS DIVERSES	OFFICIERS			TROUPE		
	TUÉS	BLESSÉS	DISPARUS	TUÉS	BLESSÉS	DISPARUS
Division wurtembergeoise.						
Général DE SCHELER, commandant une brigade de cavalerie............	»	1	»	»	»	»
1er bataillon de chasseurs...........	»	»	»	1	»	»
Artillerie de campagne.............	»	»	»	3	7	»
TOTAUX...........	»	1	»	4	7	»
Division saxonne.						
107e régiment................	»	»	»	2	10	1
108e do	»	»	»	1	»	»
106e do	»	1	»	»	3	»
104e do	»	»	»	1	1	»
13e bataillon de chasseurs.........	»	1	»	5	20	13
TOTAUX...........	»	2	»	9	34	14
ENSEMBLE DES PERTES ALLEMANDES.						
Division wurtembergeoise..........	»	1	»	4	7	»
do saxonne..............	»	2	»	9	34	14
TOTAUX......	»	3	»	13	41	14
TOTAL GÉNÉRAL.....			71			

DÉFENSE DE PARIS.

Le 23 décembre, conformément aux instructions du Gouverneur, deux bataillons de la brigade Blaise retournèrent au Moulin-Saquet, et la majeure partie des bataillons de garde nationale mis à la disposition du général Vinoy rentrèrent dans Paris. Nous continuâmes à occuper fortement la position d'Avron; et Neuilly-sur-Marne, trop directement sous le feu de nos canons, devint une sorte de terrain neutre, où se montraient à tour de rôle nos patrouilles et celles de l'ennemi.

Pendant l'opération sur le Bourget, une diversion sur Stains était très-énergiquement conduite par le colonel Dautrement, commandant le 4e régiment des mobiles de la Seine, composé des 10e, 12e, 13e et 14e bataillons, avec un détachement du 62e bataillon de marche de la garde nationale de Saint-Denis.

Diversion sur Stains (21 décembre).

« Cette opération, dit le vice-amiral de La Roncière, « s'est vaillamment engagée, au delà même des instruc-
« tions, qui prescrivaient, puisqu'il ne s'agissait que
« d'une diversion, de ne pas pousser à fond. »

Elle nous coûta :

Au 10e bataillon, le commandant Jenny, tué;

Au 12e bataillon, le commandant de Neuvier et 7 officiers blessés;

Au 13e bataillon, un officier blessé.

L'ensemble de la troupe eut 9 tués et 150 blessés.

Plus à gauche encore une autre démonstration avait été faite vers Epinai par le 68e bataillon de marche de la garde nationale de Saint-Denis, couvert sur son flanc par deux batteries flottantes.

Démonstration sur Épinai (21 décembre).

De cette journée du 21 décembre restait une lutte héroïque au Bourget, une pointe en avant aussitôt arrêtée vers Aulnai, une moitié de succès à Villa-Évrard, suivi d'une pénible échauffourée.....

C'était un effort bien stérile et qui répondait peu au

grand déploiement de forces, à l'étendue de l'action. Nos pertes à la vérité étaient minimes; mais le froid allait se charger de diminuer l'armée dans de notables proportions.

Dans la soirée du 21, un froid sec, âpre, s'abattit sur nous....

« Quelle cruelle soirée! quelle cruelle nuit! Pour faire
« la soupe dans ce *camp du froid*, quelques grains de
« riz, quelques miettes de biscuit, de l'eau qu'on pui-
« sait à grand'peine en perçant la glace du canal de
« l'Ourcq et qui gelait pendant le transport. La nuit
« arriva dès 4 heures, sombre, triste, une bise du nord
« aiguë, déchirante, lacérait le visage des malheureux
« groupés autour de rares et chétifs feux de bois vert...
« La terre était trop dure pour qu'on pût enfoncer des
« piquets de tente.... ils se brisaient.... bien peu
« dormirent cette nuit-là.... et parmi les dormeurs, on
« constata dès le lendemain 900 cas de congélation...»

DEUXIÈME PARTIE

CONSÉQUENCES DE L'OPÉRATION DU 21 DÉCEMBRE
au point de vue du Gouvernement et de l'opinion publique.
OPÉRATIONS DU 22 AU 27 DÉCEMBRE

CHAPITRE PREMIER.
CONSÉQUENCES DE L'OPÉRATION DU 21 DÉCEMBRE AU POINT DE VUE DU GOUVERNEMENT ET DE L'OPINION PUBLIQUE.

Grandes étaient les anxiétés du Gouverneur à la suite de l'opération du 21 décembre ; il craignait le fâcheux effet que le triste résultat de cette entreprise allait produire dans Paris et redoutait vivement une émotion populaire.... « Nous avions espéré, dit M. J. Favre, une
« bataille décisive, nous n'eûmes qu'une escarmouche (1).
« Le vaste périmètre qui lui servait de théâtre, le nom-
« bre considérable des combattants rassemblés pour y
« prendre part, ne mirent que mieux en relief la triste
« proportion de l'effort et du résultat. Aussi l'émotion
« de Paris fut profonde et les accusations déjà peu mé-
« nagées au général Trochu redoublèrent de violence.

---

(1) Jules Favre. — *Le Gouvernement de la Défense nationale.* T. II, page 195.

« Par une fatalité cruelle, comme au 30 novembre, la
« température, brumeuse pendant la matinée du 21 dé-
« cembre, s'était subitement abaissée jusqu'à 8 degrés
« au-dessous de zéro. Le lendemain, le froid atteignit
« 14 degrés, et l'âpreté d'un vent violent le rendait in-
« tolérable. Nos malheureux soldats avaient été saisis
« brusquement par ce redoutable ennemi sur lequel ils
« ne comptaient pas et qui devait faire dans leurs rangs
« plus de ravages que le feu des Prussiens.

« Le général Trochu, qui s'était retiré au fort d'Au-
« bervilliers, comprit fort bien les dangers auxquels
« nous exposait l'échec qu'il venait de subir ; afin de
« le conjurer, il faisait publier la note suivante, dans
« l'*Officiel* du 23, sous la date du 22 :

« *La journée d'hier n'est que le commencement d'une*
« *série d'opérations. Elle n'a pas eu, elle ne pouvait*
« *guère avoir de résultats définitifs. Mais elle peut*
« *servir à établir deux points principaux et importants:*
« *l'excellente tenue de nos bataillons de marche* (1)
« *engagés pour la première fois, qui se sont montrés*
« *dignes de leurs camarades de l'armée et de la mobile,*
« *et la supériorité de notre artillerie qui a complète-*
« *ment éteint le feu de l'ennemi.*

« *Si nous n'avions pas été contrariés par l'état de*
« *l'atmosphère, il n'est pas douteux que le village du*
« *Bourget serait resté entre nos mains. A l'heure où*
« *nous écrivons, le général gouverneur de Paris a réuni*
« *les chefs de corps pour se concerter avec eux sur les*
« *opérations ultérieures.* »

Conseil de guerre au fort d'Auber-villiers (22 décembre).

Le 22 décembre à midi, le Gouverneur avait en effet

(1) La crainte de l'opinion publique entraînait à *flatter* la garde natio-nale alors même qu'elle n'avait pas été engagée. Les bataillons for-maient en effet une ligne extrême passant par Pantin et Aubervilliers, à 5 kilomètres du vrai champ de bataille.

convoqué un grand conseil de guerre au fort d'Aubervilliers, et là, après examen de la situation, il avait fait l'exposé suivant:

« L'attaque sur le Bourget ayant échoué, nous n'avions
« pu continuer notre marche en avant, puisque notre
« point d'appui de gauche nous manquait; mais il n'était
« pas possible de rester sur un deuxième échec du
« Bourget.

« L'opinion publique s'était déjà trop émue pour la
« première affaire; cette fois, elle ne manquerait pas de
« crier à la trahison. Il fallait donc absolument lui don-
« ner une légitime satisfaction et pour cela s'emparer
« de ce village. Mais comme l'expérience avait prouvé
« qu'une attaque de vive force n'offrait aucune chance
« de succès, qu'elle nous coûterait certainement des sa-
« crifices considérables et inutiles, l'on devait procéder
« dorénavant suivant les méthodes usitées dans les
« siéges, c'est-à-dire par cheminements. »

Un des généraux présents fit bien observer que la gelée de la nuit précédente avait déjà rendu la terre si dure, que les outils se brisaient sans produire grande besogne, que par conséquent il y avait peu à compter sur un résultat satisfaisant; le Gouverneur persista dans sa résolution et séance tenante donna les ordres d'exécution.

Toutefois il fut reconnu que l'on ne pouvait continuer à faire bivouaquer l'armée par ce froid de 15 à 16 degrés, sous peine de la voir disparaître en quelques jours; et il fut décidé que toutes les troupes seraient cantonnées dans les villages les plus voisins, chaque division fournissant des travailleurs, des gardes de tranchées, dans une proportion déterminée.

Selon les instructions du Gouverneur, le 1er corps établi dans le village d'Aubervilliers et les maisons bordant la route de Lille fut spécialement chargé de l'exécution des travaux à faire entre La Courneuve et Drancy.

Le corps de réserve Faron cantonné à Bobigny et Drancy dut mettre en état de défense ce dernier village ainsi que la ferme de Groslay, et exécuter les tranchées nécessaires pour relier ces deux positions.

Le 2ᵉ corps, cantonné dans les villages de Merlan et Noisy-le-Sec, eut à défendre tout l'intervalle entre Groslay et Rosny-sous-Bois.

Les 13ᵉ et 14ᵉ dragons furent envoyés à Clichy; les 1ᵉʳ et 9ᵉ chasseurs, à Vincennes, le régiment de gendarmerie, à Pantin.

Le grand quartier général de la deuxième armée resta à Aubervilliers. Les marins du vice-amiral Saisset et la division d'Hugues de la troisième armée continuèrent à occuper Bondy et le plateau d'Avron.

Vive émotion dans la population.

« Cependant, dit M. Chaper, la note publiée à l'*Officiel* ne suffisait pas pour conjurer les dangers dont parle M. J. Favre. On doutait encore, après l'avoir lue, des causes de l'échec du Bourget, du succès des opérations ultérieures et même de l'importance des combats livrés par la garde nationale. »

Les nouvelles particulières ne confirmaient pas sur tous les points le document officiel.

On doutait même dans le Conseil du Gouvernement, et M. J. Favre nous dit en effet : « De leur côté les membres du Gouvernement délibéraient sur le parti à prendre dans une si grave conjoncture.

« A plusieurs reprises déjà, de sévères critiques avaient été dirigées contre les mesures du Gouverneur. Ces observations m'avaient ébranlé sans me convaincre; cette fois j'appuyai vivement sur la demande d'un conseil de guerre appelé à se prononcer sur la situation. Avant de s'arrêter à cette résolution,

« il fut décidé que deux de nous se rendraient auprès
« de M. Trochu pour connaître son opinion et ses pro-
« jets.

« M. J. Simon et moi, nous montâmes en voiture à
« 4 heures et demie (22 décembre). La nuit tombait
« quand nous franchîmes l'enceinte. Je n'oublierai ja-
« mais le spectacle navrant qui s'offrit à nos regards.
« La grande rue et la route qui conduisent au fort
« d'Aubervilliers étaient couvertes de troupes débandées,
« cherchant un abri contre un vent du nord impétueux
« qui fouettait sur elles des nuages de grésil glacé. Ces
« pauvres gens arrachaient les pièces de bois qu'ils
« trouvaient sur leur chemin, quelques-uns en portaient
« tout enflammées sur leurs épaules. Ils grelottaient
« sous les couvertures qui les enveloppaient. C'était à
« fendre le cœur. — Voilà Moscou aux portes de Paris,
« me dit M. J. Simon d'un ton brisé ; qui de nous pou-
« vait prévoir que nous serions les témoins d'une si lu-
« gubre scène ? — Le fort d'Aubervilliers était entouré
« de bivouacs où les hommes couchaient sur la terre
« gelée sans pouvoir se défendre contre les rafales qui
« balayaient la plaine. Hélas ! l'invasion de cette tem-
« pérature avait été si prompte, qu'il était impossible
« de s'en garantir. Nous trouvâmes cependant le géné-
« ral calme et ferme. Il nous expliqua comment l'atta-
« que du Bourget avait échoué. Ce contre-temps avait
« paralysé l'action générale. On ne pouvait s'avancer en
« laissant derrière soi une forteresse ennemie. Il fallait
« donc s'en emparer ; des cheminements étaient ordon-
« nés ; poussés rapidement ils nous conduiraient jus-
« qu'au pied des retranchements qu'il s'agissait d'en-
« lever ; ce serait alors un jeu pour nos soldats ; ce
« n'était donc qu'un retard de quelques jours. Le Géné-
« ral nous demanda de faire prendre patience à la

MM. J. Favre et J. Simon se rendent auprès du Gouverneur.

« population et nous promit une nouvelle affaire plus
« vigoureuse. Nous hasardâmes quelques objections sur
« l'état de l'armée si cruellement éprouvée par la ri-
« gueur du froid. Il nous fut répondu que c'était là un
« des mille incidents inséparables des hasards de la
« guerre. Nous nous retirâmes profondément attris-
« tés. »

Ces Messieurs ne voulant pas voir les choses telles qu'elles étaient, ne voulant pas se rendre à la réalité, rejetaient sur le Gouverneur toute la responsabilité et ne parlaient de rien moins que de le remplacer.

« Revenus auprès de nos collègues, dit M. J. Favre,
« nous n'eûmes pas de peine à leur faire partager notre
« sentiment sur la nécessité de réunir un conseil mili-
« taire. Nous en avions besoin pour décharger notre
« responsabilité. *Peut-être devions-nous aller plus loin*
« *encore*. A tort ou à raison les plaintes les plus vives
« se faisaient partout entendre contre la direction du
« Gouverneur de Paris. On lui reprochait de n'avoir pas
« su se servir des ressources qu'il avait dans les mains
« et d'avoir compromis la défense par une tactique mal-
« heureuse qui consistait à engager ses troupes et à les
« retirer, sans jamais occuper un des points attaqués.
« La popularité immense dont il avait joui au commen-
« cement et pendant les trois premiers mois du siége
« avait fait place à une hostilité qui grandissait chaque
« jour. Ce n'était pas seulement dans le sein de la
« population civile ; c'était aussi dans les rangs de l'ar-
« mée qu'elle se manifestait. Le langage d'un grand
« nombre d'officiers la laissait deviner ; on respectait
« ses qualités éminentes, on lui refusait celles qui
« pouvaient conduire son armée à la victoire. Je l'avais
« longtemps défendu ; confident de ses pensées, témoin
« de son infatigable dévouement, subissant l'ascendant

DÉFENSE DE PARIS.

« de ses vertus, je voulais le croire aussi habile capi-
« taine qu'il était généreux citoyen ; mais la journée du
« Bourget me semblait fournir à ses adversaires des
« armes si puissantes *que ma conscience ne me permet-*
« *tait pas de le laisser désormais, sans guide et sans*
« *contrôle, décider souverainement des opérations qui*
« *pouvaient encore être tentées.* Le Conseil se rangea
« à l'avis de M. Picard ; il ordonna la convocation d'un
« Conseil de guerre et me chargea de prier le Général
« de venir en conférer avec nous. »

A partir de ce moment nous entrons dans la période *Le moment psychologique*
la plus triste, la plus pénible de l'histoire que nous avons
entrepris de raconter... C'est le commencement d'une
longue et douloureuse agonie...

Désormais il est devenu aussi impossible de traiter
honorablement avec l'ennemi que de le vaincre...
Devant notre aveugle persistance à continuer la lutte,
les Allemands qui ont fait de nouveaux et pénibles sacrifices sont bien résolus à nous les faire chèrement
payer (1).

Le moment psychologique, suivant le mot de M. de
Bismark (2) est arrivé... Les Krupp sont en batterie... à

---

(1) « Si l'ennemi, dit le roi Guillaume dans sa proclamation du 6 dé-
« cembre 1870... persiste à prolonger la guerre, vous persévérerez aussi,
« je le sais, dans cette tension universelle de toutes les énergies natio-
« nales qui nous a valu jusqu'ici de si grands résultats, jusqu'à ce que
« nous arrivions à une *paix glorieuse* en rapport avec les grands sacri-
« fices de sang et de vies humaines que nous avons faits. »

(2) De très-concluantes considérations psychologiques, dit la *Gazette
de Silésie*, parlaient pour que le bombardement ne soit commencé
qu'après que nos victoires en pleine campagne auraient détruit les espérances que les Parisiens fondaient sur les armées de secours.
Le moment psychologique devait surtout, d'après toutes les considérations, jouer un rôle saillant, car sans son concours, il y avait peu à
espérer du travail de l'artillerie. — Un siége en règle ne pouvait être
considéré comme opportun... Avec une résistance énergique, cela ne
nous aurait conduits au but que dans un temps assurément plus éloigné

l'extérieur nos armées ont disparu ; il n'y a plus que des bandes incapables d'aucun effort sérieux...

Ce sont ces tristes jours que nous allons dépeindre... Tout en continuant à exposer les événements extérieurs où, sauf quelques défaillances, nos soldats furent admirables de sacrifice et de dévouement, nous parlerons des faits et gestes de nos gouvernants... Ne voulant pas les juger, nous nous bornerons à citer textuellement les procès-verbaux de la Défense nationale.

Les faits s'y déroulent successivement dans toute leur vérité... on y suit les impressions diverses des membres du Gouvernement, le désaccord et l'antogonisme même qui naissent entre eux et grandissent proportionnellement à leurs déceptions et à nos désastres. C'est en un mot l'histoire indéniable de chaque jour prise sur le vif.

Les membres du Gouvernement de la Défense et le général Trochu.

La plupart des membres du Gouvernement, subissant malgré eux, sans s'en douter, l'influence excitante de la Délégation de Tours et des clubs de Paris, se faisaient dans les conseils les organes de l'ignorante impatience, des préjugés absurdes, des injustices criantes de l'opinion... « En ce moment même M. Gambetta, qui voyait
« la politique et la guerre avec son esprit de parti et
« son imagination, disait à la Province qu'il y avait eu
« un carnage de 7,000 Prussiens à Avron, que Paris
« *régénéré, antique*, tiendrait jusqu'à la fin de février ;
« — en même temps, il écrivait à ses amis de l'Hôtel-
« de-Ville que les Allemands étaient à bout, qu'ils
« avaient perdu près d'un demi-million d'hommes depuis
« leur entrée en France, que la défense de Paris de-
« vait être plus audacieuse, plus active (1). »

---

que celui où la faim promet d'ouvrir les portes. Il ne pouvait donc s'agir que d'opérations accélérantes.

(1) De Mazade. *La guerre de France.*

Dans les clubs, où la violence de langage le disputait à l'ineptie, on ne cessait d'accuser le Gouvernement de mollesse, d'indécision, d'incapacité.

« Le Gouvernement, disait-on, devrait adopter les me-
« sures suivantes:

« 1° Révoquer les généraux qui n'ont pas suffisam-
« ment rempli leur devoir en se laissant battre....

« 2° Considérant que nos ressources diminuent et que
« le temps presse, voter, après la réussite, la somme de
« 10 millions et le grade de maréchal de la République
« à celui qui débloquera Paris.... Trochu est honnête
« et il a un plan, mais il est trop long.... Il faudrait
« en ce moment un homme comme Bonaparte Ier qui était
« un vrai grand homme....

« Le Gouvernement est trop lent... il faut en finir et
« se battre en plaine où nous devons être vainqueurs...»
(17 décembre, salle des *Mille et un jours,* rue de Lyon.)

« — Il faut abolir cette bande du Gouvernement de la
« Démence nationale... le peuple a des armes, il peut
« se révolter et agir...

« — Les maux que le peuple souffre aujourd'hui ont
« pour cause le Gouvernement de la Paralysie na-
« tionale... »

« Il faut en finir avec tous ces avocats du Gouverne-
« ment de la Défiance nationale qui se disent républi-
« cains et qui perdront la République... Nous n'avons
« plus qu'un moyen de sauver le pays, c'est de choisir
« notre heure, de marcher sur l'Hôtel de Ville que nous
« mettrons en pièces et de proclamer le Gouvernement
« du Peuple... » (Salle Favier, rue de Belleville, 20 décembre.)

« Lorsque les gardes nationaux se seront entendus
« pour faire une sortie, on ira chercher des cartouches
« où l'on sait qu'il y en a... Nous sortirons sans les
« généraux de Trochu ; nous n'avons pas besoin de
« généraux.

« Arrivés au champ de bataille les généraux se révé-
« leront d'eux-mêmes... il faut que nous nous tirions
« de la position dans laquelle nous laisse le « Gouverne-
« ment de Trochu... » (Club, rue de la Maison-Dieu, 10.)

Nous avons vu que les clubs n'étaient pas seuls à battre en brèche l'autorité du général Trochu. Le livre de M. J. Favre nous a montré que le Gouverneur était en suspicion, qu'on ne le considérait plus comme l'homme de la situation, et que ses collègues du Gouvernement ne songeaient qu'à une chose, le renverser, ou lui imposer leurs idées.

Les procès-verbaux du Gouvernement de la Défense nationale en font foi et nous révèlent sur ce sujet de curieux détails :

Séance du 24 décembre.

« — M. Picard prie M. le général Le Flô d'entretenir
« le conseil des opérations militaires... M. le général
« Le Flô répond qu'il n'est ni gouverneur, ni général en
« chef, ni président du conseil.

« M. Picard déclare que le Ministre de la guerre est
« le supérieur du général Trochu, et qu'il serait bien
« temps que l'action militaire eût un contrôle sérieux... »

Séance du 25 décembre.

Le 25, la question d'un grand conseil de guerre contrôlant l'action du Gouverneur fut longuement discutée...

« — M. Arago ayant exprimé la volonté de quitter le
« Gouvernement plutôt que de signer la Capitulation
« dont il ne veut à aucun prix...

« M. Picard est d'avis qu'il ne s'agit pas de tout cela,

DÉFENSE DE PARIS.

« mais de raisonnements qui n'ont rien à voir avec les
« sentiments....

« M. Arago croit que si on paralyse ainsi l'action, on
« se trouvera tripler la honte de Bazaine en capitulant
« avec trois fois plus de troupes qu'il n'en avait à Metz.

« M. J. Favre déclare que lui aussi ne veut pas de
« cette issue qu'il entrevoit, et que c'est pour cela qu'il
« demande une autre direction militaire.

« M. le général Le Flô croit que le moment viendra
« où il faudra examiner entre officiers les mesures à
« prendre, mais ce moment n'est pas encore venu ; quant
« à présent il est évident que le froid arrête les opéra-
« tions.

« Après un exposé des opérations à entreprendre pour
« la prise du Bourget, il est donné lecture du rapport
« militaire rédigé par le général Schmitz.

« M. J. Favre trouve ce rapport trop décourageant ; il
« croit impossible de le publier sans le faire accompa-
« gner d'un palliatif. — Il s'élève à cet égard contre
« l'abus qui consiste à livrer à la publicité des rapports
« militaires qui n'ont point été préalablement soumis au
« Conseil.

« Le Conseil est unanime sur ces deux points.

« M. J. Simon rédige et fait approuver une note expli-
« cative du retard apporté à la suite des opérations mili-
« taires commencées.

« M. J. Favre voudrait que cette note pût sembler un
« acte de *Surveillance de l'action militaire;* il voudrait
« que le Gouvernement reprît enfin sérieusement sa mis-
« sion de défense et de contrôle. — Il ne voudrait pas
« cependant qu'on se méprît sur ses sentiments à l'égard
« du général Trochu, dont il reconnaît le grand cœur,
« mais dont il n'est pas sûr à l'endroit des facultés mili-
« taires... il aime le général, il l'estime, mais enfin son

« système de temporisation lui semble mener à un désas-
« tre. Il faut donc une intervention amicale, mais ferme
« du Gouvernement; il faut appeler le Gouverneur à une
« réunion à laquelle assisteront les généraux...

« M. Le Flô trouve cette solution fort grave ; avant
« d'y recourir, il croit qu'il faudrait au moins avoir un
« entretien avec le général Trochu.

« M. Ferry déclare avoir une confiance absolue dans
« le général Trochu ; mais cependant il croit le moment
« venu pour le Gouvernement d'exiger des explications
« militaires. — Il a été frappé lui aussi de la façon dont
« la journée du 21 a été manquée.

« Il se demande pourquoi l'on n'aurait pas poussé une
« pointe du côté de Versailles... Il constate que la si-
« tuation menace d'éclater dans ses mains en sa qualité
« de Maire de Paris ; ON EN VOUDRAIT MOINS AU GOU-
« VERNEUR DE LA PERTE DE VINGT MILLE HOMMES QUE DE
« L'INACTION.

« M. Garnier-Pagès croit, comme M. Ferry, qu'il faut
« agir ; il est persuadé que le général Trochu a besoin
« d'être encouragé et soutenu pour contre-balancer les
« embarras suscités autour de lui par certains généraux
« dans lesquels il ne faut avoir que fort peu de confiance.
« Il approuve donc la convocation d'une conférence mili-
« taire destinée à couvrir la responsabilité du général
« lui-même.

« M. J. Favre n'accepte pas seulement une conférence
« n'ayant pour but que d'obtenir de simples explications,
« *comme si le général Trochu était maître de tout*, ainsi
« qu'il en a, suivant lui, TROP JUSQU'ICI MANIFESTÉ LA
« PRÉTENTION... *Le moment est venu où le Gouverne-
« ment doit lui-même conduire les opérations militaires.*

« M. Garnier-Pagès déclare à son tour qu'il n'accepte-
« rait pas la conférence avec ces conditions, car à l'insu

« de M. J. Favre, celui-ci devrait logiquement arriver à
« la révocation du général Trochu.

« M. J. Favre répond que telle est bien en effet son
« intention *et qu'il espère que le général le compren-*
« *dra.*

« M. Garnier-Pagès affirme qu'une telle manière de
« voir sème la division au sein du Gouvernement et doit
« fatalement mener à des désastres.

« M. Ferry ne partage pas les craintes de M. Garnier-
« Pagès ; il est opposé à la convocation d'un conseil,
« mais il est convaincu qu'une conférence militaire peut
« se faire sans la moindre hostilité à l'égard du général
« Trochu. Il demande donc que cette conférence ait lieu
« dès demain et vienne couper court à une situation in-
« tolérable.

« M. J. Favre rappelle que la souveraineté appartient
« au Gouvernement tout entier et qu'il semble l'avoir
« jusqu'ici abusivement abdiquée dans les mains du
« Gouverneur... S'il est vrai que les troupes ne veu-
« lent pas marcher, il faut s'en informer près des géné-
« raux. Il rappelle que le général Ducrot lui-même a
« proposé de céder la place au général qui présenterait
« un plan meilleur que le sien.

« M. Ferry tient, dit-il, tous les autres généraux que
« les généraux Trochu et Ducrot en complète méfiance.
« Il n'admet pas un conseil de tutelle pour le général en
« chef; ceci lui paraît être l'anarchie et la dissolution
« dans l'armée.

« MM. les généraux Le Flô et Schmitz protestent con-
« tre les appréciations de M. Ferry...

« M. Ferry demande que l'on sépare les deux ques-
« tions de conférence et de conseil de guerre. Pour lui, il
« est d'avis que les généraux peuvent être consultés,
« mais non appelés à délibérer.

« M. Schmitz demande la permission de se retirer, sa
« présence pouvant entraver la liberté de discussion à
« l'égard du général Trochu.

« M. Picard déclare immédiatement après le départ du
« général Schmitz, qu'il faudrait une solution pratique ;
« suivant lui le général Trochu est investi d'une véritable
« dictature militaire depuis trois mois, et maintenant
« tout le monde dit que rien ne marche ; le Ministre de
« la guerre le crie plus haut que personne. Il faut donc
« retirer au général la dictature militaire et lui laisser la
« présidence du Gouvernement. Il faudrait tout au
« moins que le général Trochu consentît à laisser diri-
« ger les opérations militaires par un autre général qui
« les soumettrait au Conseil.

« M. Picard ajoute qu'il appellerait au conseil de
« guerre les généraux Ducrot, de Bellemare, Vinoy, les
« amiraux, etc.

« M. Ferry fait observer à M. Picard qu'il doit bien
« savoir que ces généraux ne désirent qu'une chose, la
« paix ; ceci équivaut à la révocation du général Trochu
« et à son remplacement par le général Vinoy et autres.

« M. Arago observe que la mesure proposée par
« M. Picard est extrême et qu'il serait temps d'y recou-
« rir si le Conseil avait constaté son désaccord absolu
« avec le général Trochu.

« M. Picard insiste en disant que depuis trois mois
« on est encore à attendre une satisfaction militaire ;
« quel que soit le talent du général Trochu, il ne le croit
« pas l'homme de la situation. C'est un homme qui rai-
« sonne et qui parle admirablement, mais auquel il man-
« que la rapidité d'action indispensable.

« M. J. Favre, du consentement du Conseil, invite M. le
« général Trochu à revenir à Paris demain à deux
« heures pour présider la séance du Conseil... »

« M. le général Trochu lit un rapport militaire sur les opérations de l'armée depuis le 20 décembre. Il constate que la mobile est surtout fort atteinte par les rigueurs de la saison. Les épreuves matérielles auxquelles on l'a soumise sont au-dessus de ses forces. Le général Ducrot n'a pas la moitié de son état-major debout. Seule, une partie du corps du général Vinoy a conservé un bon moral, parce qu'il y a là des gardes de Paris, des gendarmes et d'anciens militaires plus aguerris. La mobile est pour ainsi dire un corps à refaire; les officiers manquent, les bons se sont tous fait tuer. Dans cette situation un repos et des distributions de lainages sont indispensables. Il demande ce que peut la population de Paris.

Séance du 26 décembre (2 h. 1/2 de l'après-midi).

« M. Picard répond que la situation de Paris dépend de celle de l'armée; quand celle-ci est bonne, l'autre l'est également; quand elle est mauvaise, l'esprit de la population est détestable.

« M. Ferry appuie cette appréciation en émettant la fâcheuse impression causée par l'échec du Bourget.

« M. le général Trochu reconnaît cette fâcheuse impression; il a dû céder aux généraux et à la température. Une chose le rassure, c'est de n'avoir reçu aucune mauvaise nouvelle depuis dix à douze jours. Mais si l'on suppose que par suite des incidents militaires, la durée du siége peut être abrégée, il est prêt à donner sa démission, si l'on croit qu'elle puisse empêcher ce grand malheur.

« M. le général Le Flô : Vous ne pouvez pas faire cela; c'est impossible....

« M. le général Trochu déclare que la destinée dépend du succès; si l'on espère ce succès d'une autre direction militaire, il ne faut pas hésiter. Il craignait un désastre, heureusement arrêté jusqu'ici, mais il com-

« prend très-bien que la population ne se contente pas
« de ce simple résultat ; on doit du moins lui rendre cette
« justice que s'il n'a pas fait de grandes choses il n'en
« a jamais promis ; il a toujours dit en se présentant : Je
« n'entends pas vous offrir un grand homme, mais un
« brave homme.

« La foule, elle, demande autre chose, il lui faut des
« victoires ; malheureusement il est évident pour lui
« qu'on ne pourra plus percer les lignes comme elle le
« désire.

« Après avoir exposé les faits militaires relatifs à la
« dernière affaire du Bourget, le général Trochu cons-
« tate qu'il n'y a pas là un échec militaire, comme le
« croit l'opinion publique. Dans cette situation il engage
« le Conseil à consulter les généraux. Toutefois il croit
« de son devoir de prévenir le Conseil que les généraux
« qui se sont préparés aux premiers rôles ne sont peut-
« être pas les meilleurs.

« M. le général Le Flô répond qu'il ne peut être ques-
« tion de trouver un successeur au général Trochu ;
« pour son compte, il ne saurait l'admettre.

« M. Garnier-Pagès appuie cette déclaration.

« M. le général Le Flô ajoute qu'il ne faut qu'étudier
« à fond la situation ; il a dressé un formulaire d'études
« sur les diverses questions, et il en donne connais-
« sance au Conseil.

« Ces diverses propositions se résument à ceci :

« Le Gouvernement ne peut traiter que de la reddi-
« tion de Paris et de la paix.

« Paris tombé, il n'est pas certain que la défense na-
« tionale puisse continuer ; la lutte jusqu'au dernier
« moment, c'est donc un devoir.

« Le terme arrivé des vivres et des sacrifices, il faut
« former trois groupes résolus à forcer les lignes par le

« Nord, le Sud et l'Ouest; chacun de ces points de sor-
« tie doit être étudié.

« Il demande que le Gouvernement résolve, en prin-
« cipe, cette dernière question, avant le moment su-
« prême.

« Pour lui, il ne saurait admettre qu'une armée fran-
« çaise, forte de 300,000 hommes et comptant 300 piè-
« ces attelées, puisse défiler humblement en déposant
« ses armes aux pieds du roi Guillaume; ce serait la
« honte et la démoralisation du pays tout entier.

« Il considère comme impossible, en présence du cou-
« rage et de l'influence du Gouverneur, de le rempla-
« cer, mais il croit que le Gouvernement doit prendre
« part désormais à l'action militaire.

« M. Arago partage, en tous points, l'avis qui vient
« d'être émis par M. le général Le Flô.

« M. Garnier-Pagès pense que, avant d'arriver à pré-
« parer ce dernier drame militaire, il faut se rendre
« compte de ce qui a été fait, de la situation actuelle,
« et de ce qui peut être encore entrepris.

« Il représente les efforts réalisés et ayant constitué
« une armée et un armement qui, en fusils et en artil-
« lerie, est au moins égal à celui de l'ennemi.

« Il s'agit donc, maintenant, d'utiliser ces résultats,
« de *satisfaire la population,* et d'amener le Conseil à
« l'action et à la responsabilité militaire.

« Pour ce qui est des grandes batailles, ce qui a
« manqué, suivant M. Garnier-Pagès, c'est l'audace. On
« craint des pertes, on redoute un désastre et on s'ar-
« rête. *Cependant les grands sacrifices d'hommes pro-*
« *duisent le plus souvent un redoublement d'élan et*
« *d'enthousiasme que ne produisent pas les petites per-*
« *tes et les actions restreintes.*

« M. Garnier-Pagès exprime la crainte que les inter-

« médiaires entre le général en chef et l'armée soient
« faibles. Il la divise en deux classes, lui aussi : ceux
« qui veulent combattre jusqu'à la mort, ceux qui se de-
« mandent pourquoi la République sauverait à leurs dé-
« pens la France que leur Empire a compromise. J'ai
« confiance absolue en vous, général, continue M. Gar-
« nier-Pagès, vous êtes pour moi le seul général qui
« puisse et qui veuille sauver la République.

« M. le général Trochu : Oui, oui, vous ne vous
« trompez pas, mais vous oubliez mon ami Le Flô.

« M. Garnier-Pagès répond qu'il connaît la résolution
« et le cœur du général Le Flô, ministre de la Répu-
« blique, mais il n'a entendu parler que des généraux
« commandant. Il termine en encourageant le général
« Trochu à avoir confiance et à marcher en avant. S'il
« se retirait, il se retirerait avec lui.

« M. le général Trochu remercie M. Garnier-Pagès
« de ses bonnes paroles; il reconnaît qu'il vient d'ex-
« primer exactement les sentiments de l'opinion publi-
« que, ardente et impatiente. La question est de savoir
« si ce qu'il conseille est praticable avec les exécutants
« dont on dispose ; pour lui, il répond absolument : non.

« L'armée n'a jamais été qu'une ombre d'armée, elle
« ne sait ni ne peut marcher ; la force, l'habitude lui
« manquent. Le malheur de la situation, c'est qu'au
« moment de l'investissement il n'y avait aucune force
« organisée à Paris.

« La bataille de Châtillon, audacieusement livrée par
« un général audacieux, a prouvé que cette armée
« n'existait pas ; il a fallu s'appliquer à la constituer ;
« mais pendant qu'on se livrait à ce soin, l'ennemi a
« entouré Paris de travaux considérables contre lesquels
« vient maintenant se heurter cette jeune armée encore
« peu aguerrie. Le dernier échec du Bourget ne vient

« que de ce qu'un régiment s'est débandé ; l'artillerie a
« cru que l'ennemi avait repris les positions, et a mal-
« heureusement tiré sur les points encore occupés par
« la marine, dont les officiers ont été tués. Voilà ce qui
« a fait échouer cette journée bien commencée.

« Étant donné les forces militaires dont on dispose,
« on a, suivant lui, procédé sans cesse par des coups
« d'incroyable audace au point de vue militaire.

« M. le général Trochu explique diverses autres opé-
« rations militaires entamées ; il montre la peine éprou-
« vée pour le remplacement des officiers, dont les
« meilleurs se sont fait tuer, suivant l'expression fami-
« lière du maréchal Bugeaud, qui disait : « Ce sont tou-
« jours les mêmes qui se font tuer. »

« Enfin il constate l'épuisement de l'armée, et il en
« conclut que l'opinion publique a des exigences qu'il
« comprend sans pouvoir y obéir. Cependant sa convic-
« tion est qu'il faut prolonger le siége aussi longtemps
« qu'une armée agitera la province et qu'il restera un
« morceau de pain à Paris.

« M. le général Trochu signale ensuite le décourage-
« ment ou l'irritation de beaucoup d'officiers, dont quel-
« ques-uns l'accusent de donner à la population des re-
« présentations militaires dont ils font tous les frais. Il
« en conclut qu'il s'est usé à la tâche de dévouement
« qu'il a conscience d'avoir accomplie, et qu'il doit être
« remplacé.

« Examinant le dernier et héroïque effort proposé par
« le général Le Flô, le général Trochu ne veut pas le
« déconseiller, mais il veut le bien examiner, car il s'a-
« git, il faut le dire, de mourir. Il entre, à cet égard,
« dans de longs développements sur le système d'inves-
« tissement prussien, comprenant trois et quelquefois
« cinq lignes non interrompues d'obstacles autour de

« Paris. Sa conviction est donc qu'on ne pourrait pas-
« ser qu'à la condition de se précipiter la nuit, sans ar-
« tillerie et sans tirer un coup de feu, en laissant der-
« rière soi morts et blessés; il déclare que si son devoir
« ne le retenait pas à Paris, il aurait pu déjà lui-même
« franchir les lignes avec 300 cavaliers résolus.

« Un officier remet, à ce moment, au Gouverneur,
« une lettre du prince de Saxe, qui, sous prétexte d'é-
« change de prisonniers, annonce la défaite de l'armée
« du Nord, qu'on suppose être celle du général Fai-
« dherbe, bien que la lettre, dont la signature est illi-
« sible, ne précise rien.

« M. Garnier-Pagès demande que l'on revienne à
« examiner ce qu'il faut faire dès à présent.

« M. le général Le Flô demande que l'on se prononce
« de suite sur sa proposition, sauf à fixer ensuite les
« voies et moyens.

« M. le général Trochu est d'avis d'appeler les géné-
« raux à décider du nouveau commandement militaire à
« donner.

« M. Arago s'oppose à cette solution, *car son premier*
« *soin serait de réclamer du général présenté une pro-*
« *fession de foi républicaine*. Il demande seulement
« au général Trochu de ne plus commander seulement
« l'armée en chef militaire prudent, mais en citoyen ré-
« solu à tenter des efforts extraordinaires, *en dehors de*
« *toutes les règles militaires*. Il ne peut admettre que
« Paris puisse succomber avec trois fois plus d'hommes
« que n'en avait Bazaine à Metz.

« M. le général Trochu répond que, quant à présent, la
« question est de durer, et que pour cela, il faut exa-
« miner s'il faut risquer toute l'armée d'un coup, ou sim-
« plement atermoyer. Il n'est pas de ceux qui disent :
« Voilà ce que vous voulez? Eh bien! je m'en vais. Il

« est, quant à lui, au-dessus de cela. Il demande donc
« que l'on appelle les généraux, qu'on les consulte et
« qu'on agisse en conséquence, car il est possible que
« l'utilité du moment conseille sa retraite.

« M. Jules Favre rappelle que le général Ducrot a
« toujours exprimé le désir qu'on traitât au plus tôt. Il
« ajoute que, si la population qui attendait tant du gé-
« néral Trochu, est toute prête maintenant à le haïr,
« c'est qu'elle ne lui demande pas des victoires, mais
« de l'action. A son avis, l'heure est venue d'associer
« davantage le Gouvernement aux opérations militaires.
« Il faut rassembler un conseil de guerre, appelé à exa-
« miner la situation, et il ne serait même pas mauvais
« que le public le sût, afin qu'il jugeât lui-même qu'un
« contrôle efficace s'exerce enfin de ce côté.

« M. le général Le Flô ne peut admettre qu'on ap-
« pelle ainsi des officiers pour traiter avec eux; ce se-
« rait introduire l'anarchie dans l'armée et désorganiser
« la défense. Il n'y a que cinq ou six individus dans
« l'armée qui puissent être utilement consultés. Il faut
« éviter de manifester un sentiment de méfiance qui se-
« rait certainement fort mal interprété.

« M. le général Trochu rappelle ses hésitations, lors-
« qu'il s'est agi pour lui d'accepter la position qui lui
« était offerte. Il a consenti à prendre le commandement
« dans la pensée d'établir un trait d'union entre le Gou-
« vernement et l'armée; jusqu'ici il s'est maintenu dans
« ce rôle, malgré quelques fâcheuses mesures révolu-
« tionnaires. Mais il constate que, par une série d'évé-
« nements, l'opinion publique en est venue à trouver
« que l'armée manque d'audace, alors qu'elle a déjà
« perdu 30,000 hommes et presque tous ses officiers;
« l'armée est épuisée, écœurée; la faire marcher dans
« cet état pour satisfaire l'opinion serait de la représen-

« tation politique. L'armée déclare cette représentation
« impossible, la population l'accuse de manquer d'au-
« dace. Il ne lui reste donc plus qu'à se retirer. Du
« reste la mobile est déjà furieuse contre la garde natio-
« nale.

« M. le général Clément Thomas observe qu'on n'ose
« pas assez avec la garde nationale, qui ne demande
« qu'à marcher ; certains généraux la laissent errer à
« l'aventure sans lui donner d'ordres, d'autres l'ac-
« cueillent avec des propos grossiers (1).

« M. le général Trochu persiste à croire qu'il n'est
« plus l'homme de la situation. Cependant, comme il
« doit s'expliquer en toute sincérité, il croit devoir pré-
« venir le Conseil que le général Ducrot, homme con-
« sidérable, dont il fait le plus grand cas, n'a pas, vis-
« à-vis de la République, les sentiments dont il est
« animé lui-même.

« M. J. Favre constate qu'en effet le général Ducrot
« n'était pas d'avis de la fière réponse faite à M. de
« Moltke, il voulait qu'on traitât, et il se chargeait de
« maintenir la population de Paris si elle s'avisait de
« bouger.

« M. le général Trochu examinant ensuite les apti-
« tudes du général Vinoy, reconnaît que le général a
« toujours un plan tout fait et certain de réussir quoi
« qu'il ne réussisse jamais. S'il lui était permis de dési-

---

(1) L'opinion de M. le général Clément Thomas s'est singulièrement
modifiée plus tard, ainsi que le constate le procès-verbal de la séance
du 10 janvier 1871 :
« .... M. Ferry engage à employer la garde nationale.
« Le général Clément Thomas déclare qu'il y a beaucoup de charlata-
« nisme dans cet étalage de courage de la garde nationale. Déjà, depuis
« qu'elle sait qu'on va l'employer, son enthousiasme a beaucoup baissé.
« Il ne faut donc rien s'exagérer de ce côté. »

« gner un général pour lui succéder, il déclare qu'il dé-
« signerait le général Le Flô.

« MM. Arago et Garnier-Pagès pensent que la re-
« traite du général Trochu serait funeste ; on croirait à
« une capitulation. Il leur semble impossible de faire
« défendre la République par *l'ex-sénateur Vinoy*.

« M. le général Le Flô fait vivement observer qu'il
« n'y a pas que des républicains à défendre la Répu-
« blique ; M. de Charette vient de le prouver.

« M. Ferry n'accepterait la délibération des généraux
« que s'il était bien entendu que le commandement en
« chef ne serait pas en question ; ce serait une enquête
« militaire suivie par le Gouvernement.

« MM. Arago, Pelletan et Garnier-Pagès se refusent
« même à cette dernière extension des attributions de
« cette conférence militaire.

« M. J. Simon constate que l'unanimité du Conseil se
« montre contraire à la retraite du général Trochu, qui
« n'a pas le droit de se retirer sans son autorisation ;
« cette même unanimité désire également entendre cer-
« tains généraux pour se former une opinion militaire ;
« voilà ce qui résulte, suivant lui, de ce long débat.

« Le général Trochu déclare que si on lui donnait un
« successeur, il s'empresserait de se mettre sous ses
« ordres pour combattre.

« M. le général Trochu lit ensuite son rapport sur les
« opérations conçues ou exécutées depuis le commen-
« cement du siége. Il en résulte que son plan sur la
« basse Seine a dû être abandonné pour celui de la
« Marne, suivant la demande instante de M. Gambetta.

« *M. J. Favre demande que l'on rejette tout entière*
« *sur la Délégation de Tours la responsabilité de ce*
« *changement de plan.* M. le général Trochu se refuse
« à décliner ainsi, en la rejetant sur un autre, une res-

« ponsabilité dont il trouve juste de conserver sa part.

« Il demande quels sont les généraux qu'il devra ap-
« peler au Conseil.

« Il propose : MM. Ducrot, Vinoy, amiral La Ron-
« cière.

« Les convocations seront envoyées au nom du géné-
« ral Trochu pour demain à 2 heures. »

Le bombardement, qui commença dès le 27 au matin sur les forts de l'Est, fit suspendre cette convocation.

« Toutes ces délibérations montrent bien, dit M. Cha-
« per, la lutte qui s'établissait dès lors dans le Gouver-
« nement entre ceux qui voulaient avant tout, pour
« complaire à l'opinion publique, renverser le général
« Trochu, déclaré coupable d'insuffisance, et ceux qui
« voulaient d'abord lui trouver un successeur, ce qui ne
« leur semblait pas facile ; lutte des préoccupations mi-
« litaires, lutte contre les antipathies politiques, et de
« laquelle ne devaient sortir, en résumé, que des con-
« cessions de plus en plus nombreuses faites à la pres-
« sion de la foule, des clubs et des journaux. »

CHAPITRE II.

OPÉRATIONS DU 22 AU 27 DÉCEMBRE.

Souffrances endurées par l'armée.

Pendant que les clubs et les journaux criaient à la trahison, nos soldats continuaient dans la plaine de Saint-Denis-Bondy leur pénible service.

Ils faisaient pitié à voir... la tête entourée de chiffons, leur couverture pliée et repliée autour du corps, les jambes enveloppées de loques... n'ayant plus forme de soldats... ils allaient sous la bise glacée aux avant-

DÉFENSE DE PARIS.

postes, aux tranchées... « C'était bien, suivant l'ex-
« pression d'un membre du Gouvernement, Moscou aux
« portes de Paris. »

Ce fut une dure épreuve que ces cruelles journées
passées dans cette plaine de boue glacée, balayée par
la tourmente et sillonnée par les obus allemands.

S'il y eut des défaillances parmi nos mobiles et chez
quelques-uns de nos soldats de la ligne... la grande
majorité déploya un courage auquel on ne saurait trop
rendre hommage... Que de braves gens furent mortellement frappés par le froid en accomplissant simplement,
humblement leur devoir...

La santé de ceux qui ne succombèrent pas fut profondément atteinte, les cas de congélation se multiplie-
rent dans des proportions effrayantes. Vers le 1er janvier
plus de 20,000 soldats atteints d'anémie rentrèrent dans
Paris. « Ils disparurent dans le gouffre, dit le général
« Trochu, je ne les revis pas. »

Différents indices faisaient croire à une attaque probable. Aussi chaque jour toutes les troupes étaient-elles
sur pied de grand matin. Dans chaque corps d'armée,
une brigade de piquet se plaçait en soutien dans les
tranchées de deuxième ligne; des batteries d'artillerie
attelées et prêtes à marcher s'établissaient aux abords
du fort d'Aubervilliers, entre Bobigny et la Folie, à
Bondy.

Pendant ce temps, le travail de tranchée continuait;
on gagnait du côté de l'ennemi, on améliorait les boyaux
de communication, on créait des épaulements pour les
pièces...

A la date du 24 décembre, les positions gardées par
la deuxième armée formaient un arc de cercle s'étendant de la Courneuve à Rosny en passant par Drancy,
Groslay, Bondy. Sur tout le front, plusieurs lignes de

<small>Positions de la 2e armée au 24 décembre.</small>

tranchées parallèles servaient à abriter les avant-postes, les réserves...

La ligne la plus avancée passait par la Suiferie devant le Bourget ; elle rejoignait Drancy, suivait le pourtour du parc Ladoucette, le cimetière, et se reliait par une tranchée à la ferme de Groslay ; de là, elle gagnait le bois de Groslay, puis le canal de l'Ourcq.

A Bondy, la ligne de défense longeait le canal jusqu'au pont à l'est du village ; là, elle traversait le canal et la route de Metz interceptée par une barricade, suivait par le cimetière, puis par une tranchée le front de Bondy jusqu'à la station, alors connue sous le nom de *Gare brûlée;* par un retour sur Merlan, elle allait ensuite rejoindre la ligne de Mulhouse.

La défense de cette dernière position était confiée à la brigade Reille, sous les ordres du vice-amiral Saisset.

Batteries construites sur le front de la 2ᵉ armée.

Sur tout le front des batteries avaient été construites :

Batterie de marine de la Courneuve, tirant sur Dugny, Pont-Iblon, le Bourget ;

Batterie de mortiers de la Courneuve, tirant sur le Bourget ;

Batterie de la Croix-de-Flandre, tirant sur le Bourget ;

— en arrière du Petit-Drancy, tirant sur Blanc-Mesnil ;

Batterie du parc Ladoucette, tirant sur Blanc-Mesnil ;

— entre Drancy et Ferme de l'Alouette, tirant sur Blanc-Mesnil.

Les batteries de Bondy observaient spécialement la forêt ; c'étaient :

Batterie du canal (2 p. 19 c. mor.) sur le pont à l'ouest du village, battant la Voirie ;

Batterie de la Tannerie (6 p. de 24 long), battant Nonneville ;

Deux batteries de 6 pièces de 12 à droite et à gauche

de la route de Metz, battant la route et le pont de la Poudrette ;

Deux batteries du cimetière destinées à abriter des pièces légères en cas d'attaque ou de mouvement en avant ;

Batterie du Vieux-Château avec des embrasures dans la muraille ;

Batterie des Gravats (3 p. de 24 court) appuyée au chemin de fer, à l'ouest de la Gare brûlée.

Les troupes du 1ᵉʳ corps se partageaient le service entre la Courneuve et Drancy ; la division Faron occupait Drancy, Groslay, le petit bois de Groslay ; la division de Bellemare, l'intervalle entre Groslay et le canal de l'Ourcq (1). Le colonel Reille, chargé de la défense de Bondy, avait sous sa direction, outre sa brigade, deux bataillons de marins aux ordres du commandant Trève, deux bataillons de garde républicaine, le 4ᵉ bataillon des éclaireurs de la Seine, et la compagnie des éclaireurs de la Défense nationale, organisée par l'amiral Darricau. *Répartition du service entre les troupes de la 2ᵉ armée.*

Le 25 décembre, au jour, toutes les troupes prennent les armes : c'est la fête de Noël, l'ennemi peut avoir prémédité une attaque. *25 décembre.*

On dut bientôt se convaincre qu'il n'avait aucun projet de ce genre ; au milieu de cette plaine découverte, les silhouettes des sentinelles se détachaient seules sur l'horizon.

Le froid était de plus en plus vif ; cependant les travaux de défense continuaient, mais bien lentement, car la terre était si dure que les outils s'y brisaient.

Les cas de congélation devenant de plus en plus nom- *Les troupes rentrent dans leurs cantonnements.*

26 décembre.

---

(1) La brigade Comte (113ᵉ et 114ᵉ) était spécialement chargée de la défense de Groslay et des tranchées voisines, les deux régiments alternant chaque jour pour fournir un bataillon de garde.

breux, le travail de tranchée n'avançant plus, le 26 décembre on abandonne définitivement l'idée de s'emparer du Bourget, mais les points occupés devront être conservés. Toutes les troupes qui ne sont pas nécessaires pour le travail et la garde des tranchées sont ramenées en arrière et cantonnées.

La division de Susbielle retourne à Clichy et Saint-Ouen, dans ses anciens emplacements.

La division Mattat va occuper les baraques du camp de Saint-Maur et le village de Fontenay.

Les divisions Berthaut et Courty, du 1er corps, restent à Aubervilliers et Pantin, pour faire le service entre la Courneuve et Drancy.

La division Faron conserve ses cantonnements de Bobigny, Drancy, avec la garde de Groslay.

La division de Bellemare, établie à Noisy-le-Sec et Merlan, fournit un bataillon de garde à Bondy, un autre dans les tranchées entre Bondy et Drancy.

Sur la droite, nos avant-postes se relient à ceux du vice-amiral Saisset, chargé de la défense du plateau d'Avron. Là, la situation devient critique ; depuis plusieurs jours on voit l'ennemi travailler à de nombreuses batteries, sur les hauteurs du Raincy, de Gagny, de Noisy-le-Grand... et, d'un moment à l'autre, on peut se trouver pris dans un cercle de feu.

Aussi redouble-t-on d'ardeur pour compléter et renforcer les épaulements, approfondir les tranchées... mais le travail marche bien lentement, la terre est trop dure ; et lorsque commencera le bombardement, les abris seront encore bien insuffisants, les épaulements beaucoup trop faibles pour permettre une résistance prolongée.

Avant d'entrer dans cette nouvelle phase des événements, nous voulons donner une idée de la physionomie de Paris à cette période du siège.

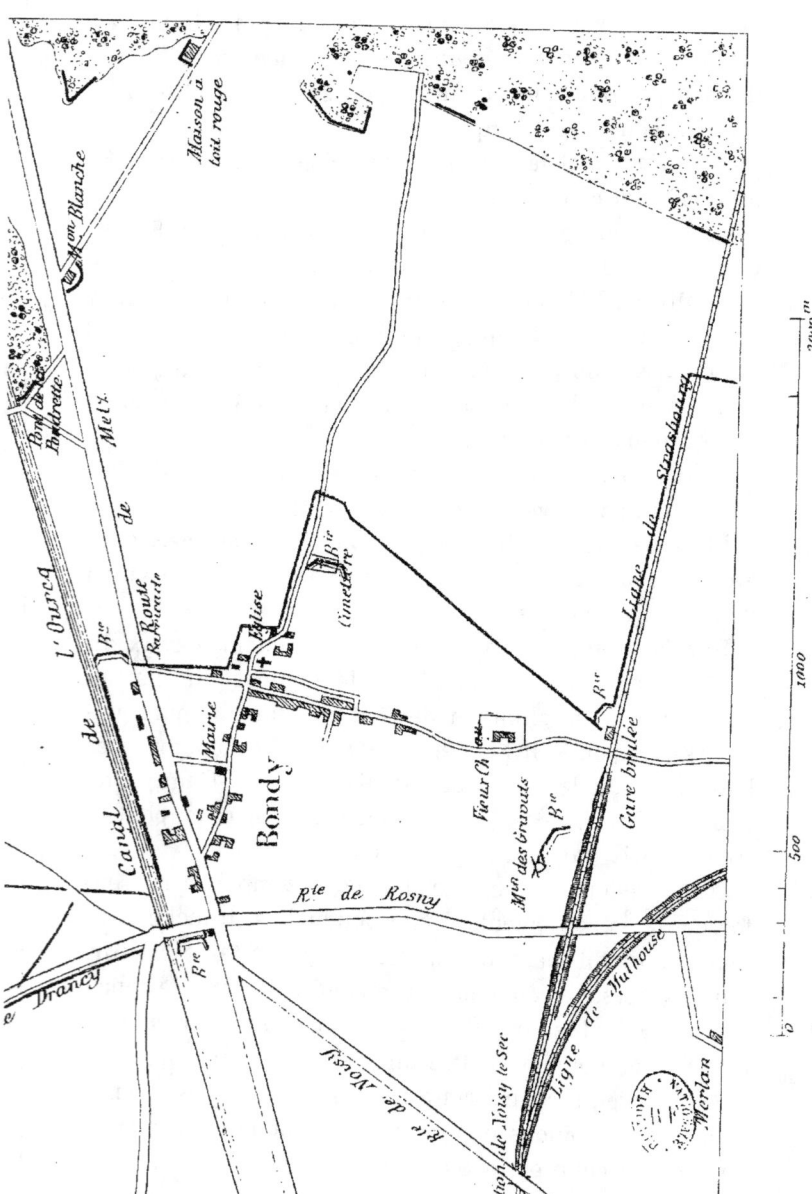

LIVRE XI

ÉTAT MORAL DE LA POPULATION PARISIENNE

PENDANT LES DERNIERS JOURS DU SIÉGE.

Nous nous sommes trop franchement, trop librement exprimé sur les erreurs, les fautes, les excès de la population Parisienne, pour n'être pas suspect en parlant de son courage, de son abnégation à supporter les souffrances et les maux qui accompagnent toujours un long siége.

A part le groupe des factieux, des révolutionnaires, qu'il ne faut jamais compter quand il s'agit de devoir, de sacrifice... à part cette populace, sans nom, sans foi, sans patrie... écume cosmopolite qui salit toutes les grandes villes, on peut dire qu'à Paris toutes les classes, riches ou pauvres, tous les âges, jeunes ou vieux, rivalisèrent d'ardeur, de dévouement. Chacun mettant de côté et ses affections et ses espérances, ne songea qu'au pays menacé; devant la Patrie en péril, il n'y eut plus qu'un grand parti, celui de la Patrie... Cet élan, que nous avons trouvé à Paris, qui a existé en Province, bien qu'il n'ait pas été couronné de succès, n'en a pas moins été réel, vivace... et si nos gouvernants n'avaient pas péché autant par maladresse politique que par incapacité militaire on aurait pu mieux utiliser ce dévouement, cette ardeur à servir au bien public.

218 DÉFENSE DE PARIS.

C'est ce haut sentiment de notre Pays, de nos compatriotes, qui nous a toujours fait penser et qui nous fait penser encore que, malgré la faute criminelle du 4 septembre, il fallait, après Sedan, continuer, soutenir la lutte... car un peuple se relève de « ses ruines matérielles, mais « il ne se relève jamais de sa ruine morale », et la France se serait tuée moralement si, après les premières défaites, elle eût déposé ses armes... Aujourd'hui, six ans après... nous ressentons-nous beaucoup de nos ruines matérielles? Évidemment non... Sans la lutte « *patricide* » de la Commune, sans les faits antérieurs et corrélatifs du 4 septembre, tout à présent serait non oublié, mais presque réparé... notre dignité, notre constance, notre courage dans la défaite, auraient peut-être excité autant d'admiration que les succès de nos ennemis... la gloire des vaincus aurait presque balancé la gloire des vainqueurs.

SOUFFRANCES MORALES ET PHYSIQUES.

Angoisses morales de la population parisienne.

De tous les fardeaux, de tous les maux endurés par la population Parisienne, le moindre n'était pas de supporter une administration sans précédents dans les fastes de la ville, et un gouvernement qui en temps ordinaire serait mort en quelques heures de son incapacité radicale... Néanmoins on obéissait, on se soumettait patiemment sans murmures, sans colère et dans la crainte même de diminuer le peu de prestige du pouvoir, on parlait, on agissait comme si l'on croyait à sa valeur, à son habileté...

Cependant les maladresses, les fautes, les insanités de ceux qui, se faisant un marche-pied du pays vaincu, meurtri, avaient si prestement escaladé le pouvoir, semblaient se multiplier et grandir chaque jour.

Comme si le cercle de fer et de feu de l'ennemi ne suffisait pas, le Gouvernement avait cru devoir enlacer les habitants dans un mortel réseau de mensonges officiels, officieux ou non démentis... réseau qui, par les ballons et les messagers ailés, s'étendit bientôt sur la France entière... de telle sorte que « pour la Province, « c'était de Paris que devait venir la victoire », que « pour « Paris, c'était de la Province que la délivrance allait « arriver ».

Fausses nouvelles mises en circulation.

Tantôt on annonçait qu'on avait forcé le port de Jahde, que toute la flotte allemande était faite prisonnière : « Le fameux bélier cuirassé *Wilhelm* et tous les bâti-« ments que la Prusse arme si péniblement depuis dix « années sont dans nos ports, voilà une digne réponse « aux prétentions de M. de Bismark... Il voulait la « flotte française, qu'il commence par aller chercher la « sienne... à Cherbourg... ». (*Électeur libre.*)

Tantôt l'armée de la Loire, loin d'avoir été détruite par le prince Frédéric-Charles, « opérait victorieusement « sa jonction avec celle de Bourbaki, à quelques kilomè-« tres de Fontainebleau...» (*Le Combat.*) Une autre fois le *Siècle* publiait une importante nouvelle extraite de la *Kronika polska* (chronique polonaise)... « Un grand « complot a été découvert parmi les soldats polonais de « l'armée prussienne; il avait pour but de déposer les « armes en masse et de se faire prisonniers de la France « contre laquelle ils ne veulent plus combattre, parce « que cela est évidemment contraire aussi bien à leurs « sentiments sympathiques envers elle qu'à leurs pro-» pres intérêts nationaux ».

Puis, tout à coup, circulait cette nouvelle accablante : Tours, 8 décembre, Rédacteur *Figaro*, Paris : « Quels « désastres! Orléans repris. — Prussiens deux lieues « de Tours et de Bourges. — Gambetta parti à Bor-

« deaux. Rouen s'est donné. — Cherbourg menacé,
« armée Loire n'est plus, fuyards, pillards. — Popula-
« tion rurale partie, connivence Prussiens. — Tout le
« monde en a assez. — Champs dévastés, brigandage
« florissant, etc... ».

Le Gouvernement, au lieu de couper court à tout cela en supprimant la presse, faisait comme un mélange de bonnes et mauvaises nouvelles ; on lisait à l'*Officiel :*

« D'après les renseignements de quatre officiers fran-
« çais prisonniers, rendus hier en échange d'un pareil
« nombre d'officiers prussiens, l'armée de la Loire est
« fortement constituée... Dans la journée du 2 décem-
« bre, vers 2 heures, l'avantage était de notre côté,
« quand des renforts considérables arrivés aux Prus-
« siens nous forcèrent à rentrer dans les positions de la
« veille... Nos troupes exécutèrent ce mouvement avec
« ordre, soutenues par l'arrivée de nos réserves, qui
« empêchèrent l'ennemi de les poursuivre... L'armée
« prussienne a payé cet avantage par des pertes consi-
« dérables... D'après les renseignements fournis par
« les officiers, pris à cette affaire même, le chiffre des
« prisonniers restés aux mains de l'ennemi ne dépassait
« pas 1,500 hommes... Ils ajoutent que le moral des
« troupes est excellent, que les services administratifs
« sont bien faits, que les hommes ont du pain et des
« vivres en abondance, que les populations se montrent
« pleines de dévouement pour la cause nationale et que
« les habitants des campagnes s'empressaient autour de
« nos prisonniers pour leur témoigner leur ardente
« sympathie ».

« Par ordre :
« *Le général, chef d'état-major général.*
« Schmitz. »

Aussitôt les bonnes nouvelles recommencèrent à circuler. D'une part, c'était M. de Bismark se prêtant avec empressement à une combinaison de paix proposée par MM. Daru et de Talhouët, sous l'initiative de l'Angleterre ; de l'autre, Berlin se révoltait ; Vienne demandait la guerre contre la Prusse...

Nouvelles par pigeons... Bruxelles, 8 décembre :
« Dans la soirée du 5, à Berlin, il y avait une grande
« effervescence par suite de la nouvelle connue des ré-
« sultats des batailles des 30 novembre et 2 décembre...
« Des cris : A bas Guillaume ! ont été même entendus ;
« — il y avait panique, et elle était augmentée par une
« correspondance de Vienne du même jour annonçant
« ces deux victoires et ajoutant qu'elles avaient été l'ob-
« jet de grandes manifestations à la Bourse parmi l'ar-
« mée et la population au cri de : Vive la République
« française ! la foule demandant l'alliance offensive et
« défensive et l'entrée immédiate en Prusse de l'armée
« autrichienne. » (*Électeur libre*.)

Le 11 décembre la *Liberté* disait : « Le départ de
« l'armée prussienne de Versailles, abandonné et incen-
« dié, a trouvé, croyons-nous, quelques incrédules. —
« Cependant, quoique nous n'ayons publié cette nou-
« velle qu'avec la plus grande réserve, nous la croyons
« tout aussi vraisemblable que les nouvelles publiées la
« veille par nos confrères de la *Presse*, du *Combat* et
« de l'*Électeur libre*, nouvelles qui annonçaient la jonc-
« tion de nos deux armées du Nord et de la Loire et
« leur arrivée à Corbeil... »

Ces espérances chaque jour renaissantes, chaque jour éteintes, ces joies détruites, ces attentes anxieuses conduisaient plus sûrement au désespoir que la vérité, si triste qu'elle pût être ; les esprits même les mieux équilibrés tombaient dans un état violent, voisin d'une sorte de folie que l'on a appelé « folie obsidionale. »

Toutes ces affreuses tortures morales n'étaient pas les seules... Les enfants, les vieux parents étaient réfugiés en province ; on ignorait absolument leur sort. Comment vivaient-ils ?... la guerre les avait-elle atteints ? beaucoup de mères, de femmes avaient leurs fils, leurs maris, leurs frères aux armées... depuis cent jours, pas une nouvelle, pas une lettre, pas le moindre renseignement... étaient-ils prisonniers, malades, blessés, vivants ou morts ?... Certes, les cruelles angoisses de ces mères, de ces femmes, nul ne peut les peindre... et pour elles, les souffrances physiques, si dures qu'elles fussent, semblaient peu de chose...

Souffrances physiques.

Les riches pouvaient encore à peu près vivre ; en payant très-cher, ils avaient quelques aliments supportables.

Les pauvres, de leur côté, trouvaient aux cantines municipales, aux fourneaux économiques, des vivres préparés... La charité publique, à Paris, toujours si prévoyante, toujours si inépuisable, s'ingénia à multiplier les secours (1). Les bons de pain, de viande, de bois, de charbon, de riz, furent répandus à profusion... Ces malheureux furent donc, relativement, peut-être les moins malheureux du siége...

Les ouvriers, eux aussi, ne furent pas trop à plaindre... les soins multiples de la défense, les nombreuses industries de la fonte, du fer, de l'acier, du plomb, du bois, du cuir, du drap, du pain, toutes se rattachant à la guerre, demandaient beaucoup de bras... l'offre fut toujours supérieure à la demande, et l'ouvrier qui pré-

---

(1) Dans une maison religieuse de la rue Notre-Dame-des-Champs, « l'Asile des Enfants délaissés, » on parvint à donner cent soupes par jour aux indigents du quartier.

féra l'atelier au corps de garde... eut toujours de l'ouvrage... Quant à ceux qui trouvaient plus patriotique « d'aller se promener sur le rempart, un fusil sur l'épaule, à 10 kilomètres des Prussiens (1), » ils recevaient 1 fr. 50 par jour, leur femme 75 centimes, et dans certains bataillons, 25 centimes par enfant... Avec cet argent, la nourriture, presque toujours prise aux fourneaux économiques, était assurée ; le bois, on s'en procurait avec des bons de distribution ; quant au loyer, on ne le payait pas... la vie, pour les familles ouvrières, était donc relativement facile... et certes, cette facilité d'existence ne contribua pas peu à faire la *Commune*.

La classe qui souffrit le plus cruellement fut celle des petits rentiers, des employés, des chétifs industriels, des petits commerçants, de ceux, enfin, qui doivent à un travail de chaque jour, à des épargnes lentement accumulées, une modeste aisance.

Les provisions, même celles faites en vue du siége, furent vite épuisées, l'argent en réserve eut bientôt disparu... et cependant on ne pouvait demander l'aumône, on ne pouvait aller aux fourneaux économiques prendre la part du pauvre, du mendiant... on en était donc réduit à la ration réglementaire : c'est-à-dire *30 grammes de viande* de cheval par jour... remplacés, deux fois par semaine, par du riz ou de la morue, et *300 grammes de pain de siége :* voilà avec quoi a vécu, pendant de longs jours, une grande partie de la population Parisienne.

Ces braves gens, peu faits pour supporter de telles misères, endurèrent « ces cruelles privations, avec une

---

(1) C'étaient les ateliers nationaux de 1848 sous une autre forme : une caricature du temps représentait un garde national embrassant son fusil et s'écriant : « Mon ami, mon trésor, mon bien, ma joie, ma *consolation*, mon *atelier national.* »

résignation qui touche à l'héroïsme, et donnèrent l'exemple d'une inébranlable fermeté. »

Les femmes, dans ces cruels moments, se montrèrent plus déterminées, plus courageuses que les hommes... C'étaient elles qui avaient le plus lourd fardeau... leurs éternelles factions aux portes des boulangeries, des boucheries, par tous les temps, valaient bien celles des remparts...

Aux souffrances de la faim, vint s'ajouter celle du froid... plus de houille, plus de coke, plus de bois; on rationna la chaleur comme on avait rationné la nourriture.

Tant de privations et de souffrances accrurent la mortalité dans des proportions effrayantes... les enfants mouraient par milliers... de 12 à 1,300, chiffre normal des décès parisiens, la mortalité s'éleva à 4,500 ; « tout le « noir cortége des maladies, nées de ces longues dou- « leurs, s'était abattu sur cette malheureuse population, « on ne voyait que corbillards s'acheminant vers le ci- « metière. »

Rôle du Gouvernemt. M. Ferry.

Qu'ont fait les hommes du Gouvernement de la Défense pour atténuer, soulager les souffrances de ceux dont ils s'étaient si vite déclarés les maîtres??... Ils furent toujours surpris, surpris par la faim, surpris par le froid... ils n'eurent pas plus de combustible à fournir à la population que de vêtements chauds aux troupes, pas plus qu'ils n'avaient songé à monter des meules dans Paris pour moudre le grain...

Dans le commencement du siége, le foin étant devenu très-rare et l'avoine introuvable, beaucoup de gens eurent la triste idée de nourrir leurs chevaux avec du pain... Quand le Gouvernement pensa à arrêter cet inqualifiable abus... il était déjà bien tard, et une grande quantité de farine fut ainsi perdue pour la consommation. On prodigua également la houille en persistant à conserver pendant un certain temps aux Parisiens le luxe inutile d'un éclairage au gaz... on ne songea à abattre des arbres pour le chauffage qu'en présence de 12° de froid... ce bois vert fumait beaucoup et chauffait peu, mais il fallut bien s'en contenter... on ne rationna le pain (après avoir solennellement annoncé qu'il ne le serait jamais) que le jour où il n'y eut plus de farine... et à la fin du siége, ce pain n'eut plus du pain que le nom ; c'était un composé noirâtre, gluant où il entrait de tout excepté du blé... de telle sorte que l'on a pu dire : « Pendant la première phase du siége, le Gouvernement a nourri les chevaux avec le pain des hommes ; pendant la seconde, il a fait manger aux hommes l'avoine des chevaux. »

« M. Jules Ferry, disait le *Figaro*, réquisitionne au
« moment où toutes les réquisitions devraient être fai-
« tes ; — son administration a laissé pourrir un million
« de kilogrammes de vivres par sa mauvaise sur-
« veillance... le malheur de M. Ferry est de n'avoir
« jamais rien su de la vie courante, de ne rien en savoir
« après trois mois d'exercice de gouvernement et de
« croire qu'il sait tout... Nous supplions le général
« Trochu, en sa qualité de Président, de vouloir bien
« user de son influence pour que la question des sub-
« sistances ne soit plus gérée par un avocat... il faut le
« remplacer par un administrateur, un directeur de
« chemin de fer, un grand industriel, un homme habi-
« tué à remuer des hommes et des intérêts, mais il ne
« faut pas que l'on compromette plus longtemps nos in-
« térêts, ceux de la France, en laissant ce jeune homme,
« ce citoyen-maire, avocat-journaliste à la tête de Pa-
« ris... il nous fait regretter M. Arago : au moins il ne
« faisait rien, c'était déjà quelque chose ! »

INFLUENCE DÉSASTREUSE DE LA PRESSE ET DES CLUBS.

La Presse.

Dans ce court exposé de la situation morale de Paris, manquerait un des côtés les plus saillants de la physionomie de la grande ville, si nous ne disions un mot des journaux et des clubs...

Le droit de parler, d'écrire, semble avoir paru au Gouvernement du 4 Septembre plus inattaquable, plus imprescriptible que le droit de vivre... on n'avait plus la liberté de circuler, la liberté d'acquérir, la liberté de vendre, la liberté de posséder, la liberté de manger, mais jamais la liberté de la presse et des clubs ne fut plus largement octroyée... les attaques les plus violentes, les appels à l'insurrection, à la guerre civile, au pillage, toutes les infamies, toutes les ignominies, toutes les obscénités ont pu être publiés, affichés dans Paris ouvertement, au grand jour...

A la place de l'obéissance, de la discipline, la parole et la plume étaient les souveraines maîtresses de la grande ville assiégée (1).

« Avouons-le sans détour, disait la *Patrie en dan-*
« *ger*... nous avons été trop naïfs, et cependant nous
« connaissions la valeur des hommes que le hasard ve-
« nait de porter au pinacle, Gambetta, Favre, Picard,
« Trochu, et toute la séquelle bourgeoise qui chantait
« l'avènement du régime nouveau, aurait dû nous rap-
« peler à la réalité... Nous avons je ne sais quel ré-
« gime bâtard, hybride, destiné à consommer la honte
« et la ruine de notre pays... jeunes et vieux lutteurs
« de la *Sociale,* frappons-nous la poitrine avec amertume,

---

(1) César disait des Gaulois : « Pugnaces et loquaces ; » nous étions devenus, hélas ! plus « loquaces » que « pugnaces. »

« le temps des grandes haines et des regrets poignants
« est revenu... »

« Imbéciles ou traîtres, il n'y a pas d'autres alterna-
« tives, dit le *Réveil*, et comme pour le peuple, le ré-
« sultat est le même, le crime est le même devant le
« peuple, devant l'humanité... Mais ce n'est pas le
« moment des phrases, il faut des actes... Que faut-il
« faire? Destitution de Trochu et de son état-major, leur
« envoi devant une cour martiale; organisation de la
« Commune révolutionnaire, Dorian à la guerre et au
« gouvernement de Paris; la levée en masse, défense à
« outrance, appel à tous les peuples; à bas les traîtres,
« vive la République universelle, démocratique et so-
« ciale... »

« Le Gouvernement de la désertion nationale vient de
« donner au grand soleil la mesure de sa bonne foi,
« écrivait la *Patrie en danger* le 2 novembre. Incapa-
« bles ou traîtres, peut-être l'un et l'autre, qu'ils des-
« cendent de ce pouvoir dont ils n'ont usé que pour
« compromettre la patrie, pour faciliter le triomphe des
« Prussiens mieux que de Moltke et Bismark réunis... »

« Décembre est passé, Guillaume règne et les parju-
« res de l'Hôtel de Ville sont ses très-humbles laquais.
« Ils livrent la France en attendant l'heure d'ouvrir les
« portes de Paris. » (*Patrie en danger*.)

« Pitoyable chef, admirable peuple! s'écriait Félix
« Pyat, tout est brave dans ce peuple, moins ses chefs,
« avocats et généraux, les avocats par nature, les géné-
« raux par parti pris! Ah! si ce peuple avait des chefs!
« mais il y a un général en chef, c'est le mal! Plus de
« général en chef... changeons-le, remplaçons-le, par-
« tageons son commandement! la première condition

« de tout bon travail, c'est la division... divisons l'œu-
« vre, il faut décréter, assurer la victoire. Il faut le Co-
« mité de salut public et de succès ordonnant, subordon-
« nant l'action militaire... »

C'est ainsi que « les factions obéissant à un mot d'ordre venu du dehors (1) » semaient la défiance, fomen-
taient les divisions dans la population aussi bien que
dans l'armée...

Espionnage.   Ce n'était pas le seul danger qu'offrait cette liberté
sans frein, sans contrôle de la presse... grâce à cette
profusion de journaux de toutes nuances, se commentant,
se discutant les uns les autres, l'ennemi trouvait moyen
d'organiser un *espionnage efficace*.

L'imagination des Parisiens fut longtemps hantée du
spectre de l'espionnage... on voyait des espions partout;
une lampe brûlait-elle à quelque fenêtre élevée, la foule
aussitôt s'ameutait... l'imagination aidant, la lumière
allait, venait en prenant des reflets de toutes couleurs...
il n'y avait pas à en douter, ces tons différents, ces mouvements étaient autant de mots, autant de phrases...
et l'on montait à l'assaut de l'observatoire pour le sacca-
ger, le brûler... les violences dont ces prétendus si-
gnaux ont été le prétexte sont innombrables... On arrêtait tout le monde; les officiers, les généraux ne pouvaient plus franchir les portes de la ville, le Gouverneur
de Paris, en uniforme, fut arrêté sur le rempart en plein
jour par des gardes nationaux, sous prétexte qu'un espion prussien pourrait bien copier le costume et se faire
le visage du général Trochu afin de passer pour lui...
A côté de ces niaiseries, on laissait, soi-disant pour ré-
colter des pommes de terre, un millier de gens sans aveu
rôder près des avant-postes ennemis où ils passaient

---

(1) Général Trochu.

des journaux. « Or un seul journal contenait une foule de renseignements... Que de travail pour un espion qui eût voulu apprendre, écrire tous les faits intéressants... connaître et exprimer les craintes, les espérances, les opinions des assiégés!... Une feuille quelconque donnait tout cela, et tous les jours... » De plus, certains journaux publiaient quotidiennement des visites aux avant-postes, des promenades aux remparts, des descriptions de toute sorte, où, parmi d'innombrables passages insignifiants, on pouvait trouver assez de chiffres, assez d'indications précises, pour savoir à peu près tout ce que de l'extérieur on ne pouvait voir.

En vain l'opinion publique, les chefs militaires, quelques hommes du Gouvernement, quelques membres influents de la presse même, réclamèrent-ils la suppression de tous les journaux ou au moins la censure préalable, rien ne put décider le Gouvernement à sévir...(1).

« M. Pelletan s'opposa même à la répression demandée par M. Cresson contre les caricatures obscènes qui s'étalaient sur les murs... il conjurait ses collègues de ne pas ternir par des rigueurs qui rappelleraient l'Empire, cette ère de liberté qui ferait la gloire du Gouvernement de la Défense nationale.

« M. Arago se joignait à lui et menaçait de donner sa démission si les journaux étaient supprimés... » (Séance du 29 novembre.)

---

(1) « M. Picard se plaint du manque de nouvelles dont souffre le Gouvernement. Il demande de remédier au mal en décrétant ce qu'il appelle la régularisation des nouvelles. Chaque journal serait invité à donner au Gouvernement la primeur de ses nouvelles, et les particuliers seraient priés de lui transmettre également tous les renseignements qui leur seraient donnés par correspondance. Enfin, il n'hésiterait pas à supprimer absolument tous les journaux pendant le siège : « MM. Jules Favre, Rochefort, général Trochu combattent vivement cette proposition. » (Séance du 10 novembre, 10 heures 50 soir.

Les clubs.

Les clubs avaient tous les inconvénients de la presse, sans en avoir les quelques rares avantages... Car parmi les journaux, quelques-uns étaient sensés, raisonnables, tandis que tous les clubs, sans exception, étaient une véritable réunion d'aliénés... il y en avait un très-grand nombre : la Patrie en danger, le club de Belleville ou salle Favier, la Cour des Miracles, l'Élysée-Montmartre, les Folies-Bergère, Aubervilliers, la Résistance, la Vengeance, etc... etc... Les motions les plus insensées, les plus burlesques y étaient acclamées par une foule d'énergumènes : « A la salle Favier un orateur se présente en vareuse de garde national et, déployant un grand papier, il lit la condamnation à mort, prononcée à l'unanimité par le club voisin, contre le traître Bazaine et ses complices Canrobert, Lebœuf et Coffinières... l'orateur invite tous les citoyens de Belleville à la confirmer... toute la salle se lève, la condamnation à mort est confirmée par acclamation... les citoyens présents devront eux-mêmes exécuter la sentence... »

Au club de la rue d'Aubervilliers on vota à l'unanimité que le général Garibaldi devait être promu au commandement de la garde nationale de Paris, et une adresse sommait le Gouverneur d'avoir à procurer au général Garibaldi les moyens nécessaires pour venir à Paris prendre ses nouvelles fonctions...

« Chaque jour, dit M. Chaper, on demandait dans les clubs la destitution du Gouvernement ou de tel fonctionnaire militaire ou autre, les visites domiciliaires, la levée en masse, la sortie torrentielle, la Commune... Dans ces réunions se formaient des manifestations armées qui allaient aux mairies, à l'Hôtel de Ville, chez le Gouverneur, conseiller, ordonner ou défendre. Enfin dans ces réunions était donné le mot d'ordre pour la tentative d'insurrection et s'organisaient les sociétés, telles que le Comité central de la garde nationale ou l'Association des délégués des vingt arrondissements, qui avaient la prétention et l'espérance de remplacer le Gouvernement, espérance que les événements de 1871 ont réalisée... »

Nos gouvernants d'alors, qui se glorifiaient de laisser tout dire et tout faire, auraient bien dû lire et méditer ces quelques lignes de Carnot, un républicain aussi, mais qui savait mettre la Patrie avant la République : « Ceux qui ont vu, disait le défenseur d'Anvers, quel est le pouvoir de l'opinion en toutes choses, avec quelle rapidité elle change et nous entraîne malgré nous, sentiront combien, dans une ville assiégée, isolée de toute communication, de tout secours, il importe à la sûreté de sévir rigoureusement contre les premiers auteurs de ces discours empoisonnés, trop souvent suggérés par l'ennemi, répandus par ses émissaires secrets et qui sont toujours les premières étincelles d'une sédition dont bientôt il n'est plus possible d'arrêter les effets... »

Quant à l'enthousiasme patriotique que pouvaient engendrer, attiser la presse et les orateurs des clubs... c'était un enthousiasme bien factice... « L'enthousiasme, dit le maréchal Bugeaud, est une vertu passagère, éphémère comme toutes les passions violentes, la moindre chose suffit pour le détruire... quelques jours de mauvais bivouac le font disparaître... » Si jamais nous devions passer par de nouvelles et semblables épreuves, rappelons-nous encore ces belles paroles de Carnot tirées de son Traité classique de la défense des places : « C'est
« la discipline militaire qui fait la gloire du soldat et la
« force des armées, car elle est le plus grand acte de
« son dévouement et le gage le plus assuré de la vic-
« toire... c'est par elle que toutes les volontés se réu-

« nissent en une seule, que toutes les forces partielles
« concourent vers un même but ; la défense des places
« fortes est peut-être la partie de l'art militaire qui exige
« le plus de cette vertu militaire (la discipline), parce
« qu'elle brille moins que sur le champ de bataille. »

LIVRE XII

FIN DE DÉCEMBRE — BOMBARDEMENT DES FORTS DE L'EST ET DU PLATEAU D'AVRON

CHAPITRE PREMIER.

BOMBARDEMENT DES FORTS DE L'EST ET DU PLATEAU D'AVRON. — ÉVACUATION DU PLATEAU D'AVRON.

Le 27 décembre, dès sept heures et demie du matin, l'ennemi démasque des batteries sur les hauteurs du Raincy, de Gagny, de Chelles, de Noisy-le-Grand, et ouvre le feu sur le plateau d'Avron et les forts de Rosny, Noisy, Nogent.

Le plateau d'Avron est l'objectif principal des Allemands ; sur cette position convergent à la fois les feux de quatre batteries placées sur les coteaux de Montfermeil, au-dessus de Gagny et du Raincy, deux batteries à Noisy-le-Grand et une sur la butte de Chelles. Les premiers obus tombant de plein fouet dans le camp de l'infanterie de marine y jettent le désordre.... En proie à une véritable panique, un certain nombre de soldats courent s'abriter derrière le versant qui regarde les forts et entraînent avec eux des mobiles de la division d'Hugues. Cependant, le premier moment de trouble passé, le gros des troupes se rassemble et prend position dans les tranchées, prêt à repousser l'attaque. L'infanterie reste tout le jour immobile, par un froid glacial, sous une pluie de fer, sans pouvoir allumer de feu ni pour se chauffer ni pour cuire les aliments.

Les matelots canonniers ripostent énergiquement et rendent coup pour coup ; criblés de toutes parts, ils continuent la lutte avec un invincible acharnement.

Les batteries de Bondy appuient l'artillerie d'Avron.

À la vérité, ils sont puissamment secondés par l'artillerie de Bondy, aux ordres du commandant Nismes. Pendant que les pièces de campagne fouillent la forêt pour empêcher l'ennemi de s'y masser, les grosses pièces de la batterie des Gravats prennent de flanc les batteries du Raincy ; elles sont appuyées dans la journée par deux batteries de 7 en position à l'Ouest du village. Vivement contrebattue, l'artillerie du Raincy détourne son feu pour répondre à la batterie des Gravats ; des batteries de campagne se joignant à elles couvrent d'obus tout le village de Bondy.

En même temps les forts de l'Est ripostent vigoureusement.

Le général Ducrot met le 2ᵉ corps de son armée à la disposition du général Vinoy.

Informé du bombardement d'Avron, le général Ducrot met son 2ᵉ corps à la disposition du général Vinoy (1). Ce dernier s'était rendu sur le plateau d'Avron pour juger de la situation :

« L'artillerie, dit-il, luttait avec vigueur, mais nous
« n'avions que 43 pièces pour répondre au feu de 60 ;

---

(1) *Général Ducrot à général Vinoy.*

Aubervilliers, 26 décembre 70, 10 heures 5 du matin.

« J'ai donné l'ordre au 2ᵉ corps d'être prêt à vous donner son concours. Si vous en avez besoin, la division Mattat est dans les baraques de Vincennes, la division de Bellemare à Noisy-le-Sec, où le général d'Exea se tient de sa personne. Vous pouvez leur donner vos ordres directement. Je vous prie seulement de me tenir au courant des mouvements que vous ordonnerez.

Bombardement des Forts de l'Est et du Plateau d'Avron
(Fin Décembre 1870 et Janvier 1871)

« elles occupaient le centre d'un cercle de feu qui con-
« vergeait sur elles de tous les points de l'horizon, et les
« batteries du saillant notamment étaient battues de
« tous les côtés, de front, d'écharpe, d'enfilade et à
« revers. Les calibres étaient inégaux ; nous n'avions
« que 5 pièces de canon de marine de 30 et 6 canons
« de 24 qui fussent de gros calibre, et le reste de notre
« artillerie sur le plateau se composait de pièces de cam-
« pagne d'une portée insuffisante ; les pièces de 7 seules
« avaient une précision et une portée meilleures. Les
« mitrailleuses étaient absolument inutiles en raison de
« l'éloignement des batteries ennemies. Il ne restait donc
« pour soutenir la lutte que 12 pièces de gros calibre,
« 12 pièces de 12 et 12 pièces de 7, soit en tout 36
« pièces contre 60.

« Ainsi la batterie de 12 qui garnissait le saillant de
« l'Éperon ne pouvait atteindre les batteries de Chelles,
« qui l'attaquaient avec 14 pièces et à 5,000 mètres de
« distance ; seule la batterie de marine de 5 pièces,
« placée en arrière, avait une portée suffisante pour
« leur répondre. Cette batterie soutint la lutte avec
« persistance et courage, mais elle ne tarda pas à être
« écrasée. La position devenait donc mauvaise pour
« l'artillerie, qui, malgré sa vigueur, ripostait à peu
« près inutilement et perdait beaucoup de monde. Le
« même danger, sans résultat, se produisait pour l'in-
« fanterie ; le sol, durci par la gelée, favorisait l'éclate-
« ment des projectiles et les éclats de terre qu'ils soule-
« vaient en tombant étaient eux-mêmes dangereux.
« Certaines tranchées étaient enfilées et même battues à
« revers, surtout au saillant du plateau, point où l'en-
« nemi concentrait particulièrement son feu... » Soldats,
marins et mobiles font partout bonne contenance après
le premier moment de surprise passé. Le brave général

d'Hugues circulant à découvert le long des tranchées ne cesse de soutenir le courage de ses hommes.

Dans l'après-midi, le général Vinoy usant de l'offre du général Ducrot, appelle à lui la brigade Fournès de la division de Bellemare (1). Elle prend position dans la soirée sur le versant qui domine le village de Rosny-sous-Bois; pendant la nuit deux bataillons du 4ᵉ zouaves (1ᵉʳ et 3ᵉ) avec le colonel Méric, vont renforcer la division d'Hugues sur le plateau.

Nos pertes sont, dans cette journée, d'une centaine d'hommes et de 12 officiers tués ou blessés.

Les forts, dont le personnel est très-restreint, sont également éprouvés.

Le vice-amiral Saisset reçoit le soir même de Paris des détachements d'artillerie de la garde nationale qui renforcent les garnisons des forts de l'Est.

En même temps le vice-amiral retirait de Bondy les marins aux ordres du commandant Trève pour combler les vides d'Avron et armer de nouvelles pièces de 19 et de 16 à Noisy et Rosny.

Situation critique sur le plateau d'Avron.

Cependant la situation ne laissait pas que d'être fort critique. Nos hommes, bien qu'ils se fussent solidement maintenus dans leurs tranchées, étaient épuisés par le froid, l'immobilité, le manque de nourriture chaude.

L'artillerie surtout avait beaucoup souffert; les pièces étaient démontées, les plus forts des épaulements se trouvaient endommagés; le personnel avait fait des

---

(1)   *Gouverneur à général Vinoy.*

Paris, 27 décembre 1870, 12 heures 55 du soir.

Je reçois votre dépêche; elle est inquiétante pour la division d'Hugues. Vous avez des renforts à votre portée; servez-vous-en vigoureusement contre une attaque d'infanterie, mais abritez-les le plus possible contre les feux d'une artillerie qui paraît puissante et qui pourrait leur occasionner de grosses pertes.

pertes sérieuses ; enfin, celles de nos pièces qui restaient étaient complétement insuffisantes contre les nombreuses pièces de gros calibre qui formaient le cercle autour de nous... Les batteries étaient prises de front, d'enfilade et de revers (1). Les tranchées étaient en partie enfilées (2). La situation devenait des plus inquiétantes.

Aussi, dans la nuit même, le général Vinoy crut-il devoir la faire connaître au Gouverneur :

« Je ne dois pas vous laisser ignorer, dit-il, dans une
« lettre datée de Rosny, 28 décembre, 5 heures du

---

(1) *Colonel Stoffel à général Trochu.*

Avron, 27 décembre 1870, 7 heures du soir.

Combat d'artillerie a été très-vif ; l'ennemi a armé de pièces de gros calibre les hauteurs du Raincy, de Gagny et de Noisy. Je ne puis répondre en gros calibre qu'avec trois canons de 16 et quatre canons de 24, deux ayant été mis hors de service, infériorité qui n'est pas rachetée par le nombre de mes autres pièces de petit calibre, le 4, le 7 et le 12.

L'artillerie a fait des pertes ; quelques hommes tués, plusieurs officiers et une vingtaine d'hommes blessés ; épaulements et embrasures fortement endommagés, sans possibilité d'être réparés cette nuit à cause de la nature du terrain. Plusieurs de mes batteries, dont le tracé a été fait dans un but déterminé, sont aujourd'hui battues de front et d'écharpe. Deux d'entre elles n'ont pu agir. Le service des munitions est assuré en partie pour le moment, et il le sera complètement cette nuit. Je m'approvisionne au fort de Rosny.

(2) *Général d'Hugues à général Vinoy.*

Neuilly-Plaisance, 27 décembre 1870, 10 heures 15 m. du soir.

Le colonel Guillemaut a reçu mille pioches, ce qui suffit pour le moment. D'après l'avis du colonel Stoffel et du commandant Pothier, si la canonnade reprend demain, le plateau ne doit pas riposter, les batteries d'Avron étant prises de front, d'enfilade et de revers par des batteries d'un calibre bien supérieur. Ne pourrait-on pas armer la redoute de la Boissière de canons de 7, capables par leur portée de prendre d'enfilade les batteries du Raincy et de Gagny ?

L'infanterie s'abrite, mais imparfaitement, dans des tranchées trop faibles ou enfilées. Les réserves arrivées sont au sud du plateau.

« matin, que la position du plateau d'Avron peut deve-
« nir très-critique d'un moment à l'autre. Les travaux
« d'établissement qui y ont été faits sont très-incom-
« plets et ne l'ont été évidemment qu'un vue d'une occu-
« pation passagère... Depuis que je suis ici j'ai dû
« aller au plus pressé, faire établir des traverses pour
« les batteries d'abord ; mais celles des défenseurs n'ont
« pu l'être encore ; un simple fossé les abrite... La
« nature du sol est rocheuse, il est difficile de s'y en-
« foncer. La gelée est venue apporter un nouvel obs-
« tacle... Nous n'avons pour défendre ces positions
« que de jeunes troupes dont le moral n'est pas très
« solide et notre artillerie me paraît bien faible pour
« répondre aux gros calibres de l'ennemi.

« Je vous fais cet exposé très-véridique et confidentiel
« afin que vous avisiez aux mesures qu'il y aurait à
« prendre si la nécessité de la défense de Paris exige
« absolument de se maintenir dans cette position avan-
« cée... Conformément à vos ordres, je n'avais gardé
« que deux bataillons du 112e de ligne et deux batail-
« lons de gendarmerie ; j'ai donc accepté avec recon-
« naissance les renforts qui m'ont été spontanément
« offerts par le général Ducrot. J'ai demandé au général
« d'Exea une de ses brigades établies à Noisy ; la divi-
« sion Mattat a également été mise à ma disposition ; elle
« sera de bonne heure à Fontenay et je compte m'en
« servir au besoin.

« L'ennemi a dû s'approvisionner largement cette
« nuit, car on n'a cessé d'entendre le roulement de ses
« voitures.

« La nuit est calme, nous attendons le jour et veil-
« lons. »

28 décembre.

En présence d'une attaque possible sur Avron les dispositions suivantes sont prises le 28 décembre au matin, dans la division Mattat, appartenant au 2ᵉ corps :

La 1ʳᵉ brigade avec les carabiniers parisiens et une batterie de 4 se rend à Nogent ;

La 2ᵉ brigade avec le bataillon des francs-tireurs de la division, les tirailleurs parisiens et les trois autres batteries en haut de Fontenay-sous-Bois.

Au point du jour le bombardement recommence ; il est moins meurtrier que la veille, mais l'infanterie ennemie ne se montre pas... Tout en couvrant de projectiles le plateau d'Avron, les Allemands tiraient également sur nos batteries de position, sur les forts de Noisy, Rosny, Nogent, et la route stratégique, faisant communiquer entre eux tous ces points, était labourée par les obus. *Reprise du bombardement sur Avron et les forts de l'Est.*

Bondy, qui gênait considérablement les Prussiens, en prenant de flanc leurs batteries du Raincy (avec la batterie des Gravats), est si vigoureusement canonné que les batteries de 7 établies en arrière du village sont obligées de se retirer. La batterie de 8 installée au vieux château retraite également à la tombée de la nuit, dès que le feu s'est ralenti. *Bombardement de Bondy.*

Vers midi, le Gouverneur se rend sur le plateau d'Avron pour juger par lui-même de la situation. *Visite du Gouverneur au plateau d'Avron.*

Depuis deux jours la pointe orientale du plateau était balayée dans tous les sens... prises de face, d'écharpe, quelquefois même presque par derrière, nos pièces de calibres inférieurs, répondant par un feu divergent à un feu convergent, étaient en peu d'instants réduites au silence (1). Les tranchées n'étaient pas suffisantes pour

---

(1) La faute, dit M. Chaper, ne peut en retomber ni sur les officiers ni sur les généraux... On a dit que le plateau d'Avron aurait dû être armé d'artillerie casematée ou blindée, de façon à se trouver à l'abri des canons Krupp, mais on n'a pas dit quand et comment, en combien de

abriter complétement les hommes; quelques-unes même enfilées avaient dû être abandonnées. Le gros des troupes se tenait en arrière et sur les pentes.

Depuis 48 heures elles étaient exposées à plus d'un millier d'obus, dont les débris mêlés aux éclats de pierre, aux morceaux de terre gelée, balayaient en longueur et en travers tout le plateau.

Nos épaulements de batterie étaient fortement endommagés, les magasins à poudre, à moitié enfoncés, pouvaient sauter d'un moment à l'autre.

Parcourant lentement les tranchées sous une grêle de projectiles, le général Trochu ne tarda pas à se convaincre de l'impossibilité de tenir plus longtemps une position aussi avancée et de toutes parts enveloppée de feux.

Conseil de guerre au fort de Rosny. — Dès son retour, il tint un conseil au fort de Rosny où les colonels Stoffel et Guillemaut, commandant l'artillerie et le génie du plateau d'Avron, furent convoqués. La question de l'évacuation d'Avron fut immédiatement agitée.

Cette position avait été occupée la veille des batailles de la Marne, pour donner un point d'appui efficace à l'aile gauche de la deuxième armée. Pendant ces journées elle nous rendit les plus grands services, en gênant les communications de l'ennemi d'une rive à l'autre de la Marne, en prenant d'écharpe les batteries prussiennes sur les plateaux de Noisy et de Villiers. Le 21 décembre également lors de notre démonstration dans la vallée de

---

temps et avec quels moyens on aurait pu accomplir en face de l'ennemi de pareils travaux, qui n'allaient à rien moins qu'à la création d'une forteresse complète en état de résister à l'artillerie nouvelle, sur un plateau sans eau, éloigné de deux à trois kilomètres en avant de nos forts. — Si de pareilles entreprises eussent été possibles, elles auraient été bien plus utiles sur d'autres parties de l'enceinte où elles ont été vainement réclamées.

la Marne, Avron nous avait été d'un grand secours; mais pour la défense passive cette position ne nous était pas indispensable; tous nos forts de l'Est étaient suffisamment organisés et armés pour recevoir l'attaque; les nombreuses batteries intermédiaires nouvellement installées sur la voie stratégique augmentaient encore la résistance de tout ce front, entre Romainville et Nogent, déjà si formidable.

Rester sur ce terrain c'était donc étendre la défense sans profit et fatiguer considérablement nos troupes, toujours tenues en éveil par l'éventualité d'une attaque. De plus, il faudrait, au prix de nouveaux et cruels sacrifices, faire sous le feu croisé de l'ennemi des travaux longs, pénibles, pour réparer ou consolider les abris; nous ne pourrions jamais répondre avec efficacité, nos calibres n'étant pas assez puissants, enfin notre situation sur la pointe étroite du plateau rendait notre tir divergent, pendant qu'au contraire toutes les pièces de l'ennemi convergeaient sur le même point. Inutile pour nous, Avron ne pouvait être utilisé par l'ennemi, car les feux croisés des forts de Nogent et de Rosny et les batteries disposées sur les crêtes du plateau de Montreuil en rendaient la position intenable (1).

Toutes ces raisons déterminèrent le Gouverneur à abandonner la position, et l'évacuation fut décidée pour la nuit.

Vers 6 heures du soir, le feu ayant à peu près cessé, de nombreuses voitures, des camions, sont amenés sur le plateau. En même temps arrivent des trois forts de l'Est des corvées de marins.

Évacuation du plateau d'Avron. (Nuit du 28 au 29 décembre.)

Enlever les grosses pièces et les diriger sur des routes

---

(1) Vainement l'ennemi, à diverses reprises, tenta de prendre pied sur Avron; sous le bombardement continu de nos forts, les travaux furent détruits, bouleversés, et jamais il ne put s'établir sérieusement.

défoncées, couvertes de glace, par une nuit des plus noires, charger sur les voitures des centaines de projectiles qu'il fallait extraire un à un des poudrières en partie écroulées, tout cela par un froid des plus intenses, était un travail long, difficile et des plus pénibles.

Nos artilleurs, nos marins, montrant le plus énergique dévouement, parvinrent à terminer l'opération avant le jour; on laissa un canon de 24 ayant un tourillon cassé et un canon de trente tombé dans un fossé à la descente d'Avron, plus une assez grande quantité de munitions... encore les deux pièces furent-elles enlevées quarante-huit heures après par les marins, sous la protection des troupes de la deuxième armée... C'est donc à tort que les Prussiens ont dit avoir conquis des canons, ils ont pris tout au plus quelques munitions.

L'artillerie de position de Bondy reçut également l'ordre de rentrer; on ne laissa dans ce village que 3 pièces de 24 à la batterie des Gravats, et 6 pièces de 12 de siége à la barricade de la route de Metz. Ces pièces, masquées avec soin, ne devaient ouvrir le feu que dans le cas d'une attaque sur le village (1).

29 décembre. — Dans la matinée du 29, la division d'Hugues et les deux bataillons de zouaves qui avaient été chargés de soutenir l'opération de l'enlèvement du matériel, abandonnent à leur tour les flancs du plateau d'Avron; la division d'Hugues s'installe à Charenton, la division de Bellemare à Noisy. Les deux bataillons du 112e retournent au moulin Saquet. Enfin les régiments de la garde nationale mis à la disposition du général Vinoy rentrent dans Paris et sont remplacés par les troupes du corps d'Exea.

---

(1) Ordre donné par le général Ducrot à la suite de sa visite dans la journée du 28.

La division de Bellemare occupe Montreuil et Bagnolet ; la division Mattat, Fontenay et Nogent ; la brigade Reille reste chargée de la garde de Bondy.

L'ennemi ne s'étant pas douté de notre mouvement de retraite, recommença son feu sur le plateau d'Avron comme les jours précédents, à huit heures du matin. Il canonnait en même temps Bondy et les forts de l'Est.

Rosny, son objectif principal, recevait de 7 à 8 coups par minute ; les escarpes furent promptement endommagées, des casemates crevées, un certain nombre d'hommes tués et blessés. Les forts voisins, Noisy, Nogent, étaient également bombardés, mais dans une moindre proportion ; il y avait cependant quelques pertes et des dégâts considérables aux parapets et maçonneries.

« Vers deux heures de l'après-midi, dit le général
« Vinoy, le général Ducrot vint au fort de Rosny con-
« férer avec le chef de la troisième armée. Celui-ci mit
« à sa disposition les 24 pièces de 7 retirées du plateau
« d'Avron, en lui faisant connaître les ordres prescrits
« pour leur établissement entre les forts. Il lui indiqua
« en même temps les emplacements reconnus à cet
« effet par le colonel Chanal, qui avait succédé au
« général Favé dans le commandement de l'artillerie de
« la troisième armée (1). »

---

(1) *Général Vinoy à Gouverneur.*

Rosny, 29 décembre 1870, 2 heures du soir.

Le général Ducrot est venu me voir ; je me suis entendu avec lui pour les nouvelles dispositions à prendre en vue de nouvelles précautions de défense à organiser.

Il a réglé devant moi le service des troupes du corps d'Exea et a fixé leur cantonnement. J'ai mis à sa disposition les vingt-quatre pièces de 7 retirées d'Avron, qu'il s'est chargé d'utiliser lui-même.

L'emplacement que j'avais choisi, d'une batterie dans la courbe du fort de Rosny à Nogent, lui a été indiqué. Je pense que vous approuverez les

Conformément aux instructions du Gouverneur (1), les deux bataillons de garde républicaine quittent Bondy dans l'après-midi pour rentrer à Noisy, de là à Paris ; ils sont suivis dans la soirée par la compagnie des volontaires Darricau.

Dans le village même de Bondy il ne reste que le 1ᵉʳ bataillon du Tarn avec le 3ᵉ de la Seine-Inférieure et les éclaireurs de la Seine ; le lieutenant-colonel Faure prend le service de major de tranchée.

Les 2ᵉ et 3ᵉ bataillons du Tarn s'installent à Merlan.

Les Allemands, avertis que le plateau était évacué, envoyèrent en reconnaissance un bataillon qui, après avoir constaté notre départ, regagna les lignes ennemies.

A la tombée de la nuit le feu cesse sur tous les points ; on en profite pour réparer toutes les avaries dans les forts. Les escarpes et les blindages sont renforcés à l'aide de sacs à terre que remplissent et apportent de nombreuses corvées d'infanterie. En même temps, sur différents points de la voie stratégique, on élève des épaulements destinés à recevoir de grosses pièces retirées soit d'Avron, soit de Bondy, pour diviser le feu de l'ennemi et soulager les forts ; nos batteries ont l'ordre de cesser leur tir et d'attendre l'achèvement de ces épaulements.

30 décembre. N'ayant plus à s'occuper d'Avron, les Allemands di-

---

mesures que nous avons prises ensemble, et il me reste à attendre vos ordres pour rejoindre mon quartier général à Paris.

(1) *Gouverneur à général Vinoy,* — *Rosny.*

Paris, 29 décembre 1870, 2 heures du soir.

J'approuve naturellement toutes les dispositions de répartition que vous avez concertées avec le général Ducrot. Faites rentrer aujourd'hui même à Paris les gendarmes. Dites-moi où a été dirigé le gros de l'artillerie ramenée d'Avron. Je souhaite que les forts reprennent leurs pièces de 0ᵐ16. Vous pourrez rallier aujourd'hui votre quartier général.

rigent leurs feux sur nos forts de l'Est et les villages voisins. Noisy-le-Sec est particulièrement bombardé ; aussi la division de Bellemare reçoit-elle l'ordre de l'évacuer pour se rendre, la brigade Colonieu à Bagnolet, la brigade Fournès à Montreuil.

Dans la nuit, vers 2 heures du matin, des marins, protégés par les francs-tireurs Anquetil, se rendent sur le plateau d'Avron et ramènent les deux pièces abandonnées au moment de l'évacuation.

31 décembre. — Le bombardement redouble sur les forts de l'Est et sur Bondy ; nous continuons à ne pas répondre.

Deux pièces de 16 sont amenées à la redoute de la Boissière, et trois pièces de 24 à la redoute de Noisy.

L'ennemi ouvre le feu sur Drancy, Bobigny.

Le grand quartier général se transporte aux Lilas.

Le général Vinoy quitte le fort de Rosny et rentre dans Paris.

Le séjour dans les tranchées, sans abri, par les nuits d'hiver de 12 à 16 degrés, occasionne nombre de maladies et de cas de congélation.

Les hommes sont exténués au physique et au moral. Un tiers de l'effectif disparaît.

Le bombardement continue très-vif, particulièrement sur le fort de Rosny. Nos batteries ne tirent pas. Le Gouverneur vient dans la journée visiter cette position.

1er janvier. — A partir du 2 janvier, Bondy ne fut plus occupé que comme poste de grand'garde relevée chaque jour ; cette garde se composait d'un bataillon de mobile, d'une compagnie et demie d'éclaireurs et quelquefois de détachements de la garde nationale.

Les troupes sont abritées le jour dans des caves blindées par les décombres qui les recouvraient, on ne laisse dehors que quelques factionnaires ; la nuit toutes les troupes occupent les tranchées et créneaux, sauf une réserve placée en arrière du village.

2 janvier. Bombardement violent sur Rosny et Nogent; quelques obus tombent sur le village de Fontenay-sous-Bois. Même silence de nos pièces. On continue à accumuler des batteries sur la route stratégique.

Le feu continue sur Bondy, Drancy et la ferme de Groslay; mais nos hommes ont l'habitude de se défiler des obus, et nos pertes sont relativement minimes.

L'ennemi, allongeant son tir, envoie ses projectiles dans le village de Montreuil, à 7,000 mètres environ; il y a là toute une division cantonnée, la division de Bellemare, qui n'a heureusement que quelques blessés.

A Rosny, plusieurs casemates sont traversées, le fort souffre beaucoup; mais on travaille activement la nuit à boucher les ouvertures, renforcer les points faibles, etc. Chaque régiment d'infanterie fournit à son tour des corvées pour remplir des sacs à terre et les porter dans les forts.

Dans le courant de la nuit des corvées de marins se rendent sur le plateau d'Avron, protégées par le bataillon de francs-tireurs de la division Mattat, et en rapportent quelques munitions qui y avaient été laissées lors de l'évacuation.

CHAPITRE II.

DISCUSSIONS AU SEIN DU GOUVERNEMENT DE LA DÉFENSE NATIONALE ; PROCÈS-VERBAUX DES SÉANCES DU 27 DÉCEMBRE AU 17 JANVIER.

Comme on a pu le voir, pendant ces derniers jours, nos malheureux soldats avaient fait leur devoir dans la mesure du possible. Autour du Bourget, à Drancy, comme sur le plateau d'Avron, sauf de très-rares défaillances, l'on avait pu constater une résignation, un dévouement admirables de la part de ces hommes matériellement épuisés par les privations et les souffrances de toutes sortes... Mais cela ne suffit pas à la population parisienne, qui juge de loin et avec l'aveuglement de la passion; il lui faut absolument un triomphe, et, comme nous sommes impuissants à lui accorder cette suprême satisfaction, il n'est sorte d'injures et de stupides accusations qui ne soient portées contre l'armée et contre ses chefs; la presse hostile au Gouvernement en profite pour demander son renversement et l'installation de la Commune.

« Dans une réunion des maires tenue le 29 décembre,
« dit M. Chaper, et qui donna lieu à des scènes presque
« violentes, le Gouverneur fut ardemment attaqué, fai-
« blement défendu, et non-seulement la population, mais
« les membres du Gouvernement se préoccupaient de
« lui chercher un successeur. Nul doute que s'il se fût
« trouvé un militaire à la fois suffisamment républicain
« pour rassurer M. Arago et assez plein d'assurance pour
« promettre le succès, il n'eût dès lors reçu le com-
« mandement en chef de l'armée. Mais à mesure que
« les membres civils du Gouvernement de la Défense
« nationale s'occupaient davantage des affaires mili-
« taires, ils s'apercevaient qu'aucun homme, parmi ceux
« qui avaient quelques notions du métier des armes, ne
« partageait leurs vues au sujet de la défense. Con-
« vaincus, comme ils l'étaient, que des citoyens armés,
« nombreux et animés de la foi républicaine doivent
« toujours être vainqueurs des armées faites de soldats,
« ils croyaient que dix généraux pour un viendraient
« leur dire : « Vous avez raison, et nous nous chargeons

« de vous sauver ». Il en fut autrement et pas un géné-
« ral ne se rencontra pour garantir le salut.

« Il ne manquait pas assurément, surtout parmi les
« journalistes, d'entrepreneurs de délivrance qui pro-
« mettaient la victoire pourvu qu'on voulût bien leur
« obéir. Mais leurs antécédents inspiraient si peu de
« confiance, et ils mettaient de telles conditions à leur
« concours que les membres du Gouvernement n'osaient
« pousser la logique de leurs opinions jusqu'à cet excès
« manifeste. Ils continuaient donc à chercher parmi les
« hommes qui avaient fait la guerre, passant en revue
« les plus audacieux, les plus ardents, des généraux
« aux colonels, des colonels aux commandants, et, pro-
« fondément surpris, ils trouvaient chez tous cette opi-
« nion unanime, que les troupes ne s'improvisent pas,
« et que la foule armée sans instruction, sans discipline
« et sans cadres, quelle que soit sa foi politique, doit
« être certainement vaincue, dispersée par une armée
« régulière, fût-elle beaucoup moins nombreuse ».

Le Gouvernement de la Défense nationale lui-même
subit l'impression de ce milieu dans lequel il vit et qui
réagit sur lui. A partir du 27 décembre, les procès-verbaux portent de plus en plus la trace du trouble général
qui envahit tous les esprits.

Mardi, 27 décembre (9 heures du soir).

« M. Ferry signale au Conseil la lettre presque mena-
« çante qu'il a reçue dans la journée du maire du 2ᵉ ar-
« rondissement ; cette lettre est une sorte de mise en
« demeure qui lui est faite de convoquer les maires. Il
« annonce qu'il a donné rendez-vous au maire du 2ᵉ ar-
« rondissement à 10 heures, ce soir, à l'Hôtel de Ville.

« M. Garnier-Pagès dit que le maire du 2ᵉ arrondis-

« sement est un homme distingué et intelligent qui mérite
« plus que tout autre une sévère leçon si, en effet, il se
« laisse entraîner.

« M. J. Favre excuse l'irritation des maires aux prises
« avec des difficultés inconcevables. Il reconnaît les
« grands services qu'ils ont rendus.

« M. le général Trochu voit dans cette lettre du maire
« du 2ᵉ arrondissement, un *nouveau symptôme de l'a-*
« *gitation des esprits, qui, comme toujours, coïncide*
« *avec une nouvelle tentative prussienne.* Il signale à
« cet égard le bombardement commencé dans la matinée
« par l'ennemi sur les forts de Noisy, Rosny et Nogent,
« au moment même où, suivant la lettre d'hier, son
« officier, M. Faivre, parlementait avec l'ennemi pour
« une suspension d'armes réclamée par lui.

« M. Ferry revient de l'Hôtel de Ville, où il a vu le
« maire du 2ᵉ arrondissement qu'il a trouvé dans les
« meilleures dispositions, contrairement à ce que pou-
« vait faire craindre sa lettre.

« M. Picard demande que l'on recueille les articles du
« *Réveil* qui excitent au pillage. »

Mercredi, 28 décembre (10 heures du soir).

« M. le général Trochu rend compte de l'effet désas-
« treux du bombardement sur le plateau d'Avron. Les
« pièces de 7, excellentes par leur portée et leur pré-
« cision, ne peuvent lutter contre celles de l'ennemi qui
« envoient des projectiles de 24 kilogrammes.

« Il considère comme impossible de laisser l'infante-
« rie plus longtemps exposée à ce feu meurtrier. Désor-
« mais toute sortie au dehors lui paraît même impossible,
« si ce bombardement se généralise.

« M. J. Favre exprime son étonnement qu'il en soit

« ainsi ; il supplie le général de ne pas rester dans l'inac-
« tion, car il s'agit de conjurer deux dangers à la fois,
« l'émeute et la famine.

« M. le général Trochu reconnaît la justesse de ces
« observations, *mais l'armée est épuisée ;* il lui faut
« quelques jours de repos.

« Il entre à cet égard dans l'exposé des souffrances de
« l'armée et il en conclut qu'il faut un nouveau général
« qui puisse continuer avec cœur l'œuvre commencée
« par lui.

« M. Garnier-Pagès est d'avis, si l'on croit devoir
« évacuer le plateau d'Avron, de faire immédiatement
« une action d'un autre côté.

« M. le général Trochu rappelle la scène scandaleuse
« qui l'a déjà paralysé à Vincennes, lorsqu'il voulait pro-
« céder à de nouvelles opérations après avoir repassé la
« Marne.

« MM. J. Favre et Arago, sans demander une action
« impossible, demandent que l'on essaie du moins
« quelque chose.

« M. le général Trochu lit une lettre du général Vinoy,
« qui déclare le plateau d'Avron impossible à tenir. Il
« signale lui-même le danger de perdre l'artillerie du
« plateau si on ne l'évacue pas au plus tôt.

« M. le général Le Flô ne comprend pas l'importance
« qu'on attache à ce plateau d'Avron.

« M. Dorian reconnaît qu'il serait insensé de rester
« sur le plateau, alors qu'on ne peut répondre au feu de
« l'ennemi.

« M. Simon reconnaît également la nécessité d'évacuer
« Avron, mais il demande si l'on ne pourrait pas agir
« d'un autre côté pour satisfaire l'opinion inquiète.

« M. le général Trochu est d'avis qu'une note pré-
« pare la population à cette évacuation nécessaire. »

Jeudi, 29 décembre (10 heures du soir).

« M. J. Favre rend compte de la réunion des maires
« qui vient d'avoir lieu sous sa présidence.

« M. Delescluze a déclaré qu'il voulait protéger le
« Gouvernement et le fortifier par la permanence à ses
« côtés de la réunion des maires et des adjoints.

« M. J. Favre apprend qu'il a repoussé cette proposition,
« en disant que le Gouvernement ne pouvait déléguer
« ses pouvoirs ; il a aussi essayé de justifier le général
« Trochu, mais il constate qu'il règne contre le général
« une animation extrême qui s'attaque, non à son carac-
« tère, mais à ses procédés militaires.

« L'un des maires, M. Tirard, a affirmé que le général
« Courty avait déclaré que la défense de Paris serait
« impossible tant que le général Trochu resterait uni à
« M. J. Favre.

« M. le général Trochu entre et rend compte de
« l'évacuation du plateau d'Avron.

« M. J. Favre renouvelle les réclamations formées par
« les maires, qui se plaignent qu'on ne fait rien.

« M. le général Trochu repousse vivement cette allé-
« gation injuste. »

Vendredi, 30 décembre (10 heures du soir).

« M. le général Trochu signale le prétendu désaccord
« allégué par les journaux, entre certains membres du
« Gouvernement ; il demande si ce bruit ne doit pas
« être démenti.

« M. J. Favre insiste de nouveau sur la satisfaction à
« donner à la population qui veut l'action. Il a reçu une
« *députation des membres de l'Institut qui ont formulé*
« *énergiquement le même vœu.*

« M. le général Trochu constate qu'il s'agit évidem-
« ment de faire donner la garde nationale ; or il est
« certain qu'elle ne peut donner seule et que l'armée
« n'est point encore prête à marcher ; il ne veut pas ris-
« quer le tout pour le tout.

« M. Picard déclare que si les efforts doivent être inu-
« tiles il est de ceux qui ne feraient rien pour les con-
« seiller, mais il ne faut pas que la fin de la lutte arrive
« sans que la garde nationale ait été employée. La pers-
« pective d'une capitulation révolte tout le monde, ceux-
« là même qui ont toujours désiré la paix ; à son avis il
« n'y a que deux moyens d'éviter cette calamité : com-
« battre ou traiter. Le traité est devenu chose difficile ; il
« ne reste donc plus que le grand effort militaire à tenter
« dans les meilleures conditions possibles. Il demande
« si l'on croit que cet effort doive être forcément stérile.

« M. le général Trochu répond, dit-il, nettement à
« cette question nette. L'effort en question n'est pas
« forcément condamné à rester inutile ; mais il est le
« plus considérable qu'aucune armée ait encore tenté.
« L'armée est arrivée à une fatigue extrême qui, si
« l'effort échoue, peut entraîner la capitulation.

« M. Picard fait remarquer qu'on n'a plus que vingt
« jours.

« M. Arago admettrait les raisonnements du général
« si l'on avait du temps et des vivres ; mais les subsis-
« tances commandent de se hâter et l'opinion publique,
« qui le sait, l'exige.

« M. le général Trochu répond que l'on ne risque pas
« des coups de tête dans ces situations extrêmes, car
« alors on n'en peut tenter qu'un, après lequel il faut
« céder. Il a de nouveau interrogé les généraux Vinoy
« et de Beaufort, et ils ont répondu que leurs hommes
« ne pouvaient marcher.

« M. Picard : Mais l'ennemi se repose aussi en même
« temps que nous.

« M. le général Trochu fait observer que l'ennemi
« n'est point enfermé, qu'il est libre de ses mouvements
« et bien nourri ; il a des lainages et des hommes d'une
« constitution robuste. Il lit une lettre du général ...?
« qui lui dit que sa division ne tient plus debout.

« MM. J. Favre et Picard demandent à voir eux-
« mêmes les généraux.

« M. le général Trochu répond que si des considéra-
« tions vulgaires pouvaient l'inspirer, il n'aurait qu'à
« répondre : « Marchons », et à se donner ainsi le mé-
« rite d'une action qu'il serait prêt à entreprendre si les
« officiers avaient la vigueur de résolution qu'il se sent.
« Mais rien de semblable n'existe, et il se voit obligé de
« subir la situation sans pouvoir l'avouer. Il appellera
« d'ailleurs volontiers les généraux, et, s'ils ne sont point
« encore réunis, c'est que les événements de guerre les
« en ont empêchés. Il constate d'ailleurs que c'est lui
« qui a insisté pour les appeler, alors que le Conseil
« s'était d'abord prononcé pour la négative.

« M. Garnier-Pagès déclare avoir, en effet, voté contre
« cet appel des généraux, parce qu'il en connaît qui ne
« lui inspirent aucune confiance et qui découragent en
« arrière le général Trochu, tandis qu'en public ils blâ-
« ment son inaction.

« M. le général Le Flô exprime la crainte qu'il ne
« faille recourir à l'élection d'une Assemblée, mais il
« assure qu'il faut cependant attendre la fin du siége
« de Paris. »

Samedi, 31 décembre (8 heures et demie du soir).

« Sont présents : les membres du Gouvernement, les

« Ministres, M. le Préfet de police, les Secrétaires ;
« MM. vice-amiral La Roncière, contre-amiral Pothuau,
« général Ducrot, général Tripier, général Frébault,
« général Chabaud-Latour, général Guiod, général
« Noël, général Vinoy, général Clément Thomas, géné-
« ral de Bellemare.

« M. le général Trochu expose d'abord les motifs de
« la réunion. Il est de son devoir d'informer le Conseil
« de ce qui se passe au point de vue militaire ; il a donc
« proposé à ses collègues de recueillir par eüx-mêmes
« les impressions des généraux qui vivent au milieu de
« ces faits militaires qu'il s'agit d'apprécier.

« Il donne ensuite la parole à M. J. Favre, après avoir
« désigné par son grade chacun des chefs militaires
« présents.

« M. J. Favre énumère les diverses questions soule-
« vées par le problème qui s'impose à Paris ; il rappelle
« les premières prévisions, l'insuffisance des préparatifs,
« la crainte d'une attaque immédiate, puis la préparation
« simultanée de la défensive et de l'offensive ; il a fallu
« à la fois créer un matériel de guerre et une armée qui
« n'existaient pas. Mais l'ennemi n'ayant pas pris
« l'offensive, il a fallu la prendre contre lui et faire à
« notre tour le siége des positions préparées pendant
« notre organisation. De là une foule de combats dont
« la Patrie doit se montrer reconnaissante.

« Cependant il fallait user d'un double moyen : fati-
« guer l'ennemi par des attaques incessantes, le démo-
« raliser et le ruiner par de grandes batailles. Voilà ce
« que chacun des chefs présents a fait avec un talent et
« un courage au-dessus de tout éloge ; malgré tous ces
« efforts, l'ennemi a toujours augmenté ses moyens
« de défense, l'armée a subi des pertes sensibles, et
« nous sommes enfin privés des seuls moyens de com-

« munication qui puissent nous permettre de combiner
« nos mouvements avec les armées du dehors. Un autre
« point capital dont il faut tenir compte, c'est que les
« généraux ne sont pas seulement les défenseurs d'une
« citadelle, ils sont aussi et surtout les défenseurs d'une
« grande cité, renfermant une population considérable,
« dont les passions, les mouvements politiques et so-
« ciaux exigent et s'imposent.

« S'il n'était question ici que de livrer des combats
« glorieux pour l'honneur, comme au Cirque olympique,
« certes il faudrait cesser au plus tôt ces luttes sans
« objet; mais il n'en est point ainsi, et bien que les dé-
« pêches fassent défaut, il est très-certain qu'une armée
« s'est formée en province, qu'elle déploie une très-
« grande vigueur, et que plusieurs fois déjà elle a rem-
« porté sur l'ennemi des avantages signalés, se repliant
« en bon ordre là où des forces supérieures la contrai-
« gnaient à battre en retraite. A l'intérieur de Paris,
« les mêmes chances militaires se poursuivent avec des
« mouvements quelquefois aveugles, passionnés, impé-
« tueux. La ville de Paris veut être défendue à
« outrance; c'est là surtout un sentiment partagé par
« les classes moyennes. Il est donc impossible de ne
« pas tenir compte de ces impressions qu'il faut seu-
« lement chercher à concilier avec la raison et l'oppor-
« tunité.

« C'est précisément sur cette raison et sur cette oppor-
« tunité que le Conseil désire être renseigné. Car le
« Gouvernement serait brisé s'il essayait d'entraver le
« mouvement de la population; or, être brisé ce ne
« serait pas la ruine de certaines personnalités, ce se-
« rait l'honneur et la défense de Paris tout à fait com-
« promis. Si l'armée a donné de grands exemples, il
« faut d'ailleurs reconnaître que la population s'est

« montrée unie jusqu'ici dans un même sentiment pa-
« triotique.

« Deux questions se dégagent donc de tout ce qui
« précède :

« Croyez-vous pouvoir obéir au désir d'action de la
« population à l'aide d'opérations militaires exécutées
« avec les divers éléments de la défense de Paris
« (armée, mobile, garde nationale, marine) séparés ou
« combinés ; enfin quel genre d'action peut-on ainsi
« proposer à la ville de Paris et quelles espérances
« peut-on lui donner ?

« En un mot, la défense peut-elle être continuée et
« comment peut-elle l'être ?

« M. le général Trochu donne d'abord la parole au
« général Ducrot.

« M. le général Ducrot demande tout d'abord qu'on
« reconnaisse qu'il n'a jamais cherché à bercer ses col-
« lègues d'illusions ; il a toujours déclaré qu'il comptait
« très-peu sur l'armée de la Loire, qu'il comptait très-
« peu sur l'armée de Paris, qui ne lui paraissaient ni
« l'une ni l'autre en état de percer les lignes prussiennes.
« Il ne voit pour lui qu'une chose possible à Paris : faire
« son devoir aujourd'hui, demain, toujours ; lutter pour
« lasser l'ennemi et lui tuer du monde. Voilà ce qu'il a
« toujours dit. Ses prévisions se sont jusqu'ici réalisées ;
« l'armée de la Loire n'a pu soutenir la lutte ; elle a
« commis, en outre, la grande faute de concentrer en une
« seule masse toutes les forces militaires de la France,
« tandis qu'elle aurait dû se diviser par groupes chargés
« de harceler l'ennemi. Cette armée improvisée n'a
« évidemment ni force, ni discipline, et ne peut sur-
« monter les grands obstacles.

« Le général Ducrot entre ensuite dans les détails
« d'un siége en règle qui se divise en trois périodes :

« investissement, établissement de batteries, approches.
« On a fait ce qu'il fallait faire, suivant lui, pour em-
« pêcher l'investissement. Il rappelle que, mis le 17
« septembre à la tête d'une armée sans cohésion, sans
« discipline et sans cadres, il s'est jeté dès le 19 sur
« les flancs de l'ennemi, le long des bords de la Bièvre,
« mais il a échoué, abandonné par ses hommes. Le sur-
« lendemain il s'est porté cependant sur Neuilly et a
« fait établir les redoutes du rond-point de Courbevoie,
« de Charlebourg, de la Folie et des Gibets ; puis il a
« livré les combats de Rueil et de la Malmaison.

« Cependant les troupes se sont un peu aguerries,
« mais l'ennemi, de son côté, s'est livré à des travaux
« considérables ; il a entouré Paris de trois et quelque-
« fois de cinq lignes de retranchements formidables, en
« utilisant les obstacles matériels et en accumulant les
« obstacles artificiels.

« Aujourd'hui, d'assiégé il faut se faire assiégeant
« aussitôt qu'on veut sortir des lignes, et il devient im-
« possible d'enlever de vive force ces ouvrages redou-
» tables qui contraignent ceux qui les attaquent à s'en-
« gager dans des goulots de bouteille où l'ennemi les
« écrase aisément... Les surprises étant impossibles, il
« faudrait se livrer à des travaux d'approche, mais pour
« cela il faut du temps, et le temps manque. Sa convic-
« tion est donc qu'il n'y a pas de plan ni de valeur indi-
« viduelle qui puissent briser la ligne d'investissement.
« Il faut résister le plus longtemps possible ; mais il faut
« renoncer à faire cette trouée impraticable sans
« armée de secours ; cela ne se serait jamais vu. Le
« soldat, comme tout homme, a besoin d'espérance ; or,
« cette impossibilité de percer les lignes a gagné tous
« les cœurs et l'on ne pourrait désormais obtenir des
« troupes un de ces efforts confiants qui seuls font le

« succès. A ces considérations il faut ajouter l'état de
« fatigue et de souffrance qui ne permet plus d'opérer
« en rase campagne. Quant à l'idée de se porter en
« avant avec 200,000 hommes, c'est là, suivant M. le
« général Ducrot, une idée folle qu'il a toujours com-
« battue ; il a l'entière conviction que dès le premier
« obus qui tomberait dans ces masses, elles se livreraient
« à une débandade effroyable et honteuse. — Si l'on
« veut sauver une partie de l'armée, il faut, à son avis,
« faire appel à des hommes choisis, les diviser en trois
« colonnes et passer comme on le pourra. Il ajoute enfin
« qu'avant huit jours les obus prussiens pleuvront sur
« les quartiers de Belleville et qu'on n'aura aucun
« moyen de l'empêcher.

« M. J. Favre invite à parler ceux des généraux qui
« partagent un avis contraire à celui que vient d'expri-
« mer le général Ducrot.

« Personne ne prenant la parole, M. J. Favre constate
« que la conclusion du discours qui vient d'être prononcé
« serait qu'il faut désormais s'enfermer dans Paris et
« dans les forts sans plus rien tenter.

« M. le général Trochu demande également aux opi-
« nions divergentes ou parallèles de se produire, car les
« esprits sont divers.

« M. le général Vinoy pense que, si au lieu de faire
« une seule armée agissante, on en avait fait deux, on
« aurait pu faire occuper l'ennemi par l'une pendant que
« l'autre aurait agi. Aujourd'hui il est bien tard pour
« mettre ce moyen à exécution ; on a contre soi le froid,
« et les hommes mal nourris et fatigués sont démora-
« lisés. Un avis lui semble donc bien difficile à donner.
« Cependant si l'on poussait des colonnes solides sur
« divers points, on pourrait peut-être trouver un passage
« ou du moins faire beaucoup de mal à l'ennemi.

« M. le général Ducrot demande vivement au général
« Vinoy d'indiquer ces points d'attaque, car il les a
« inutilement cherchés lui-même et le général Vinoy a
« pu voir qu'il avait échoué de son côté à Montmesly.

« M. le général Vinoy répond qu'il ne faut pas dis-
« cuter les faits accomplis, car si on le faisait, il lui
« serait aisé de prouver que le général de Susbielle a reçu
« l'ordre d'attaquer sans qu'il en fût prévenu, tandis que
« s'il l'avait été, il serait venu à son secours ; et dans
« sa conviction il aurait conservé cette position.

« M. le général Ducrot réfute cette allégation en affir-
« mant qu'après Montmesly on aurait vu se dresser les
« travaux d'Ormesson et des lignes fortifiées de trois
« lieues d'épaisseur, tout à fait infranchissables.

« M. le général Vinoy demande à son tour à M. le
« général Ducrot combien donc il croit avoir d'ennemis
« devant Paris.

« M. le général Trochu, répondant à cette question,
« estime à 240,000 hommes environ le chiffre actuel de
« l'armée d'investissement.

« Il entre ensuite dans tous les détails d'organisation
« de l'armée de Paris. Puis il indique qu'il a eu un
« plan complet et conforme au vœu du général Vinoy,
« plan consistant à tenter une trouée par la ligne de
« Rouen, dont il expose tous les avantages au point de
« vue des opérations militaires et du ravitaillement.
« Ce plan allait être exécuté lorsqu'il a été brusquement
« abandonné à la suite des dépêches et des objurgations
« de M. Gambetta, annonçant qu'une armée de la Loire,
« forte de 150,000 hommes, marchait sur Paris, qu'elle
« était à Montargis ; que de là elle irait à Fontainebleau,
« et qu'il fallait absolument lui tendre la main de ce
« côté. Voilà ce qui a motivé le passage de la Marne et

« les combats du 30 novembre et du 2 décembre, qui
« ont tant et inutilement épuisé l'armée.

« M. le général Trochu déclare qu'il se voit à regret
« obligé de révéler ces choses ; mais enfin la situation
« nous en fait une nécessité, et il énumère les difficultés
« de la lutte sur les bords de la Marne et l'absence des
« munitions qui l'ont empêché le 2 au soir de profiter du
« succès de la journée.

« Après cet exposé, M. le général Trochu demande
« aux chefs militaires présents de s'expliquer et il in-
« terroge le général Noël.

« M. le général Noël déclare qu'il ne peut parler que
« de ce qui l'entoure au Mont-Valérien. Il lui semble
« impossible, de ce côté, de franchir les premières lignes
« d'investissement sans se heurter à des obstacles insur-
« montables.

« M. J. Favre déclare qu'il faut tirer de tout ceci une
« conclusion. Si vous étiez Gouverneur de Paris, dit-il
« au général Noël, que feriez-vous ?

« M. le général Noël répond qu'il chercherait à gagner
« du terrain en s'avançant de poste en poste ; mais il
« avoue ne pas entrevoir la possibilité de s'établir au
« delà.

« M. J. Favre : Vous jugez donc toute opération
« agressive sérieuse, impossible ?

« M. le général Noël : Absolument, dans la zone qui
« m'entoure.

« M. J. Favre : Mais enfin si ces obstacles sont les
« mêmes partout ?

« M. le général Noël : On peut prolonger la défense
« sans sortir des lignes. D'ailleurs le côté qu'il connaît
« est de tous le plus difficile.

« M. J. Favre interroge le général Noël sur les dis-
« positions de ses troupes.

« M. le général Noël répond que ces dispositions
« sont bonnes ; ses troupes n'ont pas souffert (1) ; elles
« sont animées d'un esprit militaire excellent. Le moral
« de ces troupes est bon ; il a été maintenu par de
« petits succès, mais il ne commande que 5 à 6,000
« hommes.

« M. le général Trochu interroge M. le général de
« Bellemare.

« M. le général de Bellemare continue en indiquant
« que la mobile contient de mauvais éléments, gâtés
« encore par l'élection des officiers et poussés à l'ex-
« trême par les souffrances. Ces troupes crient : « la
« paix » et les officiers supérieurs en tête. Il croit ce-
« pendant qu'il pourrait refaire le moral des troupes
« en les mélangeant avec les bataillons mobilisés de la
« garde nationale ; les uns y gagneraient en énergie, les
« autres en habitudes militaires.

« M. le général Vinoy s'oppose énergiquement à cette
« opinion.

« M. de Bellemare avoue que l'armée a été surprise
« et déconcertée le 21, à l'attaque du Bourget, de ne pas
« voir la garde nationale derrière elle. Pour lui, si l'on
« tente encore quelque chose, il demande le concours de
« la garde nationale.

« Au point de vue des opérations militaires, il ne
« croit pas une trouée possible ; le fût-elle, il expose
« dans quelle situation se trouverait le corps d'armée
« qui l'opérerait et qui entrerait sans vivres, sans mu-
« nitions, dans une zone ravagée à plus de 40 lieues,
« avec des ennemis au dos, aux flancs et peut-être en

---

(1) Ces troupes formaient la garnison du Mont-Valérien, et comme celles de tous les forts, elles étaient bien nourries, bien abritées, et après chaque affaire, retrouvaient leur gîte.

« face. D'ailleurs, que peut-on tenter sans nouvelles,
« sans communications? Pour lui, tout se résume à une
« question de temps, c'est-à-dire de subsistances. Il
« faut lutter jusqu'au bout, faire le plus de mal possible
« à l'ennemi, employer pour cela la pelle, la pioche et
« l'artillerie. Il importe surtout de procéder par sur-
« prises de nuit, et si, enfin, personne du dehors ne
« vient tendre la main à l'armée de Paris, celle-ci aura
« fait son devoir, et l'on n'aura rien à lui reprocher.

« M. le contre-amiral Pothuau constate que l'ennemi
« s'est fortifié pendant que se formait l'armée de Paris.
« Celle-ci pourrait tenter une trouée, mais seulement
« avec le secours d'une armée du dehors ; sans grande
« trouée, il se demande ce que l'on peut faire, et il
« trouve qu'on est alors placé entre l'utilité et l'honneur
« militaire. Il faut, à son avis, chercher à tenir l'en-
« nemi le plus loin possible et à l'empêcher de donner
« suite à ses projets de bombardement.

« Quant à l'esprit des troupes, il dispose de mille
« marins prêts à tout, de mobiles de province animés
« d'un bon esprit, parmi lesquels il en est même qui
« n'ont point encore tiré un coup de fusil. Enfin, les
« bataillons mobilisés de la garde nationale sont admi-
« rablement disposés et prêts à marcher.

« M. le général Schmitz reconnaît avec le général
« Ducrot qu'il est impossible de songer à percer les
« lignes. Les difficultés de s'approvisionner ensuite lui
« semblent redoutables. Quant aux travaux à faire, il
« faudrait du temps, et le bombardement du mont Avron
« a surpris le général Ducrot.

« M. le général Ducrot : — Il ne m'a pas surpris ;
« j'avais prévenu qu'il aurait lieu dès le 29 novembre.
« On a dit avec raison que les travaux d'Avron n'avaient
« pas été faits ; sans doute, mais les ordres avaient été

« donnés, et là, comme ailleurs, ils n'ont point été
« exécutés.

« M. le général Schmitz continue en disant qu'on n'a
« pas de temps à consacrer aux travaux d'approche,
« mais que, suivant lui, on ne se met pas assez à la
« place du Gouverneur qui ne peut rester inactif et suc-
« comber à la tête de 300,000 hommes. Les Prussiens
« souffrent d'ailleurs comme l'armée française ; il faut
« essayer d'abattre leur moral par un effort considérable
« sur un point de leur ligne.

« M. le général Ducrot, interrompant vivement. —
« Trouvez donc ce point ; on ne perce pas les lignes
« avec des phrases.

« M. le général Schmitz. — Ce point serait déterminé
« ultérieurement en conseil purement militaire ; mais il
« persiste à dire qu'il faut livrer une grande bataille
« sans s'éloigner de Paris. Il se déclare porté à cette
« conviction par des considérations qui ne sont pas seu-
« lement militaires, mais aussi politiques. Paris ne peut
« honorablement succomber vis-à-vis de la population,
« de la France et de l'Europe qui le regardent, sans
« avoir au moins tenté un grand et suprême effort.

« M. le général Ducrot. — Encore une fois, ce sont
« là des phrases, ce ne sont pas des actes.

« M. le général Le Flô déclare qu'en sa qualité de
« ministre de la guerre il tient de trop près au Gouver-
« nement pour prendre une part active à la discussion,
« bien qu'il soit de l'avis du général Schmitz ; mais il
« engage le général Ducrot, qui a déjà plusieurs fois
« exprimé son opinion, de permettre aux autres d'ex-
« primer librement la leur.

« M. le général Ducrot explique sa pensée en disant
« que, lui aussi, il veut employer la garde nationale ;
« mais il ne voit pas autre chose à lui faire faire que le

« service de tranchées, le champ de bataille ne lui pa-
« raissant propice nulle part.

« M. le général Schmitz répond que ce champ de ba-
« taille est à chercher, une fois le principe admis.

« M. le général Trochu constate avec étonnement qu'il
« n'a point encore été parlé jusqu'ici du bombardement,
« qui est pourtant un fait assez considérable. Il explique
« l'inutilité des travaux qui auraient pu être faits au mont
« Avron, en citant les effets produits par le bombarde-
« ment sur les forts. Le bombardement doit donc désor-
« mais entrer en ligne de compte pour toute opération
« militaire à combiner, et, à cet égard, les positions de
« Créteil et de Drancy sont menacées.

« M. le général Schmitz ajoute, pour compléter sa
« pensée, qu'on ne peut songer à cheminer tranquille-
« ment en face de ce bombardement.

« M. le général Vinoy demande si M. le Gouverneur
« peut dire combien l'ennemi possède de ces pièces
« d'artillerie de gros calibre.

« M. le général Trochu répond en citant des journaux
« allemands qui déclarent que ces pièces ont été pré-
« parées dès le début de l'investissement autour de
« Paris.

« M. le général Vinoy fait observer que l'ennemi se
« sert contre Bondy et Drancy de pièces de 24 rou-
« lantes traînées à douze chevaux, pièces qui seront
« immobilisées aussitôt la neige venue.

« M. le général Trochu estime à 200 le nombre de
« pièces de siége dont dispose l'ennemi. Il croit pouvoir
« annoncer le bombardement prochain de Saint-Denis.

« M. le vice-amiral La Roncière déclare qu'il croit
« une trouée impossible maintenant; il est trop tard.
« Quand cette trouée était possible, on n'avait pas de
« troupes capables de la faire; aujourd'hui on possède

« des troupes, mais il est impossible de forcer les li-
« gnes fortifiées de l'ennemi : son sentiment est cepen-
« dant entièrement opposé au rôle purement défensif ; il
« faut tenir compte de l'opinion publique qui veut qu'on
« fasse quelque chose. Son opinion n'est pas qu'on puisse
« faire chose bien fructueuse, mais on peut du moins
« exécuter des entreprises rapides sur les batteries qui
« bombardent, les Prussiens sachant peu résister aux
« surprises. Ces opérations seront sans doute d'un
« mince résultat, mais il avoue qu'il lui serait horri-
« blement pénible de voir Paris tomber petit à petit
« sans avoir tenté de grands efforts.

« Le bombardement est certainement une gêne, mais
« il ne lui semble pas devoir rien empêcher. Si la der-
« nière entreprise du Bourget a échoué, c'est que les
« Prussiens en avaient été prévenus, ainsi que l'ont
« avoué tous les prisonniers.

« M. le général Ducrot prétend faire ressortir la con-
« tradiction qui existe, suivant lui, entre l'opinion du
« vice-amiral et celle du général Schmitz, qui veut une
« grande bataille.

« L'amiral La Roncière fait observer qu'il faut avoir
« égard à l'état des troupes ; celles qui n'ont pas souf-
« fert sont animées d'un excellent esprit, mais certains
« bataillons de la mobile, et notamment ceux de la
« Seine, n'ont de discipline ni parmi les soldats ni
« parmi les officiers ; et pourtant ces bataillons eux-
« mêmes sont prêts à marcher à l'ennemi. Ils l'ont
« prouvé à Stains, le 21.

« On peut se servir de ces éléments pour une entre-
« prise, mais pour rien de durable.

« Quant à la garde nationale, notamment quant au
« régiment commandé par M. Arthur de Fonvielle, l'ar-
« deur et les bonnes dispositions sont remarquables,

« mais il règne une grande hostilité entre elle et la mo-
« bile, qui qualifie les gardes nationaux de « à outrance » ;
« plusieurs rixes même ont déjà eu lieu.

« M. le général Tripier rappelle les opérations déjà
« faites ou tentées. Son avis est que désormais il faut
« marcher à couvert. Le bombardement lui semble moins
« redoutable qu'il ne le paraît, les forts ne peuvent être
« attaqués que par des tranchées ; il est facile de les
« mettre à même de résister. Son avis est qu'il faut re-
« courir à une défensive active. Il repousse donc une
« grande sortie à découvert, telle que le conseille le géné-
« ral Schmitz. On ne sait pas ce qui peut arriver : l'en-
« nemi peut être forcé de se retirer ; il faut donc con-
« tinuer à agir, mais à agir prudemment et en se
« couvrant.

« M. le général Guiod trouve que le bombardement
« n'a rien d'extraordinaire ; l'ennemi a des pièces de 24,
« nous en avons comme lui ; ses pièces frétées ont seu-
« lement plus de portée que les nôtres ; leur véritable
« supériorité, c'est qu'ils sont assaillants et que nous
« sommes assaillis. Les pièces de l'ennemi sont espa-
« cées et éloignées pour les soustraire au pointage ; mais
« à distance normale, les forces en artillerie sont
« équilibrées.

« Le bombardement ne pourra être dommageable
« qu'aux forts, à moins qu'ils ne parviennent à en pren-
« dre un ; et même, dans ce cas, la ville se défendrait
« suffisamment pour que jamais la reddition ne pût être
« le fait du bombardement.

« M. le général Guiod ajoute qu'il ne comprendrait pas
« des cheminements destinés à prendre des points aussi
« insignifiants que le Bourget. Il critique cette action
« divisée et par petits paquets qui ébranle l'opinion pu-
« blique quand elle échoue, et qui reste sans résultats

« quand elle réussit. Mieux vaut un grand effort, fruc-
« tueux si l'on obtient du succès, et toujours honorable
« si l'on succombe ; il partage donc l'avis des généraux
« Schmitz et Vinoy. Ce qu'il faut, c'est atteindre le moral
« de l'ennemi ; il déclare qu'il ne veut pas même entre-
« voir la possibilité de faire une troisième capitulation
« avec une armée de 300,000 hommes, avant que cette
« armée ait fait au moins un suprême effort.

« M. le général Frébault déclare qu'il n'est qu'un gé-
« néral d'artillerie et non un stratégiste ; aussi s'excuse-
« t-il d'émettre un avis. Il constate que le corps auquel
« il appartient a toujours fait son devoir, qu'il le fera en-
« core, mais qu'il marchera à l'ennemi sans aucun espoir
« et avec une énergie froide empreinte de l'esprit de
« sacrifice.

« M. le général Ducrot interrompt vivement pour
« s'écrier que c'est l'artillerie qui a sauvé l'honneur de
« l'armée.

« Le général Frébault continue en affirmant que l'ar-
« tillerie ira où on l'enverra ; son avis est de ne pas
« exagérer les effets du bombardement ; à de grandes
« distances, on ne voit pas sur quoi l'on tire et l'on
« atteint quelquefois même ses troupes ; les grosses
« pièces de l'ennemi ne l'effrayent donc pas ; il n'en
« croit pas moins impossible de percer les lignes. A cet
« égard il pense qu'il ne faut tenir aucun compte de
« l'opinion publique ; il faut faire son devoir sans se
« soucier de ce que pourront dire la France et l'Eu-
« rope.

« M. le général Ducrot appuie énergiquement cette
« dernière opinion, qu'il affirme être celle de l'armée.

« M. le général Clément-Thomas fait observer qu'il y
« a ici deux devoirs en présence, celui de l'armée et
« celui de la population. Paris se doit à lui-même d'agir

« énergiquement pour son honneur, pour son salut et
« peut-être aussi pour l'honneur et le salut de la
« France.

« M. le général Frébault reconnaît que Paris doit
« s'imposer des sacrifices comme Strasbourg et les autres
« villes assiégées.

« Le général Schmitz rappelle que la garde nationale
« n'a encore été appelée à faire aucun effort.

« Le général Frébault veut cependant qu'on agisse,
« mais nulle part autour de Paris, il ne voit une position
« qui permette une grande bataille avec un déploiement
« de forces. Il persiste à croire qu'il faut se battre par
« devoir, mais sans croire au résultat.

« M. le général Clément-Thomas avoue que son opi-
« nion n'est peut-être pas militaire ; cependant il croit
« que Paris est tenu à faire plus de sacrifices que l'ar-
« mée ; il vivra à jamais déshonoré s'il se rend sans
« combat. Il peut se faire que le résultat ne réponde pas
« aux efforts de la garde nationale ; mais enfin il faut la
« mettre à l'épreuve, et avec des généraux comme ceux
« qu'il voit, sa conviction est qu'elle relèvera le moral de
« l'armée et qu'elle fera son devoir.

« M. le général Chabaud-Latour ne craint pas l'effet
« du bombardement, bien que les forts ne soient pas
« construits en vue de la nouvelle artillerie ; il explique
« à cet égard les travaux qu'on a dû faire pour protéger
« les poudres et les hommes. Paris sera donc protégé
« par les forts à l'exception des quartiers du Midi. Quant
« au plateau d'Avron, si l'ennemi veut l'occuper, on lui
« rendra les sévices qu'il nous y a fait éprouver. Les
« remparts lui paraissent ne pouvoir être attaqués que
« du côté du Sud ; encore l'ennemi ne pourrait-il le faire
« qu'en s'exposant à de grandes pertes.

« Le but doit être d'enlever ces batteries qui nous

« canonnent; pour cela, le général croit qu'il faut em-
« ployer de concert la mobile, l'armée et la garde na-
« tionale. Une étincelle de patriotisme jaillira, suivant
« lui, de ce contact, et si les résultats matériels obtenus
« sont peu de chose, les résultats moraux seront consi-
« dérables.

« M. le général Le Flô appelle l'attention sur les ar-
« mées extérieures; c'est là ce qui paraît avoir été né-
« gligé dans la discussion. Partisan de grands efforts, il
« ne veut pas les tenter avant d'être renseigné sur les
« armées qui ont déjà fait de grandes choses, et sur les-
« quelles il compte toujours. En attendant, son avis est
« de fortifier les positions du Sud en hommes et en
« canons.

« M. le général Trochu veut clore la discussion par
« une observation. Il a été très-frappé de l'insistance
« avec laquelle on s'est attaché à réduire l'importance du
« bombardement. Quant à lui, il considère que ce bom-
« bardement modifie d'une façon importante l'attitude
« de l'ennemi vis-à-vis de Paris. Il est évident qu'on ne
« prendra ni les forts de l'Est, ni le plateau de l'Épine;
« ce qui fait l'importance du bombardement, c'est qu'il
« entrave le mouvement des troupes, qui tiennent rare-
« ment quand le bombardement arrive de gauche ou de
« droite. Voilà pourquoi il a dû faire évacuer le plateau
» d'Avron. Aussi, quand le général Ducrot affirme qu'il
« tiendra à Bondy et à Drancy, il se trompe; car aussitôt
« que les batteries ennemies seront terminées, la situa-
« tion des troupes sera telle que lui, Gouverneur, sera
« encore obligé de se rendre sur les lieux pour prendre
« sur sa responsabilité l'évacuation des positions.

« Le général Ducrot affirme qu'il prendra bien cette
« décision sur sa responsabilité et même sans recevoir
« d'ordres.....

« Le général Trochu déclare qu'il est de l'avis du
« général Le Flô en ce qui concerne les armées de pro-
« vince. Il préfère voir ces armées coupées en deux, et
« il considère comme très-remarquable la retraite du
« général Chanzy; il y a là les éléments d'un succès
« provincial auquel il aime à croire, bien que rien ne l'y
« autorise positivement. L'essentiel pour Paris est donc
» de durer. Voilà la grande condition militaire. Mais
« la politique commande autre chose. Son avis est donc
« favorable à la défense active. Mais, Messieurs, ajoute-
« t-il, quand nous approcherons de la crise finale, quand
« on m'aura peut-être jeté à bas, quand des désordres
« peut-être difficiles à réprimer auront apparu, alors,
« d'accord avec le général Clément-Thomas, nous exé-
« cuterons son plan... Assez de capitulations, assez
« de milliers de fusils livrés. Quant à moi, je ne jetterai
« pas dans les bras de l'ennemi la dernière armée fran-
« çaise; j'ai dit que je ne capitulerais pas et je ne ca-
« pitulerai pas. Cette dernière heure venue, le Gouver-
« neur de Paris vous proposera une suprême entreprise
« qui pourra peut-être se transformer en déroute, mais
« qui peut-être aussi pourra produire des résultats inat-
« tendus.

« Le général Vinoy : Toute l'armée sera avec vous.

« Le général Trochu : L'heure n'est pas venue de
« discuter les conditions de cette suprême tentative, car
« d'ici là si nous pouvons maintenir la population, nous
« aurons beaucoup à faire.

« M. Jules Favre clot la discussion en faisant remar-
« quer qu'un grand enseignement se sera du moins dé-
« gagé de cette réunion, c'est que personne n'y a fait
« triompher des pensées de découragement. D'un *avis*
« *unanime*, il a été reconnu que la défense devait être
« énergiquement active. Les peuples seuls peuvent se

« permettre les défenses à outrance; l'offensive cons-
« tante et combinée peut être seule menée et tenue par
« une bonne armée, en entière communication d'idées
« avec le Gouvernement de la Défense nationale.

« Après ce discours, les généraux se retirent et le
« conseil reste seul en séance.

« Séance levée à 1 heure et demie du matin. »

Il appartient à ceux qui liront ces lignes d'apprécier jusqu'à quel point ces étranges conclusions sont conformes à la logique et à la vérité... Nous nous bornons à reproduire ces curieux documents qui, à vrai dire, sont l'histoire jour par jour de notre agonie... Plus nous avançons, plus apparaissent avec éclat l'irrésolution, la faiblesse et l'aveuglement qui doivent fatalement nous conduire à cette catastrophe tant redoutée... la **Capitulation sans conditions!!**

Séance du lundi 2 janvier (9 heures du soir).

« M. le général Trochu annonce qu'une enquête est
« commencée sur les désordres occasionnés à l'une des
« portes par des mobiles voulant entrer dans Paris.

« M. Cresson rappelle que demain la Chambre des
« mises en accusation devra rendre son arrêt dans l'af-
« faire des accusés du 31 octobre; il engage donc le
« Conseil à prendre immédiatement une résolution, car,
« une fois cet arrêt rendu, il deviendrait légalement dif-
« ficile de dessaisir la juridiction de droit commun au
« profit des conseils de guerre.

« M. Arago dit qu'il a été décidé que cette affaire
« suivrait son cours devant la juridiction ordinaire.

« M. Cresson croit, au contraire, que la question n'a
« été qu'ajournée.

« Le Conseil, appelé à voter, décide que les accusés
« seront renvoyés devant la juridiction ordinaire.

« M. J. Favre demande que l'on prenne un parti
« immédiat, en conséquence des avis émis dans le der-
« nier conseil de guerre. Il faut, suivant lui, envisager
« le parti qu'on aurait à prendre à la veille de manquer
« de vivres. Il faut se supposer au 25 janvier et voir
« ce qu'on ferait. Il reconnaît que le Gouvernement n'a
« pas le droit de traiter de la paix ; mais, à son avis,
« il a le devoir rigoureux de satisfaire jusqu'au bout à
« la protection et à la sécurité des citoyens de Paris. Il
« estime que les grands moments de crise ne pourront
« être traversés sans le concours des représentants
« légaux du pays.

« M. J. Favre ajoute que le Gouvernement a en-
« tendu avec peine tomber de la bouche du général Du-
« crot des paroles de découragement.

« Le général Trochu, après avoir résumé les avis
« émis au conseil de guerre, et les opérations militaires
« tentées jusqu'ici, demande ce que de nouvelles élec-
« tions pourraient ajouter de force à la défense, qui
« n'a besoin que du concours heureux d'une armée
« extérieure.

« M. Picard distingue entre la question militaire et
« la question politique. Pour la première, il fait remar-
« quer que le général Ducrot a dit, par le seul fait de
« sa fameuse proclamation, tout le contraire de ce qu'il
« a soutenu devant le Conseil (1). Quant au point de vue

---

(1) Au moment où le général Ducrot avait lancé sa proclamation, l'on pouvait encore fonder quelque espoir sur les efforts combinés de l'armée de Paris et des armées de Province ; au moment, au contraire, où il avait parlé devant le Conseil, les défaites successives de nos armées, notre impuissance bien constatée à percer les lignes d'investissement ne permettaient plus de conserver la moindre illusion sur le résultat final de la lutte... combattre utilement ou traiter honorablement était

« politique, il considère que le moment est venu de cons-
« tituer une Assemblée (?), pouvoir destiné à survivre
« à celui qui va sombrer au milieu des dernières crises
« du siège.

« M. Pelletan déclare qu'il ne s'agit pas d'élections
« en ce moment, mais de bataille. La population de-
« mande à se battre et non à voter : il supplie le Gou-
« verneur d'aviser et de satisfaire sur ce point l'opinion.

« M. Garnier-Pagès croit des élections inopportunes ;
« il rappelle qu'à l'exception de MM. Ducrot et Fré-
« bault, tous les généraux se sont prononcés pour
« l'action.

« M. Picard insiste en disant que la France étant
« maintenant debout, on ne doit plus avoir à craindre
« de voir des élections nuire à la défense.

« M. J. Favre croit que Paris, du moins, pourrait
« élire ses représentants.

« M. Arago verrait un danger à ce qu'il en fût ainsi,
« car ces représentants pourraient être considérés comme
« pouvant avoir le droit de traiter de la paix ; l'ennemi
« le leur demanderait, et c'est là un péril qu'il faut évi-
« ter. Une action militaire répond seule aux exigences
« de la situation.

« M. J. Simon croit que les élections doivent être
« faites avant tout engagement militaire. Il reconnaît
« que l'opinion pourra se montrer froissée à Paris de
« ces élections, mais il se demande ce qu'on fera lors-
« qu'il n'y aura plus que dix jours de vivres. Il faut
« donc sortir de cet embarras par l'élection de Paris,
« sauf à laisser la province juger de l'opportunité de

également impossible. Cette affreuse situation était la conséquence de l'incapacité, de l'imprévoyance du Gouvernement de la Défense natio-nale!!! C'est ce que M. Picard et ses collègues refusent absolument de reconnaître.

« ces élections en ce qui la concerne. Quant aux opé-
« rations militaires, M. Simon proclame son incompé-
« tence ; cependant il donne la préférence à un grand
« effort bien combiné ; mais en attendant, il demande
« de petits engagements qui fassent prendre patience.
 « M. le général Trochu rappelle l'épuisement des
« troupes, les engagements successifs, et les dangers
« du bombardement, qui va s'étendre à une partie de
« l'enceinte et des quartiers du Sud. Cependant, il se
« voit obligé de déclarer, sous le coup de la pression du
« Conseil, qu'une grande entreprise est préparée et le
« secret, religieusement gardé jusqu'à ce moment, il se
« voit contraint de le révéler...
 « Plusieurs membres du Conseil demandent au géné-
« ral Trochu de ne rien dire de ce plan de bataille (1). »

Séance du mardi 3 janvier (9 heures 1/4 du soir).

 « Le Conseil décide la continuation de la question des
« élections.
 « M. le général Trochu déclare que ces élections sou-
« lèvent de graves objections ; elles ne lui apparaissent
« pour ce Gouvernement que comme une sorte de moyen
« *in extremis* de sauver la caisse. Il redoute que ces
« élections ne réveillent à Paris *l'idée de la Commune*.
« Or, s'il est républicain, c'est à la condition qu'on le
« laisse libre d'aller à la messe si cela lui plaît, et non
« pas pour être soumis à quelques énergumènes insup-
« portables. Les élections pourraient, en outre, désorga-
« niser la défense, en même temps qu'elles seraient de

---

(1) La révélation eût été, croyons-nous, sans grande importance et surtout sans danger, le général Trochu faisant allusion au projet de sortie
dans la direction de Châtillon, dont parle le général Vinoy dans son ouvrage sur le siége de Paris.

« la part du Gouvernement l'aveu d'impuissance devant
« l'ennemi.

« M. Garnier-Pagès voit que les élections sont con-
« seillées en province par tous les ennemis de la Répu-
« blique, par M. Thiers et autres, qui ne songent qu'à
« entraver la défense. Des élections briseraient l'action
« de Gambetta, en le plaçant dans la main de ses en-
« nemis.

« M. J. Ferry se montre également opposé aux
« élections.

« M. J. Favre combat la crainte que montre le Gou-
« verneur de voir la Commune sortir des élections
« de Paris. Il indique que jamais ni les maires ni les
« adjoints réunis au Ministère de l'Intérieur n'ont de-
« mandé jusqu'ici qu'un exposé de la situation po-
« litique.

« M. le général Trochu considère ces réunions des
« maires comme anormales et dangereuses.

« M. J. Favre persiste à les croire, au contraire,
« excellentes. »

Séance du mercredi 4 janvier (9 heures 1/4 du soir).

« M. Garnier-Pagès dit que la question à discuter est
« celle-ci : « Faut-il faire des élections ? Ces élections
« doivent-elles être spéciales à la ville de Paris ? doi-
« vent-elles être générales ? »

« Des élections au moment du combat lui paraissent
« impossibles. Il rappelle qu'il a demandé des élections
« immédiates en septembre ; maintenant il est trop tard
« et trop tôt. Le vote de Paris du 3 novembre a donné
« au Gouvernement une mission de défense qui n'est
« pas accomplie. Les élections sont demandées par tous
« les journaux prussiens dont il indique les noms et les

« articles ; elles désorganiseraient la résistance, rédui-
« raient M. Gambetta à l'impuissance en paralysant
« l'élan belliqueux : en province, ce seraient les faibles
« et les lâches restés chez eux qui feraient les élec-
« tions ; à Paris, ce seraient les partisans de la Com-
« mune qui l'emporteraient ; enfin, ce n'est pas au
« moment où il faut se battre qu'il faut entamer des
« discussions dans les clubs.

« M. Picard rappelle qu'il a demandé les élections
« dès le 4 septembre. Aujourd'hui, l'heure des élec-
« tions n'est pas passée, mais il ne se dissimule pas
« qu'elle est devenue périlleuse ; il se demande ce que
« deviendrait la France le jour où le pouvoir improvisé
« du 4 septembre viendrait à disparaître à la suite de
« la prise de Paris. Il faut donc constituer un nouveau
« pouvoir pour organiser la lutte ou pour traiter. Son
« avis est de ne point laisser voter l'armée. Quant à
« l'établissement de la Commune, c'est là un *fantôme*
« que feraient disparaître les élections de Paris, ville
« assiégée qui a le droit d'être franchement consultée.

« M. Arago combat les élections. Il y a deux forces,
« l'une matérielle, l'autre morale. Les élections désor-
« ganiseraient la première en troublant profondément
« la seconde. La Délégation ne peut être laissée libre
« de faire ou de ne pas faire ces élections. A cet égard,
« il faut éviter de faire naître l'antagonisme entre le
« Gouvernement et la Délégation.

« En cas de capitulation, c'est une commission spé-
« ciale qui devrait être élue par Paris dans le but de
« traiter ; jusque-là il ne faut pas recourir aux urnes.

« M. J. Favre insiste sur la situation du pays au len-
« demain d'une catastrophe qu'il faut prévoir. M. Gam-
« betta, malgré son énergie et son talent, serait impuis-
« sant à maintenir une autorité déjà contestée ; il faut

« donc constituer pour le pays un pouvoir assez fort
« pour le représenter et pour le maintenir. Il expose ses
« craintes à l'endroit des rigueurs et des prétentions
« prussiennes; il évoque le souvenir de la Pologne, et
« le danger encore le moins grand, à ses yeux, dans
« les extrémités qu'il entrevoit, serait la restauration
« impériale dont la Prusse nous menace.

« Il craint que la Prusse ne règle les destinées de la
« France par un simple ordre du jour. Pour lui, une
« Assemblée est la seule force capable de s'opposer à
« ces désastres.

« M. J. Ferry craint que les élections, qui pouvaient
« être désirables au 3 octobre, ne soient plus mainte-
« nant qu'un expédient politique destiné à parer à des
« difficultés militaires. Les élections désorganiseraient
« la défense; si on les décide, qu'on abandonne la
« lutte.

« Action ou démission! voilà déjà l'alternative qui se
« pose à Paris et qui menace de troubler l'ordre main-
« tenu par le Gouvernement.

« M. Pelletan se montre partisan d'une assemblée
« non nationale, mais parisienne.

« M. J. Simon insiste pour que l'on fasse les élections
« qui devront être faites dans de mauvaises conditions
« au lendemain d'un désastre. Il y va pour lui du salut
« de la France. La crainte de désorganiser la défense
« le fait seule hésiter.

« M. Dorian partage l'avis de MM. Arago, G. Pagès
« et Ferry.

« M. le général Le Flô avoue son embarras; cepen-
« dant il croit que les élections, en ce moment, seraient
« un aveu de faiblesse.

« M. J. Simon repousserait les élections s'il croyait
« à la victoire; mais il a été atterré par les déclarations

« désespérantes du général Ducrot, qui semble ne se
« battre que par devoir et sans aucune confiance.

« M. le général Trochu semble lui-même partager
« ce pessimisme.

« M. le général Trochu nie ces appréciations pessi-
« mistes. Il dépeint les souffrances et les fatigues de
» l'armée, les phases de l'organisation de la garde
« nationale.

« Maintenant les bataillons de marche sont formés,
« leur esprit est excellent, ils inspirent confiance. Le
« moment est venu de les mettre en ligne. La situation
« n'est donc pas empirée; elle dépend de la vigueur
« des nouvelles forces à employer. Quant aux élections,
« elles jetteraient un grand froid dans la population de
« Paris et ne donneraient rien de ce qu'en attendent
« ceux qui les demandent.

« Du reste, tout nouveau pouvoir constitué serait
« emporté lui-même par la crise finale ; si elle se pro-
« duit, nul point d'appui nouveau ne serait assez puis-
« sant pour la conjurer.

« M. J. Favre demande qu'il soit constaté que le Gou-
« vernement a le droit de réunir un conseil de guerre
« pour s'éclairer, afin que la lutte ne soit pas continuée
« seulement pour l'honneur.

« M. le général Trochu déclare qu'il n'a jamais songé
« à nier ce droit. »

Séance du jeudi 5 janvier (9 heures 45 du soir).

« M. J. Favre rend compte de la réunion des maires
« qu'il a cru devoir provoquer. Les maires sont irrités
« du bombardement; ils demandent une sortie prompte
« et l'adjonction au Gouverneur d'un conseil de guerre
« où l'élément civil sera représenté. MM. Carnot,

« Vautrain et Vacherot ont surtout insisté sur ce point.

« M. le général Trochu ne veut pas s'arrêter à ces
« prétentions, vis-à-vis desquelles il ne cèdera pas ; il
« ne veut pas de conseil de tutelle.

« M. Garnier-Pagès constate que le contrôle existe
« déjà, et qu'en tous cas il ne saurait appartenir aux
« maires.

« M. J. Favre insiste sur ce qu'il appelle le droit des
« représentants de la cité. Il ne peut admettre qu'on
« n'ait rien à voir dans l'armée ; si cette idée prévalait,
« il ne resterait pas une minute au ministère.

« M. le général Trochu redoute l'influence trop grande
« donnée aux maires ; il craint de voir ainsi fonder la
« Commune qu'on voulait éviter, et qui déjà s'arroge le
« droit de statuer sur le maintien ou le renvoi du géné-
« ral en chef.

« M. J. Favre demande que le général reçoive les
» maires ; celui-ci accepte.

« M. Simon fait adopter la convocation des maires
« pour demain soir, dans une salle à part. »

Vendredi 6 janvier (10 heures du soir).

« M. le général Trochu se déclare très-satisfait de la
« réunion qu'il vient d'avoir avec les maires. »

Samedi 7 janvier (10 heures du soir).

« M. J. Favre demande à être initié aux projets mi-
« litaires du général Trochu. Celui-ci est arrêté par ses
« collègues, au moment où il va révéler les détails de
« ses plans d'attaque.

« M. J. Favre insiste sur la nécessité de bien connaî-
« tre les préparatifs militaires.

« M. le général Trochu dépeint les embarras de la

« situation en présence d'officiers supérieurs peu con-
« vaincus de l'efficacité des efforts. Il indique les sen-
« timents injustes et les récriminations évidentes aux-
« quels il sera en proie plus tard, mais dont il se soucie
« peu en songeant qu'il fait son devoir. »

Dimanche 8 janvier (5 heures du soir).

« M. le général Trochu expose, suivant la demande
« de M. Jules Favre, le plan de la sortie sur Versailles.
« Le commandant Bibesco lit les dépêches arrivées
« par pigeon; elles sont excellentes. Le Gouvernement
« s'applaudit de ne point avoir encore livré la bataille
« projetée. »

Dimanche 8 janvier (10 heures et demie du soir).

« M. le général Trochu donne lecture d'une dépêche
« du 4 janvier annonçant des victoires du général
« Faidherbe sous Bapaume et à Pont-Noyelles.
« Il signale l'habile manœuvre du général Bourbaki,
« se portant vers les Vosges; c'est là la grande guerre. »

Lundi 9 janvier (11 heures et demie du matin).

« M. J. Favre lit une dépêche de M. de Chaudordy,
« en date de Bordeaux, du 29 décembre; elle constate
« l'existence d'une armée de 600,000 hommes admira-
« blement armés, et de 240 pièces de canon de prove-
« nance anglaise.
« M. de Chaudordy réclame la présence de M. J. Favre
« à la conférence de Londres. L'Angleterre a demandé
« des saufs-conduits à cet effet, mais M. de Bismark a
« répondu qu'il ne les donnerait que si M. Jules Favre
« les demandait directement par parlementaire.

« M. J. Favre résume ainsi les questions à débattre :
« 1° Faut-il demander des saufs-conduits?
« 2° Faut-il recourir à un tiers pour cela?
« 3° Faut-il attendre la fin du siége ou non?
« 4° Est-il possible, malgré la demande et l'indication
« de la Délégation de Tours, qu'il aille lui-même à la
« conférence?

« M. Picard est d'avis que M. Jules Favre se rende
« à la conférence.

« M. Garnier-Pagès hésite à compromettre une aussi
« haute personnalité en présence du mauvais vouloir des
« puissances. Il faut au moins qu'on fasse d'avance ses
« conditions de présence.

« M. le général Trochu voit là moins une question de
« principe qu'une question de fait. M. J. Favre, ayant
« été désigné et accepté, il serait désirable qu'il partît
« s'il pouvait passer, mais il lui semble intolérable de
« demander passage à la Prusse, alors qu'elle se livre
« à un bombardement monstrueux de Paris. Donc il
« lui paraît qu'il n'est pas l'heure de s'occuper de con-
« férence ou de diplomatie; il faut vivre et lutter, car
« le mouvement de Bourbaki est d'une telle importance
« que dans vingt jours, s'il réussit, il peut faire lever le
« siége de Paris. Il faut répondre à M. de Bismark, que
« tout pourparler est impossible en face d'un bombar-
« dement qui tue nos femmes et nos enfants.

« M. J. Favre croit sa présence indispensable à la
« conférence; il est donc d'avis de s'adresser à M. Wash-
« burn pour obtenir des saufs-conduits par son intermé-
« diaire, mais il est résolu à ne quitter Paris que si l'on
« cesse cet abominable bombardement.

« MM. Picard et Simon partagent cette opinion.

« M. Emmanuel Arago la combat. On croira à Paris
« que l'on va traiter là-bas. Il ne croit point à l'efficacité

« de cette conférence. D'ailleurs, quand on pourra y
« faire entendre la voix de la France, tout sera déjà
« consommé ici, et on se trouvera en présence de faits
« accomplis que l'on voudra peut-être faire couvrir d'une
« délibération européenne sanctionnant les rigueurs du
« vainqueur.

« M. Simon, constatant l'accord sur l'impossibilité de
« de se rendre à la conférence pendant le bombarde-
« ment, demande qu'il soit attendu, avant de prendre
« aucune résolution, que ce bombardement ait cessé. »

Lundi 9 janvier (10 heures du soir).

« M. Cresson propose de transférer les prisonniers
« prussiens dans les prisons bombardées.

« MM. Trochu et Simon combattent vivement cette
« idée. »

Mardi 10 janvier (10 heures du soir).

« M. le général Trochu lit une lettre de MM. Vermo-
« rel, Vésinier et Ranvier, qui demandent leur mise en
« liberté. Il déclare consentir à cette demande, à la
« condition que ces Messieurs signeront une lettre dans
« laquelle ils s'interdiront toute manifestation hostile au
« Gouvernement.

« M. le général Trochu croit une attaque générale
« imminente pour le 16. Les forts du Sud et de l'Est
« sont très-maltraités ; il faut se préparer.

« M. J. Favre préférerait une attaque des forces as-
« siégées ; à son avis elle aurait déjà dû avoir lieu.

« M. le général Trochu déclare qu'il serait prêt à
« quitter le commandement plutôt que d'agir ainsi.
« D'après les dépêches dernières, il est heureux qu'on

« n'ait pas fait le coup de tête projeté, car, s'il eût
« échoué, tout était fini.

« M. Ferry demande si Paris aurait capitulé après
« cet échec.

« M. le général Trochu répond qu'il le pense ; si 20
« ou 25,000 hommes étaient restés sur le champ de
« bataille, Paris succombait.

« Il dit que l'armée prussienne autour de Paris est
« augmentée de 60,000 hommes, mais que la qualité ne
« répond pas à la quantité.

« M. J. Favre insiste pour l'action. Il rappelle au
« général Trochu qu'il n'a jamais cru aux armées de
« province, qui pourtant se sont faites à force de patrio-
« tisme ; il faut les imiter.

« M. le général Trochu répond qu'il n'avait pas cru
« aux armées de province parce qu'il n'avait jamais
« espéré tenir aussi longtemps. C'est l'héroïsme de la
« population de Paris qui a permis à ces armées de
« se faire. Il déclare n'avoir confiance que dans le mou-
« vement de Bourbaki. Les généraux Chanzy et Fai-
« dherbe lui paraissent dès à présent condamnés à l'im-
« puissance. Il demande qu'on laisse les généraux
« traiter les questions militaires et que le Conseil s'oc-
« cupe surtout de subsistances, qui sont en ce moment
« le premier et presque le seul élément de victoire.

« M. Ferry ne veut pas discuter la question militaire,
« mais il ne croit le rationnement possible qu'en présence
« d'une action engagée.

« M. le général Trochu : Ajoutez, et *réussie*, car c'est
« là le problème. Il rappelle qu'il a déjà livré 7 com-
« bats et 4 batailles, sans avoir plus réussi que Faidherbe
« et Chanzy. Il signale le mauvais équipement des
« troupes, épuisées de fatigue et de froid. Il frémit à la
« pensée d'un grand revers. Les bataillons de la garde

« nationale sont seuls vigoureux et bien vêtus ; mais
« on ne sait encore militairement ce qu'ils pourront
« donner.

« M. Ferry engage à employer la garde nationale.

« Le général Clément-Thomas déclare qu'il y a beau-
« coup de charlatanisme dans cet étalage de courage de
« la garde nationale. Déjà, depuis qu'elle sait qu'on va
« l'employer, son enthousiasme a beaucoup baissé. Il ne
« faut donc rien s'exagérer de ce côté.

« M. le général Trochu reconnaît qu'il a reçu des
« rapports déplorables sur certains bataillons ; il y a là
« de bons et de mauvais éléments ; il craint que les mau-
« vais paralysent les bons.

« M. J. Favre revendique pour le Conseil le droit
« d'imposer une action militaire qu'il croit nécessaire et
« qu'on lui refuse.

« M. le général Trochu proteste contre ce refus qui
« lui est imputé. Il attend une attaque pour le jour de
« la fête du roi Guillaume. Il explique que les sorties
« sont rendues excessivement difficiles par l'étendue et
« l'éloignement des lignes ennemies.

« M. le général Le Flô persiste à croire qu'il faut
« tenter un grand effort ; mais il ne faut pas le compro-
« mettre par trop de précipitation. »

Mercredi, 11 janvier (10 heures du soir).

« M. J. Favre rappelle ce qui s'est passé dans une
« séance particulière tenue au Ministère des affaires
« étrangères ; il annonce que M. Washburn lui a
« remis la lettre de convocation à la conférence de
« Londres, et il avertit le Conseil que déjà il a été décidé
« dans la journée qu'il ne se rendrait pas à la confé-
« rence.

« M. Ferry dit qu'il vient de lire les journaux et qu'il
« a réfléchi. Il lui paraît que l'opinion n'est pas encore
« faite à l'endroit de cette conférence ; il ne faut donc
« rien précipiter. Il importe de gagner du temps, car
« peut-être l'opinion publique viendra-t-elle à considérer
« moins défavorablement l'acte de présence de M. J.
« Favre à cette conférence.

« M. Garnier-Pagès critique cet avis ; il lit des pas-
« sages de journaux qui désapprouvent vivement toute
« participation de la France à la conférence.

« M. J. Simon demande comment il se fait que
« M. Washburn n'ait remis cette lettre de convocation
« que quinze jours après l'avoir reçue.

« M. J. Favre reconnaît, sans pouvoir l'expliquer,
« l'exactitude de ce fait extraordinaire ; il croit que la
« Prusse a voulu retarder ainsi la résolution à prendre
« par le Gouvernement de la défense nationale.

« M. Ferry voit là une nouvelle raison de ne pas
« prendre de parti avant d'avoir saisi de cet incident
« l'opinion publique, qui a toujours fait preuve jusqu'ici
« de sagesse, toutes les fois qu'on lui a dit franchement
« la vérité.

« M. J. Favre croit voir dans tout ceci une nouvelle
« preuve de la mauvaise foi de Bismark, qui n'a proba-
« blement occasionné ce retard et soulevé la querelle des
« parlementaires qu'afin de se procurer les délais néces-
« saires à sa politique. Cependant il craint que cette
« chicane sur les dates et les retards ne soit bien mes-
« quine à côté des grands intérêts en jeu.

« M. le général Trochu s'étonne que lord Grandville
« n'ait point envoyé de sauf-conduit avec sa lettre d'in-
« vitation.

« M. Simon considère qu'il importe de faire connaître
« à lord Grandville les causes d'un retard occasionné par

« les manœuvres de M. de Bismark, qui a attendu le
« bombardement et la période du second délai accordé,
« pour faire parvenir la lettre d'invitation à M. J. Favre.

« M. Ferry insiste pour que l'opinion publique soit
« plus sérieusement pressentie à l'endroit de la confé-
« rence.

« M. E. Arago ne croit pas que l'opinion puisse être
« saisie de cette question avant que le Gouvernement ait
« une opinion faite.

« M. J. Favre fait observer que cette opinion du Gou-
« vernement est faite, puisqu'il a fait savoir à l'Angle-
» terre qu'il acceptait la conférence, en laissant même
« entrevoir qu'il s'y rendrait lui-même. Il peut, vu les
« circonstances, ne pas pouvoir quitter Paris en ce
« moment, mais il se verrait contraint d'abandonner son
« ministère si personne n'était envoyé à la conférence.
« Il y a urgence à ne point indisposer les puissances
« qui ont promis de seconder la France en ce qui con-
« cerne son unité territoriale ; il lui serait donc impos-
« sible d'abandonner ce secours précieux en face d'un
« bombardement qui ne peut d'ailleurs rien changer à
« nos intérêts européens.

« M. J. Simon croit qu'il faut cependant distinguer ;
« car, si M. J. Favre était en province, le bombarde-
« ment n'aurait point à modifier son action, tandis qu'il
« change réellement ici pour lui la situation.

« M. J. Favre accepte cette distinction.

« M. Garnier-Pagès redoute les dangers et les humi-
« liations pour l'envoyé de la France en cas de défaite
« finale. Les puissances ne voudraient-elles pas le forcer
« à reconnaître et à subir les faits accomplis, en faisant
« ainsi sortir la conférence de ses véritables attributions
« primitives ?

« M. J. Favre observe que peu lui importerait la
« victoire ou la défaite s'il faisait ici son devoir.

« M. Garnier-Pagès lui répond qu'il se trouverait
« après la défaite en présence de puissances qui nous
« soutiennent encore un peu, parce qu'elles nous croient
« un reste de force, mais qui nous abandonneront comme
« elles l'ont déjà fait, quand elles verront la France tout
« à fait abattue. Tout autre serait la situation si la pré-
« sence à la conférence était précédée d'une alliance
« garantissant préalablement des appuis. Il fait, en
« outre, observer qu'un nouvel incident est venu aggra-
« ver la situation depuis l'acceptation de la conférence :
« c'est la dénonciation du traité de neutralité du
« Luxembourg.

« M. Arago rappelle que la résolution de se faire re-
« présenter à la conférence n'a été prise qu'à une voix
« de majorité, à un moment où l'on pouvait encore con-
« server des espérances de paix. Aujourd'hui qu'il n'est
« plus question que de se défendre énergiquement, il
« craint que cette question de conférence n'énerve les
« courages en laissant croire à la paix. Il faut bien qu'on
« sache que désormais la voie diplomatique est fermée
« devant nous, et que la voie militaire s'ouvre seule.

« M. Jules Favre lit des passages de dépêches dans
« lesquels MM. Gambetta et de Chaudordy se montrent
« très-favorables à la conférence, insistant vivement pour
« qu'il aille y représenter la France.

« M. Jules Simon reconnaît qu'on aurait en effet grand
« avantage à se rendre à la conférence, mais il ne croit
« plus cela possible en présence du bombardement de
« Paris.

« L'Angleterre doit l'avoir déjà compris, et il n'est
« pas une nation civilisée qui puisse hésiter à condam-
« ner avec indignation les procédés de la Prusse qui va

« jusqu'à retarder de quinze jours les dépêches contrai-
« res à ses desseins.

« M. Ferry insiste vivement sur la nécessité de faire
« reconnaître la République par l'Europe.

« M. Arago partage cet avis.

« M. le général Trochu croit que M. Jules Favre pour-
« rait mettre à profit son absence même de la conférence,
« en relatant les circonstances qui ne lui ont pas per-
« mis d'assister à une conférence dans laquelle il avait
« à cœur de faire reconnaître la République.

« M. Jules Favre comprend qu'il ne puisse quitter
« Paris; mais il ne comprendrait pas qu'on n'envoyât
« personne à sa place; une telle manière d'agir pourrait
« satisfaire le gros public, mais surprendrait fort tous
« les gens sérieux.

« M. Jules Simon fait observer que M. Jules Favre
« n'a personne à envoyer à sa place; M. de Chaudordy
« étant un homme spécial, il faut éviter d'avoir l'air
« de l'envoyer pour discuter énergiquement la question
« de la mer Noire.

« M. Jules Favre déclare qu'il n'enverrait pas M. de
« Chaudordy, mais M. Louis Blanc.

« M. Jules Simon répond qu'autant vaudrait envoyer
« M. Victor Hugo ou M. Ledru-Rollin.

« M. Picard soutient qu'il y aurait intérêt et opportu-
« nité à ce que M. Jules Favre se rendît à la confé-
« rence. Son départ pourrait faire cesser le bombarde-
« ment. Il faut voir l'issue pour sortir de cette guerre et
« ne pas y persévérer en aveugle. Il ne voit intérêt à
« renoncer à la conférence, que si l'on est sûr d'une
« victoire.

« M. Ferry juge indispensable qu'un représentant de
« la République aille déconcerter, au sein de la confé-
« rence, les intrigues monarchiques. Il rend ses collè-

« gues responsables des conséquences d'une détermina-
« tion contraire.

« M. Simon rappelle à M. Ferry qu'il a cependant
« voté contre l'acceptation de l'invitation à la conférence.

« M. Ferry demande que l'on réponde au moins à lord
« Grandville ; il demande aussi pourquoi l'on retient la
« valise de M. Washburn.

« M. le général Trochu déclare que les difficultés faites
« à nos parlementaires l'ont forcé à recourir à cette mesure.

« M. Jules Favre annonce qu'il a répondu à lord
« Grandville, et qu'il a déclaré être prêt à partir si on
« lui remettait un sauf-conduit.

« M. Arago proteste en faisant observer que la question
« ne serait pas entière.

« M. le général Trochu se prononce pour l'ajourne-
« ment de la réponse, et pour la publication d'un exposé
« des faits ; il est d'ailleurs probable que les délais ex-
« pirés rendraient toute acceptation désormais inutile.

« M. Jules Favre propose d'écrire pour accepter, en
« déclarant que si le bombardement cesse, il se rendra à
« la conférence.

« MM. Trochu et Simon acceptent cette solution, que
« M. Arago persiste à croire dangereuse.

« M. Trochu formule ainsi la question en la mettant
« aux voix :

« M. Jules Favre doit-il écrire à lord Grandville pour
« accepter en principe l'invitation à la conférence, en
« dépeignant les circonstances qui l'empêchent de
« se rendre pour le moment à cette conférence ?

« MM. Arago, Garnier-Pagès et Pelletan (par mandat
« spécial donné à l'un de ses collègues) se prononcent
« pour le refus de l'acceptation.

« M. Arago demande qu'à l'avenir M. J. Favre ne
« prenne plus seul des engagements diplomatiques.

« M. J. Favre dit qu'il va répondre à lord Grandville
« pour accepter l'invitation en principe, mais pour en
« ajourner les suites, vu les circonstances. En même
« temps, il rédigera une note diplomatique qui expli-
« quera la situation.

« Cette acceptation, avec ajournement motivé sur les
« circonstances, obtient l'unanimité du Conseil. »

(*Séance levée à 1 heure 1/2 du matin.*)

Jeudi 12 janvier (10 heures 1/2 du soir).

« M. J. Favre lit sa réponse à lord Grandville, ainsi
« que la note diplomatique destinée à protester contre
« le bombardement et à affirmer les droits de la Répu-
« blique en face de l'Europe.

« Le Conseil décide la publication de ces deux do-
« cuments.

« M. le général Trochu supplie chacun de ses collè-
« gues de méditer la question suivante : Durer assez
« longtemps pour permettre à Bourbaki d'opérer son
« mouvement. Il croit donc que les circonstances exi-
« gent des mesures extrêmes ; il faut qu'une proclama-
« tion annonce en même temps des perquisitions pour
« saisir les vivres cachés, la suppression des réunions
« publiques et de la liberté de la presse.

« M. Picard déclare que ces mesures doivent dé-
« pendre de la voie militaire suivie, car elles ne peuvent
« être prises que si la voix du canon couvre les mur-
« mures de la population.

« M. le général Trochu objecte que les murmures ne
« peuvent être étouffés que par le bruit du canon vic-
« torieux.

« M. Garnier-Pagès croit que la population est telle-
« ment à la lutte extérieure, qu'une défaite, fût-elle
« complète, ne soulèverait aucun trouble dans la rue.

« M. le général Trochu signale les accusations de
« trahison qui circulent depuis deux jours contre cer-
« tains généraux.

« M. Arago croit que ces accusations acquerraient
« d'autant plus de force que le silence imposé serait
« plus profond.

« M. le général Trochu déclare n'avoir d'autre but
« que d'assurer le calme pour le combat et pour la
« prolongation de la résistance. Il annonce qu'on lui a
« trouvé 3,000 quintaux de seigle, ce qui l'a rendu bien
« heureux.

« M. Magnin dit aussi qu'il a découvert dans la jour-
« née 3,000 quintaux d'orge. Il déclare que, dès de-
« main, il n'y aura plus que 20 0/0 de blé dans les
« moutures.

« M. le général Trochu exprime l'espoir qu'il y a en-
« core de grandes ressources dans Paris.

« M. Ferry fait remarquer que ces ressources ne sont
« point inépuisables.

« M. Arago demande combien de temps il faudra en-
« core attendre Bourbaki.

« M. le général Trochu répond que Dieu seul pour-
« rait le dire. Si l'on entend par là demander des ba-
« tailles, eh bien ! on en fera. Mais, avant tout, il faut
« vivre. Il rappelle que si, dès le début, on avait fait
« du pain de siége, comme il le demandait, on aurait
« encore des vivres pour jusqu'au mois de mars ; il en a
« été de même pour le charbon et pour le bois, à l'égard
« desquels on peut s'accuser d'avoir manqué de prévision.

« M. J. Favre répond que si l'on avait eu des succès
« militaires, on ne se trouverait pas réduit à cette situation.

« M. le général Trochu fait observer qu'il faut bien
« tenir compte des armées de Faidherbe et de Bour-
« baki ; qu'elles aussi n'ont pu réussir.

« M. J. Favre voudrait voir le général Trochu user
« d'un élément militaire, la garde nationale, qu'il n'a
« pas même essayé. »

Vendredi 13 janvier (10 heures 1/2 du soir).

« M. Cresson signale M. Dardenne de la Grangerie
« comme un homme des plus dangereux en sa qualité
« de sous-directeur de l'ambulance de la Presse. Grâce
« à ses fonctions, il entre en relations avec l'ennemi.
« M. Cresson lit une enquête à ce sujet. Il fait remar-
« quer l'union de ce personnage avec l'abbé Bauër;
« tous les deux gardent entre leurs mains le montant
« des souscriptions patriotiques. Il dépeint la vie de
« ces deux hommes, qui mènent grand train, vivent
« somptueusement, et ont à leur disposition des esta-
« fettes et des porte-fanion. Ce M. de la Grangerie
« adresse des articles au *Gaulois*, et signe Marcus des
« articles dans lesquels il se décerne des éloges (1).

« M. le général Trochu fait observer que cet homme
« possède une brochette de décorations, qui démontre
« suffisamment qu'il n'est qu'un marchand de crayons.
« Il n'a qu'un mérite, c'est de s'être adjoint les Frères
« des écoles chrétiennes, qui sont les seuls et admirables
« enterreurs de morts. Ce sont eux qui, au 2 décembre,
« après la bataille de Villiers, ont enterré plus de mille
« morts en deux jours, ce qui a fourni à M. de la
« Grangerie l'occasion de se livrer à un énorme charla-
« tanisme.

---

(1) La suite des évènements a prouvé l'injustice de ces accusations... M. de la Grangerie a été l'un des agents les plus actifs des ambulances de la Presse.

Nous avons exposé dans notre premier volume les incontestables services rendus par ces ambulances aux armées de Paris et en particulier à la deuxième armée. (*Note de l'auteur.*)

« M. Cresson ajoute que les médecins déclarent que
« M. de la Grangerie s'arrange toujours de façon à se
« rendre seul aux conférences nécessaires avec l'ennemi.

« M. Ferry déclare également que M. de la Gran-
« gerie se sert des papiers de la guerre, et s'ingère
« partout en disant qu'il est le seul ambulancier de
« la 2ᵉ armée.

« M. le général Le Flô dit ne connaître nullement ce
« monsieur; il le désavoue absolument.

« M. Cresson fait connaître les plaintes qui surgis-
« sent de tous côtés contre ces ambulances, et il croit
« qu'on devrait les soumettre à une surveillance impé-
« rieuse. Ces ambulances ont, en outre, reçu des sous-
« criptions dont elles doivent rendre compte.

« M. le général Trochu objecte que ce sont là des
« institutions privées sur lesquelles on ne peut avoir
« d'action directe. »

Samedi 14 janvier (9 heures 45 du soir).

« M. Arago déclare que les femmes sont les pre-
« mières à crier aux hommes : « Vous êtes 400,000,
« et vous nous laissez bombarder. »

« M. le général Trochu fait observer que c'est là par-
« ler avec patriotisme, mais il faut raisonner avec les
« faits. Ainsi, il n'y a qu'un grand coup à tenter : aban-
« donner les pièces d'artillerie dans les avancées, réu-
« nir 150,000 hommes, garnir les remparts à l'inté-
« rieur, et se porter en avant.

« M. Ferry observe que le temps presse.

« M. le général Trochu déclare que ce qui accable ce
« sont les mauvaises nouvelles; cependant cette grande
« action demandée aura lieu à six jours d'ici.

« M. Ferry reconnaît qu'il n'y a plus rien à dire.

SÉANCE SECRÈTE AU MINISTÈRE DES AFFAIRES ÉTRANGÈRES
(DIMANCHE SOIR, 15 JANVIER).

« Plan d'attaque, projet de sortie. »

Mardi 17 janvier (10 heures du soir).

« M. le général Trochu déclare que s'il venait à dispa-
« raître, sa responsabilité ne disparaîtrait pas avec lui.
« Il demande donc que le Conseil prenne des mesures de
« prévoyance en vue du grand coup de désespoir qui va
« être tenté. Il craint de trouver devant lui toute l'armée
« prussienne, car il se fait autour de Paris une véritable
« concentration. Il y a un mouvement singulier de l'en-
« nemi, et il ne peut s'en expliquer les causes. Comme
« il faut tout prévoir, il demande ce qu'on fera si l'opé-
« ration vient à échouer. Suivant lui, l'audace de l'en-
« nemi rendra la capitulation certaine. Or, quelles sont
« les troupes qui seront jetées en avant pour soutenir
« le choc, car il ne sera probablement plus là ?

« M. Picard ne voit pas que la reddition soit la con-
« séquence d'un échec qu'il faut d'abord éviter.

« M. le général Trochu considère cet échec comme
« inévitable en présence de la situation précaire de
« Paris, tant au point de vue militaire qu'au point de
« vue des subsistances.

« Les obus vont tomber partout, et peut-être même
« arrêter les moutures en fracassant les moulins. L'en-
« nemi s'apprête à fondre sur Saint-Denis. Enfin les
« réserves de vivres sont épuisées, et l'on est réduit à
« vivre en quelque sorte au jour le jour. Le moindre
« événement peut tout arrêter subitement. Il ne demande
« pas une solution immédiate, mais il prie le Conseil
« d'aviser pour le cas où le général Clément Thomas et
« lui viendraient à disparaître.

« M. Jules Favre rappelle [que plusieurs fois déjà il
« a demandé qu'on réglât toutes choses à l'avance. Il
« engage le général à se ménager en vue des devoirs
« civils qui réclament impérieusement son concours.
« Cependant il est convenu qu'il faut savoir envisager
« en face la nécessité de la capitulation, car si l'on avait
« connu la situation extérieure, on aurait dû prévenir
« Paris de l'épuisement très-prochain de ses ressources.
« Les choses ont donc été poussées, à son avis, aux
« extrêmes limites et au delà. Il croit que la capitula-
« tion doit suivre fatalement tout nouvel échec militaire.
« Il reconnaît toutefois deux grands dangers à ce qu'il
« en soit ainsi : illusion de la population de Paris qui
« veut résister, même au delà du possible; colère qui
« suivra la perte de ses illusions et qui portera la po-
« pulation à briser dans un mouvement de désespoir le
« Gouvernement qui peut seul maintenir l'ordre et sau-
« vegarder à la fois les intérêts et la dignité de Paris.

« Il faut tâcher d'éviter cette fin honteuse et terrible ;
« aussi regrette-t-il amèrement que M. le général Gou-
« verneur ait mis le Gouvernement dans un cruel em-
« barras en déclarant publiquement qu'il ne capitulerait
« pas.

« M. le général Trochu répond que cette déclaration
« ne lie que lui seul. D'ailleurs, ajoute-t-il, quand on ne
« peut plus manger, il n'y a pas de déshonneur à capi-
« tuler. Il est, au surplus, convaincu qu'une fois arrivé
« là, le Gouvernement sera obligé de se substituer une
« autre autorité. Il indique à cet égard ses craintes
« relativement à la dureté des conditions prussiennes.
« Sa conviction de ce côté est si absolue que, par un
« ordre du jour, il a déjà préparé les troupes en leur
« apprenant que la fin de la lutte ne sera pas pour elles
« la fin des sacrifices et des privations, l'ennemi devant

« leur infliger en Allemagne le sort des armées de
« Sedan et de Metz.

« M. le général Trochu examine ensuite les éventua-
« lités qui peuvent empêcher les subsistances de suffire
« jusqu'au 10 février, et aussi les conséquences d'un
« mouvement militaire qui peut être un grand succès
« ou un suprême revers.

« M. Jules Favre, reprenant l'exposé de la situation,
« en conclut que le devoir rigoureux du Gouvernement
« est de figurer dans l'acte destiné à fournir à Paris les
« dernières garanties de sécurité.

« M. le général Trochu dit être certain que l'ennemi
« ne traitera pas de la capitulation avec le Gouverne-
« ment ; encore moins cédera-t-il quoi que ce soit à l'a-
« vance ; c'est là ce que M. de Moltke semble déjà
« indiquer dans sa lettre. Donc le Gouvernement ne
« pourra pas efficacement protéger Paris en figurant
« dans une capitulation.

« M. Jules Favre se refuse à laisser le sort de Paris
« aller à la dérive par suite d'une sorte d'abandon.

« M. le général Clément Thomas propose de préparer
« Paris en lui révélant à l'avance toute l'horrible si-
« tuation.

« M. Jules Favre croit que cela ne remédierait à
« rien. C'est en vue de cette extrémité qu'il avait voulu
« que l'on fît nommer des députés de Paris. C'est pour
« cela qu'il a songé à s'associer les maires qui, mainte-
« nant à leur tour, ne veulent pas capituler. Il faut
« donc trouver ce pouvoir constitué qui puisse capituler ;
« or, ce pouvoir est, ou le Gouvernement, ou la muni-
« cipalité, ou l'autorité militaire. L'ennemi ne peut être
« laissé libre de faire de Paris ce qu'il voudra sans
« qu'aucune convention préalable lui assigne les limites,
« quant aux personnes, quant aux propriétés publiques

« et privées. Son avis, après l'échec prévu, est d'en-
« voyer quelqu'un à l'ennemi pour tâcher de l'empêcher
« d'entrer dans Paris ou pour obtenir qu'il n'y fasse en-
« trer que quelques régiments.

« M. le général Trochu pense que les maires pour-
« raient être adjoints au Gouvernement pour traiter avec
« lui les questions de subsistances, de capitulation et
« de ravitaillement.

« M. Picard considère le devoir du Gouvernement
« comme inexorable. Il doit rester à son poste jusqu'au
« bout, à moins que son intervention ne devienne nui-
« sible. Il croit que l'ennemi a tout intérêt à traiter avec
« le Gouvernement de la Défense, car son but doit être
« de s'emparer de Paris comme d'un gage.

« Or, si le Gouvernement de Paris disparaissait, ce
« serait celui qui soutient la lutte en province qui subsis-
« terait seul.

« M. Simon fait observer que c'est justement ce qu'il
« faut souhaiter. Le Gouvernement ne pourrait d'ailleurs
« traiter à Paris que pour Paris et non pour toute la
« France.

« M. Picard pense, au contraire, que le Gouvernement
« doit faire valoir cet intérêt pour que Paris soit ménagé.
« Ainsi, sans traiter de la paix, on pourrait du moins
« en fixer les bases. En dehors de cela la ville de Paris
« est réduite à se rendre à discrétion. Il rappelle à cet
« égard les paroles du général Trochu qui, un jour,
« s'était même proposé de traiter avec l'ennemi, si les
« conditions pouvaient être plus douces grâce à cette
« intervention. M. Picard croit la population capable
« encore des plus grands et des plus sublimes efforts,
« même après un nouvel échec, si bien que cette ad-
« mirable attitude pourrait empêcher l'ennemi d'entrer
« dans Paris.

« C'est pour cela qu'il est d'avis que M. Jules Favre
« se rende à la conférence de Londres et que, le mo-
« ment venu, l'un des membres du Gouvernement se
« rende au quartier général prussien.

« M. le général Clément Thomas insiste pour que la
« population sache toute la vérité. Si elle se soulève et
« massacre les membres du Gouvernement, eh bien !
« ceux-ci périront tout aussi glorieusement que s'ils
« étaient tombés devant l'ennemi.

« M. Picard croit que le Gouvernement doit rester
» pour traiter avec l'ennemi, assisté des maires de
« Paris.

« M. Ferry reconnaît l'intérêt qu'aurait l'ennemi à
« traiter avec le Gouvernement de la Défense nationale
« dans le but de désorganiser la défense en province;
« c'est là une conséquence que M. Picard passe sous
« silence. Or, le Gouvernement ne traitât-il que pour
« Paris, serait encore obligé de subir des conditions
« déshonorantes. La logique de la situation serait donc
« une capitulation sans conditions, à discrétion. On
« n'obtiendra rien de l'ennemi sans lui céder quelque
« chose ; c'est la honte partout et la désorganisation de
« la défense en province. Il regrette que M. Jules Favre
« ne soit pas hors de Paris ; s'il en était ainsi le Gou-
« vernement de la province serait au complet, et peu
« importerait ensuite le sort de celui de Paris.

« M. Jules Favre : Et qui fera la démarche au quar-
« tier général ? Qui sera Eustache ?

« M. Ferry : Moi tout le premier, si je ne m'y pré-
« sente pas comme membre du Gouvernement.

« M. Garnier-Pagès croit qu'il ne faut pas ainsi pous-
« ser les choses au pis, car l'issue de la bataille à livrer
« peut être douteuse. Si l'échec est complet il faut
« bien s'attendre à ce que l'ennemi reconnaîtra le Gou-

« vernement pour traiter avec lui et désorganiser ainsi
« la défense en France après lui avoir substitué un
« autre Gouvernement. Il faut donc décider tout d'abord
« si l'on traitera pour Paris seulement ou pour le pays
« tout entier. Si la Prusse nous dit : Je veux un traité
« de paix, que répondrons-nous ? A cet égard il recon-
« naît que certains membres du Gouvernement veulent
« continuer la lutte, tandis que d'autres considèrent
« comme préférables certains arrangements, des bases
« de paix débattues pour tout le pays. Quant à lui, il ne
« se reconnaît pas le droit de signer une sorte de traité
« de paix comme membre du Gouvernement de la Dé-
» fense nationale, parce qu'il ne veut pas engager la
« Délégation de Bordeaux. Il veut continuer la lutte, et,
« par conséquent, il ne peut consentir à écrire son nom
« au bas d'une capitulation. En ce qui concerne Paris, il
« faudra le consulter après la bataille, et, s'il capitule,
« il devra le faire sans engager la France.

« M. Arago ne pense pas qu'on doive envisager la
« capitulation comme la conséquence nécessaire du com-
« bat qui va se livrer. Il constate que le Gouvernement
« qui siége à Paris est l'arbre dont la Délégation qui
« siége à Bordeaux n'est qu'une branche ; il lui paraît
« donc impossible de dire à la Prusse : Nous ne trai-
« tons que pour Paris. L'intervention du Gouverne-
« ment porterait un coup terrible à la défense en pro-
« vince. Pour lui, il ne se reconnaît le droit ni de traiter
« de la paix, ni de signer une capitulation qui désar-
« merait la France. Son avis est que Paris doit traiter
« par l'intermédiaire de sa municipalité.

« M. le général Trochu observe que la question, telle
« qu'il l'a présentée, était fort simple. Il l'a présentée à
« ce double point de vue :

« 1° capitulation inévitable par famine ;

« 2° mesures à prévoir et à arrêter, en cas de défaite.
« Donc, est-ce le Gouvernement qui devra traiter ?
« Est-ce la municipalité ?
« Voilà toute la question.
« M. Jules Favre demande si les mesures de sécurité
« ont été prises pour l'intérieur de Paris.
« M. le général Clément Thomas répond que le co-
« lonel Montagut prendra toutes les mesures nécessaires.
« (Le général se retire.)
« M. Jules Simon ne croit pas que la Prusse veuille
« traiter avec le Gouvernement de la Défense nationale ;
« elle sait que si elle exigeait certaines conditions, ni
« Gambetta, ni la fraction qui veut la convocation d'une
« assemblée ne voudraient s'y soumettre. On ne peut
« donc traiter avec la Prusse qu'en limitant soi-même
« son action, et en lui disant : Nous ne sommes plus
« que le Gouvernement de Paris. La convention à in-
« tervenir ne concerne que Paris, qui donc pourrait
« stipuler ? M. Jules Simon rappelle qu'en prévision de
« ce qui arrive, il aurait voulu constituer une assemblée.
« Il y a, il est vrai, une municipalité, mais elle ne vou-
« dra probablement rien faire, car il lui manque une
« tête.
« Il ne reste donc rien pour négocier avec l'ennemi.
« M. Jules Simon n'entrevoit qu'une organisation fac-
« tice qui se ferait ainsi : on dirait aux maires : « Vous
« voilà, nous ne pouvons plus continuer la défense,
« maintenant nous vous appelons à composer avec nous
« une commission destinée à parer aux exigences des
« circonstances ; nous déclarons que le Gouvernement
« n'existe plus, et cette commission devra envoyer
« M. Jules Favre au camp prussien pour traiter au
« nom de Paris et de sa municipalité. »
« M. Jules Favre déclare que c'est absolument son

« avis. Seulement les adjoints devront être également
« appelés, car peut-être les maires ne voudront-ils pas
« accepter.

« M. Garnier-Pagès croit qu'il faudrait procéder à des
« élections spéciales.

« M. Ferry répond qu'on s'empressera de réélire le
« Gouvernement.

« MM. Jules Favre et Picard font remarquer que le
« temps presse, et que Paris est à la discrétion de l'en-
« nemi, car il peut dire : Il n'entrera pas un bœuf, pas
« un grain de blé que vous ne nous ayez livré toutes vos
« armes.

« M. Arago répond qu'il faudra détruire les armes
« avant ce moment suprême.

« M. Picard fait remarquer que le Gouvernement se
« compose des députés de Paris. Il ajoute que la chute
« du Gouvernement de Paris ébranlera la Délégation de
« province ; il demande donc si avant de succomber on
« ne lèguera pas les élections à cette Délégation, ou si
« l'on mourra laissant la France livrée à la division et
« à l'anarchie.

« M. Jules Favre craint que la présence de l'un des
« membres du Gouvernement au camp prussien n'au-
« torise l'ennemi à dire : Voulez-vous signer les bases
« d'un traité de paix, ou vous n'aurez rien. »

(*Séance levée à 1 heure un quart du matin.*)

On le voit... la vérité ressort éclatante, incontestable, de ces longues et pénibles séances : les membres du Gouvernement de la Défense nationale ferment volontairement les yeux à la lumière ; ils ne veulent pas voir l'affreuse réalité... ils s'en prennent à nos malheureux soldats, à leurs chefs, à M. Gambetta, au Gouverneur lui-même, de l'insuccès de nos armes !... Ils passent alternativement des espérances les plus folles au découragement le plus absolu ; parfois leur impuissance se manifeste par les appréciations les plus injustes, les propositions les plus ridicules, les plus honteuses...

25 décembre.

« M. J. Favre déclare que, dès aujourd'hui, le
« Gouvernement doit conduire lui-même les opérations
« militaires. — M. Garnier-Pagès fait observer que
« M. J. Favre, à son insu, devrait ainsi arriver à la
« révocation du général Trochu.

« M. Jules Favre répond que telle est bien, en effet,
« son intention, et qu'il espère que le général le com-
« prendra... Il rappelle que la souveraineté appartient
« au Gouvernement tout entier, et qu'il semble l'avoir
« jusqu'ici abdiquée dans les mains du Gouverneur... Il
« rappelle que le général Ducrot lui-même a proposé
« de céder la place au général qui présenterait un plan
« meilleur que le sien.

« M. J. Ferry déclare qu'il tient tous les autres gé-
« néraux que les généraux Trochu et Ducrot en com-
« plète méfiance.

« M. Picard fait observer que le général Trochu est
« investi d'une véritable dictature militaire depuis trois
« mois, et maintenant tout le monde dit que rien ne
« marche ; le ministre de la guerre le crie plus haut que
« personne.

« M. Ferry fait observer à M. Picard qu'il doit bien
« savoir que les généraux ne désirent qu'une chose, la
« paix... »

26 décembre.

« MM. Arago et Garnier-Pagès déclarent qu'il leur

« semble impossible de faire défendre la République par
« l'ex-sénateur Vinoy. »

2 janvier.

« M. J. Favre dit que le Gouvernement a entendu
« avec peine tomber de la bouche du général Ducrot
« des paroles de découragement...

« M. Garnier-Pagès rappelle qu'à l'exception de
« MM. Ducrot et Frébault (1), tous les généraux se
« sont prononcés pour l'action...

« M. J. Simon a été atterré par les déclarations déses-
« pérantes du général Ducrot, qui semble ne se battre
« que par devoir et sans aucune confiance. »

26 décembre.

« M. Clément Thomas observe qu'on n'use pas assez
« de la garde nationale, qui ne demande qu'à mar-
« cher. »

4 janvier.

« Le général Trochu affirme que les bataillons de
« marche de la garde nationale sont formés; leur esprit
« est excellent; ils inspirent confiance. — Le moment
« est venu de les mettre en ligne... »

---

(1) M. G. Pagès fait allusion à la séance du 31 décembre, et son assertion est contraire à la vérité. Comme on peut le voir dans le procès-verbal de ladite séance, à l'exception de MM. les généraux Schmitz et Guiod, qui parlèrent de la nécessité de livrer une grande bataille, tous les autres, sans exception, affirmèrent qu'il était devenu absolument impossible de rompre l'investissement sans l'intervention d'une armée de secours, et il est bon d'ajouter que ceux-ci étaient beaucoup plus compétents que ceux-là dans la question, attendu qu'ils vivaient constamment au milieu de leurs troupes, les conduisaient journellement au feu et connaissaient bien le terrain sur lequel ils avaient à opérer, toutes choses absolument inconnues à MM. Schmitz et Guiod, qui, jusqu'au dernier jour, ont été constamment retenus à l'intérieur de Paris par leurs fonctions spéciales.

10 janvier (10 heures du soir).

« Le général Clément Thomas déclare qu'il y a beau-
« coup de charlatanisme dans cet étalage de courage de
« la garde nationale. Déjà, depuis qu'elle sait qu'on va
« l'employer, son enthousiasme a beaucoup baissé. »

8 janvier (5 heures du soir).

« Le commandant Bibesco lit les dépêches arrivées
« par pigeons; elles sont excellentes; le Gouverneur
« s'applaudit de ne point avoir encore livré la bataille
« projetée. »

8 janvier (10 heures 1/2 du soir).

« Le général Trochu donne lecture d'une dépêche du
« 4 janvier, annonçant des victoires du général Faid-
« herbe, sous Bapeaume et à Pont-Noyelles. — Il si-
« gnale l'habile manœuvre du général Bourbaki, se
« portant vers les Vosges; c'est là la grande guerre... »

10 janvier (10 heures du soir).

« Le général Trochu déclare que les généraux Chanzy
« et Faidherbe lui paraissent, dès à présent, condamnés
« à l'impuissance... »

17 janvier (10 heures du soir).

« Le général Trochu considère un échec comme iné-
« vitable, en présence de la situation précaire de Paris,
« tant au point de vue militaire qu'au point de vue des
« subsistances. — Les obus vont tomber partout, et
« peut-être même arrêter les moutures en fracassant
« les moulins. — L'ennemi s'apprête à fondre sur
« Saint-Denis... Il prie le Conseil d'aviser pour le cas

« où le général Clément Thomas et lui viendraient à
« disparaître.

« M. J. Favre rappelle que, plusieurs fois déjà, il a
« demandé qu'on réglât toutes choses à l'avance. — Il
« engage le général à se ménager, en vue des devoirs
« civils qui réclament impérieusement son concours.

« Il croit que la capitulation doit suivre fatalement
« tout nouvel échec militaire.

« Il reconnaît toutefois deux grands dangers à ce qu'il
« en soit ainsi : illusion de la population de Paris, qui
« veut résister même au delà du possible : colère qui sui-
« vra la perte de ses illusions, et qui portera la popu-
« lation à briser dans un mouvement de désespoir le
« Gouvernement qui peut seul maintenir l'ordre et sau-
« vegarder à la fois les intérêts et la dignité de Paris.
« Il faut tâcher d'éviter cette fin honteuse et terrible ;
« aussi regrette-t-il amèrement que M. le Gouverneur
« ait mis le Gouvernement dans un cruel embarras, en
« déclarant publiquement qu'il ne capitulerait pas... »

9 janvier (10 heures du soir).

« M. Cresson, préfet de police, propose de TRANSFÉRER
« LES PRISONNIERS PRUSSIENS DANS LES PRISONS BOM-
« BARDÉES !!!... »

Nous n'irons pas plus loin... ces rapprochements suffisent amplement pour faire ressortir l'injustice, l'exagération, la faiblesse des hommes qui avaient pris en mains les destinées de notre malheureux pays...

En réalité, voici quelle est la situation :

A partir du 21 décembre, l'espoir de forcer les lignes d'investissement a abandonné les cœurs les plus intrépides... ; les souffrances, les privations, accablent nos

<small>Résumé de la situation après le 21 décembre.</small>

malheureux soldats, condamnés à passer les nuits aux avant-postes, dans les tranchées, par un froid de 12 à 16 degrés... Les congélations, les maladies, les désertions (à l'intérieur de Paris), nous enlèvent le tiers de nos effectifs.

Dans de pareilles conditions, nous n'étions pas assez aveugle pour compter sur la possibilité d'une grande action générale.

Pour qui veut réfléchir, ouvrir les yeux, cela est évident, palpable; et si les membres du Gouvernement parlent de leur opiniâtre espérance, c'est que les uns comptent orgueilleusement sur une intervention surhumaine...; les autres, dans leur ignorance absolue des choses de la guerre, croient à l'action décisive de la garde nationale, à la sortie en masse, à la sortie torrentielle (1).

Cette situation ressort clairement des discussions aussi aigres qu'oiseuses qui ont lieu dans le sein du Gouvernement de la Défense nationale...

Le Gouverneur a perdu la confiance de ses collègues; il le sent par instants, il est prêt à remettre le commandement... puis il se ravise presque aussitôt : il s'y attache obstinément, opiniâtrement... et se renferme dans une sorte de fatalisme, de stoïcisme religieux... flottant, irrésolu, perplexe... Un jour, il déclare que, laissant l'opinion de côté, il faut faire des actions partielles, isolées...

---

(1) On nous a souvent reproché, même d'anciens militaires, le ministre de la guerre entre autres, de n'avoir jamais cru à la garde nationale. C'est que nous étions à même, par notre situation, de la voir à l'œuvre, de la juger sur le terrain : Un jour, près de Bobigny, rencontrant un bataillon de gardes nationaux... nous dîmes au commandant : « Formez-vous en colonne double et portez-vous derrière cette ferme. » Ledit commandant tourne et retourne autour de ses hommes... « Eh bien... faites donc... qu'attendez-vous? » — « Pardon, mon général...
« c'est que je ne sais pas ce que c'est qu'une colonne double... si vous
« voulez bien me dire ce qu'il faut faire... »

pour lasser l'ennemi ; un autre jour, il parle d'une tentative grandiose, à la fois militaire et religieuse...

Assurément le brillant esprit du général Trochu subissait l'influence d'une situation terrible ; mais son entourage, loin de lui exposer la vérité des faits, de lui faire pressentir le dénoûment inévitable, semblait prendre à tâche d'augmenter ses illusions... Son chef d'état-major, notamment, insistait sur la nécessité de terminer par un coup d'éclat, afin de *donner satisfaction à la France et à l'Europe.*

Mais on ne savait de quel côté l'on devait frapper ce grand coup...

Dans la séance du 31 décembre et les suivantes où un certain nombre de généraux sont appelés seulement à titre consultatif, on va s'épuiser vainement à chercher un nouveau point d'attaque... On discute plusieurs objectifs ; tantôt on penche pour percer par le Sud, tantôt par l'Ouest... C'est ainsi qu'après avoir résolu de donner l'assaut à Châtillon, on reconnaissait l'impossibilité absolue d'opérer dans cette direction... on revient alors à l'idée d'agir du côté de Versailles, idée émise d'une manière très-dubitative par le général Berthaut. Quant à nous, dès le 31 décembre, nous n'avons pas hésité à faire connaître bien catégoriquement notre opinion sur la situation, et lorsque MM. les membres du Gouvernement de la Défense nationale nous posèrent par la bouche de M. Jules Favre les questions suivantes :

« Croyez-vous pouvoir obéir au désir d'action de la population à l'aide d'opérations militaires exécutées avec les divers éléments de la défense de Paris (armée, mobile, garde nationale, marine), séparés ou combinés ; enfin, quel genre d'action peut-on ainsi proposer à la ville de Paris, et quelles espérances peut-on lui donner?

« En un mot, la défense peut-elle être continuée, et comment peut-elle l'être? »

Nous répondîmes :

« Notre conviction est qu'il n'y a pas de plan ni de « valeur individuelle qui puissent briser la ligne d'inves- « tissement... Il faut renoncer à faire cette trouée im- « praticable sans armées de secours ; cela ne s'est jamais « vu. — Le soldat, comme tout homme, a besoin d'es- « pérance ; or, cette impossibilité de percer les lignes « est aujourd'hui trop évidente, et l'on ne pourrait « désormais obtenir des troupes un de ces efforts con- « fiants qui seuls font le succès. — A ces considéra- « tions, il faut ajouter l'état de fatigue et de souffrance « qui ne permet plus d'opérer en rase campagne. — « Quant à l'idée de se porter en avant avec 200,000 hom- « mes, c'est là une idée folle que j'ai toujours combat- « tue... Si l'on veut sauver une partie de l'armée, il « faut faire appel à des hommes choisis, les diviser en « plusieurs colonnes, et passer sur le ventre de l'en- « nemi en poussant droit devant soi. »

Cette opinion, si fermement exprimée, nous la sou- tînmes jusqu'à la dernière heure : tout en déclarant qu'une grande action générale était devenue impossible, nous insistions néanmoins sur la nécessité d'agir jusqu'à l'extrême limite de nos forces, non plus dans l'intérêt d'une cause que nous considérions comme entièrement perdue, mais par sentiment de devoir et pour l'honneur de nos armes...

Dans cet ordre d'idées, nous examinâmes plusieurs projets, soit avec le Gouverneur, soit avec les officiers généraux qui nous entouraient.

Quelques-uns étaient d'avis qu'il fallait choisir un ou plusieurs points du périmètre pour reculer, autant que possible, dans une certaine direction la ligne d'investissement.

Ce résultat, pensaient-ils, pouvait être obtenu par une action de vive force combinée *avec nos armées de l'extérieur ;* d'autres proposaient de procéder par cheminements réguliers entre le canal de l'Ourcq et la Marne ; ils auraient voulu s'avancer pied à pied dans la forêt de Bondy, sur le plateau du Raincy, gagner Vaujours, et rendre très-difficiles les communications de l'ennemi par Lagny. Il en était, au contraire, qui voulaient chasser les Allemands de la presqu'île d'Argenteuil, s'emparer des hauteurs de Cormeil, et, sous l'appui de cette forte position, se rendre maîtres de la presqu'île que recouvre la forêt de Saint-Germain ; on aurait ainsi obtenu une large zone formée par les trois presqu'îles de Gennevilliers, d'Argenteuil, de Saint-Germain, avec les hauteurs de Cormeil pour point d'appui de droite. — Des ponts établis sur les différents bras de la Seine auraient assuré nos communications jusqu'à Poissy... De là, nous menacions le confluent de l'Oise, et le cercle d'investissement se trouvait pour ainsi dire crevé, etc., etc. Tout cela était très-ingénieux, très-joli comme théorie, comme étude stratégique ou tactique, et aurait peut-être eu chance de réussir dans le courant du mois de novembre ; mais, aujourd'hui, lorsque l'on voulait étudier sérieusement la question et aborder les détails d'exécution, l'on arrivait toujours à reconnaître que nos troupes régulières étaient trop épuisées, au physique comme au moral, pour tenter des actions aussi considérables... Quant à la garde nationale mobilisée, sur laquelle on avait, un instant, fondé tant d'espérances... les quelques essais tentés, notamment à Bondy, dans les derniers jours de décembre, avaient trop bien démontré qu'elle n'avait aucune chance de faire mieux que l'armée régulière... Puis, enfin, il fallait bien avouer que le succès du meilleur de ces plans ne pouvait nous donner les moyens de ravitailler Paris, car on ne ravitaille pas en quelques jours une ville de deux millions d'habitants... Le jour n'était donc pas éloigné où la famine nous livrerait sans condition à nos ennemis !

Projet de sortie par groupes d'hommes choisis.

Dans cette triste situation, comme nous l'avons dit précédemment, une seule chose restait à tenter : faire sortir de Paris un certain nombre de groupes composés d'officiers, de sous-officiers et de soldats de bonne volonté, qui, faisant bon marché de leur vie, fonceraient pendant la nuit sur les lignes ennemies, et chercheraient à gagner les forêts des environs, pour de là rejoindre, isolément ou par petits paquets, nos armées de province, et leur apporter un appoint précieux d'hommes énergiques et expérimentés.

Un projet dans ce sens avait été étudié soigneusement par le général Ducrot, avec l'aide du général Berthaut et du colonel de Miribel ; il fut soumis au Gouverneur, au fort d'Aubervilliers, dans les premiers jours de janvier.

Le général de la deuxième armée proposait de former six groupes de deux à trois mille hommes chacun ; trois partant des environs de Nogent et de Rosny, devaient suivre le chemin du canal, la voie ferrée et la voie mérovingienne ; tournant Chelles par la droite et par la gauche, ils remontaient la Marne jusqu'à hauteur de Lagny, où ils chercheraient à s'assurer le passage de la rivière ; les trois autres colonnes, parties de Groslay, Bobigny et Bondy, suivaient la voie ferrée de Paris à Soissons, la route des Petits-Ponts, celle de Meaux, et, arrivées à hauteur de Villeparisis ou de Claye, se rabattaient sur Lagny pour opérer leur jonction avec les colonnes de droite ; la Marne franchie, on détruisait les ponts, et on cherchait à gagner les forêts d'Armainvilliers, de Crécy, Jouy, etc...., puis chaque groupe se dirigeait, autant que possible, dans la direction du Sud-Est, d'après les incidents du moment et suivant son inspiration.

Beaucoup, sans doute, auraient été arrêtés dès les premiers pas par le feu des avant-postes, d'autres seraient tombés en route de fatigue et d'épuisement, le plus grand nombre aurait probablement été ramassé par la cavalerie ennemie.... Mais enfin quelques-uns avaient chance de gagner les montagnes du Morvan et de la Côte-d'Or, d'où ils auraient pu rallier l'armée de Bourbaki ou le corps de Garibaldi.... Dans tous les cas, c'était un acte de suprême désespoir, un généreux sacrifice qui eût complété par un beau dénouement ce long et douloureux drame de la défense de Paris, et nous eût mérité, ainsi que le demandait M. le général Schmitz, sinon l'admiration, du moins l'estime de la France et de l'Europe....

Mais ce projet n'obtint pas l'approbation des membres du Gouvernement de la Défense nationale, cela ne leur parut pas assez grandiose.... Il fallait absolument une grande, une très-grande affaire dans laquelle on laisserait 20,000 hommes sur le terrain, ainsi que le demandaient M. Ferry dans la séance du 25 décembre, et M. Garnier-Pagès dans celle du 26 décembre. — « Les grands sa-
« crifices d'hommes, disait ce dernier, produisent le
« plus souvent un redoublement d'élan et d'enthou-
« siasme que ne produisent pas les petites pertes et les
« actions restreintes... »

Dans une réunion à laquelle nous assistions, l'idée fut émise qu'il fallait réunir les membres du Gouvernement, la magistrature, le clergé, les jeunes filles, avec les bannières des corporations religieuses... sortir processionnellement de la ville et marcher droit aux lignes allemandes... Un pareil spectacle devait certainement leur inspirer un tel respect qu'ils nous laisseraient passer... dans tous les cas, si nous devions périr nous péririons noblement, et nos ennemis, au contraire, se couvriraient de honte...

D'autres voulaient que l'on tentât une sortie générale sur tous les points du périmètre avec la garde nationale, l'armée régulière, les corps francs, les marins, en un mot toute la population armée de Paris; c'est ce que l'on appelait la sortie torrentielle!

Vainement fîmes-nous d'énergiques efforts pour démontrer l'impossibilité absolue de mener à bonne fin de pareilles entreprises; vainement cherchâmes-nous à prouver que loin de nous donner une fin glorieuse, elles ne pouvaient que nous faire succomber sous le ridicule... On ne voulut pas nous entendre, on nous reprocha notre manque de confiance, de résolution; on alla jusqu'à nous accuser de faiblesse, et c'est à la suite de ces déplorables discussions que nous demandâmes à être dispensé d'assister aux conférences dans lesquelles furent préparées les dernières opérations du siége, affirmant d'ailleurs que l'on nous trouverait toujours prêt à exécuter avec une complète obéissance et un dévouement absolu les ordres qui nous seraient donnés.

Pour le prouver, nous allons reprendre, jour par jour, le récit des événements depuis le 2 janvier jusqu'au 28 janvier, **date fatale de la reddition de Paris!**...

DÉFENSE DE PARIS

PIÈCES JUSTIFICATIVES

DÉFENSE DE PARIS

PIÈCES JUSTIFICATIVES

1

Extrait de l'historique du régiment de mobiles de la Côte-d'Or.
(2 décembre 1870.)

La journée du 1ᵉʳ décembre se passe à attendre des ordres. Le soir, des travailleurs sont envoyés aux grand'gardes pour établir des tranchées en avant des lignes; en même temps, le général Martenot fait savoir que la brigade La Mariouse doit sortir de Champigny sur notre droite et occuper des enclos boisés en avant des grand'gardes. Celles-ci sont prévenues, et on leur recommande de ne pas s'inquiéter du mouvement de troupes qu'elles pourront apercevoir.

Pourquoi ce mouvement ne fut-il pas exécuté?

Dans tous les cas, c'est ce qui amena la surprise des grand'-gardes de la brigade Martenot, car vers 6 heures du matin, les officiers, entrevoyant au milieu des ténèbres une troupe en marche, pensent que c'est l'exécution du mouvement annoncé, et sont attaqués à bout portant avant d'avoir pu donner l'alarme. A ce moment même on relève les compagnies de grand'garde, et la confusion s'en accroît encore. Cependant les hommes tiennent assez longtemps pour permettre aux régiments d'Ille-et-Vilaine et de la Côte-d'Or de prendre les armes. Le jour commence à poindre, les obus éclatent de tous côtés dans le camp: la paille que les soldats y ont apportée pour se préserver du froid, s'en-

flamme, et une fumée épaisse se répand dans l'air. Les grand'-
gardes, qui se replient, sont suivies de près par les Saxons. Le
régiment d'Ille-et-Vilaine se retire en désordre.

A ce moment, le colonel de Grancey rallie le 4e bataillon (Se-
mur), qui voit le feu pour la première fois et commence à plier;
il s'élance au premier rang contre l'ennemi; mais à peine a-t-il
ramené ses hommes au combat, qu'il est frappé mortellement et
tombe pour ne plus se relever.

En l'absence du lieutenant-colonel Titard, atteint depuis plusieurs jours de rhumatisme et resté à Paris, M. d'Andelarre, chef
du 3e bataillon, prend le commandement. Vers 8 heures, le général Martenot quitte la position, et établit la brigade en arrière
de Champigny d'abord, puis, dans la journée, vers le bois du
Plant.

Pendant ce temps, la 1re compagnie du 3e bataillon, sous les
ordres du capitaine Lorenchet de Montjamont, qui occupe depuis
la veille des tranchées et carrières en avant de la Plâtrière, tient
ferme et empêche l'ennemi de déborder. Secondé par les efforts
énergiques, tout spécialement, des capitaines Dumoulin, Cruce-
rey, Bizouard, Lambert, Euvrard, des lieutenants Sorlin, Bau-
din, Bargy, Desserteaux et Braillard, porte-drapeau, des sergents
Moyne, Arvet, Chantriaux et Bernard, le commandant du 3e bataillon entraîne ses hommes en avant de la Plâtrière, et rallie la
1re compagnie, qui soutient à elle seule le combat.

Quelques détachements du 122e, faisant partie de la brigade
Paturel, à la gauche, se réunissent au 3e bataillon de la Côte-
d'Or. Le commandant fait exécuter une charge à la baïonnette,
refoule les Saxons embusqués dans les carrières, et les force à
se replier vers les enclos boisés qui devaient être occupés par la
brigade de la Mariouse. Malgré une mousqueterie violente qui
part de ces enclos et des maisons, quelques fractions du 122e,
des mobiles d'Ille-et-Vilaine, sous les ordres du capitaine Leroy,
le 3e bataillon et deux compagnies des 2e et 4e bataillons de la
Côte-d'Or, se maintiennent sur le terrain conquis une partie de la
journée. A deux reprises différentes, le lieutenant Bargy est envoyé pour demander au général Martenot des ordres et des renforts. Vers 2 heures, l'ennemi se montre en forces et paraît sur
la hauteur en masses serrées. Ne voyant point de secours arriver et les munitions commençant à s'épuiser, le commandant
d'Andelarre ordonne la retraite, et va occuper les carrières et
tranchées d'où il est parti au moment de l'attaque, en avant et
contre les deux plâtrières. L'ennemi, profitant de tous les accidents de terrain, se rapproche, et on échange, sans grands résultats de part et d'autre, une fusillade bien nourrie jusqu'à la

chute du jour. Le clairon exécute alors la sonnerie : Cessez-le-feu, les Allemands y répondent. Le feu cesse, et les ambulanciers s'avancent pour ramasser les blessés.

II

Extrait de l'historique du 35ᵉ de ligne. (2 décembre 1870.)

La nuit du 1ᵉʳ au 2 fut pourtant assez calme encore ; mais le 2 au matin, sur les 6 heures, au moment où l'on relevait les grand'gardes, le canon de Cœuilly, qui depuis 3 heures du matin tirait avec intermittence, éclate tout à coup avec une violence extrême ; en même temps, de fortes colonnes d'infanterie débouchent à l'improviste ; les Prussiens veulent évidemment reprendre les positions qu'ils ont perdues l'avant-veille. Les mobiles de la Côte-d'Or et ceux d'Ille-et-Vilaine, qui gardaient la gauche, se sauvent sans essayer de résister, laissant ainsi un large passage à l'ennemi de ce côté. Un détachement de 100 hommes du 35ᵉ, protégeant des travailleurs, et un bataillon de grand'garde, est alors attaqué de front, tourné par sa gauche, enveloppé et pris en partie ; le reste fuit vers le village, poursuivi par les Prussiens, qui arrivent presque en même temps que les fuyards sur les premières barricades dont ils s'emparent, et où ils font encore des prisonniers ; mais quelques soldats du 35ᵉ et du 42ᵉ, abrités derrière une barricade construite en avant de l'église, les arrêtent et les empêchent d'aller plus loin.

Sur la gauche, également, ils sont maintenus par des compagnies de grand'garde du 35ᵉ, et surtout par l'artillerie placée à l'entrée du village, qui ouvre sur eux un feu des mieux nourris. Les mobiles peuvent alors se remettre de leur surprise, se reformer et tenter des retours offensifs.

Dans le village, grâce à l'activité des chefs, l'ordre se rétablit rapidement, nos soldats se rallient, et la défense s'organise vigoureusement. Les 1ᵉʳ et 3ᵉ bataillons du 35ᵉ, postés dans des maisons à hauteur de l'église, ouvrent un feu très-vif sur l'ennemi, qui occupe un groupe de maisons en avant et à gauche du village, et s'acharne à vouloir gagner du terrain en perçant les murs pour cheminer à couvert de maison en maison jusqu'à nos barricades. A gauche, sur Bry, la manœuvre prussienne, qui avait eu un commencement de succès, était aussi arrêtée par la résistance acharnée que les troupes du corps d'Exea opposent aux masses profondes des Saxons; mais vers midi l'ennemi accentue son mouvement offensif sur Champigny. Le général de La Mariouse prescrit alors d'engager le 2ᵉ bataillon; celui-ci arrive pour renforcer les deux autres, et bientôt des fenêtres, des lucarnes, des toits, part un feu terrible qui arrête net la marche des colonnes ennemies, et les Prussiens rétrogradent bientôt jusqu'aux dernières maisons. A partir de ce moment, la lutte se borne à un échange de coups de fusil sans résultat des deux côtés.

Vers deux heures, le général Trochu arrive à Champigny et félicite le 35ᵉ de sa solidité. Enfin, entre 3 et 4 heures, le régiment, qui combattait depuis le matin, est relevé dans ses positions par le 17ᵉ de marche, et se retire dans le milieu du village, où il passe la nuit. Nos soldats, qui ont trouvé des greniers remplis de paille, en tirent parti pour se faire des couchettes confortables, sur lesquelles ils se reposent des fatigues du jour.

III

Extrait de l'historique du 42ᵉ régiment d'infanterie.

BATAILLE DE CHAMPIGNY. (2 *décembre* 1870.)

Le matin de ce jour, le 2ᵉ bataillon était toujours dans la même position; le 1ᵉʳ bataillon venait, entre 6 et 7 heures, relever le 3ᵉ dans le parc de gauche, ce qui doublait momentanément le nombre des défenseurs, mais était en même temps une cause de désordre, lorsque, tout à coup, à un signal donné au sifflet, des coups de feu retentissent, et des têtes de Prussiens se montrent de tous côtés, au-dessus des murs et à toutes les brèches. Ce fut le signal d'un assez grand désordre dans le village, et la route se trouva encombrée de soldats courant en tous sens, criant et perdant la tête. Petit à petit cependant, l'ordre se rétablit; on put réunir ensemble les hommes de même corps et les ramener au combat, chose qu'ils firent du reste avec le plus grand entrain, une fois le premier moment de surprise passé.

Heureusement que la majeure partie des troupes enfermées dans les parcs, quoique entourées et surprises, ne se déconcertèrent pas, et organisèrent des défenses locales partout où elles purent se réunir sous les ordres d'un officier ou d'un sous-officiér : c'est ce qui sauva le village dans le premier moment de trouble.

Voici ce qui s'était passé dans les deux parcs occupés par le régiment : Les Prussiens, descendant des hauteurs pour attaquer Champigny, s'étaient séparés en trois colonnes, la première attaquant de front les deux parcs, après les avoir entourés pendant la nuit, et les deux autres destinées à tourner le village par la droite et par la gauche. Dans cette journée, le régiment eut à combattre une grande partie de la colonne qui nous attaquait de front, et toute la portion qui cherchait à se glisser entre la Marne et notre droite pour nous tourner.

L'attaque ayant surtout commencé par le parc de gauche, le 2ᵉ bataillon, qui gardait celui de droite, fut prévenu qu'il se passait quelque chose d'extraordinaire par les cris et les coups de fusil que l'on entendait ; il put se réunir en grande hâte presque complétement, et son chef, le commandant Cahen, voyant que le parc n'était pas défendable, le fit évacuer rapidement, et répartit son monde dans les maisons situées en arrière, dans l'église, et sur le pont conduisant dans la boucle de la Marne ; de ce côté, nous eûmes peu de soldats faits prisonniers, puisque le combat put commencer presque de suite dans d'assez bonnes conditions.

Il n'en fut pas de même à gauche, où les 1ᵉʳ et 3ᵉ bataillons eurent à supporter le premier choc au moment où les postes se relevaient ; plusieurs compagnies s'apprêtaient même à rentrer dans le village. La surprise fut grande, et la majeure partie de ceux qui couraient dans le parc furent faits prisonniers avant même d'avoir pu tirer un seul coup de fusil ; mais nos soldats ne se découragèrent pas, et tout ce qui n'était pas prisonnier se groupa instinctivement autour du premier officier rencontré ; la défense s'organisa de la sorte par petites fractions agissant isolément ; le résultat fut tel cependant qu'il rompit le premier élan des Prussiens. Le parc n'étant pas tenable, on l'évacua pour se réfugier dans toutes les maisons et les jardins situés en arrière, mais nos deux bataillons laissaient beaucoup de morts, de blessés, et surtout de prisonniers, derrière eux. MM. Combes, capitaine, blessé ; Fabre, lieutenant, Randoing, sous-lieutenant, furent pris ; M. le lieutenant Godard fut blessé mortellement ; M. le commandant Landry, grièvement blessé, fut fait prisonnier (1).

---

(1) Ce brave officier supérieur avait déjà été blessé à l'épaule dans la journée du 30 novembre ; il se fit panser légèrement le soir et refusa d'entrer à l'ambulance pour rester à la tête de son bataillon. Le commandant Landry est revenu de captivité avec une santé entièrement délabrée, et il est mort à l'hôpital du Val-de-Grâce un an, jour pour jour,

Cependant, et grâce à cette résistance, ainsi que nous l'avons dit plus haut, la défense s'organisait en arrière; des soldats garnissaient toutes les maisons, défendaient les barricades existantes ou celles que le génie élevait à la hâte de tous côtés; à partir de ce moment et de toute la journée, les Prussiens ne firent plus un pas en avant dans le village, et les deux parcs, avec quelques maisons y attenantes, furent leur seule conquête pendant toute la bataille.

Maintenus en échec de front, les Prussiens étaient encore plus maltraités dans leur tentative sur les flancs du village; à notre gauche, des forces imposantes, accourues au premier signal, et une puissante artillerie, leur infligeaient des pertes cruelles; à notre droite, nos tirailleurs les contenaient, tandis qu'une batterie de mitrailleuses, placée dans la boucle de la Marne, décimait leurs colonnes qui s'obstinaient à vouloir tenter le passage de la rivière.

Le combat, commencé vers six heures et demie, continua, acharné, jusque vers quatre heures, sans que nos soldats eussent reculé d'un pas; au contraire, on avait reconquis plusieurs maisons, en pénétrant à la sape de l'une dans l'autre. Mais cette défense obstinée nous avait coûté encore plus d'une perte cruelle : à droite, le lieutenant Dorizon avait été blessé; le commandant Cahen, contusionné à la poitrine par un éclat d'obus, ne voulut pas quitter son poste; à gauche, deux bons et braves officiers, MM. Giroin et Saingt, tous deux adjudants-majors, se faisaient tuer raide, le premier, dans une maison dont il dirigeait la défense, le deuxième, sur une barricade barrant le haut de la grande rue; M. le lieutenant Leca était entouré et fait prisonnier dans une maison voisine de cette barricade. Le combat était tellement vif et nos hommes tellement animés, qu'il fallut renouveler plusieurs fois la provision de cartouches, et des hommes dévoués allaient en porter aux combattants sous le feu même de l'ennemi; l'adjudant Baylet, jeune homme destiné à devenir officier, fut tué en accomplissant cette périlleuse mission; le sergent-major Petit, nommé officier plus tard, fut blessé en allant approvisionner les défenseurs d'une maison. Un jeune soldat, le nommé Fines, engagé pour la durée de la guerre, et qui avait déjà montré de l'entrain dans la journée du 30 novembre, traversa plusieurs fois une rue enfilée par les projectiles, avec un grand sac rempli de cartouches sur ses épaules, pour aller en

---

après avoir été blessé. Chevalier de la Légion d'honneur depuis 1863, il fut renommé chevalier, par erreur, après Champigny. On ne put revenir sur cette erreur, et il est mort à la fin de 1871 simple chevalier.

distribuer aux défenseurs du pont. Les deux soldats Arrighi et Marchand méritent une mention toute particulière : Arrighi se trouvait dans la maison où fut tué le capitaine Giroin, et pendant tout le combat, il se tint dans un jardin (1), la moitié du corps dépassant le mur de clôture, pour indiquer aux défenseurs les mouvements de l'ennemi, et les endroits où il fallait tirer de préférence; Arrighi fut cité à l'ordre de l'armée et médaillé au commencement de 1871. Le soldat Marchand, n'ayant qu'un an de service, combattait en tirailleur sur le bord de la Marne; blessé deux fois, il refuse de se retirer, et ne se laisse enlever du champ de bataille qu'après un troisième coup de feu qui lui casse la jambe. Marchand fut également cité à l'ordre de l'armée, et nommé chevalier de la Légion d'honneur en février 1871.

Vers 3 heures de l'après-midi, le général Trochu, gouverneur de Paris, vint visiter le champ de bataille, et chargea le commandant de Parades [de féliciter vivement le 42e, ajoutant que c'était grâce au 35e et au 42e que l'on était resté maître de Champigny.

A partir de 4 heures du soir, soit que la lassitude se fût emparée des Prussiens, soit qu'ils vissent que tous leurs efforts étaient désormais inutiles, le combat devint plus traînant, la fusillade moins nourrie, et vers 5 heures du soir, on n'entendait plus que de rares coups de fusil.

En ce moment, nous étions relevés dans les postes que nous occupions par un régiment frais (17e de marche), et le commandant de Parades, réunissant les débris du 42e, alla camper en arrière du village, où nos hommes, harassés, purent enfin manger un morceau et se reposer (2).

IV

Rapport du général commandant l'artillerie du 1er corps de la 2e armée, sur les opérations de l'artillerie les 2 et 3 décembre 1870.

La journée du 2 décembre commence par une vigoureuse at-

---

(1) Jardin K; *voir* croquis n° 2, page 33.
(2) C'est dans cette journée que le soldat Paillard, alors gardien du parc de Vincennes, vint combattre en volontaire dans les rangs de son ancien régiment.

taque de l'ennemi sur notre front. Ses principaux objectifs sont le Four à Chaux et Champigny.

Le 1er décembre et dans la nuit du 1er au 2, l'artillerie de la 1re division avait fait établir une ligne de retranchements pour abriter ses pièces. Les dernières venaient d'être mises en batterie quand a eu lieu la soudaine attaque de l'ennemi qui fit ployer nos troupes établies à droite du Four à Chaux.

La 1re et la 2e batterie d'artillerie de la marine tirent d'abord à balles, puis à mitraille sur les troupes qui s'avancent sur leur droite. L'ennemi parvient jusqu'à cent mètres des retranchements, où il est reçu par un feu violent de mitraille qui le force à se replier en désordre. Une grêle de balles que les tirailleurs ennemis font pleuvoir sur les batteries ne peut réussir à arrêter leur feu.

Pendant ce temps la batterie de canons à balles tirant à balles multiples fait refluer dans le plus grand désordre vers Villiers les colonnes compactes qui en descendent.

L'attaque de vive force de l'ennemi du côté du Four à Chaux est donc venue se briser contre la résistance énergique de l'artillerie de la 1re division.

Elle a alors à soutenir le feu des batteries prussiennes établies en avant de Cœuilly et de Villiers. Un grand nombre de ses pièces ont perdu presque tous leurs servants, quatre sont complétement désemparées. Elles sont ramenées en arrière près du cimetière de Champigny. Le reste de la division se retire en bon ordre par demi-batterie et vient se mettre en batterie à droite du bois de Plant, d'où son tir combiné avec celui des batteries de la 3e division et de la réserve sur les crêtes du plateau, empêche l'ennemi de descendre les pentes et de reprendre l'offensive.

Dès le début de l'action, deux batteries de la réserve, la 15e de la marine et la 16e du 9e ont été établies à droite de la route de Champigny, en avant de la bifurcation. Elles gardent cette position jusqu'au soir; leur tir acquiert une grande précision et une efficacité réelle. Elles battent les crêtes de Champigny à Chennevières. Ces batteries sont l'objet d'un feu assez soutenu de la part de l'ennemi, surtout dans la matinée.

La 3e batterie du 6e s'est mise en batterie à l'emplacement même de son bivouac à gauche de la route de Champigny, battant les crêtes à gauche de ce village. Elle s'est avancée dans la journée pour se placer à gauche du cimetière de Champigny, d'où elle battait mieux les approches.

La 4e du 6e s'établit à la gauche de la batterie précédente, puis elle est envoyée dans les ouvrages du Four à Chaux remplacer l'artillerie de la 1re division. Elle n'est rentrée qu'à la nuit.

La 4e du 12e est dirigée par ordre du général en chef sur les ponts de Nogent pour y passer la Marne et s'établir sur la rive droite. Mais quand elle y arrive, les hauteurs de la rive droite sont déjà occupées par une nombreuse artillerie. Elle revient sur la rive gauche; une de ses pièces établie sur le remblai du chemin de fer entretient un feu très-vif sur Villiers. Les autres gravissent les pentes et dirigent leurs feux sur Cœuilly.

A la suite de la journée du 30 novembre, les batteries de la 3e division ne pouvaient plus servir chacune que 4 pièces. Elles avaient été ramenées sur la route de Champigny, en arrière de la bifurcation, pour se reconstituer. Le 2 au matin, les deux batteries de 4 s'établissent en arrière du bois Lhuilier, à gauche de la route de Champigny. Elles n'ont tiré que 30 coups de canon.

La batterie de mitrailleuses est établie à la droite des deux batteries de la réserve (15e batterie de la marine et 16e du 9e) et tire 36 coups dans la journée.

En résumé, le rôle de l'artillerie du 1er corps dans cette journée a été des plus importants. L'artillerie de la 1re division, déjà très-éprouvée le 30 novembre, a eu à soutenir presque tout le poids de l'attaque du matin sur le Four à Chaux; elle a réussi par son sang-froid, son tir parfaitement dirigé, à repousser l'ennemi venu jusqu'à 100 mètres des retranchements.

Les batteries de la réserve et celles de la 3e division, en concentrant leurs feux sur les crêtes, ont arrêté la marche des colonnes ennemies sur Champigny et ont éteint le feu des batteries qu'il a essayé d'y établir.

Dans la nuit du 2 au 3 la 16e batterie du 9e régiment est dissoute pour combler les vides que le feu de l'ennemi a faits dans les batteries du 1er corps. A trois heures du matin, les différents détachements sont dirigés sur leurs nouvelles batteries.

Le général commandant l'artillerie du 1er corps,
D'UBEXI.

V

Extrait de l'historique du 121e de ligne (2 décembre 1870).

Le 2 décembre au point du jour, tandis qu'on relevait les

grand'gardes, l'ennemi attaqua vivement sur toute la ligne. Le 121ᵉ couvrait l'espace compris entre Champigny et le chemin de fer de Paris à Mulhouse, la ligne de défense passant à 500 mètres environ en avant du Four à Plâtre.

La droite, découverte par la retraite des gardes mobiles et l'enlèvement de leurs grand'gardes, fut un moment sur le point d'être tournée; les Prussiens arrivant sur les hauteurs abandonnées criblèrent de balles l'emplacement même du bivouac. Le premier bataillon s'élança aussitôt, se déploya tout entier en tirailleurs et repoussa l'ennemi des positions un moment perdues.

Au centre, les abords du terrain découverts et commandés par la Plâtrière, mise en état de défense, empêchèrent les assaillants d'aborder sur ce point. A gauche, où le 2ᵉ bataillon avait relevé le 122ᵉ, les trois dernières compagnies de ce bataillon avaient été placées dans un parc situé à gauche et en avant du Four à Plâtre, presque contre le chemin de fer, et dans lequel coule le petit ruisseau de la Lande; attaquées furieusement, un moment refoulées, elles reprirent dans une lutte corps à corps le terrain perdu, puis en très-peu de temps repoussèrent complétement la tentative faite sur ce point, gardant trente à quarante prisonniers dont un officier. A ce moment M. le général Paturel arrivant, fit sonner la charge et porter en avant tout ce qu'il avait sous la main d'hommes du 121ᵉ et du 122ᵉ qui un peu plus tard, formés en un cordon de tirailleurs, couvrirent le terrain dont on venait de s'emparer.

Vers les neuf heures eut lieu un retour offensif de l'ennemi. Sur la gauche, après une résistance poussée aussi loin que possible, nos tirailleurs sans réserves, trop avancés et trop à découvert pour continuer utilement la lutte sur ce terrain, durent regagner leurs tranchées, contre lesquelles, malgré ses efforts et son acharnement, l'ennemi vint encore se heurter sans succès; il se borne dès lors à tirer à distance jusqu'à la nuit. Au centre, le 3ᵉ bataillon qui était resté en soutien avait dû faire déployer une compagnie à gauche et une autre à droite de la Plâtrière pour soutenir les compagnies engagées en avant de ces points. Sur la droite les progrès de l'ennemi devenant inquiétants, deux nouvelles compagnies avaient été envoyées dans cette direction; protégées par le feu des mitrailleuses de la division Berthaut, elles se portent en avant, arrêtent le mouvement de retraite commencé sur ce point et concourent à chasser de nouveau l'ennemi. Ce résultat obtenu, une autre compagnie est établie, partie en avant de Champigny, partie dans une maison à deux étages surmontée d'une terrasse, placée un peu en avant

DÉFENSE DE PARIS.

de la Plâtrière, tandis que celle qui avait été maintenue jusque-là sur la gauche de ce bâtiment et qui y devenait inutile, allait prendre position dans un chemin creux à 50 ou 60 mètres de la ligne, prête à la renforcer au besoin.

Repoussé dans ses deux tentatives, qui lui avaient causé des pertes sensibles, l'ennemi borna là ses efforts, se contentant de tirailler et de lancer des obus sur nos positions jusqu'à 5 heures du soir. Il lui fut répondu vigoureusement par nos tirailleurs, dont les feux le décidèrent à se replier complétement.

Deux heures plus tard, le régiment relevé par le 115e, vint reprendre l'emplacement qu'il occupait depuis le 30 novembre en arrière de la Plâtrière.

VI

Extrait du récit du capitaine Bapst du 122e de ligne
(2 décembre 1870).

. . . .

Nous fûmes debout immédiatement, et en quelques instants le bataillon était sous les armes. Aussitôt une vive fusillade se fit entendre aux avant-postes. Le général Paturel ne tarda pas à se présenter devant nous, avec notre lieutenant-colonel M. de la Monneraye.

Le général me dit de me porter en avant avec les trois compagnies de gauche de mon bataillon, afin de soutenir les grand'gardes et repousser l'ennemi, si je le pouvais, ou tout au moins de le contenir le plus longtemps possible, car nos postes paraissaient avoir été surpris, à en juger par la rapidité avec laquelle ils se reployaient sur nous.

Je me dirigeai sur le petit bois de la Lande que j'avais l'ordre de traverser; à mon arrivée, j'y rencontre nos grand'gardes qui se repliaient précipitamment, poursuivies par les tirailleurs prussiens qui déjà franchissaient l'enceinte du parc; je les repoussai, et aussitôt sorties du petit bois, les compagnies se déployèrent de manière à nous relier aux tirailleurs du 1er bataillon sur la droite; M. Flamin dirigea le mouvement de ce côté.

Je marchai alors vers la gauche, dans l'intention de déborder les tirailleurs ennemis, et de manière à m'étendre jusqu'au-dessus de la hauteur qui se trouve à gauche du chemin de fer, et d'où j'espérais me relier avec les troupes que je croyais trouver déployées sur ma gauche et sur le revers opposé.

Arrivé au sommet, je n'y trouvai pas de troupes; elles étaient à environ 15 à 1,800 mètres plus à gauche et en face de Villiers. Je dus donc prendre mes dispositions pour maintenir ma ligne jusqu'à un point qui me permettait d'observer à droite notre ligne et de voir également à gauche, où, n'étant pas relié, je pouvais craindre à chaque instant d'être tourné.

J'avais trop peu de monde pour me permettre de pousser en avant contre le parc de Villiers; je fis abriter mes tirailleurs, afin de contenir l'ennemi le plus longtemps possible, ainsi que j'en avais reçu l'ordre.

Le feu que nous recevions des créneaux était très-vif et bien dirigé, et avant que mes tirailleurs eussent pris position, beaucoup avaient été mis hors de combat.

Dans cette position critique, j'attendis des renforts. Bientôt un capitaine d'artillerie vint vers moi, me disant qu'il était en position en arrière de ma ligne et à cheval sur la route n° 45 qui conduit à Villiers. Il se tenait prêt, pour le cas où, obligés de battre en retraite, nous eussions démasqué sa batterie. Il était environ 9 heures 1/2. Le capitaine d'artillerie resta quelque temps près de moi; tout à coup les Prussiens, quittant leurs créneaux, reprirent l'offensive en grand nombre; d'autres, venant de Villiers, nous prenaient en flanc. Je fis alors rétrograder ma gauche jusqu'au pont du chemin de fer. Cette position me paraissait bonne pour résister longtemps encore; car la voie, fortement encaissée en cet endroit, nous offrait un abri sûr derrière le talus. Mais mes hommes, fortement décimés, commençaient à faiblir; bientôt les Prussiens se ruèrent sur notre position, qu'ils escaladèrent facilement en tombant au milieu des quelques hommes qui étaient restés avec moi.

Le capitaine d'artillerie, qui était à mes côtés, fut tué; deux officiers prussiens me dégagèrent des mains de leurs soldats, qui voulaient tout simplement me fusiller.

VII

Extrait du récit du capitaine Quéval du 122ᵉ (2 décembre).

Le 2 décembre, les premiers coups de feu suivis du cri : « Aux armes! » nous trouvèrent debout; car n'ayant pas dressé les tentes, sans feu, sans couvertures, par un froid de 8°, on ne pensait guère à dormir.

Les trois compagnies qui occupaient les bâtiments restèrent comme soutien; le reste du régiment se porta rapidement en avant, en tirailleurs, à droite et à gauche du Four à Chaux et des carrières. Les trois compagnies citées plus haut (4ᵉ, 5ᵉ, 6ᵉ du 2ᵉ bataillon), se portèrent sur le petit bois, où le général Paturel vint bientôt nous prendre pour nous porter en avant. La 4ᵉ compagnie appuya à gauche jusqu'au chemin de fer, la 5ᵉ eut la droite au ruisseau, la 6ᵉ sa gauche audit ruisseau, se reliant à droite à d'autres troupes, qui devaient être les compagnies de grand'garde du petit bois pendant la nuit du 1ᵉʳ au 2, et qui, après avoir repoussé la première attaque des Prussiens, avaient appuyé à droite. Nos compagnies marchèrent sans hésitation; voyant un général, M. Paturel, marchant à leur tête comme un simple soldat, les hommes montrèrent un élan remarquable, malgré un feu effroyable qui nous venait de face, de gauche (parc de Villiers), et les balles qui sifflaient de droite, balles perdues et passant trop haut, mais qui me faisaient supposer que, de ce côté, on avait faibli un instant.

VIII

Rapport du général Berthaut, commandant la 2ᵉ division du 2ᵉ corps, sur la journée du 2 décembre 1870.

Saint-Mandé, le 5 décembre 1870.

« Mon Général,

« J'ai l'honneur de vous adresser le rapport succinct que vous m'avez demandé sur la part prise par la 2ᵉ division au combat du 2 décembre devant Villiers.

« La 1ʳᵉ brigade (Bocher) occupait les tranchées entre le chemin de fer et la Maison-Blanche, à gauche de la route : deux bataillons du 119ᵉ, entre le chemin de fer et la route, le troisième en réserve derrière les tranchées-abris, en arrière de la tranchée principale; un bataillon du 120ᵉ dans la tranchée de gauche, deux bataillons en réserve derrière des tranchées-abris.

« La 2ᵉ brigade (Miribel) avait un bataillon de réserve entre le chemin de fer et le ruisseau de la Lande; quelques compagnies de tirailleurs à la ferme de la Lande, et dans la tranchée, près de la maison du garde du chemin de fer; les autres bataillons en réserve dans le bois du Plant et entre la route et le chemin de fer, près de la route.

« L'artillerie de la division était derrière la route de Villiers.

« Vers 6 heures 1/2 du matin, l'ennemi a attaqué l'armée sur tout son front. Ses tirailleurs ont ouvert sur les troupes de la 1re brigade, placées dans les tranchées, une fusillade très-vive soutenue par le feu des batteries de position de Cœuilly, et des batteries de campagne placées sur les hauteurs à droite de ce village. J'ai fait répondre à ce feu par une batterie de 12 établie dans la batterie fixe construite au sommet du plateau et par une section placée près du chemin de fer, entre les tranchées et la maison du garde.

« L'artillerie divisionnaire est bientôt arrivée.

« Les batteries de 4 se sont mises en batterie à côté de la batterie de 12 et une section de mitrailleuses derrière l'épaulement construit sur le chemin de fer, près de la maison du garde.

« L'ennemi, mettant alors en batterie un grand nombre de pièces sur les crêtes de Champigny, ouvrit sur nos batteries un feu extrêmement violent, qui leur fit subir en quelques instants des pertes considérables (2 officiers, 25 hommes et 41 chevaux). Je fis alors retirer ces batteries, gardant seulement les deux mitrailleuses, mais sans avant-trains.

« Ces deux pièces, dont le feu était dirigé par M. le commandant Ladvocat, ont fait beaucoup de mal à l'ennemi ; elles ont fait rétrograder une forte colonne d'infanterie qui s'avançait sur la pente du plateau de Cœuilly, et nous l'avons vue fuir en désordre.

« Malgré le feu violent de l'artillerie ennemie qui a continué après le départ de nos pièces, les troupes d'infanterie ont généralement peu souffert, parce qu'elles étaient abritées derrière les tranchées que j'avais fait creuser pendant la nuit et la journée précédente, et elles ont tiré très-lentement sans se laisser troubler par le feu de l'artillerie ennemie.

« Vers 10 heures 1/2, je n'avais plus une seule pièce de canon à ma disposition : l'engagement me paraissant très-vif sur la hauteur de gauche au-dessus de Bry, je me portai de ce côté, et m'apercevant que les tirailleurs qui commandaient cette hauteur commençaient à rétrograder, et, craignant que ma gauche ne fût découverte, je dirigeai sur ce point le 116e de ligne, qui venait d'être mis à ma disposition. — Un peu plus tard, M. le général commandant en chef le 2e corps voulut bien m'envoyer, sur ma demande, la division Bellemare ; à partir de ce moment, toutes les tentatives de l'ennemi restèrent infructueuses : le feu a duré jusqu'à la nuit.

« L'attitude des troupes a été très-bonne ; mais je dois signaler à votre attention le remarquable sang-froid de l'artillerie, qui, sous une grêle d'obus, a continué son feu jusqu'au moment où je lui ai donné l'ordre de se retirer.

« Le général commandant la division,
« Berthaut. »

IX

Extrait de l'historique de 125e de ligne (1er et 2 décembre 1870).

Le 1er décembre, le régiment va reprendre dans la matinée les positions sur lesquelles il a combattu la veille.

Il y bivouaque. Pendant la nuit, plusieurs alertes de nos avant-postes signalent des mouvements de l'ennemi, dont les lignes s'aperçoivent distinctement et permettent de conclure que nos soldats ne se laisseront pas surprendre.

En effet, le 2, dès la pointe du jour, l'ennemi, avec une forte artillerie et de grandes masses, débouche de Villiers sur le plateau pour nous en chasser et nous jeter à la Marne. Accueilli par une vive fusillade, il essaie toute la journée de renouveler les mêmes tentatives, mais il échoue contre la solidité de nos bataillons, appuyés à gauche par le 126e, à droite par une ligne de tranchées-abris gardée par le 119e et le 120e. — Cependant, le régiment souffre beaucoup d'un feu très-vif d'artillerie, dont il n'est pourtant pas ébranlé. Le général en chef, et, plus tard, le gouverneur de Paris, viennent eux-mêmes, au milieu du feu, le féliciter pour cette résistance si vigoureuse et si résolue de huit heures consécutives, qui nous assure enfin la possession définitive des pentes de Villiers et du plateau jusqu'au parc, mais ce n'était pas sans de grandes pertes. Vers trois heures de l'après-midi, le régiment est relevé par des troupes de la division Bellemare et vient reprendre son bivouac en arrière du remblai du chemin de fer.

Le matin, le bataillon du 126e, qui, sur la gauche, gardait Petit-Bry ayant été surpris à la pointe du jour, et refoulé par l'ennemi, le colonel Jourdain s'était porté de ce côté avec une compagnie du 1er bataillon et avait concouru à chasser l'ennemi du village en même temps que la brigade Daudel y pénétrait. Une cinquantaine de prisonniers faits par cette compagnie avait été envoyée au quartier général. Mais elle-même avait failli être enlevée par un retour offensif de l'ennemi, et n'avait dû son salut qu'à l'énergie des chefs et à la vigueur des hommes. Vers la droite, le régiment étant par inversion, on avait pris dans le 3e bataillon les compagnies de droite pour les placer en soutien derrière une batterie de 12 couverte par un épaulement élevé à la hâte.

Les compagnies avaient été pendant plusieurs heures, sans en être ébranlées, exposées à un feu très-vif, qui leur avait fait éprouver des pertes sensibles; c'est là que M. le capitaine de Béon avait été tué en maintenant par son énergie ses hommes sous un feu écrasant.

X

Extrait du Journal des marches et opérations du 126e régiment d'infanterie pendant le siége de Paris (2 décembre 1870).

COMBAT DE BRY-S/-MARNE.

A sept heures du matin, deux bataillons saxons, au dire des prisonniers, appartenant au 108e, pénètrent dans le village de Bry-s/-Marne, venant de Noisy-le-Grand. Ils enlèvent une escouade de la compagnie de grand'garde du 107e de ligne, chargée de veiller à l'entrée du village. Cette escouade était occupée à réparer les créneaux d'une barricade. Un sergent parvient à s'échapper et à donner l'alarme, mais pas assez vite pour empêcher la compagnie tout entière du 107e d'être prise.

Les Saxons occupent cette barricade ainsi que les maisons en avant, jusqu'à la moitié du village; l'autre moitié était occupée par un bataillon du 108e de ligne. Une partie des Saxons traverse les jardins donnant sur les pentes qui montent à Villiers et s'embusquent derrière les haies ou clôtures de ces jardins; l'autre s'empare des maisons et occupe les fenêtres qui donnent sur ces jardins. Alors commence une fusillade terrible accompagnée des cris de hurrah! hurrah! qui portent la mort et le désordre dans les rangs de la gauche du 1er bataillon (1re et 2e) placée à 400 mètres de ces jardins. Le commandant Gillant arrive aussitôt sur ce point, mais une balle l'atteint en pleine poitrine, au moment où il allait donner des ordres.

Les hommes occupés à faire le café ou à moitié endormis autour des feux, surpris par cette brusque attaque, s'élancent aux faisceaux et font face à l'ennemi. Ils tuent quelques Saxons qui ont dépassé les haies des jardins et sont au milieu d'eux. Mais un grand nombre de nos soldats, n'écoutant pas la voix de leurs officiers, se replient en désordre.

La 1re compagnie, capitaine Montarsolo, se déploie en tirailleurs derrière les arbres fruitiers, les sillons de vigne et empêche les Saxons de franchir les haies. Un feu meurtrier de tirailleurs s'engage pendant près de trois heures; on se fusille à bout portant jusqu'au moment où deux pièces d'artillerie viennent chasser l'ennemi d'une grosse maison, des fenêtres de laquelle il nous faisait beaucoup de mal. Quelques instants auparavant, le lieutenant Thévenin, de la même compagnie, prenant quelques hommes avec lui, avait pénétré dans une maison située sur le bord du village et y avait fait trois prisonniers. Par cette maison on pouvait pénétrer dans Bry.

Cependant l'ordre se rétablissait, les hommes étaient ramenés en avant par leurs officiers sous un feu des plus meurtriers. Le capitaine-adjudant-major Fellens tombe mortellement blessé à la cuisse en ramenant des fuyards. Le sous-lieutenant Denié, de la 3e compagnie, est aussi mortellement blessé et succombe quelques instants après. Il amenait une section de sa compagnie pour renforcer la 1re compagnie.

Le capitaine Gaté, de la 6e compagnie, est blessé légèrement en se portant sur le point menacé avec des hommes de toutes les compagnies qu'il a pu recueillir.

En arrière et sur la droite, les fractions des 3e, 4e, 5e et 6e compagnies appuient la défense. Le sous-lieutenant Favié, de la 5e compagnie, est tué par une balle dans la tête au moment où il venait de porter sa section en ligne; le capitaine de la compagnie, M. Foussadier, reçoit au même instant une légère contusion au moment où il réorganisait ses hommes.

Le commandement du bataillon revenait alors au plus ancien capitaine, M. Cathelain; mais la dispersion complète des compagnies rendait ce commandement très-difficile, sinon impossible.

La 2e compagnie, dispersée aussi dès le début, est ramenée peu de temps après avec des hommes de différentes compagnies et même des 107e et 108e de ligne. Le lieutenant Clément de cette compagnie se porte en avant avec une portion afin d'arriver à l'entrée du village, mais il se heurte contre une compagnie saxonne embusquée dans un fossé. Au même instant il reçoit deux blessures, dont l'une assez grave. Il est obligé de se replier avec ses hommes et lui-même est forcé de quitter le combat. Le capitaine Brouilhet de cette compagnie avait, pendant ce temps, pénétré dans le village avec une quinzaine d'hommes environ, s'était emparé de plusieurs maisons dans lesquelles quelques Saxons furent surpris, et enfin, sous le feu de la barricade, avait forcé un poste de 10 Saxons à mettre bas les armes. De ce poste où il s'établit solidement, il cherche à prendre la barricade à revers. Déjà quelques maisons sont occupées et quelques prisonniers sont encore faits; mais on arrive à une habitation aux murs épais qu'on ne peut franchir, faute d'outils. La barricade ne put être tournée, mais ses défenseurs, inquiétés par le feu des maisons à leur droite, ralentissent le leur.

Ainsi, par leur ténacité, les officiers du 1er bataillon empêchent l'ennemi de s'emparer de Bry, par où il aurait pu nous tourner, et l'obligent à porter ses efforts vers la partie qui s'étend entre Bry et Villiers, combinant ses attaques avec les troupes prussiennes placées dans le parc de ce dernier village. Là, ils rencontraient la première ligne et les deux autres bataillons du régiment.

Vers 3 heures et demie, le feu ayant complétement cessé du côté de Bry, le bataillon se rallie de son mieux, et, après un court arrêt dans le village où il y a quelques hommes blessés par des obus, il est ramené au campement de la veille par le commandant Méda du 2e bataillon, blessé légèrement dès le matin.

Les pertes du bataillon dans cette journée s'élèvent à 3 officiers tués, 3 blessés, dont un, M. Fellens, ne survécut que quelques jours à ses blessures. Les pertes de la troupe : 7 hommes tués, 50 blessés, 19 disparus. Sur ce chiffre, 5 tués, 27 blessés appartiennent à la 1re compagnie.

Le 2e bataillon, aux cris répétés de hurrah ! hurrah ! se jette sur les faisceaux et exécute un changement de front à gauche, de manière à faire face au cimetière de Bry. M. Méda, chef de ce bataillon, reçoit dès ce moment une légère blessure à la main et il laisse le commandement du bataillon au plus ancien capitaine, M. Rouillet.

Les 4e, 5e et 6e compagnies entrent de suite, conduites par le lieutenant-colonel Neltner, dans l'intérieur du parc de Bry, et occupent tous les créneaux du mur d'enceinte.

Pendant ce temps, sur l'ordre du général Courty, la 1re compagnie se porte, par un changement de direction à droite, face à Villiers et à 300 mètres en arrière de la crête du plateau, pour servir de soutien à la première ligne déjà engagée. Tout à coup cette ligne faiblit; la 1re compagnie se porte alors en avant et se place derrière un talus à 150 mètres environ des tirailleurs saxons. Le feu s'engage avec une grande violence.

Le parc de Bry ne semblant pas devoir être attaqué, les 5e et 6e compagnies sortent de l'enclos pour se placer contre le mur du cimetière.

Après les premiers coups des deux pièces de canon qui venaient d'arriver, les 2e, 3e, 5e et 6e compagnies reçoivent l'ordre du lieutenant-colonel de monter sur le plateau et de se tenir en soutien derrière la première ligne à la gauche de la 1re compagnie. C'est à ce moment que le lieutenant-colonel Neltner reçut au bras droit la blessure qui a nécessité l'amputation et occasionné sa mort. Bientôt le mouvement de retraite un peu désordonné de la première ligne entraîne un certain nombre d'hommes sourds à la voix de leurs officiers. Le capitaine Rouillet est alors blessé grièvement à la hanche, par un éclat d'obus, au moment où il cherchait à rallier les fuyards.

Des fractions de compagnies restées à leur poste, gravissent alors les dernières pentes du plateau, dans la direction de Villiers et ouvrent leur feu en s'abritant dans la cavité du sentier parallèle à la Marne, qui était déjà occupé en partie par la 1re compagnie. Le capitaine Riber de la 6e compagnie eut à ce moment le cou traversé par une balle, pendant qu'il s'efforçait de rétablir l'ordre dans ses rangs.

Bientôt on entend la sonnerie *Cessez le feu* et on aperçoit le peloton saxon déployé en tirailleurs devant notre ligne, sortir de ses abris, lever la crosse en l'air et déposer les armes à terre, semblant ainsi vouloir se rendre. Trompé par cette ruse déloyale, le lieutenant Orange de la 1re compagnie s'avance avec quelques hommes pour parlementer, mais il est aussitôt entouré et fait prisonnier. Le feu recommence. Le sous-lieutenant Ciavaldini de la même compagnie, ignorant la disparition de M. Orange qu'il croit avoir regagné la tranchée, fait abriter de nouveau ses hommes qui continuent à tirer.

Vingt minutes après, on entend de nouveau la sonnerie *Cessez le feu;* la même scène se renouvelle, et, arrivés à vingt pas, les Saxons font feu sur nos troupes. qui oublient trop facilement que chez nos ennemis actuels l'observation des lois de la guerre est toujours subordonnée à la certitude du succès.

Des colonnes profondes accouraient en effet à leur secours, venant du bas du coteau dans la direction de Noisy-le-Grand, et arrivaient déjà à leur hauteur. Une balle atteint alors le sous-lieutenant Ciavaldini et le blesse à l'épaule. Tout le monde aussitôt se hâte de reprendre son poste de combat et la fusillade devient plus furieuse que jamais. L'officier supérieur saxon, qui s'avançait à la tête de ces colonnes, est renversé de cheval et ce feu acharné de mousqueterie force l'ennemi à se replier. La 2e compagnie, un moment surprise par la reprise de la fusillade, revient au poste qu'elle avait abandonné un instant.

Vers 8 heures, la 4ᵉ compagnie qui ne s'était pas aperçue de la sortie des 5ᵉ et 6ᵉ compagnies, vient aussi prendre place à la gauche du 3ᵉ bataillon ; par ordre du lieutenant-colonel elle s'était déployée en tirailleurs sur les dernières pentes de la colline, une fraction de la 5ᵉ compagnie se plaçant en potence sur sa gauche. Mais après les premiers coups de feu une attaque très-violente se déclara sur la gauche, prenant ainsi de flanc les tirailleurs, qui sont aussitôt dirigés face à la nouvelle direction d'attaque. A l'arrivée des deux pièces d'artillerie qui viennent s'établir derrière elle, la compagnie tourne le cimetière et traverse Bry du nord au sud. Dans ce mouvement quelques fractions détachées de la compagnie font 16 prisonniers. La compagnie rejoint ainsi le reste du bataillon sur le plateau.

Là le feu continuait avec intensité. Les 2ᵉ et 3ᵉ bataillons soutenaient l'effort de la lutte sans être appuyés par l'artillerie qui n'arriva que dans l'après-midi. Les compagnies du bataillon rentrèrent isolément au campement de l'avant-veille après avoir été relevées par les troupes de la division Bellemare.

Le 2ᵉ bataillon eut 4 officiers blessés, 7 hommes tués, 83 blessés, 36 disparus et un officier prisonnier.

Après avoir, sur les ordres du général Courty, laissé les 5ᵉ et 6ᵉ compagnies dans le chemin creux, comme soutien de la première ligne, le 3ᵉ bataillon se porte en avant et se rapproche aussi du point d'attaque. Le bataillon placé la veille par inversion profite de ce mouvement pour se replacer dans l'ordre direct.

Arrivé à quelques distances du 2ᵉ bataillon qui venait d'exécuter son changement de front à gauche, le 3ᵉ bataillon s'arrête, sauf la 4ᵉ compagnie, qui, entraînée par le capitaine Perrin, se précipite au secours de la première ligne et se déploie ensuite en tirailleurs. Cette compagnie, toujours maintenue par ses officiers et entre autres par M. Perrin qui ramène lui-même au combat une quantité de fuyards, resta engagée toute la journée, entretenant toujours un feu nourri contre l'ennemi. Ce n'est que vers 4 heures, quand elle eut perdu son brave capitaine frappé d'une balle en pleine poitrine, qu'elle battit en retraite.

Le régiment venait à ce moment d'être relevé par la division Bellemare.

Les 5ᵉ et 6ᵉ compagnies, sous les ordres du capitaine Vaganay, restèrent dans le chemin creux jusqu'à 9 heures du matin, y recevant quelques balles ; M. Vaganay y fut même blessé légèrement à l'épaule.

Vers 9 heures, les compagnies de la première ligne venant à

faiblir, ces deux compagnies se portent en avant et les ramènent au combat. A partir de ce moment ces compagnies sont engagées jusqu'à 4 heures du soir et parviennent, grâce à leur feu, à repousser l'ennemi et à conserver leurs positions. Pendant la journée une légère conversion à droite avait placé les 5ᵉ et 6ᵉ compagnies face à Villiers et à peu de distance du village. C'est alors que, placée dans cette position, la 6ᵉ compagnie dut envoyer un caporal chercher des munitions dont on commençait à manquer.

Vers 3 heures, ces compagnies auraient dû être relevées, mais aucune troupe ne vint; aussi vers 4 heures, le capitaine Vaganay voyant la position devenir très-dangereuse, par suite de l'établissement d'une batterie française à peu de distance, se trouvant du reste réduit à l'inaction, fit porter ses deux compagnies en arrière. Il rencontra à peu de distance le capitaine adjudant-major Delisle à la recherche des débris du régiment.

Les 1ʳᵉ, 2ᵉ et 3ᵉ compagnies du 3ᵉ bataillon restèrent environ 3 heures et demie dans la position indiquée ci-dessus, recevant de nombreux projectiles qui leur blessèrent plusieurs hommes.

Ce n'est que vers 11 heures que ces trois compagnies se portèrent au secours de la première ligne qui faiblissait. Les compagnies sont déployées en tirailleurs; elles exécutent bientôt un changement de front à droite pour faire face à Villiers et restent ainsi placées jusqu'à 3 heures. C'est alors que ces compagnies sont relevées isolément et se rendent aussi isolément sur l'emplacement occupé déjà par quelques compagnies du 2ᵉ bataillon.

Les compagnies du 3ᵉ bataillon avaient été ainsi presque toute la journée engagées séparément; c'est ce qui explique les difficultés d'un rassemblement général. Quelques compagnies ne rentrèrent même que très-tard au camp : ainsi la 3ᵉ compagnie, sur de fausses indications, avait passé la Marne à Bry et dut aller reprendre le pont de bateaux à Nogent pour rejoindre le corps.

Le 3ᵉ bataillon avait perdu : 1 officier tué, 2 blessés ; 7 hommes tués, 56 blessés et 4 disparus.

Le régiment avait perdu en tout : 5 officiers tués, 9 blessés, dont un, M. Neltner, mourut des suites de sa blessure un mois après ; 21 hommes tués, 189 blessés et 59 disparus.

XI

Extrait de l'historique de l'artillerie du 3ᵉ corps et de la 2ᵉ armée (1ᵉʳ et 2 décembre 1870).

Le matin du 1ᵉʳ décembre, la division de Bellemare ayant reçu l'ordre de reprendre sur la rive droite de la Marne les positions qu'elle y avait occupées la veille, l'artillerie, qui l'avait accompagnée, suivit son mouvement en se tenant prête à la protéger, s'il était nécessaire, et repassa les ponts ; ses trois batteries et sa réserve divisionnaire se placèrent à gauche de la route de Neuilly.

La 3ᵉ batterie du 10ᵉ alla relever à Neuilly la section de la 8ᵉ batterie du 22ᵉ ; la 4ᵉ batterie du 10ᵉ prit position pour protéger le pont de Petit-Bry et tirer sur les maisons du village.

Toutes les autres batteries établies sur la rive droite de la Marne conservèrent les positions qu'elles avaient la veille, complétant les épaulements déjà commencés de façon à mettre à l'abri du feu les servants et les pièces.

Les deux travées des ponts, du côté de la rive gauche, avaient été repliées après le passage des troupes du 3ᵉ corps.

La partie attelée du parc était venue dans la matinée s'établir au rond-point de Plaisance où les batteries et les réserves complétèrent leurs approvisionnements.

La disposition des lieux, les mouvements des troupes qui avaient été observés, l'intérêt qu'avait l'ennemi à rompre les ponts, tout faisait prévoir que dans la journée du 2 décembre les Prussiens chercheraient à se rendre maîtres des positions de la rive gauche de la Marne d'où ils pourraient inquiéter les passages et menacer en même temps le flanc gauche du 1ᵉʳ et du 2ᵉ corps engagés sur la crête du plateau.

Pour s'opposer à ce double projet de l'ennemi, et l'obliger à détourner son feu, toutes les batteries furent établies sur les hauteurs qui dominent la rive droite de la Marne : chaque pièce fut légèrement enterrée et couverte par un petit épaulement qui protégeait aussi les servants ; les avant-trains et les caissons étaient généralement masqués aux vues de l'ennemi.

Les huit batteries de 12 étaient disposées de la manière suivante : A l'extrême droite, dans le village du Perreux, la 6ᵉ batterie du 21ᵉ, puis la 2ᵉ du 7ᵉ et la 10ᵉ du 22ᵉ sous les ordres du commandant David ; venaient ensuite, à la sortie du village, la 3ᵉ batterie du 22ᵉ, la 12ᵉ du 3ᵉ et la 8ᵉ du 22ᵉ, sous les ordres du commandant Foncin ; enfin, un peu en amont des ponts la 11ᵉ batterie de l'artillerie de marine, et sur la route de Neuilly la 11ᵉ batterie du 21ᵉ, sous les ordres du commandant Babinet.

De ces huit batteries, les six premières occupaient des positions dominantes qui leur permettaient de battre toute la plaine qui s'étend de la Marne au pied des hauteurs, et tout le versant par lequel l'ennemi devait nécessairement s'avancer pour chercher à tourner la gauche des 1ᵉʳ et 2ᵉ corps.

La 20ᵉ batterie du 11ᵉ, du calibre 4, restait en réserve au rond-point de Plaisance.

A trois reprises l'ennemi, débouchant de Noisy-le-Grand, essaya de s'emparer du versant dont nous avons parlé, et de venir s'établir dans le village de Bry pour inquiéter les approches du pont, mais chaque fois qu'il tenta une attaque sérieuse, nos batteries qui tiraient à des distances bien connues, variant de 1,200 à 2,800 mètres, couvraient de projectiles ses colonnes qui ne tardaient pas à se disperser.

Une forte batterie prussienne avait été établie à l'extrémité du parc de Noisy, pour s'opposer à notre feu et tirer sur nos ponts; mais chaque fois qu'elle a ouvert son feu, elle a été couverte par nos projectiles et combattue très-efficacement par les batteries du commandant Babinet qui prenaient les Prussiens d'écharpe.

Les batteries des capitaines Lesage, Vaucheret, Vabre et Mignon surveillaient en même temps les hauteurs de Villiers et prêtaient un appui très-efficace à nos troupes, qui agissaient de ce côté.

En résumé, l'action des batteries de 12 du 3ᵉ corps a paralysé toutes les tentatives que les Prussiens ont faites et a certainement empêché le désastre qui aurait pu résulter de la rupture des ponts, si l'ennemi était parvenu à se rendre maître de la rive gauche de la Marne.

Ces batteries, établies dans de très-bonnes conditions, et n'ayant pas réussi d'ailleurs à attirer sérieusement sur elles le feu de l'ennemi, n'ont éprouvé que des pertes minimes; deux hommes seulement ont été blessés par des éclats d'obus.

La batterie de canons à balles de la 2ᵉ division, 3ᵉ du 11ᵉ, occupait sur les hauteurs du Perreux la même position que l'avant-veille à la droite des batteries de réserve; elle a par son feu bien ménagé et bien dirigé, puissamment contribué à arrêter la marche des colonnes prussiennes.

La 3ᵉ batterie du 10ᵉ était restée à la disposition de M. le colonel Reille chargé d'occuper et de défendre, avec un groupe de mobiles, le village de Neuilly, et de surveiller l'écluse et le canal.

La 4ᵉ batterie du 10ᵉ a franchi la Marne au pont de Bry, et elle a soutenu très-efficacement la brigade Daudel qui, attaquée dans ses retranchements près de Bry, a pu reprendre ses positions, un instant abandonnées, en faisant éprouver à l'ennemi des pertes sensibles. M. Baudoin, capitaine en second de la 4ᵉ batterie du 10ᵉ, eut son cheval tué sous lui dans cet engagement.

L'artillerie aux ordres du commandant Tardif de Moidrey partit de Plaisance vers huit heures du matin, pour appuyer le mouvement de la division de Bellemare, qui avait reçu l'ordre d'aller soutenir la gauche du 2ᵉ corps en passant par Nogent et les ponts de Joinville ; elle suivit la route n° 45, passa sous le viaduc du chemin de fer de Mulhouse, se forma en batterie avec sa division à midi en arrière du chemin qui conduit de Champigny à Bry ; la batterie de mitrailleuses, 15ᵉ du 11ᵉ au centre ; la 16ᵉ batterie du 2ᵉ à droite avec la 1ʳᵉ brigade ; à gauche la 16ᵉ du 10ᵉ avec la 2ᵉ brigade. La réserve divisionnaire de munitions d'infanterie avait été laissée un peu en arrière au centre de la ligne.

A une heure, le commandant Tardif reçut l'ordre de se porter en avant au trot, et de se mettre en batterie sur les hauteurs entre Bry et Villiers. Des batteries de la réserve générale occupaient déjà une partie des crêtes.

Le commandant Tardif établit ses trois batteries à la gauche de celles-ci, un peu en arrière des crêtes, de manière à les couvrir des feux des batteries que les Prussiens avaient en position à 800 mètres de là environ, et un peu en avant de Villiers.

Un peu plus tard, l'ennemi ayant démasqué d'autres batteries du côté de Cœuilly, vers le point marqué 106 sur la carte de l'état-major, et près de la station du chemin de fer de Mulhouse, les batteries exposées aux feux croisés de ces différentes pièces modifièrent un peu leur position, de manière à pouvoir résister convenablement en se couvrant le mieux possible.

Vers 3 heures et demie, l'ordre leur fut donné de cesser le feu, et les batteries des Allemands se turent aussitôt.

Dans cet engagement, 2 officiers furent grièvement blessés : le capitaine en 1ᵉʳ Malfroy de la 16ᵉ du 2ᵉ, et le sous-lieutenant Delporte de la 16ᵉ du 10ᵉ ; les sous-lieutenants de Roujoux de la 15ᵉ du 11ᵉ, et Brongniard de la 16ᵉ du 10ᵉ furent contusionnés ; il y eut en outre 1 homme tué, 23 blessés et 26 chevaux tués ; le matériel eut un peu à souffrir, mais aucune partie n'en fut laissée sur le champ de bataille.

En moins de deux heures, les batteries avaient tiré 1,311 coups ; elles se retirèrent d'abord près de la fourche de Champigny, où M. le général Ducrot leur donna directement l'ordre de se rendre au campement qu'elles occupaient la veille près de Plaisance, bien que l'infanterie de la division de Bellemare restât sur la rive gauche de la Marne.

Pendant toute la journée, le parc s'est tenu au rond-point de Plaisance, où les batteries sont venues se réapprovisionner.

Tous les servants des batteries en position passèrent la nuit près de leurs pièces.

D'après les ordres du général en chef, les troupes de la 2e armée qui avaient eu généralement beaucoup à souffrir du feu de l'ennemi, de l'abaissement de la température, des fatigues de tout genre, durent abandonner les positions conquises, et reprendre leurs cantonnements.

Les batteries du 3e corps conservèrent pendant la journée les positions qu'elles occupaient la veille sur les hauteurs du Perreux et entre ce village et Neuilly, et d'où elles pouvaient très-bien suivre le mouvement de retraite de nos troupes et les protéger en couvrant de projectiles les colonnes ennemies qui auraient essayé de s'y opposer.

Aux huit batteries de 12, qui étaient à la disposition du général commandant l'artillerie du 3e corps, vint s'ajouter, d'après les ordres du général en chef de l'armée, une batterie de 8 appartenant à la réserve générale, la 6e du 22e, commandée par le capitaine Bajau, qui prit position dans un jardin, à la gauche de la 2e batterie du 7e.

La 4e batterie du 10e repassa la Marne et se plaça à côté de la 3e batterie du 4e.

Cependant le village de Noisy-le-Grand était fortement occupé par les Allemands, qui s'y étaient barricadés, et y avaient établi plusieurs batteries; mais ces batteries n'ont pas fait feu.

Dès qu'un rassemblement de troupes était signalé dans le village, le tir de quelques obus suffisait pour le disperser.

Les deux ponts de bateaux qui avaient été jetés sur la Marne dans le coude formé par cette rivière, entre le Perreux et Neuilly, étaient repliés et le matériel placé sur les haquets, à 2 heures de l'après-midi; le capitaine Saint-Rémy, commandant l'équipage, reçut l'ordre de rentrer à Vincennes pour attendre de nouvelles instructions du général en chef; il cessait d'être à la disposition du 3e corps.

Le groupe de gardes mobiles qui occupait Neuilly quitta cette position, ainsi que la 3e batterie du 10e; leur retraite se fit sans coup férir; elle aurait été protégée, s'il avait été nécessaire, par la 11e batterie du 21e établie sur la route de Strasbourg, par la 20e batterie du 11e, laissée en réserve au rond-point de Plaisance, par les trois batteries du commandant Tardif placées près de la raffinerie.

La division Mattat vint prendre position sur les hauteurs perpendiculaires à la route de Strasbourg, en avant du village du Perreux; les batteries qui avaient été disposées près de ces ponts suivirent son mouvement.

Lorsque la division de Bellemare eut opéré sa retraite, les quatre batteries de la réserve générale de l'armée, 6e, 8e et 10e du 22e, et 11e de l'artillerie de marine, qui avaient été mises à la disposition du 3e corps, rentrèrent au fort de Vincennes; elles cessèrent d'être sous les ordres du général Princeteau.

Les six batteries composant la réserve normale du 3e corps établirent leurs cantonnements derrière le fort de Nogent.

Le parc alla au camp de Saint-Maur; les batteries et réserves divisionnaires s'installèrent avec leurs divisions respectives dans les villages de Plaisance et du Perreux.

XII

Extrait de l'historique du 107e de ligne.

COMBAT DU 2 DÉCEMBRE.

Le 2 décembre, à la pointe du jour, l'ennemi, arrivant par la route de Noisy-le-Grand à Bry, attaque vivement la gauche; d'un premier élan, il enlève un poste du 108e placé dans la pépinière, et, presque en entier, la 5e et la 6e compagnie du 3e bataillon du 107e; il gravit les pentes du plateau à travers les vignes et gagne rapidement du terrain; mais les trois compagnies de ce bataillon restées en réserve, conduites avec vigueur par le commandant Du Hanlay, arrêtent ses progrès : un violent combat de mousqueterie s'engage; pendant deux heures, l'ennemi arrêté ne veut pas reculer; enfin, son mouvement de retraite est décidé par l'arrivée de deux pièces d'artillerie que le lieutenant-colonel met lui-même en position, et qui envoient des obus sur les premières maisons de Bry et sur la route de Noisy-le-Grand, où se trouvent les réserves. Pendant ce temps le 2e bataillon, laissant le 3e accomplir seul sa rude tâche, est resté en position faisant face à Villiers; quoique un assez grand nombre d'hommes et plusieurs officiers aient été blessés par le feu de l'ennemi qui les prend à revers, chacun est resté à son poste, soit dans les tranchées préparées de la veille, soit dans le pli de terrain dont nous avons parlé plus haut. C'est que Villiers est le point à surveiller, c'est de là que doit venir le danger le plus grand.

L'attaque de gauche a cessé seulement depuis quelques minutes, lorsque l'attaque de front commence : ici l'ennemi est plus nombreux ; mais nous sommes prêts à le recevoir : c'est d'abord une ligne de tirailleurs, puis une ligne de bataillons déployés, et enfin des réserves également déployées. Tout vient se briser contre la grêle de balles parties de nos tranchées. Cependant par un dernier effort, les Prussiens sont arrivés à quinze pas de notre ligne, et là, ils lèvent la crosse en l'air, mais nous ne sommes pas dupes cette fois de cette manœuvre déloyale qu'ils ont déjà employée à l'attaque du matin; son seul effet est de faire redoubler de notre côté l'intensité du feu. L'ennemi, décidément rompu, se retire précipitamment et en désordre sur Villiers.

A midi, tout est terminé; l'ennemi envoie seulement de loin quelques obus.

XIII

Extrait de l'historique du 108ᵉ de ligne.

COMBAT DU 2 DÉCEMBRE 1870.

Le 2 au matin, à l'aube, les Allemands attaquèrent vigoureusement nos positions. La 5ᵉ (compagnie Musset) fut débordée dès le début du combat par des masses sortant de toutes les issues du grand parc Devinck, que l'on n'avait pu occuper faute de monde, et dont on avait seulement barricadé les sorties principales.

Cette compagnie se défendit énergiquement; mais malheureusement le capitaine Musset et son lieutenant M. Garost, le sergent-major et une trentaine d'hommes furent enlevés.

Le fourrier Girardot et un certain nombre d'hommes furent tués. Le sergent Decker de cette compagnie continua la défense des premières maisons envahies, et le caporal Choisnet, à qui était confiée la défense d'une deuxième barricade située plus en arrière dans la grande rue, contribua efficacement par son attitude ferme et son sang-froid, à arrêter les progrès de l'ennemi.

La résistance du caporal Choisnet est appuyée par les compagnies de gauche du 2e bataillon (commandant Rouillé); la 4e (compagnie Bouetti), placée dans la petite rue, accueille l'ennemi au moment où il débouche dans cette voie par un feu bien dirigé qui blessa le chef de la colonne, tua son aide de camp et fit reculer les assaillants.

Néanmoins, grâce à cette pointe audacieuse, les Allemands purent s'emparer des maisons de la rue située au nord du village. Sur le plateau le combat ne fut pas moins vif dès le début de l'action. Le bataillon du 41e qui avait été renforcé dès ce moment par la 2e compagnie du 3e bataillon (compagnie de Peretti de la Rocca), et qui eut à supporter le principal choc, soutint vaillamment la lutte. Vers 11 heures sa situation devint très-difficile et il était à craindre qu'il ne pût se maintenir sur la hauteur grâce au désordre que jetaient dans ses rangs de nombreux obus tirés par une batterie ennemie établie du côté de Noisy-le-Grand. Un seul de ces projectiles, en éclatant au milieu de la 3e compagnie (compagnie Mauriès), blessa mortellement le capitaine Mauriès, et très-grièvement le sous-lieutenant Romary, ainsi qu'une dizaine d'hommes. Mais la ligne se reforma peu de temps après, et le feu reprit avec beaucoup de vigueur.

Vers une heure le feu cessa des deux côtés. Un bataillon de chasseurs wurtembergeois s'était avancé vers nous en levant la crosse en l'air; on le laissa approcher jusqu'à environ 150 mètres, supposant qu'il venait se rendre; après avoir échangé quelques pourparlers à la suite desquels on put se convaincre que l'ennemi comptait au contraire nous faire mettre bas les armes, la fusillade recommença plus terrible que jamais, et il y eut un instant de confusion difficile à décrire. Le bataillon recula d'abord, mais il reprit bientôt l'offensive et s'avança à plus de 200 mètres, ayant à gravir une pente assez roide et sous un feu plongeant très-meurtrier. Un court engagement à la baïonnette s'ensuivit au sommet de la crête dont l'ennemi fut entièrement délogé. Ce fut dans cette lutte pour ainsi dire corps à corps que M. le capitaine adjudant-major Lesaulnier et le lieutenant Labayle, furent tués à bout portant.

XIV

Extrait du journal d'un soldat du 108e.

. . . .

Quel réveil !

A l'aube, des hurrahs et les crépitations de la fusillade. Le village est envahi. Notre compagnie de grand'garde est entièrement détruite.

L'ennemi occupe nos maisons, retourne contre nous nos barricades ; il parvient jusqu'à cent mètres de la place centrale. Chacun court aux armes et descend dans la rue sous une grêle de balles.

Comment avons-nous pu nous laisser surprendre ? Les Prussiens sont descendus de Noisy-le-Grand, en masse, par la grande route. M. Du Hanlay, commandant un des bataillons du 107e, de grand'garde sur le plateau, les a aperçus, déjà tout près de Bry, aux premières lueurs du jour. Il voyait en même temps notre sentinelle se promener sur la barricade, ne donnant pas le signal d'alarme.

Quelques instants après la fusillade éclatait. L'attaque commençait à la fois sur tous les points. De Noisy et de Villiers sortaient des colonnes prussiennes. Nous entendions leurs hurrahs sur le plateau pendant que nous combattions dans les rues du village.

C'est une question de vie ou de mort ; il faut tenir. Les maisons occupées par les envahisseurs sont reprises l'une après l'autre. De l'autre côté de la Marne, l'artillerie couvre de mitraille tous les renforts qui essaient de descendre de Noisy.

Après deux heures de lutte, nous n'avons plus rien à craindre sur notre gauche.

Mais l'ennemi est maître du plateau dont nous conservons à grand'peine les crêtes. Le général Daudel y envoie deux pièces d'artillerie mises à la disposition de sa brigade. Au bout d'une demi-heure, ces pièces sont démontées et sont forcées de chercher une position moins dangereuse. L'infanterie commence à faiblir. Des fuyards descendent par le chemin creux qui passe devant l'église.

A deux reprises, je demande au colonel l'autorisation de quitter la terrasse où j'étais placé et de monter là-haut. Après un premier refus, « Allez ! » finit-il par me dire. Nous partons, MM. Sauzède, Georges Potier, Le Barbier de Tinan, Claude Jattiot, Rosey et moi. Nous gravissons le chemin creux qui conduit au plateau de Villiers, nous traversons un grand parc crénelé, puis nous voilà dans les vignes.

Grand Dieu! quelle fusillade! Les balles viennent surtout en écharpe, de la direction de Noisy. Notre première ligne est au bout du plateau, à demi masquée par le talus d'un chemin et par de gros arbres. On a travaillé la nuit à creuser quelques fossés.

Devant nous s'étend le plateau de Villiers. Le chemin au sommet duquel nous nous tenons continue tout droit jusqu'au parc du terrible château placé en avant du village.

Au bout de quelques instants, deux de mes compagnons sont blessés; M. Sauzède a le bras et le côté traversés par une balle, M. Georges Potier est frappé au genou.

Des chasseurs saxons ou wurtembergeois, au costume sombre, — shako droit, verni, avec une plume noire — nous abordent, couronnent même notre talus; ils sont repoussés.

Le reste de la journée se passe à entendre siffler des balles et à tirer des coups de fusil. Mon chassepot se trouva bientôt hors de service : la graisse, la fumée et les débris brûlés des cartouches avaient rétréci l'entrée du canon qui réclamait un nettoyage complet. Le moment n'était pas convenable pour cette opération : je trouvai heureusement à peu de distance un fusil abandonné ; ce n'est pas ce qui manque sur un champ de bataille.

Les assaillants se masquaient, un peu vers notre gauche, à moins de 150 mètres, derrière un verger d'où ils essayaient de déboucher. Leurs officiers se mettaient à leur tête et cherchaient à les entraîner. Mais ils ne réussissaient pas à les emmener bien loin sous notre feu.

J'étais d'abord tombé dans un groupe de soldats appartenant à plusieurs corps, le 126e, le 107e, le 108e. C'étaient des hommes de bonne volonté, ramassés un peu partout derrière les murs crénelés qui formaient notre seconde ligne, chaque fois qu'à un moment critique on avait dû sonner la charge. Je finis par rallier une compagnie du 108e, la 4e du 3e bataillon, gardant la crête à droite du chemin. Elle était commandée par M. le capitaine Tinès et par M. le lieutenant Voirhaye.

Tout à coup un groupe de cavaliers arrive à nous; il s'arrête devant notre compagnie. Il y a deux généraux, deux officiers d'ordonnance, deux simples cavaliers. « Bravo le 108e! s'écrie le
« général qui est à la tête de ce petit groupe, ils croyaient nous
« surprendre; c'est nous qui les avons battus. J'arrive de Cham-
« pigny, j'ai trouvé là deux vieux régiments (35e, 42e). Ils tenaient
» comme des teignes, nom de D...! »

Et chacun de nous de crier de toute la force de nos poumons :
« Vive la France! Vive le général! »

Oui, vive le général, dont nous ne savions même pas le nom ; vive un général quelconque, portant l'uniforme français, immobile sous les balles, trouvant le temps de s'arrêter avec nous pour nous parler de victoire, et pour nous encourager dans notre résistance. Nous avons su depuis que c'était le général Trochu ; il nous l'a appris lui-même dans une dépêche officielle datée du plateau entre Champigny et Villiers, à une heure un quart de l'après-midi.

« Parcourant nos lignes de tirailleurs, disait-il, de Champigny « jusqu'à Bry, j'ai recueilli l'honneur et l'indicible joie des accla- « mations des troupes soumises au feu le plus violent. »

Deux heures après, la fusillade se ralentit ; elle cessa bientôt tout à fait. Je redescendis au village : il était près de quatre heures de l'après-midi ; je ne pouvais le croire : j'aurais juré qu'il était à peine onze heures du matin.

Les batteries de Villiers nous envoyèrent comme dernier adieu une pluie d'obus. Jusque-là, leurs projectiles étaient tombés dans la Marne ou sur la rive droite. Cette fois, les maisons de Bry furent elles-mêmes criblées.

J'accompagnai un des capitaines adjudants-majors du 108e, M. Rouffe, dans une curieuse tournée. Lors de l'invasion du village, le matin, les ennemis s'étaient logés dans les maisons. Quelques-unes, situées sur la route de Noisy, n'avaient pas encore été fouillées. Elles étaient pleines de soldats saxons, qui ne pouvaient, en plein jour, sous le feu de nos mitrailleuses en batterie sur l'autre rive, remonter les pentes qu'ils avaient descendues. Ils attendaient la nuit pour s'enfuir. A la première sommation ils remettaient leurs armes et se constituaient prisonniers. Le 108e en récolta ainsi plus de trois cents. L'un d'eux me tendit sa carte, sur laquelle il avait écrit, *en français*, avant le combat, quelques mots destinés à sa famille ; il annonçait la prise prochaine de Paris, et il ajoutait : « Surtout, à mon retour, « ne me traitez pas en Prussien. »

Tous les prisonniers que je vis étaient Saxons et portaient le numéro du 107e régiment.

J'ai également assisté à un incident qui a été, je crois, dénaturé par les journaux allemands, aussi bien que par les journaux français.

Dans la matinée, sur le plateau, j'ai vu arriver au pas de course, vers notre ligne, des tirailleurs ennemis précédés par un officier qui agitait son shako. En même temps la sonnerie de *Cessez le feu* s'est fait entendre. Sur des ordres formels la fusillade s'est arrêtée : « On ne tire pas, disait un officier à côté de moi, sur des « gens qui se rendent. » Je n'ai pas cru un seul instant à cette explication, mais il a fallu obéir. Des pourparlers se sont engagés. Les prétendus prisonniers ont refusé de livrer leurs armes et ont prétendu prendre les nôtres. La fusillade a recommencé à bout portant, et elle a fait beaucoup de victimes.

Les Prussiens et les Français se sont accusés réciproquement de trahison. Je crois que de part et d'autre on a été de bonne foi. En ce qui nous concerne, il n'y avait certainement qu'une confiance exagérée et aucune intention perfide.

J'ai cherché à savoir, sans y parvenir, qui avait donné l'ordre de sonner *Cessez le feu*. Si cela a été un stratagème prussien pour franchir sans encombre l'espace découvert qui s'étendait devant nos lignes, ce serait sans aucun doute un acte de déloyauté. Mais je n'en ai pas eu la preuve, et il n'y a pas eu, comme on l'a dit à tort, soit promesse de se rendre, soit un signe quelconque annonçant cette intention. Les troupes qui nous ont ainsi abordés étaient commandées par leurs officiers; elles avaient leurs armes à la main, et elles n'ont pas mis la crosse en l'air.

Le soir nos grand'gardes furent établies à 1,500 mètres du village, sur la route de Noisy-le-Grand; le plateau était occupé comme la veille.

Nos pertes étaient sensibles, mais l'ardeur des troupes était extrême. Le défilé des prisonniers conduits à Paris avait mis le comble à leur enthousiasme.

Robinet de Cléry,
Soldat au 108e de ligne, ex-procureur du gouvernement à Alger, procureur général à Lille, à Dijon, à Lyon.

XV

Incident de la presqu'île de Saint-Maur (2 décembre 1870).

Comme on a pu le voir au cours du récit, nous attachions une très-grande importance à l'armement de la presqu'île de Saint-Maur et du plateau d'Avron; ces deux points étant destinés à appuyer les extrémités de notre ligne de bataille, nous avions voulu qu'ils fussent placés sous la direction spéciale d'hommes choisis par nous et relevant directement de notre commandement, au moins pendant l'action. Pour le plateau d'Avron, nous avions proposé au Gouverneur le contre-amiral Saisset, et pour la presqu'île Saint-Maur, le général Favé.

En ce qui concerne le premier, la mesure ne soulevait aucune difficulté, l'amiral étant déjà en possession du commandement des forts de Rosny et de Noisy; mais il en fut autrement pour le général Favé, dont le commandement dut être constitué aux dépens de celui du général Pélissier qui commandait toute l'artillerie de la rive droite. Le général Guiod fit de sérieuses objections à la proposition du général Ducrot; il affirma au Gouverneur que le général Pélissier serait froissé de cette combinaison, que le général commandant la 2e armée aurait bien assez de moyens d'action sans qu'il fût nécessaire de lui donner encore ceux qui se rattachaient à la défense proprement dite de l'enceinte, qu'il avait assez à faire avec ce qui était devant lui sans se préoccuper de ce qu'il laissait derrière... Vainement le général Ducrot fit observer qu'il importait, pour assurer le succès de sa difficile entreprise, qu'il y eût unité absolue de vues et ensemble parfait dans l'emploi des moyens d'action; que l'armement des forts de cette zone avait été augmenté, les batteries et les ouvrages de la presqu'île en partie créés ou perfectionnés en vue de l'opération; qu'il importait, en conséquence, que tous ces ouvrages fussent au moins momentanément placés sous la direction du commandant de la 2e armée, le général Guiod ne se rendit pas à ces raisons. Il en résulta une altercation des plus vives dans le cabinet du Gouverneur, qui y mit fin en déclarant que le général Favé serait chargé *sous sa propre direction* du commandement de la presqu'île de Saint-Maur.

Le général Ducrot ne fit aucune objection à cette solution qui lui sembla présenter toutes les garanties nécessaires pour assurer le concours complet et absolu du général Favé.

Un incident antérieur lui donnait le droit de compter, en effet, sur la coopération dévouée de cet officier général. Pendant que nous nous occupions encore du plan de sortie dans la direction d'Argenteuil, c'est-à-dire dans le courant du mois de novembre, le général Favé était venu trouver le général Ducrot à son quartier général de la Porte-Maillot; il lui avait exposé qu'il souffrait cruellement de l'inaction à laquelle il était condamné par suite de la suspicion où il était tenu en raison de sa situation antérieure dans la maison de l'Empereur.

Il priait le général de vouloir bien utiliser ses connaissances spéciales et sa bonne volonté.

Naturellement ces généreuses sollicitations furent accueillies comme elles méritaient de l'être, et le général Ducrot répondit au général Favé qu'il ne tarderait pas à lui confier un commandement important dans les opérations qui se préparaient.

Son intention était de le faire nommer chef d'état-major général de l'artillerie de la 2ᵉ armée en remplacement du colonel de Miribel appelé à commander une brigade d'infanterie. Mais certaines considérations qu'il est inutile d'indiquer firent renoncer à ce dernier projet, et lorsque plus tard l'opération du passage de la Marne fut décidée, le général Ducrot proposa au Gouverneur de confier au général Favé le commandement de la presqu'île de Saint-Maur.

Étant données l'entente parfaite qui existait entre le Gouverneur et son lieutenant commandant la 2ᵉ armée, et la situation particulière du général Favé vis-à-vis du général Ducrot, il était difficile de prévoir que pendant l'action même un conflit se produirait au sujet des attributions du commandant de la presqu'île de Saint-Maur, et qu'au moment le plus critique, ce dernier élèverait la prétention d'être absolument indépendant et de n'avoir à tenir aucun compte des ordres du général commandant la 2ᵉ armée, non plus que de ceux du général Frébault, commandant l'artillerie de cette armée.

C'est cependant ce qui eut lieu très-malheureusement, comme nous l'avons indiqué dans le courant du récit, et comme le constatent les déclarations suivantes :

Général FRÉBAULT, *commandant l'artillerie de la 2ᵉ armée.*

Le général Favé n'était pas sous mes ordres. Il avait été nommé au commandement des ouvrages de la presqu'île de Saint-Maur et il était dans la position de ceux qui commandaient des forts ou des secteurs ; il relevait donc directement du général Trochu.

Mais comme ce commandement spécial avait été créé précisément en vue des opérations de la Marne, que la presqu'île était considérée comme une position, le général Trochu ne pensait évidemment pas que si le général Ducrot ou moi nous donnions des ordres au général Favé, ces ordres ne seraient pas exécutés.

La veille de la bataille, le général Favé m'avait été adressé pour recevoir mes instructions, à titre d'explications, sur les opérations qui allaient se faire et l'appui que pourraient nous prêter les batteries de la presqu'île. Je parcourus tout le terrain avec lui et lui montrai les divers objectifs.

Lieutenant-colonel WARNET, *sous-chef d'état-major général de la 2ᵉ armée.*

Le 2 décembre nous avons été attaqués. Nous avions repris nos positions à peu près, et comme les Prussiens voulaient nous en déloger, ils avaient amené sur le plateau de Cœuilly une grande batterie qui tirait sur le 2e corps. Le général Ducrot faisait diriger sur elle le feu de ses pièces de 12 placées sur la rive gauche de la Marne, en arrière de Champigny, lorsqu'il me dit : « Mais comment se fait-il que les batteries de Saint-Maur ne tirent pas ? Allez donc voir cela. »

Je partis de suite ; je fus à la redoute Saint-Maur, demandant le général Favé ; il n'y était pas. On me dit que l'ordre était de ne pas tirer.

L'adjoint de M. Ducros s'offrit à me conduire aux batteries de l'intérieur de la presqu'île ; j'acceptai et nous partîmes.

A la batterie du Réservoir on ne tirait pas parce que les embrasures étaient dirigées sur des portions de terrain occupées par nos troupes ; les pièces étaient en batterie. Quant aux batteries plus en avant, les pièces en avaient été retirées et ramenées à Saint-Maur.

Nous revînmes à la redoute de Saint-Maur et je trouvai le général Favé. Devant tous les officiers qui se trouvaient là je lui expliquai les ordres du général en chef. Le général me dit « qu'il avait ramené ses pièces en arrière pour couvrir une retraite et ne pas exposer son matériel. » Je répliquai que le général en chef lui demandait de soutenir de son feu les efforts qu'il faisait du côté de Champigny, et que pour cela il fallait reporter ses batteries mobiles à leur ancien emplacement, d'où elles pourraient tirer à bonne portée et d'enfilade sur la batterie de Cœuilly. Le général Favé me répondit que tel n'était pas son avis. — « L'ordre formel du général en chef est de tirer, et j'ai l'honneur de vous le transmettre. »

Je revins au galop rendre compte de ce que j'avais vu.

Le général Favé fit faire feu de quelques pièces de la redoute Saint-Maur et ce fut tout. Ce que voyant le général Ducrot me dicta une lettre, me chargeant de la porter au général Favé et de veiller à l'exécution de ses ordres.

Après avoir remis au général Favé la lettre en question, je retournai à la batterie du Réservoir, qui, outre un certain nombre de pièces de 12, avait deux pièces de 24 court. La direction des embrasures nous gêna un peu, mais une des pièces pouvant être tournée, je lui fis ouvrir le feu sur la grande batterie que je pouvais prendre d'enfilade, et qui fut, au bout de quelques coups, forcée de se retirer.

Pendant ce temps, le feu avait repris de la redoute de Saint-Maur, mais une partie des obus éclatait au-dessus de Champigny, et quand je revins, j'en fis l'observation au général Favé.

Ce fut dans la nuit qui suivit cette journée que le général Ducrot me fit appeler et me donna une lettre de service m'investissant du commandement de toutes les troupes d'infanterie et d'artillerie de la presqu'île.

Commandant DE COSSIGNY, *sous-chef d'état-major de l'artillerie de la 2ᵉ armée.*

Le 2 décembre au soir, le général Frébault m'envoya auprès du général Favé pour lui donner l'ordre d'établir plusieurs emplacements de batteries vers le pont de Champigny; là, défilées des hauteurs de Chennevières par des maisons et des bouquets d'arbres, ces batteries pourraient prendre en flanc l'ennemi s'il renouvelait son attaque le lendemain.

Je prévins de suite M. l'ingénieur Ducros de préparer les travailleurs, et je me rendis chez le général Favé; il était couché.

Il me dit que les pièces de la boucle devaient plutôt être reportées en arrière, qu'elles seraient mieux placées pour protéger la retraite.... Bref il ne voulait pas les porter à l'endroit indiqué. — « Mon général, c'est un ordre que je vous porte, et le général Frébault désire que tout soit prêt demain matin avant le jour. » — « Je ne suis pas aux ordres du général Frébault, » me répondit-il.

« Le général vous considère comme étant sous ses ordres, » repris-je. — « Allez alors me chercher un ordre écrit. » — « Mon général, je viens de me battre pendant douze heures; il me faut deux heures pour aller parler au général Frébault et revenir; nous perdrions un temps précieux, et l'ordre verbal que je vous apporte doit suffire; du reste, M. l'ingénieur Ducros a déjà rassemblé ses travailleurs, et avec ou sans votre approbation, la batterie sera construite. » — « Mais pas armée, » dit le général. — « Et armée, » repris-je. Je saluai et sortis.

La batterie fut immédiatement commencée, et, au point du jour, nous avions 24 bouches à feu qui auraient balayé le terrain en avant de Champigny, prenant en flanc les colonnes ennemies qui auraient voulu s'avancer.

Les Prussiens n'ayant pas attaqué, cette batterie fut inutile.

En rentrant auprès du général Frébault, je lui rendis compte de ma mission, et dans le courant de la nuit, le général Favé était remplacé dans son commandement.

Capitaine DECHARME, *commandant l'artillerie de la redoute de Saint-Maur.*

Le 2 décembre au matin, le général Favé envoya aux batteries établies à l'extrémité du parc de Saint-Maur l'ordre de se retirer pour venir se placer du côté de la redoute, de manière à protéger une retraite. Ces batteries étaient cependant admirablement situées; elles voyaient le coteau de Chennevières à moins de 2,000 mètres; elles étaient abritées par des épaulements, et certainement devant elles aucune batterie ennemie n'eût pu rester en position. La batterie André fut envoyée près du Réservoir; c'est la seule qui put rendre quelques services en tirant sur les hauteurs de Champigny.

La batterie Brasilier amena quelques pièces dans la redoute de Saint-Maur, les autres s'établissant à la même hauteur sur le bord de la Marne.

La batterie de Donato ne put trouver de place nulle part : si à ce moment les Prussiens avaient tiré sur nous vigoureusement, ils eussent pu nous faire beaucoup de mal ; car il y avait un entassement dangereux de pièces ne pouvant servir à rien dans la redoute Saint-Maur.

La batterie Piron reprit son emplacement en arrière de la redoute, mais elle était trop éloignée (4,000 mètres du coteau de Chennevières) pour pouvoir rendre des services.

M. Pichot, *capitaine auxiliaire commandant les batteries du Réservoir.*

Mes deux batteries étaient armées de deux pièces de 24 court et de huit pièces de 12, pouvant tirer sur Champigny, Villiers, les flancs du plateau de Cœuilly.

Le 29 novembre au matin, nous étions prêts à ouvrir le feu, mais je n'avais reçu aucun ordre. J'entendais parler vaguement d'une attaque sur Champigny par les officiers de mobiles de Seine-et-Oise, mais rien de plus; vers huit heures, un de ces officiers me communiqua officieusement l'ordre du général Trochu dans lequel je lus qu'un signal devait partir le 29 à six heures du matin du fort de Nogent. Le silence qui régnait autour de moi me fit comprendre que l'attaque était remise.

Le 30, vers 6 heures et demie, j'entendis enfin gronder le canon de Nogent. En face de l'action qui se dessinait sur la rive gauche de la Marne, j'ai cru pouvoir, quoique je n'eusse reçu aucun ordre, me servir des pièces qui m'avaient été confiées, et me conformant d'ailleurs à l'ordre du Gouverneur que j'avais lu la veille par hasard, nous avons fouillé avec nos obus de 12 le bois du Plant et le village de Champigny. Nous avions déjà envoyé une centaine de projectiles quand nous avons dû cesser le feu, les colonnes françaises gagnant incessamment du terrain, et couvrant déjà les points que nous étions chargés de battre. Alors, avec les pièces de la batterie supérieure, j'ai envoyé encore de 180 à 200 obus de 24 ou de 12 sur la route de Provins, et du côté de Cœuilly et de Villiers. Vers 1 heure, notre batterie est rentrée dans l'inaction, nos troupes étant complétement maîtresses des points qui nous servaient d'objectif.

Le 1er décembre, M. le général Favé est venu visiter ma petite redoute, mais sans laisser d'ordres précis.

Le 2, nous avons recommencé le feu; malheureusement nos deux pièces de 24 devenaient seules efficaces, les nouveaux objectifs étant trop éloignés pour des pièces de 12. Dans l'après-midi, je ne tirai pas, parce que toutes mes embrasures étaient dirigées sur des portions de terrain occupées par nos troupes. M. le lieutenant-colonel Warnet fit modifier l'une de mes embrasures de 24, afin de pouvoir tirer sur la batterie du plateau de Cœuilly. J'évalue à 150 le nombre des coups tirés.

Le 2 au soir, j'ai causé longuement avec M. le général Favé, qui m'a donné pour le lendemain des instructions détaillées.

XVI

Procès-verbaux du Gouvernement de la Défense nationale.

JEUDI, 8 SEPTEMBRE (*9 heures et demie du soir*).

Examen des bases sur lesquelles on pourrait traiter avec la Prusse :

Pourrait-on abandonner la flotte?

M. Jules SIMON dit qu'une petite France, riche encore, mais sans navires, serait un pays perdu.

M. le général TROCHU distingue entre la flotte de guerre et la flotte de commerce.

M. GARNIER-PAGÈS observe qu'il ne s'agit que d'une question d'honneur, *car la flotte vaut peu de chose.*

M. PICARD croit qu'il vaudrait mieux céder les bords du Rhin et appeler la France à s'occuper de la Constitution, afin d'enlever tout prétexte aux hésitations étrangères.

M. Jules FAVRE appuie cette dernière opinion; il faut une As-

DÉFENSE DE PARIS.

semblée avec laquelle l'ennemi puisse traiter. Il déclare que dans les conversations qu'il a eues *avant le 4 septembre* avec son ami M. Garnier-Pagès, ils étaient convenus ensemble d'en appeler immédiatement au pays en lui faisant élire une Assemblée.

Le Conseil examine cette question de convocation d'une Assemblée constituante.

MM. GAMBETTA, J. SIMON, CRÉMIEUX, ROCHEFORT et GLAIS-BIZOIN craignent que cette convocation ne paraisse une abdication du Gouvernement de la Défense nationale; elle leur paraît un danger dans l'état où est la France.

MM. PICARD, FERRY, J. FAVRE, TROCHU et GARNIER-PAGÈS pensent, au contraire, que cette convocation donnera au Gouvernement une force morale et une attitude sincère et digne.

M. GARNIER-PAGÈS fait observer que c'est toujours la question de savoir *si les élections seront républicaines; si l'on en était sûr, on n'hésiterait plus; or, sa conviction est que ces élections seront d'autant plus républicaines qu'elles seront faites plus vite.* Elles le seront bien moins si l'on vient à l'élection avec l'affaiblissement d'une capitulation. *Donc, suivant lui, les élections, la levée en masse et une revue générale, voilà ce qu'il faut.*

M. CRÉMIEUX croit que, le territoire étant occupé, il est dangereux de susciter les passions politiques qui feraient une détestable Assemblée.

M. J. FAVRE voit dans la convocation de l'Assemblée le salut de la République; c'est tout le pays qui traitera et qui endossera la responsabilité; il rappelle à M. Gambetta qu'il voulait avec lui la permanence du Corps Législatif et que, pour être conséquent, il devrait vouloir, à plus forte raison, l'Assemblée.

M. GAMBETTA observe que le Gouvernement n'est point un Gouvernement politique, mais un pouvoir chargé de la défense; ce n'est pas un Gouvernement républicain, c'est un chargé de mandat pour une défense qui ne peut être désertée.

M. SIMON serait d'avis de convoquer une Assemblée, si ce n'était la présence de l'ennemi; elle affaiblirait le Gouvernement; elle traiterait, pendant que l'on combattrait à Paris, et ne profiterait qu'à l'*Orléanisme*.

La question de convocation à bref délai d'une Assemblée constituante mise aux voix, 6 membres se prononcent contre, 7 pour (MM. Magnin et Dorian favorables à cette proposition, n'ayant pas été admis à prendre part au vote, il n'y a plus que 5 pour et 6 contre). — M. Pelletan était absent.

La mesure est repoussée et on décide que les élections auront lieu le 16 octobre et non pas à bref délai.

VENDREDI, 23 SEPTEMBRE (*9 heures 45 du soir*).

M. le général TROCHU indique que pour satisfaire M. Flourens il l'a nommé major des barricades.

SAMEDI, 24 SEPTEMBRE (*9 heures 45 du soir*).

M. PICARD demande l'envoi dans les départements de commissaires avec pleins pouvoirs militaires.

M. ROCHEFORT appuie cette proposition.

Le Conseil se prononce, en principe, pour l'envoi de ces commissaires dans les départements.

M. le général TROCHU manifestant la crainte de conflits entre ces commissaires et les généraux, le Conseil déclare que ces commissaires ne seront que des auxiliaires civils de la Défense nationale.

DIMANCHE, 2 OCTOBRE (*3 heures du soir*).

M. GAMBETTA propose et fait approuver un décret qui ordonne que la statue de la ville de Strasbourg sera coulée en bronze. Le Conseil pense que l'on pourrait employer le bronze de la statue de la colonne Vendôme.

DIMANCHE, 2 OCTOBRE (*10 heures et demie du soir*).

M. le général TROCHU donnant de nouveaux détails sur le combat de Chevilly, dit qu'il y avait de notre côté 22,000 hommes. Nos soldats valent mieux que les soldats prussiens; mais ceux-ci ont plus d'artillerie et s'en servent mieux.

M. Jules FAVRE exprime la pensée de mettre à l'épreuve le zèle impatient de la garde nationale. Il craint qu'on n'arrive à la famine sans avoir tenté rien de sérieux.

M. le général TROCHU s'élève contre cette pensée de lancer en avant une garde nationale qui, peu aguerrie, pourrait compromettre la situation militaire; le général Trochu déclare qu'il faut savoir attendre, se préparer à user les Prussiens, sur lesquels la mauvaise saison exerce des ravages. Quant à espérer d'une sortie de grands résultats, c'est là une folie.

M. ROCHEFORT appuie vivement l'opinion du général Trochu.

M. DORIAN convient que nos forces d'infanterie ne sont pas suffisantes, puisqu'on ne peut fabriquer des fusils. Il croit donc

DÉFENSE DE PARIS.

qu'il faut faire de l'artillerie pour arriver à lutter à armes égales.

M. le général Trochu lit une proposition de décret présentée par un citoyen qui demande la formation d'un corps de volontaires destinés à exécuter des sorties. Consulté à cet égard, M. le général Tamisier (de la garde nationale) s'est formellement prononcé contre ce projet, qui épuiserait et énerverait sans profit la garde nationale.

M. Rochefort demande si M. Trochu croit à la formation d'une armée de la Loire.

M. le général Trochu déclare que la formation de cette armée est impossible, et qu'il ne faut compter que sur la défense de Paris. Le siége est d'ailleurs bien moins inquiétant que la façon dont agit la Délégation du Gouvernement à Tours.

MARDI, 4 OCTOBRE (10 heures du soir).

M. Gambetta dit que la garde nationale commence à trouver son rôle ridicule ; il faut changer de système et l'envoyer au feu.

M. Rochefort approuve au contraire le système de réserve et de prudence de M. le général Trochu.

M. le général Trochu entrant en séance, propose et fait accepter un décret qui supprime de droit les cent-gardes déjà supprimés de fait.

M. de Kératry prie le Conseil d'agréer sa démission, la préfecture de police devenant inutile et sa personnalité pouvant devenir un embarras pour le Gouvernement. Il croit que sa présence serait bien plus utile au dehors, où se trouve, suivant lui, une immense conspiration légitimiste et cléricale. C'est là ce que les Prussiens attendent.

M. de Kératry s'offre pour aller en Espagne et en ramener une armée de 80,000 hommes obtenus grâce à la garantie de l'unité ibérique et de la possession de Cuba par le Gouvernement français.

M. Arago critique ces engagements, dont le dernier nous brouillerait avec les États-Unis.

M. Garnier-Pagès affirme que l'Espagne divisée est incapable de lever une semblable armée et d'en disposer.

MM. Picard et Simon s'opposent à la démission de M. de Kératry.

M. Ferry dit qu'une transaction est nécessaire et que M. de Kératry est seul apte à l'accomplir.

M. le général Trochu prie M. de Kératry de rester à son poste.

Il a eu l'honneur de proposer la disparition de la préfecture de police, il aura également celui de préparer ce qui doit la remplacer.

M. DE KÉRATRY déclare qu'il consent à garder sa situation, mais il craint que son départ ne devienne nécessaire avant peu de jours.

MERCREDI, 5 OCTOBRE (*9 heures 45 du soir*).

M. ROCHEFORT déclare qu'en présence des circonstances et de l'agitation, il faut que le Gouvernement agisse et qu'il avise à ne pas assumer sur lui toute la responsabilité.

M. FERRY croit que M. Rochefort se trompe sur la nature et la portée de l'agitation. Les élections municipales n'étaient qu'un point très-secondaire dans la manifestation des bataillons de M. Flourens ; l'armement et les sorties y formaient la base des réclamations.

M. ROCHEFORT n'attache aucune importance à la manifestation de ce matin ; il signale une pensée générale et inquiétante.

M. le général TROCHU, entrant en séance, est mis au fait de ce qui s'est passé ce matin à l'Hôtel de Ville après son départ.

M. J. FAVRE considère comme urgent qu'une proclamation indique nettement la résolution du Gouvernement à l'endroit des élections municipales, et qu'elle apprenne en même temps que de nouvelles manifestations en armes ne seront plus tolérées.

M. FERRY constate un revirement évident dans l'opinion publique : Paris s'agite, Paris s'ennuie, il faut l'occuper. Mais le remède n'est pas dans les élections municipales, dont la majorité ne se soucie pas. Il suffirait, d'ailleurs, du seul nom de Blanqui dans cette Assemblée communale, pour effrayer à tort les départements et les arrêter dans leur élan indispensable à la défense.

M. le général TROCHU indique comment, tout en étant d'abord partisan des élections, il a dû en ajourner la réalisation en présence des événements. Il ne croit pas que le Gouvernement puisse céder à l'injonction à main armée de M. Flourens qui rêve évidemment de se faire général en chef.

M. ROCHEFORT reconnaît ces velléités subies par M. Flourens, mais il faut donner une satisfaction à l'opinion publique, il faut la chercher immédiatement.

M. J. FAVRE croit qu'on pourrait consulter la population sur la question d'opportunité des élections municipales.

M. Arago se rallie à cette opinion.

MM. Favre et Picard se plaignent du service de l'intendance militaire : la solde n'est pas payée exactement et la nourriture est mauvaise.

M. le général Trochu déclare que l'intendance est un corps essentiellement honnête, mais routinier et impuissant.

Le Conseil, reprenant la question des élections municipales, entend M. Magnin, ministre du commerce, qui émet l'avis que les électeurs soient consultés par *oui* et par *non* sur l'opportunité de ces élections.

Le Conseil ne prend à cet égard aucune détermination.

JEUDI, 6 OCTOBRE (*10 heures du soir*).

Une vive discussion s'engage à l'égard des mesures prises autoritairement par la Délégation de Tours, qui semble ne tenir aucun compte du Gouvernement de la Défense nationale. La conduite de cette Délégation, son silence, ses communications insignifiantes, ses résolutions dictatoriales font l'objet des plus amères critiques de MM. Jules Favre, Arago, Ferry.

M. Jules Favre estime que M. le général Trochu doit faire sortir le Gouvernement de cet isolement qui le soumet aux velléités imprévues et souvent inconnues du Gouvernement délégué à Tours; il faut rétablir les communications. Il insiste sur la nécessité de rétablir les communications à l'aide de la cavalerie, comme l'ont fait tant de fois les Prussiens.

M. le général Trochu donne les raisons militaires qui rendent momentanément impossible l'exécution de ce projet.

M. le général Trochu s'informe d'où provient l'organisation d'une foule d'enfants qui se disent les pupilles de la République.

Le Conseil est resté étranger à ce fait; il craint qu'il n'y ait là une tentative d'exploitation de la part de l'organisateur de ces pupilles qu'on occupera comme on le pourra.

MARDI, 11 OCTOBRE (*1 heure et demie*).

M. le général Trochu se plaint vivement de l'ingérence du Gouvernement dans la direction des affaires militaires, qui ont besoin d'ordre, de discipline, de hiérarchie.

M. Jules Favre fait observer que la Défense nationale se compose d'éléments civils et militaires; le Gouvernement représente les premiers et ce serait méconnaître ses droits et ses devoirs que de prétendre lui interdire jusqu'aux renseignements utiles à donner.

M. le général TROCHU répond qu'il ne conteste pas ce droit, mais il se plaint des ordres d'exécution.

M. GARNIER-PAGÈS : Les membres du Gouvernement n'ont d'autre but que de donner du courage et de la confiance à la garde nationale.

JEUDI, 13 OCTOBRE (*10 heures du soir*).

M. Jules FAVRE donne connaissance au Conseil d'une série de renseignements et de documents qui lui ont été transmis par le Consul général des États-Unis. La plupart de ces nouvelles sont empruntées au journal anglais le *Standard;* elles ont un caractère très-défavorable. M. de Bismark aurait déclaré à M. Burnside, qu'en face des refus du Gouvernement de la Défense nationale, il n'y avait plus qu'à poursuivre le siége de Paris.

M. Jules FAVRE demande ce qu'il doit faire en présence de ces nouvelles, vis-à-vis de M. Washburn qu'il doit voir demain. Ne doit-il pas répondre de façon à laisser toujours entr'ouverture pour de nouvelles négociations ?

M. ROCHEFORT considère qu'il est inutile de s'arrêter davantage à des propositions déjà jugées inadmissibles.

M. ARAGO engage à ne pas ajouter foi à des nouvelles évidemment hostiles et émanant de source allemande. Ce qu'il faut constater, suivant lui, c'est le mouvement immense qui se fait en France et qui est avoué par ces journaux ennemis ; de nouveaux pourparlers seraient contraires à la dignité du pays.

M. GARNIER-PAGÈS appuie cette dernière opinion; il se demande d'ailleurs comment il se fait qu'on n'ait ainsi produit que des renseignements émanant de sources hostiles. Il fait enfin remarquer que ces renseignements sont pris à une date bien antérieure aux derniers faits qui pouvaient être connus. Il faut donc couper court à toutes ces négociations.

M. PICARD insiste, au contraire, pour que le Gouvernement n'ait pas l'air de repousser toutes propositions. Il ne faut pas qu'on puisse l'accuser un jour, en cas d'insuccès, d'avoir volontairement négligé les occasions de paix. Il avoue cependant que c'est là, avant tout, une question militaire.

M. GARNIER-PAGÈS répond que c'est là une question de dignité nationale.

M. le général TROCHU déclare que le Gouvernement s'est souvent fait des illusions qu'il n'a jamais partagées. Cependant il conclut aujourd'hui tout autrement que M. Picard. Le tort du Gouvernement, selon lui, c'est d'avoir voulu trop souvent gouverner avec des préjugés d'opinion ; il a été beaucoup plus un parti au pouvoir qu'un gouvernement régulier.

Il n'en restera pas moins acquis, pour son honneur, qu'appelé aux affaires au milieu de circonstances terribles, il a su jusqu'ici maintenir l'ordre et organiser la défense sans porter atteinte à la moindre des libertés.

Quant à la situation militaire, elle est devenue infiniment meilleure. On n'avait à tirer que 10 coups par pièce, on en a maintenant 400. On ne disposait que de 700 pièces, on en a maintenant plus de 2,000. La discipline est en partie rétablie, l'artillerie nouvelle s'organise ; enfin il y a pour 2 mois de vivres assurés.

Il en conclut que des négociations sur des bases dérisoires sont devenues inutiles et qu'il ne faut plus tenir aucun compte de M. de Bismark.

Le temps va permettre d'apporter un soulagement aux affaires de la République à laquelle l'avenir appartient. D'ici là, rien ne sera compromis par une attitude énergique, et, quoi que puisse insinuer l'ennemi, personne ne croira que les honnêtes gens qui composent le Gouvernement aient jamais songé à s'éterniser au pouvoir.

M. Jules FAVRE propose seulement de jouer cartes sur table, en exposant sincèrement la situation dans une note adressée à M. Washburn.

M. le général TROCHU répond qu'il n'a combattu qu'un projet de note destinée à M. de Bismark ; mais il ne voit aucun inconvénient à un exposé fait au consul général des États-Unis ; car entre le Gouvernement et le ministre de Prusse, le monde n'hésitera pas, le Gouvernement de la Défense nationale ayant une meilleure réputation que celui de M. de Bismark.

LUNDI, 17 OCTOBRE (*10 heures 54 du soir*).

M. PICARD se plaint du manque de nouvelles dont souffre le Gouvernement. Il demande de remédier au mal en décrétant ce qu'il appelle la régularisation des nouvelles. Chaque journal serait invité à donner au Gouvernement la primeur de ses nouvelles et les particuliers seraient priés de lui transmettre également tous les renseignements qui leur seraient donnés par correspondance. Enfin *il n'hésiterait pas à supprimer absolument tous les journaux pendant le siége.*

MM. Jules Favre et Rochefort combattent vivement ces propositions qu'ils considèrent comme aussi inutiles, aussi dangereuses pour le Gouvernement lui-même dont elles accuseraient l'impuissance à l'endroit des renseignements à recueillir.

M. le général Trochu se prononce également contre ces propositions qui sont écartées.

Le Conseil, continuant à s'occuper des moyens de communication avec le dehors, M. le général Le Flô annonce que quelques anciens officiers polonais demandent à franchir les lignes et qu'il a confiance dans leur énergie et dans leur dévouement pour établir un service de retour.

Dimanche, 23 octobre (*10 heures du soir*).

M. le général Trochu invite le Conseil à venir en aide au nouveau maire du XIe arrondissement, M. Arthur de Fonville, que l'ancien maire, ainsi que l'ancienne Commission municipale ont laissé sans aucun des documents indispensables à l'administration.

M. Ferry répond que M. A. de Fonvielle est parfaitement installé à sa mairie et que déjà il ne demande plus d'assistance.

M. Favre manifeste l'intention de soumettre au général Trochu une lettre qu'il a le projet d'adresser au général Bourbaki, si l'on n'y voit pas d'inconvénients.

M. le général Trochu considère qu'il serait bien plus naturel que lui général écrivît cette lettre à un général; qu'ici encore il lui semble voir une perturbation inopportune dans les attributions spéciales qui doivent être conservées à chacun. Il craindrait d'ailleurs que cette lettre ne froissât les susceptibilités militaires excessives du général Bourbaki.

M. J. Favre, sans insister davantage, lit et fait approuver son projet de proclamation adressée aux départements.

M. Picard résume la lettre qu'il adresse à M. Gambetta; il faut, suivant lui, que le général lui impose ses plans et lui dicte ses ordres.

M. le général Trochu objecte à cette opinion sa ferme résolution de n'empiéter sur aucun de ses collègues et de rester dans ses attributions.

MM. J. Favre et ..... se joignent à M. Picard pour demander que le général Trochu impose ses vues à M. Gambetta. Le général répond qu'il considérerait comme très-fâcheuse une nouvelle intervention de sa part, dont le résultat serait d'ajouter le trouble au trouble, en venant interrompre brusquement une organisation commencée.

Il croit indispensable de demander à M. Gambetta de bien préciser son plan et la façon dont il entend l'exécuter.

Lundi, 24 octobre (*10 heures du soir*).

M. Picard annonce que M. l'ingénieur Dupuy de Lôme demande un crédit de 45,000 francs pour la construction du ballon qu'il prétend pouvoir diriger. Suivant avis favorable de M. le général Trochu, le crédit est accordé. Il a bien, dit-il, fait exécuter les wagons munis de canons qui jusqu'ici étaient réputés impossibles.

On semble redouter à Tours les dispositions du maréchal Bazaine, que sa jeune femme veut essayer de rejoindre afin de le conjurer de ne rien faire qui puisse nuire à la France.

M. le général Trochu croit que l'armée, la véritable armée ne fera rien contre la République; quant aux prétendants, ils ne se hasarderont plus à revenir sous la protection et avec l'intermédiaire de l'étranger.

Le général Trochu expose les espérances que permet de concevoir l'organisation de deux armées régulières, levées à Paris même, aguerries et disciplinées par une sorte de miracle qui tient encore plus à un grand élan moral et patriote qu'à ses propres efforts. En deux mois, la République a fait jaillir de terre à Paris deux armées solides composées de 180,000 hommes.

M. Rampon, directeur des postes, appelé à fournir quelques explications sur de nouveaux procédés de communication, annonce qu'on a trouvé moyen de confier 5,000 dépêches à un seul pigeon.

Mardi, 25 octobre (*11 heures du soir*).

M. le général Trochu expose au Conseil les mesures qui lui permettent de compter d'ici à seize jours sur une bonne armée de 100,000 hommes avec 400 canons, sans rien distraire des forces suffisantes à la défense de Paris. Il demande seulement à M. le Ministre du commerce s'il peut lui assurer de la viande encore pour vingt jours, car il ne faut pas que le peuple, si dévoué, endure de trop grandes souffrances.

M. Magnin répond de pouvoir donner de la viande jusqu'aux premiers jours de décembre.

M. le général Trochu s'applaudit d'une attestation qui laisse à ses plans militaires une liberté d'action destinée à en garantir le succès.

Jeudi, 27 octobre (*10 heures 1/4 du soir*).

M. Jules Favre lit et fait approuver une note par laquelle il réfute et dément la nouvelle calomnieuse donnée par le *Combat* à l'égard de la reddition projetée par le maréchal Bazaine. M. Ferry déclare que ces bruits viennent de Versailles, car des membres de la Société de secours aux blessés y ont entendu dire que Bazaine avait consenti à rendre Metz, à la condition qu'on le laissât passer en Algérie avec toute son armée. C'est là, dit-il, un bruit absurde qui se réfute de lui-même.

M. le général Trochu fait observer que Paris peut avoir maintenant confiance dans sa force; ce n'est pas la France qui sauvera Paris, c'est Paris qui sauvera la France.

Vendredi, 28 octobre (*10 heures du soir*).

M. le général Trochu annonce qu'on a pris le Bourget, et que bien qu'il ne tienne pas à cette position, puisqu'elle est occupée on la gardera.

M. le général Trochu signale l'enthousiasme que provoque encore la décoration, même chez les plus dangereusement blessés. Il constate avec regret ce phénomène qui ne semble plus de notre temps.

M. Rochefort exprime l'idée de ne pas accorder la décoration en cachette ; il suffit de déclarer seulement, par décret, que désormais la décoration de la Légion d'honneur est exclusivement militaire. Cette opinion est approuvée.

Jeudi, 3 novembre (*10 heures 1/2 du soir chez le Gouverneur*).

M. Cresson fournit des renseignements sur l'état de désorganisation absolue dans lequel il a trouvé la Préfecture de police. Il demande s'il ne faut pas reconstituer le service politique en lui enlevant son odieux et ses abus.

M. Garnier-Pagès émet l'avis que la police de surveillance soit rétablie, mais que la police de provocation soit à jamais abandonnée.

M. Cresson signale le mauvais emploi des fonds secrets, dont 50,000 francs continuent à disparaître chaque mois entre les mains de personnes suspectes qui ne fournissent que des renseignements douteux.

Il propose de reprendre à l'armée 600 des anciens sergents de ville, indispensables à son action.

M. Cresson signale ensuite les arrestations ; elles s'élèvent à 23 personnes.

M. Arago trouve cette liste trop longue.

M. Garnier-Pagès voudrait que le vote imposant d'aujourd'hui fût une occasion pour le Gouvernement de se montrer généreux et indulgent pour le passé, impitoyable pour l'avenir. — Certes, le crime commis a été atroce, mais il s'agit d'un crime politique ; et c'est la politique même qui semble commander d'oublier le passé pour s'engager dans une voie nouvelle. Il propose une amnistie pour tous les coupables politiques.

M. le général Trochu fait observer qu'on ne peut amnistier des hommes qui n'ont point encore été condamnés.

M. Arago croit que le mot amnistie est mal choisi, mais il croit aussi que le Gouvernement est maintenant assez fort pour se montrer généreux.

M. Simon serait également de cet avis, si l'ennemi n'était pas là.

M. Ferry répond que la générosité serait ici de l'insigne faiblesse.

M. le Préfet de Police est autorisé à requérir la garde nationale pour l'aider, au besoin, dans ses arrestations.

M. Jules Favre lit un projet de proclamation pour remercier les citoyens de leurs suffrages. Cette lecture est interrompue par l'annonce que les bataillons de service arrivent avec flambeaux pour acclamer le Gouvernement de la défense nationale. — Le Gouvernement sort pour se ranger sur les marches du perron de l'Hôtel.

(Séance levée à minuit.)

vendredi, 4 novembre (*de 9 heures à 10 heures du soir.*)

M. le Préfet de Police fournit des explications sur l'arrestation de 14 personnes.

M. Ferry demande que la légion commandée par Tibaldi soit dissoute.

M. Leblond fournit, à son tour, des renseignements sur la nature de l'instruction qui doit être commencée contre les personnes arrêtées.

Après discussion entre MM. Arago, Leblond et Henri Didier, il est convenu entre eux que l'instruction sera commencée devant un magistrat instructeur, puis réclamée par le conseil de guerre, qui seul doit en connaître en vertu de l'état de siége.

M. Henri Didier annonce au Conseil qu'il a reçu indirectement de Tours une dépêche qui le nomme Gouverneur général de l'Algérie.

MM. Trochu et Picard s'élèvent vivement contre les usurpations de pouvoir auxquelles se livre sans cesse la Délégation de Tours. Ils rappellent, à cette occasion, les décrets rendus par elle relativement à la fusion des postes et des télégraphes, à un emprunt contracté à Londres, enfin relativement à la réorganisation civile de l'Algérie.

M. Jules Favre déclare avoir écrit le jour même à M. Gambetta pour se plaindre de ces faits.

M. Picard demande ce qu'il doit faire à l'endroit de l'emprunt de Londres, dont il ignore les conditions exactes : son avis serait de le désavouer officiellement dans un manifeste signé de tous les membres du Gouvernement.

M. Ferry déclare qu'il ignore sur quels faits certains peuvent s'appuyer les accusations contre la Délégation de Tours, qui ne lui semble pas aussi coupable qu'elle en a l'air.

M. Garnier-Pagès reconnaît les embarras et les dangers qui peuvent résulter du nouvel emprunt contracté à Londres. Mais il jugerait fort imprudent de désavouer une opération peu connue, et sans doute contractée sous le coup des circonstances, dans un intérêt urgent de défense nationale.

Il incline à croire que la Délégation a continué à envoyer des dépêches, mais que ces dépêches se perdent ou sont saisies.

M. Jules Favre déclare qu'on est à la veille d'une catastrophe imminente; il croit devoir déclarer qu'à son avis la Délégation de Tours entend agir sans le Gouvernement ou contre lui.

M. Trochu est convaincu qu'il se passe en province des choses qui compromettent la défense nationale. Cependant, il incline à croire avec M. Garnier-Pagès que les dépêches doivent avoir été interceptées. Il faut faire une enquête sur les pigeons, sur leur arrivée, et sur ceux qui sont chargés de les recevoir.

M. Ferry insiste de nouveau sur la nécessité de dissoudre le bataillon Tibaldi, composé exclusivement d'étrangers ; il demande également la destitution du chef de bataillon M. de Margueritte, dont la conduite n'a pas été claire dans la nuit du 31 octobre.

SAMEDI, 5 NOVEMBRE (*1 heure et demie de l'après-midi*).

M. Cresson propose la révocation de M. Raoul Rigault. Le

Conseil fait droit à cette demande, et décide qu'une note annoncera, au *Journal officiel*, que les arrestations sont la conséquence de nouveaux faits coupables, qui sont venus continuer ceux qu'on aurait voulu oublier.

M. Jules Favre, avant de rendre compte de son entrevue avec M. Thiers à Sèvres, demande que M. le général Ducrot soit admis à la séance, afin de corroborer par ses souvenirs personnels le récit de l'entretien auquel il a assisté. — M. le général Ducrot présent, M. Jules Favre raconte l'entrevue de Sèvres avec M. Thiers. Il en résulte que le Gouvernement prussien n'accepte un armistice de 25 jours que sans ravitaillement.

Quant aux conditions de paix, incidemment abordées par M. de Bismark dans ses conversations avec M. Thiers, elles seraient, maintenant, la cession de l'Alsace avec 3 milliards d'indemnité; après la prise de Paris, la cession de l'Alsace et de la Lorraine avec 5 milliards.

M. Garnier-Pagès dit que, pour lui, il repousse absolument et sans phrase l'armistice sans ravitaillement, et la paix avec l'abandon de l'Alsace. Il ne reste donc, suivant lui, qu'une question militaire à traiter.

M. le général Trochu est d'un avis conforme à celui de M. Garnier-Pagès. Il rappelle qu'il n'a jamais cru à un armistice. Pour lui, les représentants d'une grande nation ne sauraient accepter son déshonneur.

On doit au pays, à la République et à leur avenir, sinon de triompher, au moins de succomber glorieusement après avoir vaillamment combattu. Il est d'avis d'informer le public immédiatement de ces conditions inadmissibles d'armistice.

Le Conseil entier s'associe à cette manière de voir.

M. le général Le Flô demande qu'un procès-verbal de la séance soit publié demain, et envoyé dans les départements, qui doivent connaître les efforts et le courage de cette admirable population de Paris.

M. Arago déclare que ce n'est pas seulement pour le présent qu'il faut savoir mourir, c'est pour préparer l'avenir à nos enfants.

M. Ferry s'étonne du silence obstinément gardé par la Délégation de Tours, et il s'élève vivement contre le silence gardé par M. Thiers sur la situation de la France, qu'il vient cependant de traverser.

M. le général Trochu s'étonne, à son tour, de réticences qu'il qualifie de systématiques. M. Thiers se tait, mais il lui paraît que la situation des départements est mauvaise.

Il est décidé qu'un extrait du procès-verbal sera envoyé dans les départements.

M. le général Ducrot déclare que M. Thiers a été le premier à considérer les conditions de la Prusse comme inacceptables.

Le Conseil émet le désir que M. Thiers retourne à Tours sans nouvelle mission et sans ordre du Gouvernement.

M. Jules Favre répond qu'il a déjà donné ordre à M. Thiers de retourner à Tours, mais que M. Thiers n'y prendra aucune résolution sans avoir référé à l'avance au Gouvernement.

(*Séance levée à 6 heures et demie du soir*).

MARDI, 8 NOVEMBRE (*9 heures 45 du soir*).

M. le général Trochu propose et fait adopter une modification des insignes de la Légion d'honneur et de la médaille militaire, lesquels ne doivent plus être empreints des traditions impériales.

M. Ferry soumet un décret qui nomme une commission municipale pour administrer le XXe arrondissement.

M. Cresson signale les fâcheuses dispositions de la population dans plusieurs secteurs. Il demande que ceux des membres du Conseil qui ont approuvé les arrestations, en prennent hautement la responsabilité, afin qu'on cesse de les attribuer à son initiative.

M. le général Trochu répond que ces résolutions ont été prises à l'unanimité, et qu'il faut le dire.

M. Cresson fait observer que M. Garnier-Pagès a voté contre.

Il n'en persiste pas moins à demander qu'une note annonce que ces arrestations ont été ordonnées par la majorité du Conseil.

Après une discussion à laquelle prennent part MM. Jules Favre, Arago et Cresson, il est décidé qu'on attendra le résultat de l'instruction.

M. Jules Simon se demande si, en présence de l'état de Paris et de la France, il ne serait pas sage de procéder aux élections même sans armistice. — M. Picard approuve cette idée.

M. Jules Favre rappelle les conditions restrictives imposées par M. de Bismark pour le vote de la Lorraine et de l'Alsace. Il lui paraît impossible, d'ailleurs, d'appeler la population au scrutin, quand on doit l'appeler à se battre.

M. Ferry fait observer qu'on ne peut se jouer impunément de l'esprit public, que l'on ne doit pas ainsi exciter ou calmer.

M. Garnier-Pagès dit que, pour son compte, en présence des mystifications de M. de Bismark, il ne consentirait jamais à se traîner misérablement et en suppliant aux pieds de la Prusse. — Il faut se battre maintenant, et voilà tout.

M. Jules Favre pense pourtant qu'il pourrait s'expliquer, dans une nouvelle note, sur la possibilité et les conditions des élections.

M. le général Trochu déclare que, si l'on reprend ainsi d'une façon déguisée l'armistice, on va tout désorganiser.

Déjà l'armée est ébranlée, la mobile se fatigue, et la garde nationale *se calme trop;* si l'on s'engage dans cette voie, on va finir misérablement et honteusement.

M. Garnier-Pagès demande qu'une proclamation soit adressée à la province et un appel fait à l'armée.

M. le général Trochu approuve ces deux mesures. Il expose la situation militaire; elle garantit une fin honorable, sinon un triomphe. Son avis est donc de ne pas exagérer la note, pour la population, qu'il s'agit seulement de soutenir.

(*Séance levée à minuit et demi.*)

Mercredi, 9 novembre (*10 heures du soir*).

M. Picard exprime la crainte que les accusations de trahison à l'égard de Bazaine ne soient que trop justifiées. Il invite M. le Préfet de police à faire rechercher un homme venu de Metz, et qui a déclaré que Bazaine s'était rendu contre le gré de son armée, et alors qu'elle était encore pourvue d'approvisionnements suffisants.

M. le général Le Flô ne peut croire à cette trahison. Bazaine méprisait trop Napoléon III. D'ailleurs l'armée ne lui aurait certainement pas permis d'accomplir cet acte infâme.

Un aide de camp apporte à M. le général Trochu la traduction des deux derniers numéros du journal *l'Allemagne du Nord.* — M. le général Trochu donne lecture de ces documents, qui sont au nombre de trois :

1° Proclamation de M. Gambetta à propos de la reddition de Metz; 2° protocole de la capitulation de Metz; 3° ordre du jour du maréchal Bazaine à ses troupes avant de les quitter.

Le Conseil examine la question de publicité à l'égard de ces pièces.

M. Arago est d'avis que la proclamation de M. Gambetta ne

soit pas publiée, afin de ne pas endosser la responsabilité, en ce qui concerne une appréciation qui ne peut être contrôlée.

M. le général Trochu trouve que, s'il importe de sauvegarder l'honneur militaire, il ne faudrait pas endosser la défense du maréchal Bazaine.

M. le général Le Flô partage cette opinion ; cependant, il croit que Changarnier, ou son fils lui-même, aurait plutôt brûlé la cervelle de Bazaine que de le laisser trahir.

MM. Jules Favre et Picard craignent que la publication de ces documents contribue à affaiblir encore les courages ébranlés.

M. Jules Favre lit les nouvelles données par la *Patrie* du soir, d'après le journal *la Tribune*. M. Cresson signale l'émotion croissante, suivant lui ; les femmes de Belleville demandent la paix.

M. Simon est d'avis de tout publier ; car l'ordre du jour de Bazaine est bien plus dangereux pour les lâches, auxquels il fournit un prétexte, que ne le sont pour l'armée les violences d'appréciation de M. Gambetta.

Renseignements pris sur la nature de ces traductions, apportées toutes faites des avant-postes, le Conseil décrète que ces documents n'offrent pas assez de garanties d'exactitude pour qu'on puisse les livrer à la publicité.

JEUDI, 10 NOVEMBRE (*10 heures du soir*).

M. le général Trochu lit une lettre du général Clément Thomas, dans laquelle celui-ci demande oubli et pardon à l'égard des citoyens coupables qui vont être appelés à se trouver en face de l'ennemi.

M. Jules Favre combat cette demande, qui fera dire que le Gouvernement interrompt, comme l'Empire, une instruction commencée, et qu'il ne peut mener à fin faute de preuves.

Le Conseil n'étant plus au complet, par suite de l'absence de M. Pelletan, ajourne cette question.

M. Cresson rappelle qu'il y a encore 9 arrestations à faire. Ni M. Blanqui ni M. Flourens n'ont été arrêtés ; il continue à se plaindre de la désorganisation de la Préfecture de police.

M. Ferry fait observer que pendant que MM. les chefs de bataillon Ranvier et Tibaldi ont pu être arrêtés sans encombre, il s'étonne qu'on n'ait pu en faire autant pour les autres.

M. Garnier-Pagès ne voit pas ce qu'il y a de si urgent à opérer ces arrestations. Que veut-on ? Empêcher ces hommes de nuire. Eh bien, dans la situation de surveillance où ces hommes sont réduits, ils sont devenus inoffensifs. Au lendemain d'une victoire, on pourra même les rendre à la liberté en les amnistiant.

M. Ferry annonce que les tirailleurs de M. Flourens sont déjà venus se mettre au service du général Clément Thomas, et lui demander un autre commandant.

MM. Cresson et Ferry discutent les difficultés que présente l'arrestation de M. Blanqui; M. Cresson répète que son action est paralysée par la désorganisation de la Préfecture de police.

M. Jules Favre, dépeignant la situation, signale le découragement complet des troupes, sur l'esprit desquelles courent les bruits les plus alarmants.

Il aborde ensuite la question d'élections sans armistice, expédient en faveur duquel, suivant lui, un mouvement d'opinion semble se dessiner. M. Thiers lui-même aurait vivement exprimé que les élections étaient demandées en province. Il lit une lettre, écrite dans ce sens, de la Charente-Inférieure, à la date du 25 octobre. Jusqu'ici, il avait craint que les élections ne fussent nuisibles à la défense; mais maintenant que cette défense semble ébranlée, il croit les élections nécessaires. Les élections permettraient des communications devenues indispensables; elles empêcheraient toute possibilité de régence impériale. Si l'on attend, au contraire, de suprêmes échecs, c'est la Prusse qui dictera son ordre du jour. Enfin, M. de Bismark a permis aux candidats de se transporter de Paris en province.

M. Jules Favre demande qu'on réfléchisse à ces arguments; et peut-être faudra-t-il en peser la valeur dans une grande réunion comprenant les maires et les commandants de secteur.

MM. Garnier-Pagès et Arago demandent la parole pour réfuter M. Jules Favre. Le Conseil décide que la discussion sera renvoyée au lendemain.

M. le général Trochu demande toutefois à dire que les conseils de guerre n'ont jamais remédié à rien, et le conseil indiqué par M. Jules Favre amènerait la désorganisation radicale de toute défense. La vérité est qu'il se fait aux avant-postes un travail prussien considérable; on ne tire plus sur nos soldats, on cherche à les convaincre que toute résistance est inutile, et que la province, désorganisée, réclame leur présence.

En résumé, il y a pour l'armée des souffrances, une mauvaise nourriture, mais son esprit est resté bon. Un découragement bien plus saisissant régnait autour de Sébastopol; cependant, rien ne fut perdu. Il ne faut pas ajouter foi à des exagérations déplorables.

VENDREDI, 11 NOVEMBRE (*10 heures du soir*).

M. le général Trochu donne connaissance d'une pétition signée du maire du IIe arrondissement, demandant la mise en liberté des détenus politiques.

M. le Préfet de Police signale, en outre, une protestation contre les arrestations publiée par le *Réveil*, et suivie de quarante-quatre signatures ; il indique qu'un mouvement semble préparé pour lundi dans le XXe arrondissement, où fonctionne un comité de surveillance.

Il dépeint de nouveau la triste situation où il a trouvé la préfecture de police. Cinq arrondissements seulement consentent à recevoir des gardiens de la paix.

Plusieurs quartiers refusent de laisser stationner dans leurs rues ces gardiens. Il indique en outre la reconstitution inquiétante de la société *l'Internationale*. M. Ferry dit que cette société n'a jamais été un centre d'action.

M. J. Favre appelle particulièrement l'attention sur le mouvement marqué d'opinion qui se manifeste à l'endroit d'élections sans armistice. Il sent lui-même que le Gouvernement court à ce grand danger d'une lutte suprême dans l'ignorance absolue de ce qui se passe en province. On dit que le Gouvernement est déjà dans la situation du maréchal Bazaine, et c'est là un trouble pour sa conscience. Il considère, en outre, qu'en cas d'échec, les périls sont énormes, car ils placent la France à la merci du vainqueur. On nous somme, dit-il, de faire les élections ; dans cette situation, nous devons au moins faire connaître les motifs de notre refus.

M. Arago déclare être, après y avoir réfléchi, complétement opposé à des élections sans armistice. Les élections seraient sans liberté sous le coup de l'invasion dans une foule de provinces ; elles produiraient une assemblée sans autorité et sans crédit.

M. J. Favre fait observer que M. de Bismark a toujours désiré des élections.

M. Arago trouve que c'est précisément à cause de ce désir d'un ennemi qu'il est amené à penser que cette mesure serait désastreuse pour la France et pour la République. Les élections seraient, pour lui, un aveu déguisé d'impuissance, un subterfuge pour arriver hypocritement à la paix.

M. Garnier-Pagès appuie l'avis de M. Arago. Examinant la situation militaire, loin de la trouver empirée, elle lui semble améliorée. Si l'on ne reçoit pas de nouvelles des départements, c'est qu'elles sont bonnes, sans quoi les Prussiens trouveraient bien le moyen de donner les mauvaises. Il a, dit-il, confiance dans la province, à l'égard de laquelle on se montre injuste.

C'est le parti de la réaction, dont tous les organes demandent les élections, dans la crainte que des événements heureux ne viennent déconcerter leurs combinaisons politiques en redonnant une nouvelle vigueur à la défense que ruineraient infailliblement des élections.

M. J. Favre nie, au contraire, que la situation soit améliorée. La chute de Metz indique le sort réservé à Paris, et il doute qu'on puisse dénouer le nœud de la situation avec l'épée.

M. Garnier-Pagès croit que cette appréciation funeste devrait avoir pour conséquence une capitulation sans combat.

M. J. Favre persiste néanmoins à envisager avec la plus vive inquiétude la résolution de lutte suprême qu'on veut prendre. Dans tous les cas, son avis formel est qu'on indique pourquoi l'on juge impossible de procéder immédiatement aux élections.

M. Pelletan déclare que le Gouvernement n'a plus maintenant sa liberté d'action; il est trop tard. On ne peut se décider à passer par les conditions de M. de Bismark. Faire les élections, ce serait accepter ces conditions d'une façon détournée. On ne pourrait ni conduire, ni indiquer, ni assister à ces élections sans lever la main pour en demander, comme des écoliers, la permission à M. de Bismark. Il y a d'ailleurs certaines défaites qui sont plus honorables et plus fructueuses qu'une victoire, et le jour où le Gouvernement n'a pas craint d'assumer sur sa tête la défense de Paris, il a pris l'engagement d'honneur de pousser cette défense jusqu'au bout.

M. J. Favre demande qu'une explication soit donnée à l'*Officiel* et qu'une revue soit passée.

M. le général Trochu répond que si M. Jules Favre veut une revue, on la fera, mais c'est là, suivant lui, une bien petite chose. Il propose d'ailleurs de renvoyer à demain cette grave discussion. Approuvé.

Samedi 12 novembre (*9 heures un quart du soir*).

M. le général Trochu répond à l'interpellation faite hier à la défense par M. J. Favre. Il remonte, dans un exposé complet, à la situation telle qu'elle était au lendemain de la révolution. Il rappelle qu'il a toujours considéré Paris comme peu défendable sans une armée de secours et qu'il n'a jamais cru à la formation efficace de cette armée de secours, ni sur la Loire, ni dans l'Est. Enfin il répète ce mot prononcé par lui : « *La défense de Paris est une héroïque folie qu'il faut faire parce qu'elle peut seule servir nos intérêts et qu'elle sauve notre honneur.* » Puis il examine la situation morale de l'armée allemande et celle de l'armée française; puis enfin l'état matériel de la défense, puis de l'offensive préparée avec 110,000 hommes de troupes et de l'artillerie due en partie au zèle de l'industrie privée.

Cependant il n'est pas exact de dire que la situation soit améliorée, mais ce n'est pas là un argument qui autorise à quitter la partie avant même de l'avoir jouée; car les élections seraient l'abandon de tous les avantages conquis jusqu'à ce jour; elles désorganiseraient la défense, humilieraient la France, frapperaient de discrédit les hommes qui en sortiraient et ne serviraient que les intérêts mesquins de quelques banquiers et de quelques bourgeois fous de terreur.

Personne ne pardonnerait, suivant lui, au Gouvernement, de jouer le triste rôle des forces nationales qui se sont rendues jusqu'ici. Or, on ne peut répondre ni de percer les lignes ennemies, ni de chasser les Prussiens, mais faut-il encore du moins le tenter. Il faut contraindre la Prusse à se fatiguer plus vite que nous de cette guerre dans laquelle chacun cherche à décourager l'autre.

M. le général Trochu conclut en insistant solennellement pour que le *statu quo* soit maintenu quant aux élections, pour qu'on ne demande pas, c'est le mot, à la Prusse, la permission de faire des élections qui lui seraient de la plus grande utilité à tous les points de vue.

M. le général Trochu lit ensuite un ordre du jour, sorte de proclamation, destinée à être publiée, et résumant la situation.

M. J. Favre fait observer que le refus de l'armistice, faute de ravitaillement, a dû être fait avant le 31 octobre.

M. le général Trochu répond qu'il ne s'agit là que d'un document militaire et non diplomatique. *Or ses renseignements particuliers lui permettent d'affirmer que c'est la journée du 31 qui a fait manquer l'armistice.*

M. Picard exprime la crainte que dans l'état de démoralisation de l'armée, le moyen de continuer la lutte pour lasser la Prusse la première ne soit pas réalisable.

M. le général Trochu répond que la sauvegarde de l'honneur national l'engage surtout à continuer cette lutte.

M. Picard voit la situation sous des aspects saisissants : la paix ou la capitulation forcée. Or il veut éviter la capitulation et pourtant on s'y achemine suivant lui. Il pourrait se faire que le pays pût consentir à des sacrifices que le Gouvernement ne voudrait pas lui imposer; et pour lui il connaît bon nombre de gens prêts à céder l'Alsace et la Lorraine pour assurer la paix. Le général convenant lui-même que la lutte est à peu près sans espoir, il faut éviter à l'armée abattue ce dernier excès de misère qui la contraindrait, à Paris comme à Metz, à une capitulation fatale.

M. le général Trochu nie la réalité de la démoralisation de l'armée; quant au succès, il n'a jamais dit qu'il fût impossible; il a déclaré, au contraire, qu'on pouvait espérer lasser l'ennemi à défaut d'autres victoires. Les élections au contraire placent la France à la merci de la Prusse; c'est une déclaration d'abandon et d'impuissance, en supposant même que ces élections puissent matériellement se faire, ce qui n'est pas certain.

M. Ferry reconnaît toute la justesse des raisonnements du général. M. Picard, en fait d'élections, supposait un armistice avec réunion d'une Assemblée à Paris. Sans ces deux conditions, les élections constituent la France sans Paris; c'est la suspension des hostilités en province, de la défense de Paris, c'est la paix à tout prix.

Il s'indigne au souvenir de ces grandes phrases si pompeusement lancées par le Gouvernement et qui viendraient ainsi aboutir à un misérable expédient, sans effort, sans lutte suprême. Les élections avant une grande bataille, pour lui, c'est le déshonneur.

M. J. Favre répond que le Gouvernement a promis de faire l'impossible, mais à une condition cependant, c'est que le terrain ne manquât pas sous ses pieds. M. J. Favre reproduit à l'appui de cette allégation la chute de Strasbourg et celle de Metz, l'inertie de la province, le découragement des troupes de Paris, le peu d'espoir du général lui-même qui semble attendre plus de la lassitude de l'ennemi que de nos victoires. Il montre le Gouvernement prussien trop intéressé au succès pour abandonner Paris, où bientôt il fera entrer ses soldats pour rétablir l'ordre social ébranlé, et où il installera un lieutenant général chargé de reconstituer la France sous une autre monarchie.

Les élections, au contraire, seraient un jour ouvert sur les départements, ce serait l'intervention indispensable des puissances neutres.

M. Simon croit que cette longue discussion repose sur un malentendu : on semble croire de part et d'autre qu'il s'agit de déclarer dès demain qu'on va faire des élections ou qu'on n'en fera pas. Rien de semblable n'est nécessaire. Peut-être y aura-t-il un moment où ces élections devront être annoncées ; si elles l'étaient maintenant elles désorganiseraient certainement la défense. Les élections, il ne faut pas se le dissimuler, c'est la paix, et si on les faisait, on crierait à bon droit à l'infamie ; on commence même à le penser au sein de l'Académie. Quand on pensera que les élections, c'est la paix, et on le pensera indubitablement, on ne se battra plus. Eh bien ! nous n'avons pas encore assez fait pour l'honneur ; nous aurions 450,000 hommes qui se rendraient sans avoir combattu !

Le général Clément THOMAS : Oui, avec leurs fusils vierges. A Metz, on ne s'est rendu qu'après huit grands combats, et cependant on accuse la garnison, parce qu'on ne s'explique pas que 80,000 hommes puissent ainsi mettre bas les armes. Les résultats des élections seraient donc ceux-ci : 1º défense rendue impossible ; 2º humiliation devant la Prusse ; 3º suicide sans intérêt. — La France s'indignerait en pensant à notre faiblesse, alors qu'à vrai dire nous n'avons pas encore souffert. Quand Châteaudun a succombé, une auréole de gloire a ceint cette petite cité. Eh bien ! si Paris succombait ainsi, sa chute même imposerait sa grandeur à la France ; et moi qui ai deux enfants qui vont peut-être succomber dans ces luttes, je dis que pour la France et pour l'honneur, il faut les poursuivre jusqu'au bout.

Après de nouvelles observations de M. J. FAVRE, réfutées par MM. G. Pagès et Arago, M. le général Trochu propose le vote sur la question des élections.

M. J. FAVRE demande qu'on ne vote pas.

Le général TROCHU insiste pour que ce vote permette au Conseil de prendre nettement une attitude qui dise clairement au public que la permission ne sera pas demandée à la Prusse de consulter la France, avec le bon plaisir des autorisations de M. de Bismark.

M. J. FAVRE déclare que, prévoyant la décision du Conseil, il a déjà préparé un article dans ce sens.

M. FERRY croit, en effet, qu'il faut dire quelque chose au public, ne fût-ce que pour démentir les bruits mis en circulation.

M. J. FAVRE lit un projet de note destiné à démentir les prétendues négociations nouvelles d'armistice.

M. le général TROCHU demande que les susceptibilités du peuple, qui va combattre, soient au moins épargnées, et qu'on efface le nom de M. Thiers de ce document.

LUNDI, 14 NOVEMBRE (*10 heures du soir*).

M. le général TROCHU insiste sur l'importance des bonnes nouvelles arrivées de l'armée de la Loire. Il résulte, en effet, des dépêches que l'ennemi a été arrêté dans sa marche en avant.

M. J. FAVRE indique la nécessité dans laquelle il se trouve placé, suivant lui, de fournir des explications au public sur les négociations relatives à l'armistice refusé. Il lit à cet égard une longue note destinée à l'insertion dans *l'Officiel*.

M. le général TROCHU fait observer que cette note est bien longue et qu'elle donne des détails minutieux que le public n'appréciera pas dans la situation présente. Ces résumés de conversations diplomatiques, quelque bien faits qu'ils soient, ne lui paraissent pas opportuns, surtout au lendemain d'une grande nouvelle, comme celle de la reprise d'Orléans.

M. J. FAVRE répond que, sans discuter la forme de cette note, il ne peut rester devant le public sous le coup d'une sorte de démenti que lui a, suivant lui, donné la proclamation du général Trochu, en disant que l'armistice avait été perdu pour M. Thiers à la suite du 31 octobre; les événements de cette journée ayant dû rester ignorés de M. de Bismark lorsqu'il opposa une fin de non-recevoir à la demande d'armistice des puissances neutres.

M. le général TROCHU fait remarquer que personne ne s'avisera jamais de mettre en doute la bonne foi de M. J. Favre. Si son collègue avait hier exprimé si vivement son avis, il n'aurait pas hésité à lui donner satisfaction en retranchant l'affirmation qui alarme sa bonne foi.

M. PELLETAN croit se rappeler que M. Thiers comptait sur le ravitaillement, et qu'il a été fort surpris en le voyant refuser.

M. J. FAVRE affirme, au contraire, que c'est là une erreur, et que ce refus a été formulé avant le 31 octobre.

M. le général TROCHU, rapprochant les déclarations et les dates, rappelle que ce n'est que le 3 novembre seulement que M. Thiers a dû perdre tout espoir de ravitaillement et d'armistice, et qu'à cette date il n'est pas même possible de penser que M. de Bismark n'avait pas été informé des événements de Paris.

M. J. FAVRE persiste dans sa volonté formelle de faire paraître une note destinée, suivant lui, à faire ressortir la sincérité compromise de ses allégations.

M. G. PAGÈS signale l'immense inconvénient qu'il y aurait, suivant lui, à rompre ainsi avec tous les usages diplomatiques, en venant imprimer les détails de conversations dans lesquelles figurent côte à côte MM. de Bismark, Thiers, Cochery et Blanqui. Ces révélations, sans intérêt, seraient blessantes pour les diplomates mis en scène et les feraient même, peut-être, renoncer, pour l'avenir, à d'autres négociations.

M. le général Trochu déclare être prêt à dire que son allégation est toute personnelle et n'entend contredire en rien celle de M. J. Favre.

M. J. Favre, vivement sollicité par tous ses collègues, de renoncer à son projet, consent enfin seulement à en ajourner l'exécution.

M. Picard est chargé de rédiger la note qui doit accompagner à *l'Officiel* l'annonce de la reprise d'Orléans.

MARDI 15 NOVEMBRE (*9 heures 25 du soir*).

M. Ferry annonce que M. Étienne Arago, maire de Paris, placé dans une situation embarrassante par suite de l'élection des maires, demande à se retirer. Accepté avec des regrets.

M. Ferry déclare que la démission de M. Arago doit être la suppression de la mairie centrale de Paris; il propose que les attributions de cette mairie centrale soient confiées à un délégué spécial, membre du Gouvernement.

M. Picard voit des inconvénients dans cette centralisation d'attributions; il pense qu'il serait difficile d'avoir action sur les maires autrement que par l'intermédiaire d'un homme choisi par eux.

M. Arago fait observer que c'est alors la commune qu'on institue.

M. Ferry dit qu'un maire central élu au suffrage universel, c'est donner un maître au Gouvernement; faire élire ce maire par les autres maires, c'est leur faire instituer un défenseur obligé de leurs usurpations signalées.

M. Cresson, préfet de police, se plaint que les clubs sont plus violents que jamais.

M. Ferry proteste contre cette allégation. De ce côté les choses se sont bien améliorées, suivant lui. La liberté des clubs lui paraît indispensable, et il s'en fonde chaque jour de très-puissants pour défendre le Gouvernement.

M. Cresson réplique vivement que puisqu'on se refuse à appliquer les lois, et puisque les renseignements de M. Ferry sur les clubs sont meilleurs que les siens, il n'a plus qu'à donner sa démission, et il quitte immédiatement la salle en fermant vivement la porte derrière lui.

M. Garnier-Pagès dit qu'il faut profiter de cette occasion pour décider qu'à l'avenir le préfet de police n'assistera plus aux séances ou qu'il ne sera plus admis qu'à fournir des renseignements Cet avis est approuvé.

M. Ferry lit et fait approuver le décret qui supprime la mairie de Paris.

M. le général Trochu dépose une pétition des membres de la chambre de commerce de Paris qui demandent l'élection d'une Assemblée.

M. G. Pagès fait remarquer que les signataires de cette pétition sont des bonapartistes des plus compromis.

M. J. Favre insiste pour que cette pétition soit reproduite à l'*Officiel*.

M. Picard reprend son opinion favorable à la convocation d'une Assemblée.

M. le général Trochu lui répond vivement qu'il désire cette Assemblée plus que lui, mais qu'il la veut non avec des élections faites par ballons, mais des élections sincères, possibles et honorables pour le pays.

Mercredi 16 novembre (*9 heures 45 du soir*).

M. J. Favre fournit quelques renseignements sur l'entretien qu'il a dû avoir avec le préfet de police. Celui-ci croit qu'on devrait lui choisir un successeur pris parmi les anciens militaires. Son avis, quant aux arrestations, serait ou de les maintenir absolument, ou de procéder immédiatement, à la première occasion, par voie d'amnistie générale.

Le Conseil, sans s'arrêter à ces considérations, accepte avec satisfaction que M. le préfet de police reprenne sa démission.

M. le général Trochu constate que la question d'alimentation est maintenant la plus importante. Il ne veut rien traiter légèrement; or les vivres que l'on possède, au moins jusqu'à la fin de janvier, lui permettront de ne rien précipiter. Il émet la pensée que les puissances sont dans l'intention de s'interposer. Il croit même que la Prusse désire trouver un nouveau compromis qui lui permette de reprendre des négociations qui lui sont au moins aussi indispensables qu'à Paris.

Vendredi 18 novembre (*10 heures du soir*).

M. le général Trochu annonce que de bonnes nouvelles lui sont parvenues; on aurait fait 2,500 prisonniers prussiens à Orléans.

M. Magnin appelle l'attention sur la fabrication de la farine, qui n'est point encore parvenue à marcher aussi vite que la consommation. En attendant l'installation de nouveaux moulins, il demande à la Guerre de lui avancer 50,000 quintaux de farine sur les 100,000 qu'elle possède encore. Moyennant cet arrangement, il est sûr de donner du pain jusqu'aux premiers jours de janvier.

M. le général Le Flô se plaint d'être obligé d'avancer ainsi des farines à l'administration civile, qui ne devrait pas tant critiquer la Guerre, plus prévoyante qu'elle.

M. Magnin répond qu'il a cédé 10,000 kilogrammes de fromage à la Guerre, qu'il ne lui a demandé jusqu'ici que 70,000 kilogrammes de farine, et qu'elle lui en a pris 50,000 sous forme de pain livré par les boulangers.

M. Trochu propose le rationnement immédiat du pain.

M. Picard observe que c'est là une mesure qui occasionnera une véritable panique sans aucune économie sérieuse.

M. Magnin dit qu'il a 34,000 quintaux de riz, et qu'avec ce qui existe dans le commerce, on peut affirmer qu'il y en a plus de 100,000 quintaux dans Paris.

M. le général Trochu donne des renseignements sur la position militaire de l'armée de la Loire; cette position lui semble bonne. Il a fait savoir à M. Gambetta que Paris avait des vivres jusqu'au 1er janvier.

M. Picard, ne pouvant connaître les conditions de l'emprunt fait à Londres par la Délégation de Tours, demande que sa responsabilité soit dégagée.

M. le général Trochu trouve cette demande légitime.

Dimanche 20 novembre (*10 heures du soir*).

M. J. Favre annonce que le général Clément Thomas vient de passer la revue des artilleurs de la garde nationale, et il déclare que cette légion a une tenue admirable. Il émet le vœu, à cette occasion, qu'il soit passé d'autres revues par le général Trochu.

M. le général Trochu considère que les revues sont une perte

DÉFENSE DE PARIS.

,de temps qui lui est impossible. Quant aux régiments de marche de la garde nationale, ils ne peuvent être passés en revue, puisqu'ils ne sont pas encore complétement organisés.

MM. Picard, Arago, Ferry, Dorian, discutent les différents moyens à employer pour augmenter la fabrication de la farine.

M. Magnin promet d'avoir cinquante paires de meules dans quinze jours. Il propose de recommander aux boulangers de ne vendre que du pain cuit de la veille, ce qui fait, dit-on, une économie de 10 à 15 % dans la consommation.

Il compte enfin sur les suppléments et les réserves de farines des 1,200 boulangers de Paris.

M. le général Trochu signale au général Le Flô la trop grande quantité de pain donnée aux soldats; il en résulte des gaspillages qui permettent à certaines personnes de nourrir des chevaux avec le pain vendu par les soldats. Il demande que la ration de 1,000 grammes par homme soit réduite sans bruit à 900 grammes seulement.

VENDREDI, 25 NOVEMBRE (*10 heures un quart du soir*).

M. Cresson annonce que la garde nationale du IVe arrondissement a repris les postes qu'il avait fait occuper par des agents de la paix. Il demande s'il doit faire de nouveau occuper ces postes.

Le Conseil décide, sur l'avis de M. le général Trochu et de M. Ferry, que ces postes seront laissés à la garde nationale, afin d'éviter tout conflit en présence de l'ennemi.

M. J. Favre déclare, qu'en ce qui le concerne, il n'a pu s'empêcher de voir avec peine le rétablissement de ces postes de police qui ont toujours *blessé ses regards*.

DIMANCHE, 27 NOVEMBRE (*10 heures et demie du soir*).

M. le général Trochu fait signer trois décrets :

1° Nomination du général Le Flô pour le remplacer dans le cas où il viendrait à être tué ;

2° Nomination du général Ducrot au commandement en chef de l'armée de Paris et de celle de la Loire si elles viennent à se réunir ;

3° Nomination du général d'Exea à la place du général Ducrot si celui-ci venait à succomber dans la lutte.

M. J. Favre lit l'ordre du jour adressé par le général Ducrot, à ses troupes.

M. le général Trochu lit l'ordre du jour qu'il adresse aux citoyens et à l'armée.

M. J. Favre demande quelles mesures il devra prendre, comme ministre de l'intérieur, quand toutes les forces militaires seront sorties de Paris.

M. le général Trochu répond que Paris sera entre les mains de la garde nationale. Il ne restera plus qu'un régiment de gendarmes et un bataillon de mobiles. Il engage M. le général Le Flô à ne pas quitter Paris le lendemain, pendant que lui-même aura franchi l'enceinte.

M. Cresson signale deux tentatives de pillage des marchands depuis hier. Enfin, la Ligue républicaine à outrance déclare que Paris doit être brûlé ou appartenir aux prolétaires.

M. le général Trochu engage le Conseil à ne pas se laisser effrayer par ces bruits évidemment exagérés par les rapports de police.

M. Cresson demande à être autorisé à saisir 8,000 bombes de pétrole dont il connaît le dépôt.

M. le général Le Flô fournit des renseignements sur ces bombes non encore chargées et qui auraient été commandées par des bataillons de la garde nationale.

M. le général Trochu pense, en effet, qu'avant de saisir, il faut s'assurer de l'exactitude du fait énoncé par le général Le Flô, car il était à sa connaissance personnelle que la garde nationale n'a reculé devant aucun sacrifice dans un but de défense nationale énergique.

Le Conseil décide, sur la proposition de M. Garnier-Pagès, que les bombes seront réquisitionnées par la Guerre.

MARDI, 29 NOVEMBRE (*9 heures et demie du soir*).

M. le général Schmitz apprend au Conseil que des dépêches viennent d'annoncer que l'ennemi passe dans la presqu'île de Gennevilliers au pont de Bezons. Il ne dissimule pas le péril qui, suivant lui, résulte de cette nouvelle.

M. le général Le Flô approuve les mesures prescrites ; il part avec M. Ferry pour prendre le commandement de la presqu'île de Gennevilliers.

Au bout d'une heure, de nouvelles dépêches annoncent qu'il n'y a eu de ce côté qu'une alerte sans fondement.

DÉFENSE DE PARIS.

M. le général Schmitz explique les raisons qui ont empêché le général Vinoy de conserver les positions prises par ses troupes sur la rive gauche. Suivant lui, ce regrettable résultat serait dû au changement de plan de campagne, l'attaque de l'infanterie ayant été substituée à l'action de l'artillerie sur les instances du général Vinoy.

M. J. Favre appelle l'attention sur des articles de la *Patrie*, surtout de la *Liberté*, qui donnent des renseignements militaires dangereux et inexacts. *Il propose, jusqu'à la fin du siége, de supprimer tous les journaux.*

M. Garnier-Pagès croit que le silence obtenu par ce moyen d'extrême rigueur serait mille fois plus dangereux que les indiscrétions.

M. Arago déclare que cette suppression étant la conséquence de l'état de siége, ne peut être prise en l'absence du Gouverneur.

M. Garnier-Pagès croit qu'il suffit d'appeler les deux rédacteurs et de leur montrer le danger et l'inexactitude de leurs renseignements.

M. J. Favre *déclare qu'avec les journaux il est impossible de gouverner.* Il est décidé, quant à lui, à céder le portefeuille de l'intérieur, si la mesure sollicitée par lui n'est pas acceptée.

M. Pelletan trouve ces articles détestables, mais il conjure ses collègues de ne pas ternir, par une mesure qui dépasserait les rigueurs impériales, ce temps de courage admirable et de liberté qui fera la gloire du Gouvernement de la Défense nationale.

M. Simon déclare qu'il ne comprendrait pas que des poursuites fussent exercées contre la *Patrie* et la *Liberté*, quand un article monstrueux du *Réveil* reste impuni, bien qu'il prêche le pillage et la guerre civile.

M. Pelletan ajoute qu'on pourrait en dire autant de l'*Électeur libre*, qui a si souvent compromis le Gouvernement.

M. Arago annonce que, pour son compte, il quittera son ministère et même le Gouvernement, si les mesures de rigueur proposées contre la presse sont acceptées.

M. Picard propose de soumettre les journaux à une censure militaire préalable. Sur sa proposition, le Conseil rend un décret qui frappe de suspension tout journal qui donnera des nouvelles militaires autres que celles données par le Gouvernement.

vendredi, 2 décembre (*9 heures 50 du soir*).

M. le général Clément Thomas rend compte de ce qu'il a pu

voir de la bataille. MM. les généraux Trochu et Ducrot ont relevé le courage des troupes un instant ébranlé. M. le général Trochu a notamment harangué, vers la fin de la journée, les bataillons de marche de la garde nationale, qui demandaient à marcher au feu ; il leur a dit que l'heure avancée l'empêchait seule de satisfaire leur désir.

M. le général Schmitz demande au Conseil s'il ne conviendrait pas de témoigner au général Trochu la satisfaction du Gouvernement en lui accordant le grand cordon de la Légion d'honneur.

M. J. Favre est tout à fait d'avis de témoigner au Gouverneur l'admiration qu'inspire son courage; mais il ne croit pas que le moyen proposé soit du goût du général et digne de son caractère.

Le Conseil partage cette opinion, et décide, en conséquence, qu'une lettre sera adressée au général Trochu, au nom du Gouvernement, par le président du Conseil.

M. le général Le Flô expose comment il aurait entendu le mouvement militaire offensif, mal combiné et mal mené, suivant lui ; il craint qu'on épuise ses forces et ses munitions sans avancer.

SAMEDI, 3 DÉCEMBRE (*3 heures du soir*).

M. Picard demande s'il ne serait pas nécessaire de quitter les positions prises de l'autre côté de la Marne, et s'il ne serait pas bon de préparer, par une note, l'opinion publique à cet égard.

En ce moment, une dépêche est remise au général Schmitz, venant du général Trochu. Cette dépêche annonce que des raisons stratégiques supérieures le forcent à repasser la Marne.

Le Conseil envoie M. Ferry près de M. le général Trochu, avant de faire publier cette dépêche.

DIMANCHE, 4 DÉCEMBRE (*2 heures 45 du soir*).

M. le général Schmitz annonce que le Gouverneur restera encore avec ses troupes qui ont besoin de lui.

M. J. Favre, Arago, J. Simon, signalent la fâcheuse impression causée par l'ordre du jour du général Ducrot. Le Conseil décide qu'à l'avenir aucune pièce ne sera portée directement à l'Imprimerie nationale et publiée sans avoir été préalablement soumise au Gouvernement.

M. le général Schmitz constate que le Conseil blâme unanimement certaine expression de l'ordre du jour du général Ducrot.

Dans cette situation, il invite le Conseil à faire connaître immédiatement son impression au Gouverneur.

Il n'est pas donné suite à cette proposition.

M. le général LE FLÔ propose et fait approuver un décret qui, vu les circonstances et l'urgence, autorise le général Trochu à nommer directement des officiers de la mobile au lieu de recourir à l'élection.

LUNDI, 5 DÉCEMBRE (*10 heures du soir*).

M. J. FAVRE lit une lettre adressée par le général Trochu et destinée à la publicité dans la pensée de son auteur.

M. PICARD trouve cette lettre obscure ; elle lui paraît être une réédition de la malencontreuse proclamation du général Ducrot.

M. GARNIER-PAGÈS fait observer que cette lettre ne peut être claire, puisqu'elle fait allusion à des opérations militaires qui ne sauraient être divulguées.

MM. ARAGO, J. SIMON et LE FLÔ, trouvent, comme M. Picard, que cette lettre est inutile à publier.

M. SIMON déclare que c'est de l'action qu'on demande et non des proclamations.

M. le général LE FLÔ répond que l'action immédiate est impossible à la suite des pertes subies. Il faut avoir le temps de reconstituer les cadres et de débrouiller les bataillons de la mobile.

M. le général SCHMITZ reconnaît que la lettre de M. le général Trochu ne répond pas aux exigences de la situation. Elle est embarrassée, et elle fait allusion, suivant lui, à tort, aux capitulations de Metz et de Sedan. Les auteurs de ces capitulations n'avaient point obéi à la pression de l'opinion publique, mais à des ordres impériaux...

M. ARAGO aurait voulu qu'on parlât au public, mais il préfère le silence à la lettre du général Trochu.

M. le général SCHMITZ croit qu'il est d'autant plus inutile de publier cette lettre, qu'il est chargé par le Gouverneur de convoquer extraordinairement le Conseil demain matin à 9 heures, le Gouverneur ayant à faire lui-même une communication grave.

Le Conseil ajourne la publication de la lettre du général Trochu.

M. le général SCHMITZ demande s'il ne serait pas convenable d'avertir préalablement le Gouverneur de cette décision ?

M. J. Favre répond que la résolution unanime du Conseil est souveraine en semblable matière.

M. le général Clément Thomas donne lecture des divers rapports indiquant la mauvaise conduite et le peu de solidité du bataillon des tirailleurs volontaires de Belleville. Il annonce, en outre, que M. Flourens est allé reprendre illégalement le commandement de ce bataillon aux avant-postes, où il cause toute espèce de désordres.

Le Conseil invite le général Clément Thomas à faire faire une enquête sévère et à statuer en conséquence.

samedi 10 décembre (*10 heures du soir*).

M. Picard, examinant la situation, dit qu'il faut savoir se préparer aux résolutions suprêmes sans attendre les événements.

M. Ferry demande ce que cela veut dire, et la conclusion de cet avis.

M. Picard déclare ne plus insister davantage, en présence de l'attitude qu'il constate.

M. J. Favre, reprenant l'idée de M. Picard, examine les plans adoptés, puis abandonnés par le général Trochu, sous le coup des circonstances. Il en conclut que, peut-être, faut-il songer à mettre un terme à des sacrifices inutiles, surtout si les dépêches disent vrai sur la province.

M. Garnier-Pagès déclare que le général Trochu n'a jamais hésité ni changé de plan. Il attend son heure avec résolution ; quant aux nouvelles de province, elles viennent de sources prussiennes. Enfin, avant peu de jours, 80,000 hommes de gardes nationaux mobilisés fourniront un nouvel élément,

M. Ferry déclare que les paroles du général ont prouvé qu'il se préparait à un nouvel effort, qu'il faut attendre.

M. J. Favre insiste, en disant que le général Trochu devrait faire connaître son nouveau plan, afin d'y préparer la population.

M. Garnier-Pagès supplie M. J. Favre de laisser le général libre d'agir et de ne pas le troubler par des interpellations au moment même où il est aux prises avec toutes les difficultés d'une nouvelle action.

M. Ferry insiste vivement, de son côté, en suppliant M. Jules Favre de ne pas persévérer dans cette voie de découragement qui enlève à tout le monde la foi, le courage et l'énergie. Il faut avoir une foi absolue dans un général en chef, et cette foi, il déclare l'avoir dans le général Trochu.

M. J. Favre, insistant de nouveau, demande que les plans militaires soient révélés, et qu'on avise, de suite, aux suprêmes mesures à prendre.

M. le général Clément Thomas demande à faire une observation. Suivant lui, c'est de la capitulation qu'il s'agit. Eh bien! il la considérerait comme la dernière des hontes, au moment où l'on a 80,000 hommes bien armés qui n'ont pas encore donné, et qui veulent combattre.

M. J. Favre répond qu'il ne s'agit pas de cette question. Pour lui, de petites opérations militaires lui paraîtraient funestes, et il veut que le Conseil intervienne pour les empêcher ou en prévenir les conséquences.

M. Garnier-Pagès demande qu'on ajourne cette discussion.

LUNDI, 12 DÉCEMBRE (*10 heures du soir*).

M. J. Favre rend compte d'une visite qu'il a été rendre le matin, à Vincennes, au Gouverneur, pour lui demander son plan de campagne, et afin de lui déclarer que le Gouvernement ne pouvait prendre la responsabilité d'exposer la population à la famine.

Le Gouverneur lui a répondu que les événements devaient se charger d'eux-mêmes de résoudre cette difficulté. Cette réponse ne lui a pas paru satisfaisante; il faut, suivant lui, agir au plus vite, et pour cela, il propose d'écrire au Gouverneur que les vivres ne dépassent pas les derniers jours de décembre.

M. Garnier-Pagès s'oppose à cette énonciation inexacte; ce qu'il faut dire au Gouverneur, c'est la vérité seulement.

M. Schmitz insiste pour que les opérations soient hâtées, un repos pouvant encore devenir indispensable pour les troupes avant les derniers efforts.

M. Ferry lit une lettre du Gouverneur dans laquelle il se prononce contre le rationnement du pain.

MARDI, 13 DÉCEMBRE (*9 heures 45 du soir*).

. . . .

M. le général Trochu indique comment il espère tuer le plus de monde possible à l'ennemi, qui veut nous réduire à la famine.

M. J. Favre déclare que ce n'est pas tout que de mener les troupes à l'ennemi, il faut aussi les ramener et prévoir l'avenir.

M. le général Trochu répond qu'il est soutenu par deux hommes, MM. Ducrot et Le Flô. Si la fortune des armes trahit encore nos efforts, il se laissera faire prisonnier sans capitulation, à moins qu'il lui soit démontré que son intervention peut être de quelque utilité pour protéger la République des coups que le roi Guillaume entend lui porter.

M. le général Le Flô déclare que si le Gouvernement tombe, pour lui, il ne voit plus rien debout en France; aussi, propose-t-il, à la dernière extrémité, de traverser les lignes ennemies par un suprême effort.

M. Arago partage cette idée qu'il développe.

M. Garnier-Pagès dit qu'il ne comprend pas que 400,000 hommes puissent rester bloqués par 300,000.

M. le général Trochu exprime sa douleur des propos qu'il a entendu tenir autour de lui dans son armée.

Il aurait voulu frapper un nouveau coup après avoir repassé la Marne; les dispositions de certains officiers l'ont paralysé.

JEUDI, 15 DÉCEMBRE (*9 heures et demie du soir*).

M. le général Trochu dit que toutes les lettres saisies sur les Prussiens indiquent qu'ils sont démoralisés. Les prisonniers disent que tout est perdu s'ils ne font pas la Noël à Paris. Il faut donc manger le moins possible pour durer le plus longtemps possible. A cet égard, il se plaint du peu d'exactitude des renseignements fournis sur les quantités de blé et de seigle. Ces renseignements ne couvrent pas sa responsabilité, et ne lui permettent pas d'asseoir sur eux un calcul certain.

M. Magnin répond qu'il a toujours garanti du pain jusqu'au 10 janvier au moins.

M. le général Trochu trouve que cette affirmation ne repose que sur des prévisions de M. Magnin; il voudrait la voir reposer sur des quantités inventoriées et emmagasinées.

M. le général Le Flô déclare que les farines de la guerre ne vont que jusqu'au 29; il lui est donc impossible désormais de venir en aide de ce côté. Il faut, au contraire, qu'on lui rende les farines empruntées à la Guerre.

VENDREDI, 16 DÉCEMBRE (*10 heures du soir*).

M. J. Favre donne lecture de la lettre particulière, à lui adressée, par M. de Chaudordy, le 7 décembre. La conférence sur le traité de 1856 serait acceptée de toutes les puissances, mais la condition d'armistice et de ravitaillement posée par la France, pour sa présence, n'est pas favorablement accueillie.

M. le général Trochu pense qu'on pourrait se rendre à cette conférence, parce que, peut-être, la France aurait l'occasion d'y faire parler de ce qui la concerne.

M. J. Favre trouve cette présence, sans conditions, des plus dangereuses. Il entrevoit là un piège de la Prusse, instigatrice de cette conférence, à laquelle elle n'aurait jamais consenti, si elle n'y voyait un nouveau moyen de favoriser ses vues et ses intérêts. Un seul cas permettrait la présence sans conditions, ce serait celui d'une promesse préalable d'alliance entre la France, l'Angleterre, l'Autriche et l'Italie.

M. le général Trochu déclare n'avoir jamais songé à l'alliance de la Russie, que notre régime politique écarte de nous. Il croit, au contraire, à l'union avec l'Angleterre, parce que l'Angleterre est intéressée à s'appuyer sur la France. C'est-à-dire qu'il accepterait d'envoyer à la conférence un représentant que l'Angleterre s'efforcerait sans doute de mettre en relief.

M. Garnier-Pagès partage les idées de M. J. Favre. La France doit se placer haut et ferme. On a besoin de sa présence ; elle peut indiquer ses conditions, et non pas s'exposer à des conditions humiliantes et préalables des pouvoirs de son représentant.

M. Pelletan tiendrait à l'envoi d'un représentant, parce que cela équivaudrait, pour lui, à la reconnaissance du Gouvernement par l'Europe.

M. Picard est d'avis de se faire représenter à la conférence, sans poser des conditions, mais sans en subir une seule.

M. J. Favre répond que cette condition est déjà imposée, puisqu'il est déclaré qu'on ne pourra s'occuper que du traité de 1856. S'exposer à une humiliation lui paraît une faute. Sa présence à la conférence dans ces conditions lui semble un moyen gauche de chercher à faire entendre par l'Europe notre appel au secours.

M. le général Trochu croit que la France étant appelée par l'Angleterre, celle-ci aurait à lui garantir la place qui lui est due.

M. J. Favre fait observer que l'Angleterre s'est bornée à nous dire de venir à nos risques et périls. Il rappelle, à cet égard, la déconvenue relative à la proposition verbale d'armistice, formulée par les puissances qui nous ont ensuite abandonnés aux exigences inadmissibles de M. de Bismark.

M. Simon est d'avis d'aller à la conférence sans aucune condition. En choisant bien le représentant de la France, celui-ci saura bien se poser fièrement et faire respecter son pays. S'il en était autrement, il n'aurait qu'à se retirer avec éclat.

M. Arago demande que les instructions diplomatiques de M. J. Favre soient maintenues.

M. J. Ferry considère qu'il est impossible de se rendre à une conférence dans laquelle il est convenu qu'on ne parlera que des traités de 1856.

M. J. Simon résume la discussion en disant que ces conditions que M. J. Favre veut stipuler pour la France, avant de franchir la porte de la conférence, lui croit qu'on ne les obtiendra que de l'autre côté de la porte franchie.

La question étant mise aux voix, une discussion s'engage sur la manière dont elle doit être formulée.

M. J. Favre soumet aux voix la question ainsi formulée : Si la conférence ne peut s'occuper que du traité de 1856, la France n'y assistera pas, à moins que l'Angleterre, l'Autriche et l'Italie ne lui promettent un traité d'alliance. Dix voix contre deux se prononcent en faveur de cette proposition, repoussée seulement par MM. J. Simon et Picard.

Samedi 17 décembre (*10 heures et demie du soir*).

M. J. Favre annonce qu'il a reçu des dépêches diplomatiques importantes. Les Prussiens sont las de la guerre ; ils cherchent des occasions de paix ; la conférence reprend avec plus de force que jamais. — Il faut, dès ce soir, décider si la France y sera représentée, et quel sera son représentant.

Il lit les dépêches de M. de Chaudordy, en date du 11 et du 12 décembre (Bordeaux). Il résulte de ces dépêches que le cabinet de Vienne s'est refusé à une alliance, qu'aucune puissance ne veut prendre d'engagement préalable sur la France avant l'ouverture de la conférence, que l'Angleterre insiste plus que jamais pour que la France se fasse représenter. Enfin M. Gambetta est d'avis qu'on assiste à la conférence sans conditions préalables.

M. Picard croit que maintenant le Conseil doit être unanime pour se faire représenter à la conférence.

M. Garnier-Pagès croit au contraire que les dernières dépêches qui dénotent la lassitude de l'Allemagne et le besoin qu'on a de notre présence, prouvent que le moment est propice pour tenir ferme à l'endroit des conditions que nous sommes à même d'obtenir. Si l'on consent à toutes les concessions, à toutes les faiblesses, on ne contestera pas, suivant lui, les pouvoirs de notre représentant. Mais si, au contraire, celui-ci veut conserver une attitude ferme et digne, il se verra immédiatement contester des pouvoirs donnés, dira-t-on, par un Gouvernement de fait non reconnu.

M. Arago déclare que nous ne pouvons entamer des négociations d'armistice avec préliminaires de paix ; le Gouvernement n'a pas les pouvoirs suffisants pour cela. Il connaît M. de Bismark et les autres diplomates, et il est certain qu'une fois la conférence ouverte sans conditions, il ne sera plus question que du traité de 1856. Il rappelle, à cet égard, la fermeté du Gouvernement provisoire qui, en 1848, sut se faire reconnaître.

M. Picard croit qu'il n'est pas permis de s'abstenir d'assister à une conférence à laquelle la France est conviée. Il voit là une issue possible pour les événements actuels ; c'est un moyen d'arriver à la paix par les propositions d'un tribunal européen qui déchargera, par son jugement, la France de l'humiliation du sacrifice. C'est un moyen pour lui de dégager la question d'honneur.

M. Le Flô convient qu'il y aurait plus de fierté à ne pas se rendre à la conférence sans conditions, mais le temps presse, et il ne croit pas qu'on ait le droit de se refuser d'assister à cette conférence.

M. J. Favre ne croit pas maintenant qu'on puisse refuser cette conférence ; l'avis de M. Gambetta le touche. Une chose, toutefois, l'inquiète, c'est que ces négociations puissent entraver l'action militaire.

M. le général Trochu déclare que les opérations militaires vont recommencer, et qu'elles suivront leur cours. Il ajoute que son avis serait d'adopter un terme moyen, qui consisterait à accepter la conférence en exigeant des garanties sur la façon dont notre représentant y sera reçu, et résister jusqu'au bout, car il est convaincu que les Allemands en ont assez.

A cet égard, il demande qu'on fasse immédiatement les mélanges de farines, les retards devant diminuer les économies de ces mélanges et même les rendre à un moment impossibles. — Qu'on fasse tout pour vivre, et lui fera de son mieux pour combattre les Prussiens qui ne peuvent tenir plus d'un mois. Il désirerait voir M. J. Favre chargé de représenter la France à cette conférence.

M. J. Favre, achevant la dépêche de M. de Chaudordy, indique que ce dernier le demande également pour remplir cette mission.

M. Arago déclare que si Paris sait que M. J. Favre est parti pour traiter, ce sera une espérance de paix d'une part et une rage de l'autre, qui jetteront la désorganisation dans la défense.

M. J. Favre répond que cette impression devrait disparaître, car il ne partirait que pour maintenir son programme : pas une pierre de nos citadelles, ni un pouce de notre territoire.

Samedi 24 décembre (*10 heures du soir*).

M. le général Le Flô annonce qu'en ajoutant quelque chose aux chiffres déjà donnés, et en modifiant certains rendements, il est arrivé à trouver deux jours de plus pour les subsistances. Il ajoute que la guerre est prête à livrer immédiatement 23,750 quintaux de riz.

De ces divers calculs, il résulte qu'il y a encore pour trente-cinq jours de farine et de pain.

M. le général Schmitz demande si, après ces trente-cinq jours, il restera encore du pain pour subvenir aux besoins pendant les dix jours nécessaires au ravitaillement.

M. G. Pagès est convaincu que les déclarations incomplètes des particuliers suffiront à fournir le blé nécessaire pour ces dix jours.

M. Schmitz pense au contraire qu'il faudra s'arrêter dès le 20 janvier et prendre ses mesures en conséquence.

M. Arago appelle l'attention sur la traduction d'un journal allemand renfermant de curieux détails sur la tentative faite à Tours, par un groupe de conspirateurs monarchiques, pour enlever M. Gambetta.

M. Picard demande que cet article soit publié dans l'*Officiel* ou qu'il en soit tout au moins donné communication aux journaux.

M. Picard prie M. le général Le Flô d'entretenir le Conseil des opérations militaires.

M. le général répond qu'il n'est ni gouverneur ni général en chef, ni président du Conseil.

M. Picard déclare que le ministre de la guerre est le supérieur militaire du général Trochu, et qu'il serait bien temps que l'action militaire eût un contrôle sérieux.

M. G. Pagès objecte l'heure avancée ; il se réserve lui aussi de dire à cet égard toute sa pensée ; mais il veut en avoir le temps.

M. J. Simon appuie ces observations en faisant remarquer que c'est toujours à une heure trop avancée qu'on soulève des questions de la dernière gravité.

XVII

Instructions pour l'opération du 21 décembre 1870.
(Deuxième armée.)

DÉFENSE DE PARIS

Deuxième armée.

ÉTAT-MAJOR GÉNÉRAL

ORDRE.

MM. les commandants de corps d'armée et de divisions devront donner des ordres pour qu'aussitôt qu'une position est occupée, elle soit mise en état de défense au moyen d'une tranchée-abri. Les officiers du génie de chaque division devront étudier le terrain, afin de pouvoir faire exécuter le plus promptement possible les travaux nécessaires.

On exécutera tout d'abord les travaux les plus urgents, sauf à combler ultérieurement les lacunes, à rectifier ou à perfectionner certaines positions de lignes. L'ensemble des travaux exécutés pourra comprendre une ou plusieurs tranchées successives.

Des dépôts d'outils seront établis sur les points les plus rapprochés du lieu des opérations ; MM. les généraux de division seront informés de l'emplacement de ces dépôts par les soins du génie afin d'éviter toute perte de temps.

Des passages de 12 mètres environ pour l'artillerie seront ménagés dans les tranchées de 200 mètres en 200 mètres, ils seront recouverts par une petite traverse de 15 à 18 mètres de longueur tracée à une dizaine de mètres en arrière ou en avant, selon la disposition du terrain.

Dans tous les cas les routes et chemins seront respectés ; on les obstruera si cela est indispensable, au moyen d'obstacles faciles à enlever, tels que gabions, arbres, etc.

Artillerie

Chaque fois que l'artillerie se mettra en position elle devra également faire à la hâte un petit épaulement pour couvrir les servants et les pièces, et aussi les avant-trains et les caissons, si ceux-ci ne peuvent être abrités par le terrain lui-même.

MM. les généraux commandant les corps d'armée, l'artillerie et le génie sont priés de donner les instructions les plus précises pour l'exécution de ces prescriptions, dont chacun comprendra l'importance.

Au quartier général, fort de Vincennes, le 16 décembre 1870.

Le Général commandant en chef,
P. O. Le Général, Chef d'état-major général,
Signé : F. APPERT.

MOUVEMENTS PRÉPARATOIRES.

1er Corps.

Div^{on} Susbielle. La veille du jour fixé pour l'opération, la division Susbielle se transportera de Saint-Ouen au village d'Aubervilliers avec son artillerie divisionnaire; son mouvement se fera dans l'après-midi et sera calculé de manière à être terminé avant la nuit.

Div^{on} Berthaut. Le même jour, après le coucher du soleil, la division Berthaut s'embarquera sur le chemin de fer aux gares de Clichy et des Batignolles; elle sera débarquée entre Aubervilliers et la Courneuve; elle se formera en arrière de la route qui va de Bondy à la Courneuve, sa première brigade à droite de la route de Lille, sa deuxième à gauche. Son artillerie divisionnaire suivant l'avenue de la Révolte, le chemin de Saint-Ouen à Aubervilliers, se formera à hauteur du fort, entre les deux brigades, et en arrière; elle sera suivie par la réserve d'artillerie du 1er corps, qui s'établira en arrière du fort, près de la route de Lille.

Div^{on} Courty. Le même jour, après le coucher du soleil, la division Courty s'embarquera aux gares de Bercy et de Saint-Mandé, et sera débarquée sur le chemin de fer de Strasbourg, de l'autre côté du canal, près de la route des Petits-Ponts.

Suivant cette route, elle se formera entre le fort d'Aubervilliers et le village de Bobigny, une brigade à droite de la route des Petits-Ponts, une à gauche. Son artillerie divisionnaire se sera transportée, la veille du jour fixé pour l'opération, à Romainville; elle se mettra en mouvement pendant la nuit de manière à être formée au point du jour, en arrière des deux brigades, à cheval sur la route des Petits-Ponts.

2ᵉ Corps.

La veille du jour fixé, la division Bellemare, avec son artillerie divisionnaire, se transportera au village de Merlan, où elle prendra position pour y passer la nuit. Divᵒⁿ Bellemare.

Pendant la nuit qui précédera le jour de l'opération, la division Mattat sera embarquée à la station de Nogent et débarquée à celle de Noisy-le-Sec; elle se formera en arrière de la route de Metz, entre Bondy et Noisy. Divᵒⁿ Mattat.

Son artillerie divisionnaire suivra son mouvement par voie de terre, en passant par Rosny-sous-Bois, laissant le village de Merlan à gauche, et se formera entre les deux brigades, derrière le petit bois qui se trouve au bord du canal, à droite de Bobigny.

Pendant la journée qui précédera le jour de l'opération, la brigade Reille s'établira dans le village de Noisy-le-Sec, aux environs de la station. Brigade Reille.

Au point du jour elle se formera entre le chemin de fer et la route de Metz, à gauche de la deuxième brigade de la division Mattat.

La veille du jour fixé pour l'opération, pendant l'après-midi, les trois brigades de la division Faron prendront position entre Bagnolet, Romainville et le fort de Noisy; son artillerie sur le plateau, aux environs de Romainville. Au point du jour, infanterie et artillerie se mettront en mouvement et viendront prendre position à gauche et en arrière de Bobigny. Divᵒⁿ Faron.

Pendant la journée qui précédera le jour de l'opération, la réserve de l'artillerie du 2ᵉ corps s'établira dans le village de Rosny. Elle se mettra en mouvement au point du jour et viendra se former sur la gauche du village de Bondy, entre le chemin de fer de Strasbourg et la route de Metz. Réserve d'artillerie du 2ᵉ corps.

La veille du jour fixé pour l'opération, toutes les batteries de combat et la réserve générale d'artillerie se réuniront au village de Romainville. Au point du jour elles se formeront derrière le chemin de fer de Strasbourg, la gauche appuyée à la route de Metz, par conséquent à peu près à cheval sur la route qui va du fort de Noisy à Bobigny. Réserve générale de l'artillerie de l'armée.

Le parc partira de Vincennes, le jour de l'opération au point du jour, et se dirigera par Montreuil sur Romainville.

Il se massera sur le plateau en arrière du fort de Noisy.

Les trois régiments de cavalerie qui sont du côté de Clichy et d'Asnières, se mettront en mouvement au point du jour et viendront par Saint-Ouen et Aubervilliers se masser en avant Cavalerie.

du chemin de fer de Strasbourg, à gauche de la route des Petits-Ponts.

Ceux qui sont du côté de Vincennes se rendront au même point, par la route de Bagnolet et de Pantin, et se placeront à droite de la route des Petits-Ponts.

Services administratifs. — La partie légère des services administratifs, c'est-à-dire les mulets, s'établira : pour le 1er corps, derrière le village d'Aubervilliers; pour le 2e corps, derrière le chemin de fer de Strasbourg, entre Bondy et Noisy; pour la réserve Faron, derrière le chemin de fer de Strasbourg, entre Romainville et le fort de Noisy.

Le mouvement ne commencera qu'au point du jour, et lorsque toutes les voies auront été complétement dégagées par l'infanterie et l'artillerie.

Pontonniers. — Les six sections de pontonniers, réunies à Asnières sous les ordres du commandant Marulaz, devront être rendues à Pantin, près du canal de l'Ourcq, à portée de la route des Petits-Ponts, dans la soirée du jour qui précédera celui fixé pour l'action.

En conséquence, elles partiront dans l'après-midi, entreront dans Paris par la porte des Ternes, suivront les boulevards extérieurs, La Villette, et se parqueront en dehors des fortifications près du canal.

Elles se tiendront prêtes à marcher, dès le point du jour, dans les directions qui leur seront indiquées ultérieurement.

PRESCRIPTIONS GÉNÉRALES.

Pour tout ce qui est relatif aux voitures, chevaux de main, bagages de toute espèce, l'on se conformera rigoureusement aux dispositions prescrites lors de notre opération sur la Marne, c'est-à-dire que tout devra rester aux points de départ.

Au moment de la concentration, il ne devra y avoir sur les routes que les combattants, l'artillerie, les munitions, les mulets d'ambulance, et les mulets chargés d'outils pour le génie dans la proportion indiquée ultérieurement.

Pendant l'action, à partir de midi, les bagages des officiers pourront se rapprocher de la base de l'opération, en suivant le même itinéraire que les corps auxquels ils appartiennent; mais aucune voiture ne devra dépasser sans ordre le canal de l'Ourcq.

Celles du 2e corps s'arrêteront en arrière de Bondy; celles du 1er corps à Pantin, celles de la réserve Faron à Noisy-le-Sec; elles seront parquées là en ordre, de manière à ne pas encombrer les voies de communication, et, s'il y a lieu, les commandants de corps d'armée pourront les faire avancer, vers la fin de la journée, à portée des points qu'ils occuperont.

Dans tous les cas ce mouvement ne se fera que sur l'ordre du commandant en chef.

JOURNÉE DU MERCREDI 21 DÉCEMBRE.

1er Corps.

La division Susbielle a été installée dans la journée du mardi au village d'Aubervilliers. Au point du jour elle se formera en colonne par brigade en arrière du village, sa droite appuyée à la route de Lille, en ayant soin de se couvrir autant que possible des vues de l'ennemi, soit par des maisons, soit par des plis de terrain. Son rôle sera d'appuyer l'action de la division Berthaut et du corps de l'amiral de La Roncière, chargés d'enlever les villages du Bourget et de Drancy. *Div^{on} Susbielle.*

Dans la nuit du mardi au mercredi, la division Berthaut a pris position en arrière du chemin qui conduit de Bondy à la Courneuve. — Elle sera sous les armes avant le jour. — Une brigade prendra position entre le Petit-Drancy et la route nationale de Lille; une autre restera en réserve entre le ruisseau de Montfort et le chemin qui va de Bondy à la Courneuve. *Div^{on} Berthaut.*

Le bataillon de francs-tireurs se portera sur le village de Drancy par la gauche, et se logera dans les maisons qui bordent le chemin n° 38, qui va du village à la station du chemin de fer du Bourget.

La 1re brigade suivra ce mouvement, s'établira solidement dans le village et sera remplacée dans sa première position par la 2e brigade.

La division Courty se sera établie pendant la nuit derrière le chemin de Bondy à la Courneuve, une brigade à droite de la route des Petits-Ponts; l'autre brigade à gauche. *Div^{on} Courty.*

Le mercredi matin, elle sera sous les armes avant le jour; sa 1re brigade prendra position dans les tranchées établies entre le Petit-Drancy et la route des Petits-Ponts; sa 2e brigade restant en réserve en arrière.

Le bataillon des francs-tireurs se portera vers le village de Drancy par la droite et s'établira dans l'îlot de maisons qui forme la partie Est du village; de là il devra gagner le chemin de fer de Soissons et se placer derrière les remblais qu'il présente en plusieurs points, notamment dans la direction de Blancmesnil;

la 1re brigade suivra ce mouvement en s'échelonnant par la droite, la 2e restera en réserve derrière Drancy.

2e Corps.

Div^{on} Bellemare. La division Bellemare, qui aura passé la nuit au village de Merlan, sera sous les armes avant le jour. — Elle se portera en avant par la route de Rosny à Bondy, traversera le canal et se formera, face à Aulnai, derrière le chemin qui va de Bondy à Drancy et à gauche duquel sont établies des batteries de position.

Le bataillon de francs-tireurs gagnera la route des Petits-Ponts en se prolongeant vers la gauche et se portera sur la ferme de Groslay, où il s'établira solidement.

La 2e brigade suivra ce mouvement en s'échelonnant par sa gauche et se portera contre le chemin de fer de Soissons, où elle s'établira dans le prolongement de la division Courty, se rapprochant le plus possible vers la droite, du point où la route des Petits-Ponts coupe le chemin de fer de Soissons.

Elle se mettra immédiatement à l'œuvre pour relier par une tranchée ledit chemin de fer à la ferme de Groslay, cherchant à se couvrir ainsi des feux qui pourront venir de Blancmesnil, d'Aulnai et de la ferme de Nonneville.

La 1re brigade restera en réserve derrière le chemin de Bondy à Drancy, sa gauche appuyée à la route des Petits-Ponts.

La brigade Reille s'établira à sa droite, dans les tranchées qui sont faites entre Bondy et la route des Petits-Ponts.

Div^{on} Mattat. La division Mattat sera sous les armes au point du jour et restera en réserve derrière le canal, prête à partir soit vers Bondy, soit vers Groslay, suivant les circonstances.

Div^{on} Faron. La division Faron restera en position derrière Bobigny jusqu'à nouvel ordre.

Réserve d'artillerie du 2e corps. Deux batteries de 12 de la réserve d'artillerie du 2e corps suivront de près le mouvement de la division Bellemare et iront se mettre en batterie entre Drancy et Groslay, soit pour battre le Bourget, si la résistance se prolonge de ce côté, soit pour répondre au feu des batteries qui pourraient être établies du côté de Blancmesnil et d'Aulnai.

Elles devront construire immédiatement des épaulements dans ce but. Les autres batteries resteront en position avec la division Mattat, prêtes à soutenir notre droite du côté du Raincy, s'il y a lieu, ou à se porter en avant dans la direction de Groslay, suivant les circonstances.

L'artillerie divisionnaire de la division Bellemare se portera aussitôt que possible vers la ligne du chemin de fer de Soissons et cherchera à s'y préparer des embrasures et des traverses pour couvrir ses flancs.

Au point du jour, les batteries de la réserve générale d'artillerie traverseront le canal et prendront position derrière Bobigny, ayant soin de reconnaître des chemins pour se porter, soit vers Drancy par la route des Petits-Ponts, soit vers Groslay par le chemin de Bondy à Drancy.

Réserve générale d'artillerie.

La cavalerie, arrivée sur la position qui lui a été indiquée en avant du chemin de fer de Strasbourg, cherchera, à gauche de Bobigny, une position où elle sera masquée des vues de l'ennemi; elle s'y massera par escadrons et mettra pied à terre en attendant des ordres.

Cavalerie.

Les éclaireurs du commandant Faverot, qui auront couché dans le village de Noisy-le-Sec, iront prendre position derrière le village de Drancy dès qu'il aura été occupé par l'infanterie.

Lorsque ces premiers mouvements auront été exécutés, et que nous serons maîtres du terrain, depuis le Bourget jusqu'au point où la route des Petits-Ponts traverse le chemin de fer de Soissons, que notre artillerie de position aura pu couvrir de ses feux toutes les positions occupées par l'ennemi entre Aulnai, Blancmesnil, Pont-Iblon et Dugny, nous reprendrons l'offensive.

La division Bellemare et la brigade Reille attaqueront Aulnai par la gauche et chercheront à s'y loger en même temps que la division Courty franchira la Morée entre Aulnai et Blancmesnil, cherchant à tourner ce dernier village par sa droite et que la division Berthaut l'abordera par le sud-ouest.

La division Susbielle, qui se sera avancée successivement sur Drancy et le chemin de fer de Soissons, soutiendra le mouvement, passera la Morée derrière la division Courty et prendra position sur le plateau, entre Aulnai et Blancmesnil.

La division Faron suivra le mouvement en s'avançant vers Drancy et Groslay, prête à répondre à toute attaque qui pourrait venir de la droite ou de la gauche.

Notre artillerie (réserve du 2ᵉ corps et réserve générale de l'armée) s'attachera particulièrement à balayer tout le terrain compris entre le canal de l'Ourcq et la route des Petits-Ponts, notamment le village de Sevran; celle du 1ᵉʳ corps s'occupera surtout de Blancmesnil; une partie de la réserve générale montera sur le plateau et cherchera une position d'où elle pourra battre avantageusement Pont-Iblon, la ferme de Savigny et le village de Villepinte.

Nous chercherons alors à établir notre ligne de Villepinte au

Bourget, en passant par Blancmesnil, nous échelonnant ainsi par notre droite.

Solidement établis dans ces positions, nous prendrons pour nouvel objectif la position dite Orme-de-Morlu, d'où l'on commande la Patte-d'Oie de Gonesse et la route nationale de Lille.

OBSERVATIONS GÉNÉRALES.

Les têtes de colonne d'infanterie seront toujours suivies de près par les mulets chargés d'outils et les sections de sapeurs du génie, de manière à pouvoir établir des tranchées-abris, des épaulements et des batteries aussitôt qu'une position sera conquise.

Les généraux de division et de brigade, officiers de tous grades, s'attacheront à couvrir le mieux possible leurs troupes, en profitant des maisons, des fossés, des plis de terrain et des tranchées-abris faites à l'avance ou qui se feront séance tenante. On devra surtout éviter de placer des masses d'infanterie derrière l'artillerie.

L'artillerie devra toujours prendre de grands intervalles entre ses pièces et tenir les caissons et les chevaux à bonne distance des pièces et de préférence sur les flancs. On s'attachera à tirer plutôt avec justesse qu'avec rapidité, en ayant soin de concentrer toujours le feu de plusieurs pièces sur le même point.

XVIII

Dispositif des opérations pour la journée du 21 décembre 1870.

CORPS D'ARMÉE DE SAINT-DENIS.

Les opérations doivent commencer par l'attaque du Bourget.

L'attaque aura lieu vers 7 heures du matin. Elle sera précédée d'une vive canonnade de tous les forts. Le feu sur le Bourget durera trente minutes (montre en main).

Le signal de l'ouverture du feu sera donné par la batterie de la Courneuve, qui ne commencera à tirer que sur l'ordre qui lui en sera envoyé vers 6 heures trois quarts du matin.

La droite du village du Bourget sera battue par l'artillerie de la division Berthaut. Cette division fera une démonstration de ce côté, pour attirer l'attention de l'ennemi et lancera même une colonne d'attaque si le besoin s'en faisait sentir et si le terrain le permet.

Le corps d'armée de Saint-Denis formera trois colonnes.

La 1re, sous les ordres du général Lavoignet, sera composée du 134e régiment d'infanterie, du 6e régiment de mobiles de la Seine et du bataillon des francs-tireurs de la Presse.

La deuxième, sous les ordres du capitaine de frégate Lamothe-Tenet, sera composée de deux bataillons du 138e régiment d'infanterie, du 3e bataillon de fusiliers-marins, des deux compagnies de fusiliers-marins, du 11e bataillon de mobiles de la Seine et de la batterie n° 4.

La 3e colonne, formant la réserve, sous les ordres du général Hanrion, sera composée du 135e régiment d'infanterie, d'un bataillon du 138e régiment d'infanterie et d'un bataillon de marche de la garde nationale de Saint-Denis.

Le général Lavoignet aura la direction générale des mouvements de ces trois colonnes et, en cas de succès, il prendra le commandement du village du Bourget.

Génie. — 60 sapeurs commandés par le capitaine en premier marcheront avec la 1re colonne.

40 sapeurs commandés par le capitaine en second marcheront avec la 2e colonne.

Le capitaine du génie Dreysse se mettra à la disposition du général Lavoignet.

Une compagnie du 134e prendra des outils au fort d'Aubervilliers et marchera avec la 1re colonne.

Une compagnie du 138e prendra des outils à la grande caserne et marchera avec la 2e colonne.

Deux prolonges d'outils seront placées, l'une à la Croix-de-Flandre et l'autre à la Courneuve.

Des fascines seront déposées à la batterie de la Courneuve.

Deux compagnies de marins s'en chargeront et marcheront avec la 2e colonne.

Ces fascines sont destinées à faciliter le passage de la Molette.

Les munitions d'infanterie seront placées, moitié à la Courneuve, moitié à la Croix-de-Flandre (72,000 cartouches sur chaque point).

L'intendant fera placer les voitures d'ambulance à la Courneuve et à la Croix-de-Flandre.

Les troupes marcheront sans sacs, les couvertures disposées en plastron (*ad libitum;* cependant chaque soldat devra avoir sa couverture).

Les hommes auront avec eux :
Les deux jours de vivres de réserve ;
90 cartouches ;
Une marmite par escouade pour faire le café, sans grand bidon ni gamelle.
Les ustensiles de cuisine seront portés plus tard par les voitures régimentaires, s'il y a lieu.
On ne fera aucune sonnerie ; on évitera tout bruit.
La 1re colonne devra être rendue à 6 heures du matin au nord de la Croix-de-Flandre et se massera en avant du Noir Animal, la gauche appuyée au chemin de fer, la droite à la route de Lille.
La 2e colonne devra être rendue à la même heure en avant de la Courneuve, où elle se placera sur une ligne parallèle à la Molette et à 500 mètres en arrière. Sa gauche ne dépassera pas la route de la Courneuve au pont de la Molette. (Elle devra être établie au point coté 41 sur la carte.)
Les troupes seront placées, soit sur deux lignes, soit en colonnes à distance entière.
La 3e colonne sera en réserve à la Courneuve.
Le bataillon de marche de la garde nationale se placera entre la Courneuve et Crèvecœur.
Il ne partira de Saint-Denis que quand les deux autres colonnes auront défilé.
Les colonnes se mettront en mouvement quinze minutes après l'ouverture du feu de la batterie de la Courneuve. Les wagons blindés se mettront en mouvement en même temps que les colonnes et devront s'avancer le plus près possible de la barricade établie sur le chemin de fer, près de la gare du Bourget.
Dans ces wagons seront placés deux chevalets, avec des fusées et les artificiers nécessaires pour les lancer.

Le 13e bataillon mobile restera au fort de l'Est.
Le 15e bataillon mobile restera au fort d'Aubervilliers.
Le 1er régiment mobile (colonel Piétri) restera dans l'île Saint-Denis et observera la presqu'île de Gennevilliers et les mouvements qui pourraient se produire à Argenteuil.
Le colonel Dautrement aura sous ses ordres :
Les 10e et 12e bataillons mobiles (qui devront laisser des garnisons dans le fort de la Briche et dans la Double-Couronne) ;
Le 14e bataillon mobile (lieutenant-colonel Roustan) ;
Les deux bataillons de marche de la garde nationale de Saint-Denis (lieutenant-colonel de Fonvielle).

Avec ces troupes, il (colonel Dautrement) fera des démonstrations sur Épinai, Pierrefitte et Stains, mais en évitant de s'engager.

Ces troupes seront dans la même tenue que les colonnes d'attaque.

Elles devront être en position en avant de la Double-Couronne au jour et y resteront pendant toute la journée.

La batterie Saint-Ouen commencera le feu en même temps que les autres forts, vers 6 heures trois quarts, et tirera sur Orgemont et sur Épinai.

Les batteries flottantes se mettront en mouvement de manière à être en position de canonner Épinai et Orgemont à la même heure.

Elles s'avanceront comme elles se sont avancées dans la journée du dimanche 18, et plus loin si elles le peuvent, mais toujours sans dépasser le pont d'Argenteuil.

Artillerie. — La batterie de 4 marche avec la 2ᵉ colonne.

La batterie de 12 de la Croix-de-Flandre et les deux canons de 24 qui y sont devront être prêts à être attelés pour se porter au Bourget s'il y a lieu.

Tous les forts tireront en même temps :

La Briche sur Épinai ;

La Double-Couronne sur Pierrefitte, Stains et surtout la partie droite de Dugny ;

Le fort de l'Est sur le Bourget, la partie droite de Dugny et sur Pont-Iblon ;

La Courneuve sur Dugny (partie droite), le Bourget, Pont-Iblon ;

Aubervilliers sur le Bourget, Pont-Iblon.

Le feu sur le Bourget ne durera que trente minutes à partir du premier coup de canon de la Courneuve.

Après ce laps de temps, le feu continuera sur les autres directions.

Les éclaireurs Poulizac occuperont Drancy le 20 au soir, à la nuit.

Ils se tiendront dans la partie nord de Drancy (dans le parc), parce que ce village sera occupé le 21 au matin : la partie ouest, par 400 hommes de la division Berthaut, et la partie est, par 400 hommes de la division Courty.

Saint-Denis, le 20 décembre 1870.

Le Vice-Amiral commandant en chef,

Signé : DE LA RONCIÈRE LE NOURY.

XIX

Récits allemands sur la première affaire du Bourget
(30 octobre 1870).

(Extrait de l'*Illustrirte Zeitung* du 10 octobre 1871.)

Le combat le plus important que la 4e armée ait eu à soutenir contre les troupes françaises bloquées dans Paris, a été la reprise du Bourget par la 2e division de la Garde.

Le village du Bourget, compris dans la position d'avant-postes du corps de la Garde, est situé à l'est de Saint-Denis, sous le feu des forts ennemis de la Double-Couronne, Lunette de Saint-Denis, forts de l'Est et d'Aubervilliers, et au sommet d'un triangle dont les positions françaises de la Courneuve et de Drancy forment la base méridionale. C'est un endroit riant, aux maisons solides et bien bâties, dont les jardins et les fermes sont entourés de hauts et forts murs en pierre.

Le 19 septembre, jour de l'investissement de Paris, le village fut abandonné par les Français, sans combat, et occupé par la Garde prussienne. Cependant, comme il servait de but aux lourds projectiles des forts ennemis, ce poste très-avancé ne resta ordinairement occupé que par une compagnie qui avait l'ordre de tenir le Bourget le plus longtemps possible contre une attaque ennemie, mais de se retirer sur Dugny lorsqu'elle serait en présence d'une force supérieure. Il se livrait là, presque journellement, de petits engagements d'avant-postes; une attaque plus sérieuse se produisit le 28 octobre.

Ce jour-là, à 5 heures du matin, par un temps de pluie et d'épais brouillard, plusieurs détachements français venus de la Courneuve pénétrèrent dans le Bourget et occupèrent la partie méridionale du village. La compagnie qui se trouvait là se retira d'abord vers la partie septentrionale, puis jusqu'au Pont-Iblon.

Une reconnaissance entreprise le soir constata que le village était occupé par des forces importantes. Comme l'occupation du Bourget était nécessaire pour les troupes d'investissement, parce que, de là, l'ennemi aurait continuellement inquiété les positions allemandes avancées, et de plus, aurait pu, par l'établissement de batteries au Bourget, menacer les positions du corps de la garde à Dugny et au Pont-Iblon, la reprise du village fut ordonnée par le commandant en chef de la 4ᵉ armée. Le commandant de la garde, prince Auguste de Wurtemberg, confia la direction de l'entreprise au lieutenant-général von Budritzki, commandant de la 2ᵉ division de la garde. Cinq batteries de l'artillerie du corps furent mises à la disposition de la division, à cette occasion, et quelques bataillons de la 1ʳᵉ division de la Garde tenus prêts, comme réserve.

Le 30 octobre, à 8 heures du matin, les colonnes d'attaque se tenaient à Dugny, Pont-Iblon et le Blanc-Mesnil ; trois batteries montées ouvrirent alors, du Pont-Iblon, un feu violent et bien dirigé sur le Bourget. La colonne d'attaque qui était au Blanc-Mesnil (colonel von Jenner) se mit d'abord en mouvement — deux bataillons du régiment de l'Empereur-Alexandre — pour franchir le ruisseau Moleret, sur la route de Drancy, et se porter de là sur le sud du Bourget. En même temps partirent du Blanc-Mesnil, pour se porter à l'attaque, la 4ᵉ batterie légère et la 4ᵉ batterie de grosse artillerie de la Garde, sous la protection de trois compagnies du bataillon de chasseurs de la Garde.

La colonne portée à Pont-Iblon, que commandait le colonel comte von Kanitz, se composait du régiment Kœnigin-Élisabeth, du 1ᵉʳ bataillon du régiment Kœnigin-Augusta, et de la 2ᵉ compagnie du génie de la garde ; à la tête de la colonne de Dugny (2 bataillons du régiment Kaiser-Franz) était le major von Derenthal. L'artillerie de la division était postée à Arnouville pour appuyer la section de droite, le 2ᵉ régiment des uhlans de la garde à Bonneuil. Une vive canonnade accueillit les colonnes d'attaque qui s'avançaient, et plus d'un brave tomba en ce moment pour ne plus se relever. A la longue, les lignes de tirailleurs s'avancèrent jusqu'à une distance de dix-huit cents pas : dès qu'elles reçurent les premiers feux du chassepot, elles se portèrent en avant au pas de course, bien que la marche fût alourdie par les habits détrempés de pluie.

A la partie septentrionale du village, la colonne commandée par le colonel von Kanitz se trouvait dans une situation périlleuse. L'ennemi entretenait le feu par les créneaux pratiqués dans le mur d'enceinte et depuis une haute barricade qui, à l'entrée du Bourget, fermait la Grande-Rue, prolongation de la large route de Flandre. Le génie de la Garde se mit alors à l'œuvre. Sous ses coups répétés, des brèches furent rapidement ouvertes dans les murs extérieurs, et les soldats, impatients de se mesurer avec l'ennemi, se précipitèrent audacieusement par l'étroite ouverture. Parmi les premiers entrés dans le village se trouvaient le colonel von Kanitz et le capitaine von Altrock. Cependant les Français s'étaient retranchés dans les maisons et dirigeaient des deux côtés un feu croisé sur la barricade qui fermait l'entrée du village.

Le 2ᵉ bataillon du régiment Kœnigin-Élisabeth s'avançait drapeau déployé, lorsqu'un coup de feu terrassa le porte-drapeau. Un sous-officier se précipita, saisit le drapeau et s'affaissa, lui aussi, frappé à mort. Le général von Budritzki descendit alors de cheval, saisit le drapeau d'une main forte et s'élança à la tête de ses grenadiers. Serrés derrière lui, les premiers rangs du bataillon arrivèrent au retranchement et bientôt après le drapeau blanc et noir flottait sur la barricade enlevée d'assaut. Là, à côté du commandant de la division, tomba le brave commandant du régiment Kœnigin-Elisabeth, colonel von Zaluskowski, et bientôt après tomba aussi le comte von Waldersée, commandant du régiment Kœnigin-Augusta, qui était arrivé devant Paris quelques jours auparavant, guéri d'une grave blessure qu'il avait reçue à Gravelotte.

Les colonnes de l'aile droite et de l'aile gauche prirent part à l'attaque avec non moins de courage. Le détachement du colonel von Jenner se jeta avec impétuosité sur le sud du Bourget, entre le village et les forts français, vers la gare, pour couper à l'ennemi la retraite vers Aubervilliers et la Courneuve. Les fermes au sud du Bourget furent aussi enlevées d'assaut, et, enlevant chaque maison l'une après l'autre, les grenadiers Alexander s'avancèrent lentement, mais irrésistiblement, pour se réunir avec leurs camarades des régiments Kœnigin-Élisabeth et Augusta. Pendant ce temps, deux compagnies du régiment Kaiser-Alexander, soutenues par les batteries Seeger et Kaiser, avaient occupé la levée du chemin de fer pour tenir en échec la forte position de Drancy, d'où l'on pouvait envoyer de l'aide aux troupes occupant le Bourget.

La colonne du major von Derenthall était aussi arrivée au moment voulu sur le côté ouest du village, y avait enlevé une barricade, rompu les murs d'enceinte occupés par les chasseurs français et, de son côté aussi, poursuivait l'ennemi de maison en maison. Le combat qui, dès ce moment, dura encore *trois heures* dans les rues du village, fut des deux côtés entretenu avec une terrible animosité. Les Français déployèrent une rare habileté dans la défense des bâtiments fortifiés et le génie dut abattre les murs de plusieurs maisons pour permettre la marche en avant.

Dès que les soldats de la Garde eurent pénétré dans le village, les maisons tombèrent pour la plupart, après une courte résistance, entre les mains des Prussiens, car dans la mêlée les petits Français n'étaient ordinairement pas à la hauteur des gigantesques gardes. Mais les documents officiels, comme les lettres particulières, rendent unanimement aux troupes parisiennes le témoignage qu'elles se sont défendues avec une grande opiniâtreté, avec le courage du désespoir.

Les vaincus se rendirent enfin, mais seulement en partie, et pendant que les uns jetaient leurs fusils devant eux et demandaient merci, d'autres tiraient encore sur les soldats allemands qui voulaient les faire prisonniers. Beaucoup sont encore tombés de cette façon, alors qu'on considérait déjà le combat comme fini. Dans l'église du village, huit officiers français et une vingtaine de voltigeurs de la Garde se défendirent jusqu'à la dernière extrémité, et les grenadiers du régiment Kaiser-Franz durent grimper jusqu'aux hautes fenêtres de l'église et tirer de là sur l'ennemi, jusqu'à ce que le peu d'hommes de cette brave troupe qui restaient sans blessures finissent par se rendre.

Enfin, des dernières maisons partit la sonnerie du clairon annonçant que les Français se déclaraient prêts à se rendre, et, à *midi*, tout le village était entre les mains de la 2ᵉ division; la garnison était en partie prisonnière, en partie repoussée en pleine déroute sur le chemin de Saint-Denis. Tant en tués qu'en blessés, l'ennemi doit avoir subi des pertes importantes, mais elles ne purent être constatées, parce que, immédiatement après le combat, de longues files de fourgons pour le transport des blessés vinrent enlever les hommes tombés. La position du Bourget, une fois reprise, fut couverte par les forts d'une telle pluie d'obus que le général von Budritzki retira ses hommes du village, n'y laissant que la garnison voulue.

La victoire acquise avec tant d'héroïsme fut payée par de lourds sacrifices; 14 officiers et 44 hommes furent tués; 21 officiers et 405 hommes blessés. Le résultat du combat fut 1,250 prisonniers non blessés avec 30 officiers.

(Extrait de *Lettres et Illustrations* de F. W. *Heine* traduit de l'allemand.)

. . . .

A peine avions-nous dépassé la barricade du Pont-Iblon que nous vîmes à notre gauche et à notre droite des monceaux de cadavres, et nous rencontrions toujours des grenadiers de la Garde avec des brouettes sur lesquelles étaient étendus leurs camarades devenus froids.

Sur cette route nous apprîmes par les hommes ce terrible combat de rues, ce fait d'armes de la veille.

Toute la 2ᵉ division de la Garde était présente à ce combat.

. . . .

Malgré un feu meurtrier qui sortait de chaque fenêtre, créneau, mur et cave, nos bataillons s'avançaient sans tirer un seul coup de fusil, drapeau déployé, musique en tête; les colonels et commandants à pied; seuls le général Budritzki et le commandant de brigade von Kanitz avec leurs adjudants à cheval. Il en fut ainsi jusqu'à cent pas de la barricade. Sur un signe la musique se tut et nos soldats, poussant un hourrah, s'élancèrent vers les murs et barricades qui vomissaient la mort.

Inutilement ces hommes sacrifiaient leur vie contre ces masses de pierre; les morts étaient entassés les uns sur les autres devant les barricades, à dix pas de ces masses de pierre, ils écoutaient avec sang-froid, comme à la parade, le commandement de leurs chefs.

Ceux qui avaient échappé à la barricade trouvèrent enfin un chemin à gauche; les pionniers se frayèrent un passage avec les haches. Une ferme fut prise, le toit défoncé, et les nôtres entrèrent et commencèrent le combat des maisons.....

Crosses de fusil et baïonnettes travaillaient ensemble de maison en maison, jusqu'à ce qu'enfin tout le côté gauche fut conquis, c'est-à-dire la moitié du village.

De suite, dans la première cour, tomba le colonel du régiment Augusta, le comte de Waldersée.

. . . .

Pendant ce combat de maisons, recommença l'assaut de la barricade par le 2e bataillon du régiment Élisabeth. Le porte-drapeau et, après lui, le caporal Carfunkelstein, décoré de la Croix de fer, tombent l'étendard en main. Déjà le courage manque aux combattants, malgré la preuve de dévouement que donnent plusieurs officiers en mourant sur la barricade; c'est alors que le vieux général Budritzki arrive à pied, car son cheval a été tué sous lui, ramasse le drapeau, et le sabre tiré, crie à ses soldats : « En avant! au secours! »

Il n'y avait plus moyen de rester en arrière; la barricade tomba, mais avec elle plus d'un brave, et, un des premiers, le commandant Zaluskowski, commandant cette troupe d'assaut. Avec le combat des maisons, commença celui des rues, dans lesquelles sifflaient les boulets des forts et les balles des mitrailleuses, pendant que de toutes les fenêtres, portes, toits et caves, un feu si terrible et si meurtrier nous accueillait que les pionniers étaient obligés de percer les murs pour déloger les Français.

Se serrant le long des murs, les grenadiers cherchaient à atteindre les canons des fusils des Français ou enfonçaient la baïonnette dans chaque ouverture qu'ils apercevaient. Le plus fort était dans les environs de l'église, d'où l'on tirait de deux grandes maisons avec une fureur que rien ne pouvait égaler, jusqu'à ce que les nôtres pussent enfoncer une porte et pénétrer dans la maison.

Alors commença une véritable boucherie avec la crosse, la baïonnette et les poings sanglants ; il n'y avait pas de pardon à espérer.

. . . .

La victoire était à nous ; mais à quel prix ?
Nous voici devant la barricade pleine de sang. Quel coup d'œil ! Non pas en rangées, mais en tas, on voyait là les grenadiers et comme la mort les avait arrangés et couchés.....

On voyait la même chose dans la Grande-Rue ; cela me faisait penser à cette grêle qui avait passé sur Leipzig en 1860 ; seulement au lieu de grêlons c'étaient des obus et des grenades, des balles et des baïonnettes. Des masses d'armes couvraient le sol, au milieu desquelles on voyait les morts ; la plupart avaient succombé à la crosse ou à la baïonnette ; cela fait qu'on voyait les cervelles et le sang le long des murs.....

. . . .

Enfin, nous partîmes de cet endroit après avoir visité et esquissé ce que nous avons voulu : quoique je sois habitué depuis longtemps à voir des combats horribles, je n'ai vu pareil spectacle qu'en ce lieu-là, qu'on peut, sans mentir, appeler le lieu le plus sanglant des combats des environs de Paris.

XX

Instruction pour le général Vinoy, commandant en chef de la 3ᵉ armée, en vue de l'opération de Villa-Évrard (21 décembre 1870).

Le général Vinoy ira s'établir demain, 19 décembre, au fort de Rosny. Il commandera les positions en avant du fort, s'étendant à gauche jusqu'à la redoute de Montreuil, et à droite sur les bords de la Marne jusqu'à Nogent.

Il aura à sa disposition sur ces différents points :

La division d'Hugues, déjà établie sur le plateau d'Avron, un ensemble de batteries de position comprenant environ soixante pièces, sous les ordres du colonel d'artillerie Stoffel ;

Quatre bataillons de la brigade Blaise, tirés du Moulin-Saquet;

Huit bataillons de garde nationale mobilisée au village de Rosny, lesquels détacheront :

Un bataillon dans chacune des redoutes de Montreuil et de la Boissière;

Quatre bataillons de même troupe au château de Montreau;

Dix bataillons au village de Neuilly-sous-Bois;

Huit bataillons à Fontenay-sous-Bois;

Huit bataillons à Nogent.

La division de cavalerie de la 3ᵉ armée entre Rosny et Fontenay, à la place qu'indiquera le général Vinoy.

Le général Vinoy se relie, à droite à la position de Poulangis occupée par la brigade d'André, et à gauche à celle de Noisy, commandée par l'amiral Saisset, par la redoute de Montreuil.

L'un et l'autre de ces commandants de troupes recevront avis de ces dispositions.

Des explications verbales échangées ont précisé le genre d'opération que doit faire le général commandant la 3ᵉ armée.

Des ordres directs ont été adressés aux généraux de Beaufort et de Liniers.

Le général Blanchard, commandant le corps de la rive gauche, recevra du général Vinoy des instructions pour le rôle tout défensif qu'il aura à jouer pendant les journées qui vont suivre.

A partir d'après-demain 20 décembre, le gouverneur sera de sa personne au fort d'Aubervilliers.

Signé : P. O. SCHMITZ.

P. S. — Le général est invité à se mettre en communication avec le général Clément Thomas pour qu'il n'y ait pas d'à-coup dans le placement des bataillons de garde nationale.

Les huit bataillons de Nogent devront être rendus sur ce point demain soir; les autres y seront seulement le 20 au soir.

Le général Vinoy fera venir auprès de lui les colonels Guillemaut, du génie, Stoffel, de l'artillerie, Devèze, lieutenant-colonel du génie, qui commandent ces services à Avron.

Signé : P. O. SCHMITZ.

XXI

Lettre du gouverneur de Paris au général Vinoy.

Paris, le 20 décembre 1870.

Le commandant de Champlouis, de mon état-major, qui a eu à l'occupation du plateau d'Avron la part la plus utile et qui connaît bien le terrain où vous allez opérer, part pour aller se mettre à la disposition de l'amiral Saisset, qui n'a pas d'état-major, pour la direction de l'opération qui lui est confiée.

Je charge le commandant de Champlouis de vous faire lire la lettre spéciale que j'écris au commandant de l'artillerie du plateau d'Avron pour lui faire connaître le rôle très-complexe et très-important qu'il est appelé à jouer pendant le cours de la triple opération dont le plateau est le point d'appui, notamment pour vous et pour Saisset.

Je considère que n'ayant pas ou n'ayant que très-peu d'artillerie de campagne, votre action offensive doit être conduite avec beaucoup de mesure, selon le degré d'efficace préparation qu'elle recevra d'Avron.

Telle qu'elle sera, elle aura une importance de premier ordre, en éveillant les craintes de l'ennemi du côté de son passage au pont de Gournay, de Chelles, de Montfermeil et de tout le centre de la forêt de Bondy, où il a son quartier-général. Il craindra évidemment d'être tourné par là, pendant que la 2e armée cheminera en avant dans la plaine, en s'échelonnant par la droite, après l'occupation du Bourget.

Pendant que vous menacerez Neuilly-sur-Marne, Villa-Evrard, la Maison-Blanche, Gagny (il est possible que vous occupiez Maison-Blanche et Villa-Evrard), l'amiral Saisset menacera le plateau du Raincy par devant, alors que votre marche le menacera par derrière, en sorte que l'ennemi n'y sera pas en sécurité.

Me confiant entièrement à vous pour le choix et l'exécution des dispositions qui assureront le mieux la réussite des vues générales que je vous expose ici, je vous renouvelle, mon cher général, l'assurance de mes sentiments dévoués.

Signé : Général TROCHU.

XXII

Extrait de « *Deux combats d'artillerie sous les forts de Paris* »
par le général Favé.

.....Appelé le 16 décembre 1870 au commandement de l'artillerie de la 3ᵉ armée, je me rendis immédiatement chez le général Vinoy, le commandant en chef, pour me mettre au courant de la situation et recevoir des ordres. L'artillerie de la 3ᵉ armée était en ce moment presque nulle et le général Vinoy me chargea de demander sans retard au commandant supérieur de l'artillerie de la défense de Paris, quel était le nombre des batteries qui devaient entrer dans son armée; il désirait qu'elles fussent mises le plus tôt possible à sa disposition. Je m'adressai donc à l'officier général que je viens de désigner, et j'appris de lui que la 3ᵉ armée ne disposait en ce moment que de trois batteries détachées au plateau d'Avron avec la division d'Hugues et d'une batterie donnée à la brigade Blaise, de la division de Malroy. Quatre autres, une batterie de 12, deux batteries de 4 et une batterie de canons à balles devaient revenir plus tard à la 3ᵉ armée, mais elle ne devait pas espérer posséder jamais plus de dix-huit bouches à feu alors que l'effectif de ses troupes dépassait 60,000 hommes qui formaient un corps d'armée de trois divisions et trois divisions isolées. Le commandant supérieur de l'artillerie ne consentait pas à s'en dessaisir pour le moment; il donnait pour raison qu'il aurait bientôt besoin des attelages de ces batteries pour transporter des mortiers sur des emplacements qui devaient être désignés par le gouverneur en vue d'un bombardement destiné à venir en aide à une nouvelle entreprise de la 2ᵉ armée. Il ajoutait « Je ne donnerai pas les batteries tant que j'aurai besoin des chevaux, parce qu'on ne me rendrait pas les attelages quand j'en aurais besoin. »

. . . .

Une partie des troupes de la 3ᵉ armée devait, sous les ordres de son général en chef, se porter en avant du fort de Rosny et du plateau d'Avron pour concourir à l'action principale. Le général Vinoy me pressa de retourner chez le général commandant supérieur de l'artillerie pour lui demander avec instance de mettre sans retard à notre disposition toutes les batteries mobiles dont il pouvait disposer. Je m'y rendis immédiatement, mais le général me répondit : « Dites au général Vinoy que je n'ai rien à lui donner et que je n'ai pas à entrer en relations directes avec lui. »

Je me retirai après cette fin de non-recevoir. Mais, grâce peut-être aux réflexions de la nuit, cet officier général me fit dire le lendemain matin qu'il pouvait mettre à ma disposition une batterie de 12 placée à Vitry, et que le changement du plan d'opérations rendait inutile dans son emplacement.

. . . .

Le général Vinoy m'ayant prescrit d'envoyer à quatre batteries qu'il me désigna l'ordre de se mettre en mouvement sans perdre une minute, et de traverser Paris pour venir camper près du fort de Rosny, je m'étais empressé d'adresser cette prescription par le télégraphe aux quatre commandants de ces batteries ; mais je reçus à ce sujet du général commandant supérieur de l'artillerie, deux dépêches, l'une m'informant que les batteries ne se mettraient pas en mouvement et qu'elles n'obéiraient qu'à un ordre exprès émané de lui directement, l'autre me demandant qui avait pu ordonner le déplacement de deux de ses batteries de canons à balles. Je communiquai au commandant en chef de la 3ᵉ armée cette nouvelle fin de non-recevoir qui le mettait dans l'impossibilité d'agir. Il prit les dépêches que je tenais à la main en me disant : « Je m'en charge ». Peu de temps après m'arriva une dépêche du Gouverneur qui mettait sous le commandement du général Vinoy les batteries contestées. J'envoyai aussitôt aux capitaines de ces batteries l'ordre de se mettre en marche, mais je n'étais pas bien certain qu'il leur parviendrait assez tôt pour qu'ils fussent arrivés près du fort de Rosny avant le lever du jour.....

XXIII

Journal des marches de la 2ᵉ armée.

4 Décembre. — Après la soupe du matin, trois bataillons de la garde mobile de l'Ain et trois bataillons de la mobile de la Vienne, sous les ordres du capitaine de frégate d'André, viennent de Créteil relever à Poulangis la brigade La Mariouse, qui est cantonnée dans les baraques placées sur le terrain de manœuvres de Vincennes.

Les troupes qui viennent occuper Poulangis continuent une forte barricade sur la route entre la ferme et la fourche et établissent des tranchées pour la relier à droite à la Marne, à gauche à la ferme de Poulangis.

Toutes les troupes de la 2ᵉ armée quittent leur bivouac pour prendre des cantonnements dans les villages voisins.

---

5 Décembre. — Trois bataillons de la garde mobile de Saône-et-Loire se rendent à Arcueil et à Cachan pour remplacer les trois bataillons de Seine-et-Oise qui entrent dans le corps de réserve Faron.

Les trois bataillons de la Vendée rentrent dans Paris.

---

6 Décembre. — Un régiment de la division Courty se tient prêt à porter secours au commandant d'André s'il venait à être attaqué sérieusement.

A 9 heures suspension d'armes pour ensevelir les morts restés sur le champ de bataille.

---

7 Décembre. — Dès 7 heures du matin les divisions Susbielle et Berthaut se mettent en mouvement.

La 1ʳᵉ brigade de la division Susbielle s'embarque à la station de l'avenue de Vincennes ; la 2ᵉ brigade à la station de la Râpée à Bercy. Toute la division débarque aux stations de Courcelles et de Clichy, et prend ses cantonnements à Clichy-la-Garenne.

Les deux brigades de la division Berthaut prennent le chemin de fer à la station de l'avenue de Vincennes et débarquent à la station de Courcelles ; elles vont prendre leurs cantonnements à Levallois.

A 10 heures on continue à procéder à l'enterrement des morts restés sur le champ de bataille.

Les diverses divisions de la 2ᵉ armée occupent les emplacements suivants :

Après le départ du 1ᵉʳ régiment de gendarmerie et de la brigade de cavalerie de Gerbrois qui vont à Neuilly :

1ᵉʳ Corps. — Division Susbielle à Clichy-la-Garenne,
— Division Berthaut à Levallois,
— Division Courty à Saint-Mandé.
2ᵉ Corps. — Division de Bellemare au Perreux,
— Division Mattat à Plaisance.
Réserve. — Division Faron à Saint-Maurice et Vincennes.

DÉFENSE DE PARIS.

8 Décembre. — Après la soupe du matin, les 13e et 14e dragons et le 1er régiment de gendarmerie à cheval quittent Vincennes pour retourner à Courbevoie, Neuilly et Clichy. La brigade Cousin est cantonnée à Vincennes et aux environs.

---

9 Décembre. — Par décret du 8 décembre le Gouvernement accorde de grandes récompenses à l'armée. — A midi enterrement aux Invalides du général Renault, mort des suites d'une blessure reçue à Villiers le 30 novembre.

---

10 Décembre. — Rien de nouveau. Repos des troupes et réorganisation des cadres par suite des pertes subies dans les journées des 30 novembre et 2 décembre.

---

11 Décembre. — Rien de nouveau.

---

12 Décembre. — Rien de nouveau. 160 hommes du petit dépôt du 1er régiment des zouaves rejoignent les bataillons de guerre au Perreux après la soupe du matin.

---

13 Décembre. — Le parc d'artillerie du 1er corps part après la soupe du matin pour aller prendre ses cantonnements à Clichy et rejoindre les divisions Susbielle et Berthaut.

---

14 Décembre. — Rien de nouveau. L'on perfectionne à Poulangis la tête du pont occupée par les troupes du commandant d'André.

---

15 Décembre. — A 5 heures du soir arrive un détachement de 450 hommes appartenant au dépôt des isolés et sortant des ambulances, etc. Ils sont dirigés sur leurs corps respectifs.

---

16 Décembre. — Après la soupe le bataillon du 116e de ligne, qui était resté à Créteil depuis la journée du 2, prend le chemin de fer pour Clichy afin de rejoindre son régiment.

17 Décembre. — Le grand quartier-général qui était à Vincennes est transporté au Palais-Royal.

18 Décembre. — Toutes les troupes de la 2ᵉ armée reçoivent six jours de vivres et trois jours d'avoine.

19 Décembre. — Par suite d'un retard de vingt-quatre heures sur les opérations projetées, il est distribué aux troupes de la 2ᵉ armée une ration de vivres pour la journée du 20 décembre.

20 Décembre. — Il est mis à la disposition de M. le général Noël, commandant le Mont-Valérien :
1º Une batterie de 12 attelée avec les attelages organisés par M. Ducros, ou avec les chevaux de réquisition ;
2º Une section de mitrailleuses prise dans l'artillerie de la 3ᵉ armée ;
3º Quelques pièces de 7 fournies par l'industrie.

Les attelages et le personnel des mitrailleuses et des pièces de 12, sont cantonnés aux environs du rond-point des Bergères et du rond-point de Courbevoie.

Les pièces de 7 et leurs munitions dans la redoute du Moulin-des-Gibets.

Huit bataillons de la garde nationale sont également mis à la disposition du général Noël, et cantonnés 4 à Puteaux et à Suresnes, et 4 auprès du rond-point de Courbevoie.

Les bois nécessaires pour établir une passerelle entre la rive gauche de la Seine et l'île du Chicard, à hauteur de Chatou, sont transportés à Nanterre.

Le poste de la Folie et celui de Charlebourg sont renforcés chacun de deux bataillons de la garde nationale.

Quatre bataillons de la garde nationale prennent position en face de l'île Saint-Denis, derrière le fort de la Briche. Douze bataillons prennent position à Pantin, six à Noisy, six à Rosny, six à Fontenay-sous-Bois, six à Nogent, six à Maisons-Alfort, dont trois en arrière de Créteil et trois dans la Boucle.

DÉFENSE DE PARIS.

La division Susbielle du 1er corps de Maussion, part dans l'après-midi de ses cantonnements de Clichy et se porte au village d'Aubervilliers avec son artillerie divisionnaire.

Après le coucher du soleil, la division Berthaut, du 1er corps de Maussion, s'embarque sur le chemin de fer de ceinture à la gare de Courcelles; elle débarque entre Aubervilliers et la Courneuve, et se forme en arrière de la route qui va de Bondy à la Courneuve.

La 1re brigade à droite de la route impériale de Lille, la 2e à gauche; l'artillerie, qui a suivi la route de la Révolte et le chemin de Saint-Ouen à Aubervilliers, se forme à hauteur du fort entre les deux brigades, en arrière de la réserve d'artillerie du 1er corps.

Après le coucher du soleil, la division Courty prend le chemin de fer de Ceinture à la gare de Bercy et est débarquée sur le chemin de fer de Strasbourg, de l'autre côté du canal, près la route des Petits-Ponts, et se forme entre le fort d'Aubervilliers et le village de Bobigny, une brigade à la droite de la route des Petits-Ponts, une à gauche; son artillerie divisionnaire fait son mouvement la nuit et vient se former en arrière des deux brigades à cheval sur la route des Petits-Ponts.

La division de Bellemare, 1re du 2e corps d'Exea, avec son artillerie divisionnaire, se porte au village de Merlan, où elle prend position pour y passer la nuit.

La division Mattat, 2e du 2e corps d'Exea, prend le chemin de fer à minuit à la station de Nogent et débarque à Noisy-le-Sec; elle se forme en arrière de la route de Metz, entre Bondy et Noisy; son artillerie divisionnaire, entre les deux brigades, derrière le petit bois qui se trouve au nord du canal, à gauche de Bobigny.

La brigade Reille, du 2e corps, vient s'établir dans la journée dans le village de Noisy-le-Sec, aux environs de la station.

Les trois brigades de la réserve Faron prennent position entre Bagnolet, Romainville et le fort de Noisy; son artillerie aux environs de Romainville.

Les sections de pontonniers réunies à Asnières sous les ordres du commandant Marulaz, se portent à Pantin, près du canal de l'Ourcq, à portée de la route des Petits-Ponts.

La réserve d'artillerie du 2e corps s'établit dans le village de Rosny.

Les batteries de combat de la réserve générale d'artillerie se cantonnent dans le village de Romainville.

Le grand quartier général est établi dans le fort de Noisy.

21 Décembre. — Avant le jour toutes les troupes de la 2ᵉ armée sont sous les armes.

La cavalerie vient se placer en avant du chemin de fer de Strasbourg, à gauche de Bobigny, dans un pli de terrain, défilée des vues de l'ennemi, massée par escadron et met pied à terre.

Le division Susbielle se forme en colonne par brigade en arrière du village d'Aubervilliers, sa droite appuyée à la route de Lille, afin d'appuyer l'action du corps de l'amiral La Roncière et la division Berthaut chargés d'enlever le Bourget et Drancy.

La division Berthaut prend position, savoir : une brigade entre le Petit-Drancy et la route de Lille, la seconde en réserve entre le ruisseau de Montfort et le chemin qui va de Bondy à la Courneuve.

La division Courty se place : la 1ʳᵉ brigade dans les tranchées entre le Petit-Drancy et la route des Petits-Ponts, la 2ᵉ brigade en réserve en arrière.

La division de Bellemare se porte en avant par la route de Rosny à Bondy, traverse le canal et se forme en face d'Aulnay, derrière le chemin qui va de Bondy à Drancy, à gauche duquel sont établies nos batteries de position ; son artillerie divisionnaire avec elle.

La brigade Reille s'établit dans les tranchées faites entre Bondy et la route des Petits-Ponts.

La division Mattat reste en réserve derrière le canal, prête à se porter soit vers la droite de Bondy, soit vers Groslay.

La division Faron reste en position derrière Bobigny. Deux batteries de 12 de la réserve du 2ᵉ corps sont prêtes à suivre le mouvement de la division Bellemare ; les autres batteries restent avec la division Mattat.

Les batteries de combat de la réserve générale traversent le canal et prennent position derrière Bobigny, prêtes à se porter soit vers Drancy, soit vers la ferme de Groslay.

A 7 heures et demie les forts de l'Est, d'Aubervilliers, de Romainville, la batterie de la Courneuve et les batteries de la 2ᵉ division ouvrent un feu des plus nourris sur le Bourget. A 8 heures la canonnade cesse et les troupes, sous les ordres de l'amiral La Roncière, s'élancent sur le village et s'emparent des premières maisons, malgré la résistance énergique des Prussiens. Pendant ce temps, la division Berthaut, du 1ᵉʳ corps de Maussion, occupe le village de Drancy, la 1ʳᵉ brigade dans le parc, la 2ᵉ en réserve en arrière du Petit-Drancy. Le bataillon des francs-tireurs enlève la ligne du chemin de fer de Soissons, malgré le feu de l'ennemi, qui amène entre Dugny, Blanc-Mesnil et Aulnai, une artillerie considérable et qui ouvre un feu des plus violents sur nos troupes.

Après s'être portée vers Drancy, la brigade Avril de l'Enclos, de la 3ᵉ division Courty, du 1ᵉʳ corps de Maussion, gagne, précédée de ses francs-tireurs, la ligne du chemin de fer de Soissons ; le général Courty s'y porte de sa personne et établit deux batteries un peu en arrière pour contrebattre l'artillerie ennemie.

A la même heure, la division Bellemare, du 2ᵉ corps, envoie son bataillon de francs-tireurs sur la ferme de Groslay, qui est enlevée après une courte fusillade ; la 2ᵉ brigade se porte ensuite jusqu'au chemin de fer et commence ses travaux pour relier ce chemin avec la ferme de Groslay.

Du reste, sous le feu incessant de l'ennemi et protégées par notre feu, toutes les troupes travaillent avec ardeur à se protéger par des retranchements.

Les troupes de l'amiral La Roncière ne pouvant réussir à enlever le Bourget, l'artillerie de la division Berthaut, l'artillerie de réserve du 1ᵉʳ corps et quelques batteries de la réserve générale se portent entre Drancy et la route de Flandre, et recommencent à canonner ce village, tout en répondant, ainsi que l'artillerie du 2ᵉ corps et les batteries de position, aux feux de l'artillerie ennemie.

A 10 heures et demie, la division Mattat, du 2ᵉ corps, et la réserve du général Faron, se portent en avant vers le pont de Drancy et la ferme de Groslay pour appuyer le mouvement, et la division Susbielle remplace la brigade Berthaut.

L'attaque par le sud sur le Bourget est imminente, mais un ordre du gouverneur vient arrêter le mouvement, et l'action se borne à une vive canonnade qui dure jusque vers 5 heures.

Les troupes sont placées ainsi qu'il suit :

La 2ᵉ brigade de la division Susbielle, du 1ᵉʳ corps, de grand'-garde à la Croix-de-Flandre. La 1ʳᵉ brigade campée en avant du fort d'Aubervilliers ;

La division Berthaut en arrière des tranchées qui s'étendent du fort d'Aubervilliers à la route des Petits-Ponts ;

La division Courty, du même corps, en arrière du fort d'Aubervilliers ;

La division de Bellemare, du 2ᵉ corps, à Bondy ; pendant la retraite la brigade Colonieu, de cette division, a repoussé avec vigueur une attaque d'infanterie ennemie ;

La division Mattat, du 2ᵉ corps, dans les retranchements entre la route de Bondy et des Petits-Ponts et entre Bobigny et le canal de l'Ourcq. La brigade Reille en réserve entre les deux brigades ;

La réserve Faron à Drancy, Petit-Drancy et la ferme de Groslay.

La réserve générale d'artillerie à Noisy-le-Sec et à Pantin.

Le grand quartier général reste au fort de Noisy.

22 Décembre. — Dans la journée, les troupes prennent les cantonnements ci-après :

Les divisions du 1er corps à Aubervilliers, le plus près possible du fort ;

Les divisions du 2e corps à Bondy, Merlan et Noisy-le-Sec. La réserve Faron à Drancy, Petit-Drancy et Bobigny. La réserve générale d'artillerie à Pantin. La division de cavalerie, savoir : le 13e et 14e dragons à Clichy, le 1er et le 9e chasseurs à Vincennes, le régiment de gendarmerie à Pantin.

Le grand quartier général est transporté à Aubervilliers.

Toutes les troupes de tranchée continuent à améliorer le travail avec des travailleurs civils.

23 Décembre. — Le 2e corps laisse une brigade fournissant des postes dans la tranchée le long de la route qui va de Bondy à Drancy. Le gros de la brigade se tient dans la redoute ; elle met quelques postes dans la tranchée en arrière, qui va du canal à la route des Petits-Ponts.

Une batterie d'artillerie avec le gros de la brigade ; deux batteries près du canal, derrière l'autre tranchée. Une autre brigade de piquet, prête à soutenir la brigade de tranchée, entre Bobigny et le canal.

Le reste des troupes du 2e corps est cantonné entre Bondy, Merlan et Noisy-le-Sec ; Bondy est gardé avec avant-postes et embuscades sur la droite et en avant du canal.

Le 1er corps fournit une brigade de garde dans la tranchée entre la route des Petits-Ponts et la route de Lille, en avant du fort d'Aubervilliers ; une brigade de piquet pour soutenir la première à hauteur du fort d'Aubervilliers entre le fort et la route des Petits-Ponts. Le reste du corps est cantonné à Aubervilliers. Deux batteries d'artillerie de garde avec la brigade de piquet.

L'artillerie (réserve générale), laisse deux batteries de 12 de piquet à Bondy, deux batteries entre Bobigny et le moulin de la Folie.

Les autres batteries à Pantin.

24 Décembre. — Avant le jour toutes les troupes sont sous les armes, les batteries attelées et prêtes à marcher.

A 6 heures les troupes de tranchée sont relevées.

A 2 heures, les troupes rentrent dans les cantonnements, rien de nouveau ne s'étant passé du côté de l'ennemi.

On continue le travail dans les tranchées et batteries.

25 Décembre. — A 7 heures du matin, toutes les troupes prennent les armes, se portent en avant sur leurs positions de combat, elles ont avec elles leurs batteries divisionnaires. Un tiers des batteries de la réserve de chaque corps marche avec les troupes.

La réserve générale envoie quatre batteries de 12 à Bobigny. L'ennemi n'ayant fait aucune tentative, les troupes rentrent vers 11 heures à leurs cantonnements.

Malgré la rigueur du froid les travaux de défense continuent, mais la dureté de la terre apporte un grand ralentissement dans la construction des épaulements.

---

26 Décembre. — A 6 heures du matin, on relève les troupes de tranchée.

A 7 heures les divisions prennent les armes et se portent sur les emplacements désignés en cas d'attaque.

A 8 heures, la division Susbielle, du 1er corps, se met en route pour aller à Saint-Ouen et à Clichy dans les cantonnements qu'elle a déjà occupés.

La division Mattat se rend à Vincennes dans les baraques, son artillerie divisionnaire dans le fort neuf.

La division Bellemare à Noisy-le-Sec et Merlan, fournissant un bataillon de garde à Bondy et un bataillon dans les tranchées qui vont de Bondy à Drancy, son artillerie divisionnaire à Noisy-le-Sec et Romainville.

Les divisions Berthaut et Courty et leur artillerie divisionnaire à Aubervilliers et Pantin.

La réserve d'artillerie du 1er corps dans Aubervilliers.

La division de réserve Faron, Bobigny, Drancy et le Petit-Drancy, son artillerie dans Bobigny et à la Folie.

La réserve générale d'artillerie à Pantin et aux Prés-Saint-Gervais.

Les pontonniers rentrent dans leurs cantonnements à Asnières.

De midi à 4 heures, suspension de feux pour le Bourget, afin d'enterrer les morts.

---

27 Décembre. — Une proposition de suspension de feux pour le Bourget est faite, mais refusée.

Dès le matin les Prussiens, qui ont démasqué douze batteries de grosses pièces, commencent le bombardement des forts de Nogent, Rosny, Noisy-le-Sec et le plateau d'Avron. Ce feu est très-violent, surtout sur le plateau d'Avron.

La division Susbielle est rappelée et revient à Aubervilliers et Pantin. La division de Bellemare est mise à la disposition du général d'Hugues pour contribuer à la défense du plateau d'Avron. La division Mattat est portée à Montreuil et Bagnolet; la brigade Reille occupe Bondy et Noisy-le-Sec.

La division Courty est envoyée à Romainville à la disposition du général Vinoy. La division Berthaut vient se placer en arrière du fort d'Aubervilliers.

---

28 Décembre. — Le bombardement a continué toute la nuit et redouble d'intensité au point du jour.

Le plateau d'Avron est toujours le but principal du bombardement, ainsi que le fort de Rosny.

Les troupes se massent en arrière des forts pour parer à une attaque de vive force.

Dans les forts quelques dégâts matériels sont causés par le feu de l'ennemi, mais il y a peu de tués et de blessés.

Le plateau d'Avron devient intenable.

---

29 Décembre. — La nuit n'arrête pas le bombardement; malgré le feu, le plateau d'Avron est évacué en personnel et en matériel. L'ennemi, tout en continuant le feu contre les forts, commence à bombarder le village de Bondy et celui de Rosny.

On ne laisse dans le village de Bondy que quatre bataillons et deux bataillons à Rosny.

Nos forts se décident à ne pas répondre au feu des Prussiens que nos pièces ne peuvent atteindre, et on décide qu'entre les forts de Noisy et de Rosny on construira une grande batterie armée de grosses pièces.

Les bâtiments du fort de Noisy souffrent et on est obligé de les abandonner.

---

30 Décembre. — Le régiment de gendarmerie à cheval quitte Pantin pour rentrer à Clichy.

Toujours le bombardement sur les forts, sur Bondy, sur Rosny, quelques obus arrivent à Noisy.

Bondy est à peu près complétement détruit; le village de Rosny se trouve dans le même cas.

Le feu de l'ennemi ne cause pas de grandes pertes en hommes.

DÉFENSE DE PARIS.

31 Décembre. — Le bombardement a continué toute la nuit, mais avec moins de violence.

Dans la matinée l'ennemi ouvre le feu sur Drancy et Bobigny. Il canonne encore les forts et Rosny.

Très-peu de blessés; le grand quartier général se porte aux Lilas.

1er Janvier 1871. — Dans la nuit le feu a été moins vif, le matin il reprend plus nourri. Vers une heure le bombardement cesse presque complétement.

2 Janvier. — Vers le point du jour le bombardement reprend avec intensité sur les forts de Rosny et de Nogent; quelques obus arrivent près du fort de Noisy, et un certain nombre tombe sur Fontenay.

Le feu continue sur Bondy. Drancy et la Ferme de Groslay sont aussi l'objet de l'attaque de l'artillerie ennemie.

Malgré tout ce feu, très-peu d'hommes sont atteints et il n'y a que quelques dommages matériels à constater.

3 Janvier. — Dans la nuit le bataillon Poulizac, des éclaireurs de la Seine, exécute une reconnaissance en avant de la ferme du Groslay et fait six prisonniers appartenant à la garde royale.

FIN DU TOME TROISIÈME

TABLE DES MATIÈRES

LIVRE VIII (SUITE)

TROISIÈME PARTIE

PAGES.

Journée du 2 décembre 1870 (Bry, Villiers, Four à Chaux, Champigny).

Chap. 1er.	— Dispositions d'attaque prises par les Allemands	1
Chap. II.	— Attaque de Champigny par les Wurtembergeois	6
Chap. III.	— Attaque du grand Four à Chaux	14
Chap. IV.	— Attaque de nos positions sur le plateau de Villiers	17
Chap. V.	— Attaque de Bry par les Saxons	21
Chap. VI.	— Les Allemands renouvellent leur offensive sur tout le front	27
	Champigny, Fours à Chaux	43
	Plateau de Villiers, Bry-sur-Marne	34
Chap. VII.	— La 3e division Hartmann prend l'offensive sur le front Villiers-Champigny	42
	Fours à Chaux	50
Chap. VIII.	— Fin de la journée du 2 décembre	53
	Positions françaises le 2 décembre au soir	60
	Positions des Allemands le 3 décembre au soir	61

QUATRIÈME PARTIE

PAGES.

Journée du 3 décembre. — Retraite de la deuxième armée.

Chap. 1er. — Matinée du 3 décembre. 62
Chap. II. — Retraite de la deuxième armée. 65
Chap. III. — Tableaux des pertes aux batailles de la Marne 68

LIVRE IX

RECONSTITUTION DE LA DEUXIÈME ARMÉE EN VUE D'UNE NOUVELLE SORTIE. — LETTRE DU GÉNÉRAL DE MOLTKE. ARMISTICE POUR ENTERRER LES MORTS DE CHAMPIGNY.

PREMIÈRE PARTIE

Nouveau plan de sortie et reconstitution de la deuxième armée 104

DEUXIÈME PARTIE

Lettre de M. de Moltke. — Possibilité de traiter. Armistices des 6, 7 et 8 décembre.

Chap. 1er. — Lettre de M. de Moltke. — Possibilité de traiter 112
Chap. II. — Armistice pour enterrer les morts de Champigny (6, 7, 8 décembre 1870) 126

TABLE DES MATIÈRES.

LIVRE X

TENTATIVE DE SORTIE PAR LE BOURGET. — CONSÉQUENCES DE CETTE OPÉRATION.

PREMIÈRE PARTIE

PAGES.

Tentative de sortie par le Bourget (21 décembre 1870).

CHAP. Ier. — Préparatifs de l'opération du Bourget. . . .	141
CHAP. II. — Bataille du Bourget (21 décembre 1870). . .	150
Attaque du Bourget.	152
Pertes à l'affaire du Bourget	165
CHAP. III. — Combat de Villa-Évrard	172
Pertes au combat de Villa-Évrard.	184

DEUXIÈME PARTIE

Conséquences de l'opération du 21 décembre, au point de vue du Gouvernement et de l'opinion publique. — Opérations du 22 au 27 décembre.

CHAP. Ier. — Conséquences de l'opération du 21 décembre, au point de vue du Gouvernement et de l'opinion publique.	189
CHAP. II. — Opérations du 22 au 27 décembre	212

LIVRE XI

ÉTAT MORAL DE LA POPULATION PARISIENNE PENDANT LES DERNIERS JOURS DU SIÉGE

Souffrances morales et physiques.	218
Influence désastreuse de la presse et des clubs	226

LIVRE XII

FIN DE DÉCEMBRE. — BOMBARDEMENT DES FORTS DE L'EST ET DU PLATEAU D'AVRON.

PAGES.

CHAP. Ier. — Bombardement des forts de l'Est et du plateau d'Avron. — Évacuation du plateau d'Avron 233

CHAP. II. — Discussion au sein du Gouvernement de la Défense nationale ; procès-verbaux des séances, du 27 décembre au 17 janvier. . 246

TABLE

DES

PIÈCES JUSTIFICATIVES

PAGES.

I. — Extrait de l'historique du régiment des mobiles de la Côte-d'Or (2 décembre 1870) 315
II. — Extrait de l'historique du 35ᵉ de ligne (2 décembre 1870) 317
III. — Extrait de l'historique du 42ᵉ régiment d'infanterie. — Bataille de Champigny (2 décembre 1870) 318
IV. — Rapport du général commandant l'artillerie du 1ᵉʳ corps de la deuxième armée, sur les opérations de l'artillerie les 2 et 3 décembre 1870 321
V. — Extrait de l'historique du 121ᵉ de ligne (2 décembre 1870) 323
VI. — Extrait du récit du capitaine Bapst, du 122ᵉ de ligne (2 décembre 1870) 325
VII. — Extrait du récit du capitaine Quéval, du 122ᵉ (2 décembre 1870) 327
VIII. — Rapport du général Berthaut, commandant la 2ᵉ division du 2ᵉ corps, sur la journée du 2 décembre 1870 327
IX. — Extrait de l'historique du 125ᵉ de ligne (1ᵉʳ et 2 décembre 1870) 329
X. — Extrait du Journal des marches et opérations du 126ᵉ régiment d'infanterie pendant le siège de Paris (2 décembre 1870) 330

TABLE DES MATIÈRES.

		PAGES.
XI.	— Extrait de l'historique de l'artillerie du 3ᵉ corps et de la deuxième armée (1ᵉʳ et 2 décembre 1870)	336
XII.	— Extrait de l'historique du 107ᵉ de ligne (combat du 2 décembre 1870)	340
XIII.	— Extrait de l'historique du 108ᵉ de ligne (combat du 2 décembre 1870)	341
XIV.	— Extrait du journal d'un soldat du 108ᵉ	343
XV.	— Incident de la presqu'île Saint-Maur (2 décembre 1870)	346
XVI.	— Procès-verbaux du Gouvernement de la Défense nationale	352
XVII.	— Instruction pour l'opération du 21 décembre 1870 (deuxième armée)	391
XVIII.	— Dispositif des opérations pour la journée du 21 décembre 1870	398
XIX.	— Récits allemands sur la première affaire du Bourget (30 octobre 1870)	402
XX.	— Instruction pour le général Vinoy, commandant en chef de la troisième armée, en vue de l'opération de Villa-Évrard (21 décembre 1870)	407
XXI.	— Lettre du Gouverneur de Paris au général Vinoy	409
XXII.	— Extrait de *Deux Combats d'artillerie sous les forts de Paris*, par le général Favé	410
XXIII.	— Journal des marches de la deuxième armée	411

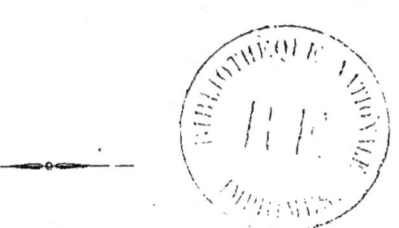

Paris. — Imp. Paul Dupont, 41, rue Jean-Jacques Rousseau. 2706.2-77

www.ingramcontent.com/pod-product-compliance
Lightning Source LLC
Chambersburg PA
CBHW050238230426
43664CB00012B/1744